万物天缘

球迷罗西自传

罗西——著

人民文学出版社

图书在版编目(CIP)数据

万物天缘:球迷罗西自传/罗西著. —北京:人民文学出版社,2018
ISBN 978-7-02-013932-3

Ⅰ.①万… Ⅱ.①罗… Ⅲ.①罗西—自传 Ⅳ.①K825.47

中国版本图书馆CIP数据核字(2018)第042385号

责任编辑　王一珂　陈　悦
装帧设计　崔欣晔
责任印制　徐　冉

出版发行　人民文学出版社
社　　址　北京市朝内大街166号
邮政编码　100705
网　　址　http://www.rw-cn.com

印　　刷　天津千鹤文化传播有限公司
经　　销　全国新华书店等

字　　数　370千字
开　　本　720毫米×1020毫米　1/16
印　　张　23.25　插页3
印　　数　1—8000
版　　次　2018年10月北京第1版
印　　次　2018年10月第1次印刷

书　　号　978-7-02-013932-3
定　　价　52.00元

我的爸爸和奶奶

我的舅舅和舅妈

1958年，我在幼儿园

四世同堂的李氏家族

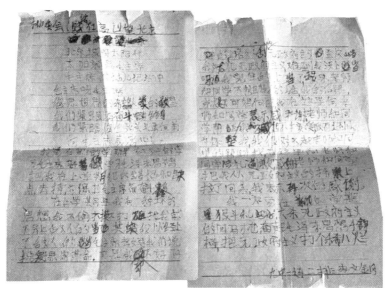

这是我写的《向毛
主席表忠心》小文

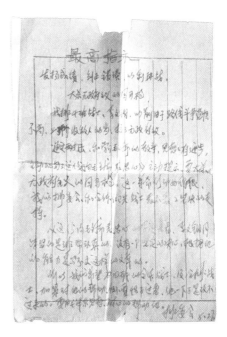

排委会的评语

我刚刚入厂的照片

1970年代，我的堂兄弟李文谦（左）、李文恕（右）

1970年代末，在学习的我

1976年，我和同学们在二一九公园

1970年代，我给爸爸做的书柜

1982年，我和同事们在千山

1980 年代初

业余时间看苹果园来劲，在这里一个月
的收入等于我两三个月的工资

为了足球，我就要离开工作了十八年的鞍钢
供电厂。上、下图为1985年，我在变电所。

1986年"长城杯"，我们第一个打出横幅："2002世界杯，我们来了！"

由"长城杯"凯旋

1986年的鞍山球迷角

1986年，中国第一次
举办球迷图片展

1988年，我们在杭州

我与雷鸣东大哥（左）、
刘良州三弟（右）

"罗西酒家"开业，鞍山—沈阳球迷举行联谊会

1990年，"罗西酒家"聚会

1990年，央视剧组来"罗西酒家"拍摄纪录片《啊，球迷！》

我在球迷商店

"4·29"令我一生回味

1991年，我在照片下题的小诗

1992年9月23日，
在鞍山举行了简朴
的长征出发仪式

1992年9月25日上午，
我以哈尔滨抗洪纪念
塔为起点出发长征

朋友送我到102国道

路边便餐

锦州球迷的欢送

抵达北京天安门

参加巴西集训的小队员跑过来同我合影

在许放办公室

在太行山（上、下图）

车子坏了

在山西潞城

在安阳球迷协会

在西安球迷协会

在秦岭

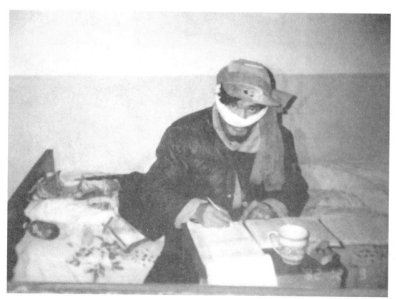

发烧的我，流的鼻
涕把毛巾都打湿了

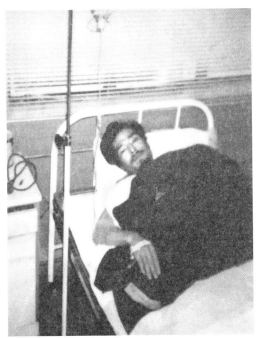

1992年12月12日，第十二届"亚俱杯"、十二瓶点滴。十二点，我神奇地好了

数双手把我举起来传向大门

我在董小祺家接受四川电视台采访

我与裴永阁（左四）、小地主（左一）和四川足协主席王凤珠（左三）

尧茂书，我心中的
英雄

再见了，重庆的哥们儿

东溪镇一堆篝火旁球
迷的激情

云贵高原坡路难行

在张良庙

大年三十的我

昆明高思义给我换单车"欧拜克"

弥勒球迷使我悟出足球的真谛

南宁邕州球迷协会的欢送

我与桂林球迷协会的朋友在一起

在小平头家

在柳州电台直播

与三亚"亚运烽火台"广州市球迷协会的朋友们

在西藏雅鲁藏布大酒店

中国球迷文化艺术中心隆重开幕

面对二十多位记者拍照

我和贾幼良

我和孙锦顺

我和张邦伦

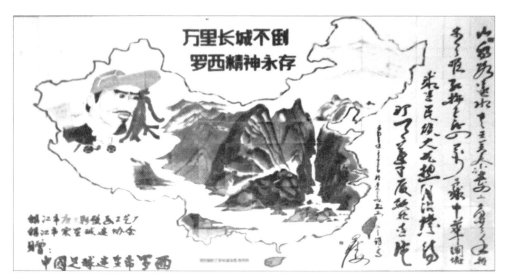

镇江市唐三彩壁画厂为我做的三彩壁画："万里长城不倒、罗西精神永存。"

上海市球迷协会来南京看我，并和南京市球迷协会一道合影

在大学为学生签名（上、下图）

长征途中在大学（上、下图）

中国九江'93罗西风足球对抗赛

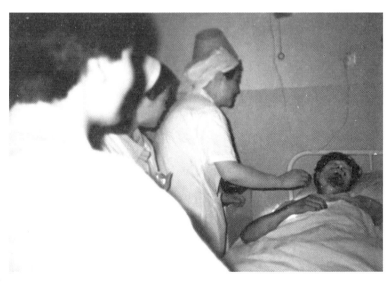

九江发高烧两天的我

1994年1月3日，营口市市委、市政府的领导欢送我回鞍山

营口大学生的热情

1994年1月9日，凯旋入城式

记者来协会采访

宝贝儿子来协会看我了

中国第一次组"球迷远征团"看球

我第一次出国看球

我和汪富余在海都酒店

我与潘长江

我与马季

我与马拉多纳

"世界杯，我来了！"

在巴黎凯旋门前

我与程思远

阑尾炎小手术
好了之后

我在宜昌活动

我与"老滑头"米卢

我与倪萍在倪萍聊天室

2002世界杯，
中国球迷来了

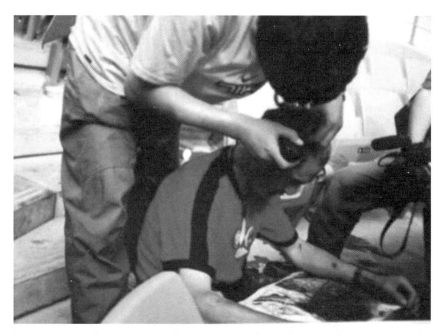

我用光头伴
随中国足球

我的藏品（上、下图）

我的国画

我的书画合璧"牛"

我的书法作品：杜牧《山行》

罗西画苑

辽宁省博物馆收藏我书法的证书

辽宁省爱心工程聘书

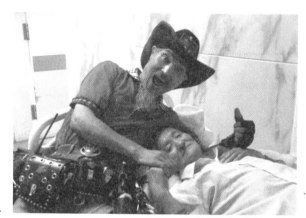

陪伴爸爸度过最后时光

在凤凰卫视和许戈辉"五一"做节目

奥运会唯一的一号五星红旗

神秘嘉宾闪亮登场

我和表弟邓琛在大连

"南非世界杯，我来了！"（上、下图）

六十了，快乐的生日

今天真的很开心

在巴西世界杯

我们全家开心看球

我与儿子、儿媳、孙女共享天伦之乐

我和龙之队在一起

我心爱的龙之队

目录

中
Part 2 ～～～～～ 131

下
Part 3 ～～～～～～～ 247

热血丹心 247

前 言
（我要写）

夜已经很深了，并非这南方不夜之城的喧嚣，更非那旁边床上传来朋友如雷的鼾声，也许是酒中的乙醇在体内的冲撞吧，翻来覆去睡不着的我，从床上爬了起来，披着衣服来到窗前，拉开窗帘，俯身，手臂支着白钢栏杆，透过这淡茶色的落地窗，望着这江南灯火辉煌不夜的都市，那甲虫般的汽车，我的思绪万千，遐想纷飞，我总感到有一种无名的激情在体内涌动。我忽然想起了白天的事情。

"是他！是他！"

"你是罗西伯伯吗？"

当我和几位朋友拎着收来的一包足球藏品从商场出来时，被一群十几岁的小朋友围了上来。

"你是罗西叔叔吗？"

"你好，小朋友，我是罗西。"

"哇，太好了。"

"你能为我们签名吗？"十几双小手送上来书和本。

"好的！"我拿出一沓我特印的签名卡。

"我要，我要，我也要。"

这时旁边有不少老百姓围了上来，无数双手伸到眼前，好在几位朋友冲了上来护住我，才有那么一个小小的空间。

我记得非常清楚，有一位小女孩上来说：

"罗西叔叔，我认识你，我爸爸也是球迷。

"我在报纸上和电视上见过你。

"你为什么这么痴迷足球？

"你一生真的离不开足球吗？

"你放弃了一切，这样值吗？

"你出书了吗，在哪里能买到？我们想知道这一切都是为了什么？"

我刚要说：我是球迷，我爱足球，写书是作家的事。但是在这喧哗之中我永远清晰地记得那一连串问题。望着那天真幼稚的脸庞，充满期待的目光，我停下了笔。

我忽然说："我要写，我要把小朋友们想要知道的一切都写出来，这里有我的电话，我指着卡片上的电话说，我从不换电话号，当你听说我出书了给伯伯打个电话，我把第一本书签好名送给你。"

那些可爱的小手再一次伸过来。

"好的。小朋友们，到时给我打电话，我不送你们，伯伯就不是你们想象中的罗西了。"

对！

我要写！我要写！！我要写！！！

对！

我要写出我人生的顿悟与足球的真谛。哪怕一个人，两个人，或者几个人能够理解。值！！！

对！

我要写！我要写！！我要写！！！

对！！！

我要写！！！

当！

当我一拳砸在白钢的护栏上，不小心把朋友惊醒了。

"怎么还没睡？"

"对不起！对不起。"

"天亮了，你睡一会儿吧，十点还有活动呢。"

"好的，我睡一会儿，我一定要写。"

"写什么？"

我一笑："我要休息一会儿了。"

他自言自语道："真是个怪人。"

上

我的幼年

人生第一记忆

在远古的东方，有一个古老而伟大的民族，始盛于华夏，她的名字叫中华。这是我的祖国。在祖国的东北这块唯一的黑土地上，有一个以生产钢铁出名的城市叫鞍山，被称为钢都，那是我的故乡。我就出生在鞍山的八家子。

据父亲说，我的老祖宗在我十四代前，从山东一个叫小云南的地方移民来到东北。分了三支，一支在海城落户。我的祖父李换福和祖母李氏领着大姑、伯父、父亲，挑着老姑，从海城来到了鞍山，在八家子落了户。祖父在外买卖旧物，祖母和大姑给人洗衣服，伯父学做白铁，全家劳动来供父亲读书。

我的外祖父娶了当地一个大户闺秀王氏为妻。

我的母亲有一个姐姐，一个弟弟。

1952年2月，姐姐李萼来到了人世。

而我的生日说不清，我从小就过阴历生日10月28日，而我的户口本出生日是1953年12月5日。差一天（直到1993年走长征路时，成都董小祺大哥说我的阴历和阳历生日不在一天才发现的），回来问父亲也说不清，之后我就过阳历了。

父亲给我起个名字：李文钢。户口一直用了将近四十年。90年代换身份证时，不知什么原因，一下子李文钢就变成了李文刚（后来我又给自己起了一个名，"伸"。姓李，名伸，字文刚）。姐姐李萼也变成李娥了。

妈妈为了我的健康给我起个小名叫"黑子"，姥姥家的人有的叫我"二黑子"，邻居有的叫我"黑子""小黑子"或"黑小子"，有的同学叫我"黑驴"。一直叫到我当了球迷之后，没有人再叫了。只有我的少年首长，儿时的班长杨金光有时还是亲昵地叫我"黑子"。

我小时候，爸爸在鞍山钢铁学校化学实验室工作，从化学实验员到退休时任职为化学工程师。妈妈在1960年之后在路边做缝纫活。

我人生的第一个记忆是上幼儿园发生的事。爸爸经常说姐姐好，不抢东西吃，有东西会给爸爸妈妈吃。我说我也会。

我记得清清楚楚，第二天幼儿园发四块饼干，我吃了两块，剩下两块放进兜里准备给爸爸妈妈，可是在木板床上翻来覆去睡不着，假装睡着，一会儿用手捏一小块放到嘴里，由于来回翻身，饼干被压成小块。可能是看我睡不着来回动弹，最后老师来到我的床前看我。

我一下子把饼干抓出来放到嘴里。我刚要哭，老师走了。只差一点点就哭了。

爸爸来接我，把我放在自行车的前梁上，我第一句话就是：

"爸爸，今天我也给你留饼干了！"

爸爸高兴地夸我懂事。我好开心，说了好几遍。最后爸爸说："我不要，给姐姐吧！"

我说："怕阿姨说我，我吃了。"

"孩子，那不叫留，那叫想着。"

"我是留了，不信你看。"我把兜翻了出来。

爸爸笑了，我却哭了。

到家妈妈问哭什么，我说我给你们留饼干了。我真留了。这是我人生记的第一件事。

我对姥姥的印象很深，姥姥来了，我的姥姥很矮很矮，有一双小脚，后来才知道，叫三寸金莲。姥姥说："走不动了，脚疼。"

妈妈说："上炕把脚放了吧。"姥姥上炕后一圈一圈把灰色的裹脚布解下来，原来姥姥的五个脚指头是压在一起的，是畸形的，尖尖的，圆圆的，姥姥把畸形的脚趾一个一个活动活动，我把拳头伸了过去比了一下，比我的小拳头大不了多少。我凑上去想帮助活动，姥姥打了一下我的小拳头说："一边玩去，小脚是不让男人看的。"说完盘起双腿，拿出长长的烟袋，对妈妈说："把'取灯盒（火柴）'拿来。"

妈妈给姥姥点上一袋烟，姥姥晃着身子，样子非常悠闲。

姥姥来了，我当然不爱去幼儿园了。我躲在妈妈的缝纫机底下，抱着轮盘不出来，后来爸爸硬把我拉出来，送我到幼儿园。在幼儿园里我一直在哭，老师很生气，把我推到了小厨房。

小厨房挨着教室的那边有一扇窗，窗户是开着的，我看窗户底下有很多饭盒，就把那些饭盒摆放成阶梯状，不小心弄倒了一摞饭盒。老师开门看了一下。我哭得更厉害了。见老师把门关上，我又把饭盒重新摆好，踩着饭盒慢慢往上爬，爬到顶上时，手扒着窗户，一下子跳上去，而脚下的饭盒却倒了，发出很大的动静。我从窗户跳了出去向大门跑去。窗户离大门只有几米远，到了门口我又从铁栏杆的缝隙挤了出去。

幼儿园的东面是一片很大的玉米地。中间只有一条小道。我沿着小道跑了出来。那条小道只不过二百多米，可当时对我来说是那么可怕，跑了好长时间。出了玉米地就是日本式的二层小白楼。穿过三四排小楼就到了对炉山下。那里有个小山包叫小东山。妈妈就在那里工作。

我在大门口哭着喊："妈妈！"后来来了一位阿姨把我领进大门。进门后我看见走道的右面被各种骨头堆成一座小山，发出难闻的腐臭之气；左面是两排大草棚，有好多排像便池一样的长条白锅，底下烧火。有的池子装着满满的咸盐，有的里头装的是酱红色的液体，后来才知道那是水胶。再往里头走，右面有几排架子，架子上耷拉着一条一条的水胶，在最里面的一排火池我看到了妈妈，戴着口罩，系着胶皮围裙，手上套着黄色胶皮手套。我抱着妈妈的大腿一个劲地哭。后来妈妈把我领到了外面。

妈妈对我说："不要进来，这里全是火，很危险。你就在外面玩吧。"

外面有一大坑，里面全是锯末子，还有不少冰碴，我在捡里头的冰碴玩。门口不远处有个山洞，有一辆大汽车往里面拉大方冰。妈妈出来和那里的工作人员要了一块很大的冰给我，夏天里玩冰真的好开心，比在幼儿园好玩多了。

爷爷的尊严

我的爷爷给我的印象太深了，戴着一顶黑色的瓜皮帽，蓄着八撇胡，有人时给人感觉很严肃。但没别人时，他总是和我笑。印象中我只记得爷爷来过我家一次。

爷爷来了，我不上幼儿园，和爷爷在家玩。我家有一面大木板炕，爷爷在炕上。有时我坐在爷爷的怀里，拿爷爷当汽车，爷爷的手放在膝盖上。我把爷爷的胳膊当车门，打开，关上。爷爷也很开心，因为我是他大孙子。

记得我说："我要骑马。"爷爷让我当马骑。一天玩得很开心。

晚上爸爸妈妈回来了，爸爸问我："爷爷好不？"

我说："好！玩得很好，我还要玩。"

此时，爷爷已经靠着墙，在床上很严肃地坐着。我这时还要开车骑马，爷爷一下子把我拉到一边，说："我是你爷爷。"

我哭了，委屈地说："刚才我还拿你当马呢。"

这时爸爸打了我一下说："那是爷爷，不可以骑。"

当时我真的不明白，这一切为什么变化这么快。后来长大了，我才知道，这是爷爷在家里树立的尊严。

我的童年

第一天上小学

我们家是1960年大调房子时,从对炉山搬到铁东区园林公社的。记得有一天,爸爸骑着自行车从钢校回家,顺道带我到胜利小学,说:"以后你就在这所学校读书了。"当时的胜利小学,有一个二层的主楼和两排独立的平房教室。

1960年,我便进了这所学校,开始了我小学的生涯。

记得第一天上学时,我穿着妈妈给我做的新衣服还非要带上我喜欢的宝剑。最后爸爸妈妈拗不过我,同意我带宝剑。

那天是爸爸把我送到教室的,我一进教室,得来的是一阵嘲笑。

下课时,满操场只有我一个人拿着宝剑玩。后来有几个小朋友要玩,我借给了其中的一个,他拔出宝剑往地上一砍,木质的宝剑断了。本来我想哭,可是,我没哭,我忍住了,只是把宝剑捡了起来,往断处吐了口吐沫,对在了一起。回到教室我也无心听课。放学爸爸来接我时,我把宝剑给了爸爸说:"宝剑断了,是同学给弄断的。"

爸爸说:"断了就断了吧,没打架吗?"我说没有。爸爸笑了说:"这才是好孩子。"

这是我第一天上学。

我在胜利小学学习半年便转到了二一九小学。1948年2月19日是鞍山解放日,所以鞍山最大的公园叫"二一九公园"。旁边的小学叫"二一九小学"。小学是一个三排房子组成的"凹"形建筑。旁边又多了一排八间教室的房子叫"八趟房"。我们来时房子刚刚盖好,有的教室玻璃还没有安上,没有桌椅板凳。西边第二个就是我们的教室。

对于几岁的孩子来说,上学要扛着四腿的板凳(马杌子)、拎着坐的小板凳、背着书包过六七幢楼房,是很困难的。每天肩膀很疼。后来我只扛"马杌子"当桌子,至于凳子嘛,我不拿了。我在学校边上捡两块砖头当坐凳,省了不少劲。后来又有不少同学也跟我学,只拿大凳子,不拿小板凳了。扛了几个月的马杌子,学校才搬来新的桌椅。

在二一九小学我的第一个老师是姓姜的女老师。

在我的记忆中，我记住的第一个字是"爸"字。当老师教我以后，我还没完全学会，回到家之后，我和爸爸说："我今天学会了写你，'爸'字。"

爸爸说："怎么写？"

我就拿出笔写出了一个错的"爸"字。

记得在"父"和"巴"的组成上，打了一个"叉"。"叉"的下面写了一个"日"。

爸爸说："你写错了，'爸'字是这么写的。"他便拿了笔，教我写了一遍。

我和爸爸说："你错了，老师就是这么教的。"

爸爸说："孩子，你写错了。爸爸教的是对的。"

可是我一直弄不明白，是老师教的对还是爸爸教的对。

第二天到学校，我见到老师的第一句话是："姜老师，昨天你教我的'爸'字错了。我爸爸说，'爸'字是那么写的。"记得我刚说完。姜老师说："我教你的是对的。"

后来开家长会的时候。爸爸领着我和老师见了面，说了很多感谢的话。记得老师和爸爸都很客气。

困难时期，父母的大爱

1960年和1961年是我们国家的困难时期，粮食供应非常紧张。听爸爸说，以后家里不做饭了，要吃大食堂。我好高兴！我想：一定是有大饼和火烧了。可是和爸爸妈妈到食堂以后，已经没有饭了。两天了，邻居叔叔阿姨和大爷的话题全是大食堂，后来听说不可能吃大食堂了，还要自己家做饭。

那时粮食不够吃，只有自己想办法。我们家楼下有一个食品加工厂，有一天爸爸来到楼下，看到粮食加工厂外的排风口有不少磨面粉时排出的粉尘。爸爸在通风口处抓了一把闻了一下，笑了，说道："这个可以吃。"

回到家，爸爸拿来了笤帚和面盆，扫了多半盆的粉尘，回来掺了玉米面，发了一大盆面团。

第二天，父母做了两大屉发糕。当时真的高兴，因为发糕是酱红色的，真好看。于是我吃了一大口，没想到这发糕太牙碜，里头沙子很多并带有臭糠的味道，太难吃了！

当时，我们每天的食物是四顿两大碗小米粥，或者大米粥，或者糊头（玉米面面糊）。

每次我先把自己的粥喝完，再把空碗往妈妈的碗上一撞，说："吃完了，不吃了。"每次妈妈都会给我倒上多半碗，只留一小口自己吃。这是我惯用的伎俩。而姐姐总是把自己的粥先放在一边，先吃不好吃的，最后喝粥。

记得有一次一辆给加工厂送粮的马车停在我们家楼下。我见马槽子的稻草里星星点点地有点豆饼渣，便从那里头一点一点地朝外捡了十几个豆饼渣。这时车老板出来看见了，大喝一声，拿着长长的鞭子向我走过来。我一看，抓了两把稻草塞在兜里回头就跑。但车老板还是一鞭子打在了我的身上，很痛。记得那个鞭子甩得很响很响。

回到家后，我把兜里的稻草倒了出来，放到炕上，将稻草捡出，再把剩下那一点点的豆饼渣放到炉子上。一股青烟冒出，煳味很浓。豆饼底下黑了，顶上没熟。我马上用笤帚把豆饼扫到地上，再一点一点捡起来放到嘴里。现在回想起来，生豆味伴着黑煳味太难吃了。可当时我还是感觉味道不错。

有一个星期天，父亲领我去钢校食堂。在倒炉灰的垃圾堆旁有不少大葱皮，父亲用小面袋捡了不少。我很高兴，终于有好吃的了。

这时出来一个肥肥胖胖的穿着白上衣戴着白帽子的老家伙说："这里的东西，不要捡。回家去吃文化吧。"

记得爸爸的眼圈发红，眼瞅着就要哭了，可是父亲还是捡了最后两个葱皮再离开。

回到家，妈妈用水洗干净葱皮，再用开水烫了一遍，剁成馅状，抓了两把玉米面搅在一起，放点酱油、花椒面等调料，做成菜窝窝。我在厨房一直等待，气味好香好香。记得当时是吃了不少。

春天的杨树狗子、榆叶、榆钱、榆树皮和槐树花都是好东西。这些东西加一把苞米面，放一点糖精，做出的菜窝窝头，可是相当不错。

我和妈妈没少去二一九公园山坡上挖野菜，什么墙门菜、婆婆丁、车轱辘菜、蚂蚁菜、酸浆子、芨芨菜、苋菜等种类众多。

那时议价粮站也关门了。

有一天早上，我刚要上学。门口来了一位老太太，给妈妈跪下说："我已经两天没吃饭了，能给一口吃的吗？"我只记得妈妈对我说："你上学去吧。"可是我看着妈妈没有离开，只见妈妈从桶里拿出那么一小把挂面（能有一两多吧），后来又从面里抽出一点点放回桶里。我知道这是给老太太下的挂面，然后我背起书包上学去了。现在回想起来，那两年是真的难熬啊！

　　那时钢校工会太忙，就让爸爸帮忙干些杂事，买电影票什么的，所以爸爸总是带着我去新华电影院和儿童电影院去买票。那些叔叔阿姨和爸爸非常熟悉，当他们在谈这个月都有什么电影时，我就在一旁看电影。

　　有一天爸爸下班，给我一张电影票说："明天早上你自己去新华电影院看电影吧，演《斯大林格勒战役》。苏联的战争片。"哈哈！这是我第一次自己去看电影。

　　第二天早上我五点起来。我妈给我做了馒头，还给了我两瓶汽水。我一个人蹦蹦跶跶来到新华电影院，影片是上下集，那时我只知道苏联是好人，德国鬼子是坏人，没有好房子，全是废墟。后来苏联万炮齐发，坦克马达轰鸣滚滚向前，骑兵骑着战马，挥舞着马刀势不可当。在白色的雪中，苏联军人披着白色的斗篷，喊着口号铺天盖地冲上去。那时非常激动，我只知道，好人胜利了。为了炫耀，我给同学模仿了好几天电影的情节，那真是"连比画带划拉"。

　　大概是1963年吧，我舅舅家的表弟郑琛常来我家。妈妈从台町搬到我们家园林合作社（我们叫"合社"）做缝纫活。缝纫铺旁边有人摆地摊，出租小人书给人看。有的一二分一本，最贵一角一套。每次表弟来，妈妈都给他钱，最多三五毛钱。而郑琛和我总是拿着小人书从园林合社看到胜利合社。那段时间，我和郑琛几乎把所有的小人书都看完了。

　　小人书里波斯人的弯刀和伊斯兰人的胡子，罗马帝国的铠甲和希腊美丽的故事给我留下了很深的印象。小人国的故事也给了我很多的幻想。

　　那时虽然很多的字不认识，但是每一页都认真地看，从图画中去理解故事的发展。

　　小人书中的中国历史故事与战斗场景，在我幼小的心灵深处深深扎下了根。那时我更敬仰的英雄人物是解放军。可以说小时候在我心灵深处有两个伟大的人物形象：一、解放军叔叔、二、警察叔叔。那时候认为，只要有解放军叔叔和警察叔叔，什么事情都好办了。他们那种高大伟岸的形象在我心中已经是根深蒂固了，并且一直保留到今天。

小时候读的第一本小说——《古城春色》

　　我记得非常清楚，1963年我们家的"戏匣子"（"收音机"，我小时候的称呼）是小北京牌电子管的。每到礼拜六的晚上八点钟，几乎是所有的邻居都会围着戏匣子收听周末相声晚会，这已成了惯例。

鞍山市每天《晚间新闻》之后都有一段评书。当时，是由艺术家杨田荣播讲的《古城春色》。

有一天吃完饭之后在收音机旁听到杨田荣说："咱们明天接着讲。"我就不干了，非要继续听不可，哭着叫着别人说什么也不听，逼得爸爸妈妈实在没有办法了，就听见妈妈跟爸爸说："你给电台打个电话吧，看看能不能加播？"现在回想，我当时已经十岁了，这么做真的不应该。

其实这是妈妈把爸爸支出去了。好长时间爸爸回来了，说："播不了了。明天我从图书馆把书借回来，如果电台不播我给你讲。"

第二天爸爸下班回家，一进门。我第一句话就是："书带回来了吗？"

爸爸笑着说："带回来了。"并从拎包里拿出一本《古城春色》。

当天晚上杨田荣讲到"乔连长要冲出包围"，便结束了播送。接着爸爸便拿出了书给我念，念了几回。

我说："不是。你和评书念得不一样。"

之后爸爸说："养成习惯，你自己看吧。"

哈哈！我为难了。我的学习真的不好，语文更是极糟。我打开第一页就发现很多很多的字都不认识。说来也怪，自从给我借这本书以后，我从第一页开始一直往下看，用最简单的方式来理解，不知不觉我竟把一本长篇小说《古城春色》从头看到尾。那是在1963年，我看的第一部长篇小说。虽然内容不是太了解，但我毕竟是把它看完了。爸爸还书的时候用妈妈熨衣服的熨斗子把我弄的折页熨平之后，才把书送回钢校图书馆。

之后爸爸又给我拿回来一本战争小说。名字记不住了。

哈哈！我认识的字突然多了。

有一天晚上，爸爸回来给我拿了一本小说叫《西游补》。

爸爸说："这是《西游记》的后传，还带不少图片，是图文并茂的。"我叫它大小人书。

小人书《西游记》我看过一套，孙悟空在脑海里已经定型了，所以再看《西游补》就不一样了。孙悟空就是一个不穿衣服的猴子。

那时每天晚上我都和爸爸一起看书，爸爸在台灯下学日语，写出一条一条的单词卡片。而我就在一边看小说。这段时间为我以后的阅读打下了基础。

相比较阅读，在小时候我更爱看电影，我看过的电影老鼻子了。

至今我的右手腕还有小时候看电影时留下的伤疤，一见到这个伤疤我就想起小时候看电影的情景。那时学校经常组织各个年级一起看电影。

那天我们年级去儿童电影院看电影，妈妈给我的书包里放了一瓶汽水和一个面包，我和同学拉着手路过胜利合社时，路边有一个被锯断的电线杆根子，同学走到那里都绕过去，而我走到那里时正好一边走，一边回头和同学说话，一下子绊倒了。

书包里的汽水瓶碎了，而我的手正好按在书包上，就在那一瞬间，我的手腕一阵剧痛，正好老师就在我身边，一下子把我拽了起来。我一看手腕子好长的大口子，眼看着血从手腕的大口子中流出来，老师一把捏住我的手腕说：

"血管断了，去医院！"

真怪，只痛一下，我也没哭。

市立医院就在电影院对面，老师领我到了医院，我和老师说："看完病，我要去看电影。"

妈妈就在三百米的园林合社的路边做缝纫活，另外一位老师便把妈妈喊来。

听到医生和妈妈说，我的伤口要缝针，我立刻哭了，哭得很厉害。

我只记得，医生在我的伤口前后左右打了四针麻药。这是我第一次缝针。

我看的第一场足球赛录像

1964年我十一岁时，有一天父亲带我到钢校的物理实验室，说让我看电视。

我问什么叫电视？爸爸说就是小电影。那是一个很大的设备，能有办公桌大，是电子管的，还有不少开关和设备，中上方有一个小屏幕，现在来说就是九寸大小吧。

当时屋里坐了七八位叔叔和阿姨，一同在调试电视机。

后来问爸爸才知道，那时鞍山市电视台只是一种试验发射台，只在礼拜六下午一段时间播放四个小时。当时播放的是一场足球比赛。记得好几位叔叔争得好凶，平时少言寡语的他们今天却争得很厉害。我听不懂他们在争什么。当他们看到进球时又都激动地蹦了起来。那是我看的第一场足球比赛，当时我只记住了一句话："看戏要看梅兰芳，看球要看李惠堂。"

随后播放的是一部电影《母亲》，我现在只记得一个镜头：一个大铁门和一个老妈妈在镜头前痛苦凄惨的表情。

播放电影时看球的叔叔们都走了，我问爸爸："为什么叔叔爱看球，不看电影？"我只记得爸爸说了一句话："孩子，足球好啊！这是男人的世界，力量的象征。"这句话在我的脑海里，留下了永远不可磨灭的印痕。这也是我第一次接触足球。

三四年级，我们的体育课有很长的时间。除了做操、跑步之外，老师会给我们男生发一个足球。女生则跳绳、跳格，男生分两队踢球。

我们班两个守门员，一个是杨金光，一个是吴刚。他们两个是我们班最高的大个，我们叫他俩铁大门。两边的后卫是李家俊、马哲仁等。我们叫他们铁二门。前卫记得好像是崔政新吧，那时前锋叫内锋和外锋，内锋是刘其光等，外锋则是张涛等。他们都是各队的主力，而我们只能踢两脚就被换下。

一次，街道发了一个胶皮足球。楼下本楼的组长（大家叫她老组长，我叫大姨）拿着球到我家说："街道发了个球，就交给黑子领大家玩吧。"

于是，每天我都领着几个小孩踢球。

有一天，我们和另一个单元的单琦和单伟小哥俩踢球，我让单琦把大门，我射门，一脚射歪了。楼下的后院有个小沟，里面有不少的草，我眼瞅着球踢进了草丛里。可是进了草丛也没找到足球。至今回想起来也是个谜。

晚上，我领着振超、永森、永厚到单家和单叔说："球丢了，我踢球，单琦没把住。我们提议再买一个吧。"

单叔说："谁踢的球？"

我说："我踢的。"

单叔笑着说："你踢丢的，为什么让我买？"

我说："单琦没把住大门。"

后来单叔笑着对我说："好啦，不说啦。多少钱？"

我说："三块六。"

单叔进到屋里给我拿出了三块六毛钱。

后来我又到街里小黄楼买了一个足球。

不知怎么爸爸知道了这件事，他领着我，拿着足球，带着三块六毛钱到单叔家，进门就道歉。爸爸和单叔争了好长时间。最后，单叔还是没有收下钱。回来后爸爸给我好一顿教育。

我们班有个姓李的男同学，家长都说他是坏孩子。爸爸也不让我和他玩。

　　有一天下课，我在小河沟抓鱼遇到了他，上课的铃响了，我要回去上课，他拽着不让我上。

　　这是我第一次逃课。晚上放学了，他又拉着我来到教室窗户前，看窗户没关就跳了进去。临走时，在门口拉了一堆屎屎。最后把一张桌子推倒，叫我往里头拉屎屎。正好我也憋不住了，就听了他的话。之后他用笤帚蘸着屎屎往黑板上抹了两下。真是臭气熏天。

　　第二天上课，我一到学校老师就把我拉到一边，说："你昨天晚上是不是来教室了？"我说："是。"之后，他到传达室给我爸爸打电话。

　　爸爸骑车带着妈妈来了（现在回想起来，有时自己还会流泪，真的对不起他们），他们抬着桌子到小河沟把桌子洗干净并用抹布把黑板擦干净。后来爸爸给老师买了一个没打眼的秤杆，给老师当教鞭。老师很高兴。

　　后来每次回姥姥家，亲戚都说二黑子是个厌（淘气）小子，往黑板上抹屎屎。

　　晚上回家以后，爸爸妈妈默默无语。问了我经过，最后说："不要和他在一起。"我说："好吧。"真的不敢跟他在一起玩了。

　　在小学时，我最高兴的是放假到海城农村邓家台姥姥家了。每一个假期，玩得都很开心。在姥姥家最高兴的是放牛。姥姥家小队部有一个叫马号，就是养马和养牛的地方，那里有三头牛，青牦子、红牦子和红好牛。牦子是指雄性的牛，好牛是指雌性的牛。我就喜欢骑红牦子，并和这个牛建立了很深的感情。

　　我的叔伯老舅每次放牛都带着我。他在山坡上放牛，我一面玩一面采山果："山丁子"、山里红、黏枣子和野菜，放完牛我就骑着牛回家。

　　我还学会了赶马车：驾！驾！是前进；捎！捎！是后退；喔喔！是往左拐；跃跃！是右拐；吁！吁！是停。

　　有什么能比得上抓到一只活鸟还高兴的呢？我和表弟郑琛在回高粱地途中，突然有一只大鸟在我前方两米的地面飞过。我反应很快，一下跟了上去，追了好远好远，不知破坏了多少高粱。最后，那只鸟撞到了高粱秆上，我向前一扑，把它抓住了。我和郑琛高兴得不知道说什么好了。回到了姥姥家，仔细看那只鸟，原来它断了一条腿。我用布给它受伤的腿包上，它的腿好细好细，好长好长，可是布包上以后总是掉。这只鸟比鹌鹑大多了，尖尖的嘴比它自己的头长四倍。我强喂高粱米给它，它不吃，吐出来。我到姥爷家要了几条小鱼，强喂到它嘴里。记得第二天放牛的时候，我一直在想着这只受伤的鸟，可是回到姥姥家，发现鸟没了。问姥爷，姥爷说不知道。四十年后我才知道，是姥爷把它下酒了。

小时候，我还在小水坑里捡过不少鸭蛋，在小河沟抓过不少小鱼。记得有一次老舅喊："黄螂子！"我们几个跑过去，一条半尺长的"黄螂子"鱼在浅浅的小沙河被我们赶到小沙窝中抓住，"黄螂子"也叫"嘎牙子""嘎鱼"，全身金黄。

小时候的雪特别大，记得有一年大雪封门，姥姥家所在的村庄，每一家只扫出一条邻里相通的便道。那时，人们真的没事干：一些老人互相串门玩纸牌，小孩儿围在老人旁边，听他们讲那些传奇的故事。记得那时有一家老人病了，大家用松木杆子和绳子做成担架十几个人抬着老人去看病。因为雪太大，坐马车不如人抬。

农村姥爷家的房子给了我太多的童年回忆，可是前几年和表弟郑琛唠嗑，听说郑琛上电大需要一块手表，姥爷竟把三间草房卖了，给孙子郑琛买了一块上海牌手表，自己上马号住了。姥爷和别人就是不一样，1956年拿了不到三千元的辞职金就回老家了。

现在回想起来，我一定是继承了祖辈传统观念和父亲智慧文化的血统，保留了外祖父的性格和母亲善良的基因。

1965年，那时我才十二三岁，记得爸爸妈妈为了安全不让我和姐姐学游泳，我们只有偷偷学，游泳回来太干净了，怕爸爸妈妈知道，没办法，只好在沙堆上玩。

开始我只在边上玩，好长时间也不会。有一次，我大着胆子一点一点倒着往水里退，水到胸脯了，不敢再退了，又走回来，来回几遍就不怕了。最后我记得非常清楚，我一点一点退到水漫上脖子了，一害怕往回一蹿，哈哈！我游回来了！那天在底湖我学会了游泳。

正是我学会了游泳后来才救了姐姐一命。

十二岁时妈妈走了，我和姐姐开始自立

1965年11月7日这天是我人生开始转折的一天。因为我的母亲走了。那时不满十二周岁的我，只记得妈妈很安详地躺在棺材里头。当棺材盖盖上，好长的大钉子钉上的时候，我哭得几乎昏了过去，头疼，无力，脑子一片空白。

从此我也挑起了带妹妹的重担，也知道了什么叫作失去母爱的痛苦，什么叫作没娘的孩子。当有人骂我有娘养无娘教时，我就想杀了他。

母亲走时留下一个背带，我就把妹妹用背带系上，背在肩上。可以说妹妹是在我后背上长大的。怪了，从母亲走了之后，妹妹倒不像以前那样哭得厉害了，也可能是长大了吧。

　　母亲的去世给我带来心灵上的痛苦，但也让姐姐和我变得自立起来。记得母亲去世的第二年，姐姐给我做了一套衣服。而我也不像以前那样磨爸爸了，也开始知道生活了。

　　冬天没有煤了，我和姐姐到电业局宿舍锅炉旁的炉灰中去捡煤核，捡了好几盆（现在还不时和姐姐唠起儿时捡煤核的事和其他往事）。我开始学做饭了，在生活中开始自立自强。

　　爸爸的收藏可以说是一绝，小时候爸爸经常给我讲收藏的知识，在爸爸的熏陶下，我开始了人生的第一次收藏。

　　在我小的时候，经常看爸爸收藏的邮票，爸爸有个很大的本子，是厚厚的硬纸本。他将纸粘成条状纸袋，在里头放了很多很多的邮票，小的只有手指盖大，大的有烟盒那么大。现在回想起来能有几千张吧。邮票上最大面值的写八百圆，最少的一分，有中华人民共和国成立前的，有中华人民共和国成立后的，有新的，有旧的，还有的是很新的，几乎都是套票。记得是十六张一套和二十一张的套票吧。爸爸收藏邮票有好长时间了，我记事时，爸爸就不时地给我讲邮票的故事，并对我说："收藏是一种品味。"

　　我不知道怎么收藏邮票，但我和同学一样开始收藏糖纸、烟盒、剪纸、盖牌、玻璃球……

　　收藏剪纸是找几个本子，把剪纸夹在里面。谁有好剪纸就借来，放在玻璃上，把蜡光纸反铺在上面，用铅笔往上涂抹，显示出来阴暗图形，再用小刀把颜色淡的抠去，剩下的就跟底下的剪纸一样了。记得我收藏了两个剪纸本子。

　　糖纸我也攒了两个本子。

　　盖牌有时没钱买，我就自己做。在胶皮上，照猫画虎，把盖牌上的人画在胶皮板上，刻出模子，用钢笔水、墨汁、印台印在纸板上，并用颜料涂抹。自己感觉不错，可是跟别人换不来，用四五个才能换来一张。这也为我以后的篆刻打下了基础。

　　哈哈！现在回味一下，当时的我是一个真正的败家子。爸爸有很多的书是"绣像全图"线装的书。为了做盖牌，我把很多书的画页撕了下来，用糨糊贴在纸板上做成盖牌。当时可以说是"大宝盖"，我的一个"大宝盖"可以和同学换成好几张盖牌。后来被爸爸发现了，气得他直哆嗦，几次抬起手想打我，最终还是没打，只是骂了我一句："真是个败家子！"

　　爸爸跟我说这是什么书，什么意思，当时我就知道自己错了。

　　我更喜欢攒的是烟盒，同学有的我几乎都有。我有一个绝招就是每个礼拜天的上午，我都领着振超到东山宾馆去捡烟盒。东山宾馆是鞍钢市级的宾馆。小时候我就知道，周总理来鞍山都住在东山宾馆。正常营业时间，这里全国各地的客人都有，所以每次我都能在东山宾馆窗户外捡到我没有收藏到的烟盒，至于垃圾箱，更是我必翻的地方。

我记忆最深的是我在东山宾馆的垃圾箱里捡了一个很新的白塔烟盒，太激动了，所有的同学都没有，我感觉很自豪。我小学五六年级时，收藏烟盒占据了我大部分玩的时间。

我们班有一个同学叫周文安，他有的烟盒我几乎也都有，可是他有一个八九成新的红色犁牛烟的烟盒我却没有，我看到以后便想着要拿到这个烟盒。我用很多的烟盒跟他换，他都不换。最后，我把我最喜欢的十几个烟盒拿出来，背着剩下的能有好几百张不同的烟盒，拿到他那儿跟他换，让他随便挑十张，他不干。最后他开价：二十张才可以换。我一咬牙说可以，然后他挑走了我非常喜欢的二十张烟盒。我把犁牛烟烟盒放在了本子的第一页，第二页就是白塔烟烟盒。

还有一件事，现在回想起来，也是我一生中的一大损失吧。

我大姑的大女儿，也就是我的表姐，从包头来了。我大姑夫和大姑1956年支援三线建设，全家从鞍钢调到了包钢（位于包头）。记得，当时我的表姐和表姐夫带着孩子回来了。伯父和爸爸哭得好厉害。

有一天他们来到了我家。他们的孩子方杰从书架上把爸爸的邮票本子拿了出来，用手去拿。爸爸说手上有油，不可以直接触摸，要用镊子，爸爸便把镊子给他。他又玩我的剪纸、烟盒、糖纸。最后，他把这些都拿出来往兜里放，我说不要放在兜里，他哭了，怎么哄也不行。

爸爸见到表姐夫以后心情非常低落，表情也很痛苦，提到姑姑总是落泪。见方杰非要这些我们收集的东西。说了一句我意想不到的话："孩子，我没什么送你的，我把一生攒的邮票送给你吧。"

表姐夫连忙站了起来，说："不行，不行。"

爸爸说："我真的没什么送你们，就算我送给你的礼物吧。"

表姐夫说什么也不让，但最后爸爸还是把邮票放在了一个袋子里。我一看，一咬牙，把所有的烟盒、糖纸、剪纸全放在了兜子里，都给了他。

我最想象不到的是，过了几天，我和爸爸到伯父家看他们，在要离开的时候，我问方杰："烟盒好玩吗？"

他说："好玩。"并在里面的小屋拿出了几张烟盒叠的牌。我一看，傻了。

我问他："还有吗？"

他说："都没了。"

我问他："糖纸和剪纸呢？"

他说："坏了，没了。"

我最后问他："邮票有吗？"

他从兜里抓出了几张已不成样子的邮票。我看了一眼爸爸，发现他的眼睛红了。爸爸似乎要说什么，但一句话也没说出来。和他们告别之后，爸爸带着我骑着车回家，一路沉默，我只记得和爸爸说了一句话："我要知道这样就不给他了。"爸爸还是一句话没说。

他们走后。父亲几天不声不响，从此爸爸再也不收藏邮票了。

收藏烟盒、糖纸、剪纸的习惯，我也停止了。

那段时间，我感到非常失落。没事就想犁牛、白塔。

母亲去世之后，有的同学常欺负我。我们班一位同学叫陈克斌，他也来自单亲没有母亲的家庭，他比我高大，而我是班里的小排头，他总是欺负我。

六年级时，有一天下大雪，我们学校大清雪。表弟郑琛来了，同学让我拉车，有时喊"驾"，表弟在旁很生气，说："我回去，不玩了。"我也说不干了，我们走了。在三楼的平台上，我们趴在那里很长时间谁也没说话。

最后郑琛说："黑哥，要不我们去打那个小子？"我说："我们俩能打过他。可是你走了，我又打不过他了。"

记得郑琛说："我长大了，一定要成大器。谁敢欺负我，我就宰了他。"

后来，他真的成了大企业家，还给了我很大的帮助。

记得我当时咬牙说："我们一定要成大器！做个人样给他们看看。"

我的少年

我十四岁就开始做买卖

其实我十四岁就开始做买卖了。我家的房子住着两户人，里屋是张叔，是钢校的电工，叫张守福，我叫他张叔。

1966年，张叔是做半导体收音机的，每天晚上都做到下半夜。而我每天晚上都陪着他，坐在旁边一声不吱，看着他用电烙铁焊半导体零件，一坐就是两三个小时。我几乎每天晚上都看到他忙到半夜，最晚时到一两点钟。

爸爸总问张叔："孩子是否讨厌？ 如果碍事，就不要打搅你。"

每次张叔都说："他从来不说话，一点不碍事。"

有时，张叔主动对我说："这是三极管，这是二极管，这是电容器，这是电阻，这是电容……"

有一天，张叔跟爸爸说："给黑小子买点零件，让他自己学习多好。"

爸爸说："可以啊！"

爸爸给张叔五块钱，那个星期天的晚上，张叔给我买回来一支3AG11高频三极管，是军用管；一支二极管；一个磁棒带线圈；两支电阻；一个可变电容器；一个电容器；一对变压器；一副耳机。

当时的五块钱是个不小的数字，因为60年代，爸爸一个月的收入才五六十块钱。买回来之后，张叔给我画了一个半导体线路图。

爸爸的手非常巧，他曾经和伯父学做白铁活，所以有一套做白铁工具。爸爸拿出一个紫铜的大火烙铁，用火烧红，再用扁铲铲下一段，把那小的做成个小火烙铁。

我根据张叔的图纸，在三合板上画出零件相应位置，用锥子打上眼，用铅丝铆上，把火烙铁在厨房煤气火上烧热，再回到屋里焊上底线，再在上面焊上零件。半夜时，我把半导体焊好了。

当我戴上耳机，听到嘎嘎的响声，活动活动零件，又听到了沙沙的信号声。我开始激动了，有点哆嗦。当我听到广播时，都要哭了。

由于铅丝受热，两头松动，零件接触不是太好，又怕把三极管烫坏，于是我用铜丝缠成小弹簧焊在面上，再将三极管往里插，所以接触不是太好。有时，发出嘎嘎的声音。

第二天早晨，我看到爸爸的第一句话就是："爸爸，半导体焊好了。"爸爸装上电池戴上耳机听了一下。

"没动静啊？"

我活动活动电池和三极管。爸爸突然笑了，笑得是那样甜蜜，但没说话。从此，我就开始装半导体了。

在那个年代，没有市场，什么都是国家控制，买卖东西那是投机倒把，是犯法的。不过也许是国家需要科技吧，所以每到礼拜天，在小黄楼门前，总有一些无线电爱好者，买卖半导体零件。

第二个礼拜天，我来到了市场。老叔告诉我，三极管是一块五买的。我带着自己做的半导体，有不少人问我，零件多少钱。我说，不卖。这时我发现旁边有一个人在卖三极管，出价一块八，放大倍数是20P，还赶不上我的。过一会儿又有一个人也在卖，他卖一块三，放大倍数是30P。我脑袋一转。为什么不卖？

正好有一个人问我三极管多少钱？我说一块八，并指着旁边那个人说，他也卖一块八。这个人转了两圈说，我要了，给了我一块八毛钱。我高兴地拿着钱，用一块三买了一个比我原来有的那个还好一点的三极管。

我的磁棒是800MM的，是老叔用五毛钱给我买的，我一看，旁边有个2000MM的断了一段，有1600MM长吧，才要三毛钱。这时有一个人过来问我磁棒多少钱。我说八毛。最后他买走了。我又用三毛钱买来更长的磁棒。

记得那天，我换了不少零件，剩了好几块钱。晚上回家我把钱给爸爸说："爸爸，这是我今天买卖半导体零件得的钱，给你。下个礼拜我还去买卖零件。"

爸爸当时很惊讶，说："这，这样行吗？这不要出事吗？"

我说："那里头人不少啊！"

爸爸到里屋跟张叔说了这个事。

张叔说："黑小子真行，我干了这么长时间也没有卖出这么多。"

我说："你要是拿着半导体，现场现卖，比你放在兜里等人问你，要卖得多了。"

张叔对爸爸说："市场上卖什么都抓，只有卖半导体零件没有人管。"

爸爸啊了一声，默许了，并对我说："这个钱我不给你存，你自己好好保存吧。记住，如果有人管，不让卖，你千万回来。"

我说："放心吧，爸爸。"

之后我跟张叔说："张叔，请你给我画一个四个管的电路图，等我攒到四个管时，我要做个四个管的半导体收音机。"

老叔说："我现在给你画。"不一会儿，就给我画了一个海棠式四管收音机图。

那一个礼拜我满脑子都是四管收音机线路图。真没有想到，只两三个礼拜天我就攒足了四个管收音机的所有零件，还有富余。

那时满市场就我一个小孩，我拿着自己焊的单管机售卖。有不少人买完零件就到我这里试听。那时我有一种说不出的感觉，就感到非常好。

从木箱单管收音机到肥皂盒单管收音机。我现在开始一步到位：直接装四管收音机。当我把零件都凑齐之后，有时间就开始装配、调试。

当有一天，晚上爸爸下班时听到我用自做的木盒装了半导体，高兴地笑了。

爸爸说："这五块钱值了。"

爸爸这时在钢校排班烧锅炉，下放劳动。我缝了个布袋把半导体罩上，爸爸把它背在身上，上夜班时带到锅炉房，就不会显得十分寂寞了。

后来，我积攒了很多的零件，准备装个复式超外差七管收音机。这是个不小的工程。

二楼的张白杨大哥（在北京大学读书）就是玩半导体的，他装的半导体太精美了。他从北京回来后，一直在三楼的平台上拿着半导体找方向调试。我也把我装的大而笨重的家伙拿了出来。

他一看说："零件全淘汰了，到我家里头，我给你点儿。"他家二楼阳台的两个纸箱里有很多电子管、无线电的零件，"你看上什么就拿什么吧。"

我真不好意思，说："把你不用的给我吧。"

他挑出一部分，剩下那么多零件全给我了。而我想不到的是，我的三极管全被二楼的"小发"偷走了。半导体装不上了。

那时发展也很快，才几个月，二十块钱的超外差式十个管半导体收音机都出来了。随之而来，半导体市场也黄了，再后来，锗管开始淘汰了，取而代之的是硅管。

说来也怪，那时我兜里真的有钱，但我除了买过一串三分钱的冰棍之外，那么长时间里没有花过一分零用钱。

1966年，眼看就要小学毕业了。我记得清清楚楚，有一天，我对爸爸说："爸爸，我一定好好学习，长大成人，为你争光。"

爸爸拍拍我的头，笑了。

然后我拿出书和本开始做作业。我从来没这么认真地学习过。然而，就在我刚要好好学习的时候。突然间爸爸和同学，邻居谈话的内容变了。

什么"文化大革命"开始了。周围全是政治的东西，笑话没了、故事没了、历史没了。以前我们家充满了笑声，而现在却严肃得多了。

母亲去世后我们家就成了爸爸和同学、邻居聚会的地方，他们有空会陪着爸爸唠嗑。可以说每一天，我们家最少也有两三位客人，多的时候有七八位。满屋子全是人。

串联进京去见毛主席

记得我家的邻居也是爸爸的同事，范成库。范大爷住在对炉山时就和我家是邻居，搬到了园林我们还是邻居，他几乎天天来我们家陪着爸爸。

那天范大爷家的大儿子范得宽来我家找范大爷，说自己去北京串联接受毛主席的接见。

我一听说要上北京串联见毛主席，便说："大哥，带我去吧，我姐也串联过。"

爸爸说："你太小，不要给大哥添麻烦。"

而范大爷却以命令的口气对范大哥说："你要是够爷们，把黑小子安全带去，再安全带回来。"

范大哥很无奈地看着范大爷说："好吧。"

这时邻居的黄大爷来了。黄大爷是钢校的木工。一听说范大哥要去北京，就说："让玉满也去吧。"

范大爷说："那就让他们哥仨一起去吧。"

黄大爷家有三个儿子，二儿子黄玉武在北京工作。所以黄大爷说让玉满也去北京，正好也可以去看看他二哥。

爸爸到粮站给我起了30斤全国粮票。爸爸有个木盒，里面的钱不多，但他还是从盒子里给我拿了三十四块钱，这可以说是爸爸压箱底的钱。

一个下午，范大哥领着我和玉满到了鞍山火车站。哇，去北京的车已经上不了人了！我们已经上不去了。

这时对面来辆车是去大连的。范大哥说："走，去大连，从大连上车。"因为从鞍山去北京的列车都是从大连发出的。可是，车门是进不去了，人们全从窗户往里爬。

这时范大哥说："黑子，你先上！"就把我从窗户塞了进去。我进去之后，脚蹬着窗框，头往里顶，挤出一个空当。然后范大哥把黄玉满塞了进来。之后，我和黄玉满两个人挤出个空当，范大哥被众人推了进来。

我们三个人坐了一天半的火车才到了大连，因为火车中途一停就是几个小时。到了大连之后，一看，哇！全是人。范大哥说："看到了吗？这一圈就是电影里站着国民党士兵的地方。"（他说的电影名我忘了，好像是《兵临城下》。）

范大哥拿着介绍信找到接待站，过了一会儿出来说："今天走不了了，没有票了，走，到门口去。"

这时大哥拿着介绍信问到什么地方取毛主席像章。有人往旁边一指，在一个铁棚下。凭着介绍信得到了三枚毛主席纪念章。是全金色的小的像章。我当时说："范大哥够吗？不够我的给你。"范大哥："你先戴吧，你什么时候不要再给我。"我直接给了他。

他让我喝开水。我不喝。他说一会儿离开这个饮水处想喝水都喝不到了。好嘛，我喝了一大碗。

在出口处，人流不断地涌出。工作人员接过票把票都放在了铁箱里。我当时想，反正也是不要钱，能拿到票不就可以了嘛。我看了一眼范大哥，脑袋往铁箱里一点。大哥笑了。我趁工作人员回身，一下子抓了一大把票，直接递给范大哥。大哥一愣，没接过票。一把抓住我的胳膊，把我拽到一边，说：

"你胆太大了。"

"反正都不花钱。"

"走吧！"

我们三人过了磨电车铁道。在铁道边上，我打开车票夹（这里有去北京的车票），从里面拿出了三张。

大哥说："走，往里闯，每人一张票。人实在是太多啦！"当时大哥是鞍山第九中学高年级的学生，他在排队时和同龄的学生谈论串联的意义，和他们去北京见毛主席。但是有很多学生没有介绍信，没有车票。他们也想去北京。

下半夜，人们开始往前拥。我们也跟着往前拥。快到铁门时，突然人开始少了，大家开始往里头跑了。旁边一群工作人员和军人正在检票。我跑到跟前说不赶趟了，我手里拿着票不给他看，直接冲了进去。之后，玉满和大哥一起冲了进来。费了好大劲我们才挤进了车厢，在中间的位置上，停了下来。

这时车厢内人已经满了。当时我才知道，什么叫作无立足之地。

大哥看看行李架，说："黑小子，上去。我给你腾个地方。"在矮矮的行李架上，大哥给我挪出了一个不小的地方，把我举了上去。

"哇，好轻松啊！"

大哥说："你先睡吧。"

我说："不，我到鞍山再睡。"

天快亮时，火车就要路过鞍山了。可是我困劲上来了，在行李架上就睡着了。

突然我醒了，见大家都在笑我。我一看，我是在众人的身上，不是在行李架上。原来，我从行李架掉在众人身上时还在睡觉。我已经两天两夜没有睡好觉了，别人把我往行李架放的时候，我醒了。

天已亮了。那时想上厕所，真的很难。我实在过不去，憋哭了，是众人把我传到厕所。

说来也怪，我们谁也没有想到要买吃的，但当我觉得饿的时候，窗门口椅子的背上站出一个头戴白帽、穿白衣服的工作人员，一步一个椅背往前走，并大声说："让开，让开！"只见他一手拿着一把零钱，很快就来到了我们跟前，说，"现在开始卖面包。每人一个，不许多买。"

然后，他一回身在我身后的大面袋子里向外拿面包。那时候的人，真的是难以想象的朴实，我们附近的人，买了面包后要找钱，而门口的人拿着钱往里传，工作人员拿着钱往外传。无数双手互相传递，竟没有一个传错的。那时候的人真的实在，每个人只限买一个，而且不要粮票，就没有一个人买两个的。

经过两天两夜，走走停停，停停走走，我们终于来到了北京。下车以后，我们随着人流来到广场。在接待处，我们把介绍信递了上去，对方返给一个纸条，上面写着"北京石景山区第九中学接待处"。

不记得在几广场了，只记得顺着号码往前走，人太多了。可一回头，就听到范大哥喊黄玉满，原来黄玉满丢了。范大哥站在道边的台阶上喊着黄玉满，可是人太多，声音嘈杂，没有回应。我们又往前走了走，在十字路口，范大哥停下等着，而我一直拽着大哥的衣服。

等了半个小时吧，突然我看到黄玉满了，只见他眼泪汪汪，一瘸一拐走过来，指着腿说："我的腿肿得好粗。"我把裤子撩起一看，哇，像面发的，通红！我们三个慢慢地来到一个广场，那里停了十好几台大客车。我们在接待处拿了车牌，然后上了其中一台大客车，不一会儿，十几台大客车浩浩荡荡地出发了。

坐在车上，我突然眼睛一亮，大声高喊："天安门！"在不太亮的马路上，突然车驶入了天安门广场。灯光映照下的天安门如此明亮！太神圣了！当时汽车在天安门广场绕了一圈，我激动得几乎哭了。"天安门！天安门！天安门！"我一边蹦一边喊，不知是谁带头喊出了"毛主席万岁"，我们跟着喊，车厢沸腾了。

车开了很长的路，来到了北京的郊区石景山第九中学接待处。接待处的工作人员，给我们一个房间。我们进去一看，是个教室。教室一面的地上支起二十厘米高的板架。上面铺着板皮。我们的教室共有八九个人。

天气很冷，教室里没有棉被。早上，我们拿着介绍信到食堂领了两个小馒头、一碗粥、一碟小咸菜，免费的。每天吃过早饭后，就由范大哥领着我们坐公交车，逛北京城，那段时间去了很多的地方。

二十多天了，我只有一套黑色的衣服可以穿。有一天，裤子的膝盖那里磨花了，不小心一抬腿，就裂开了一个大口子。我觉得太难看了，见窗台上有一块抹布，在几层的抹布中我撕下一块比较结实的方布，又从大门口和阿姨借来了针线，把补丁缝在了裤腿下。接着我又找了一块方布，把另一个裤腿磨花的地方缝上。缝完后我用手撕了撕，还挺结实。

有一天晚上，接待处的黑板上写出通知：串联同学，明日有活动。记得上面还写着"禁带杂物"。这时他们开始说："是毛主席要接见我们！"那时我们热血沸腾，有的教室传出"毛主席万岁"的口号声。

第二天，几台大汽车载着我们学生，来到一个机场。当时，机场里已经有很多的人，他们排成三十多排，在跑道边上的草坪上等着。

后来，一辆北京吉普在机场跑道驶过，人们说，快来了。这时大家全都站了起来，我的个子是最矮的一个，他们都是初中以上的学生，而我小学还未毕业，所以我被挤在了最后面。等了半天毛主席没来，大家又乱七八糟地坐了下来。

后来又过去几辆北京吉普。突然，密密麻麻的人群又站了起来，从右面远处传来了"毛主席万岁"的口号声，紧接着全场全喊："毛主席万岁！"人们边喊边拥向跑道，我使出全身力气，也没有挤进去。我往后退了几步，只见几个人头在跑道上闪过，只听到人们全在哭喊："毛主席万岁！毛主席万万岁！"后来，人们的头不断向左转去，右面的人开始散了，左边的人还在喊着："毛主席万岁！"声音向远方延伸。

我记得清清楚楚。有那么多人，他们狂喊，他们拥抱，他们痛哭："我见到毛主席啦！我见到毛主席啦！"

那时地上留下了无数只鞋子、围脖等不少东西，却没有一个人去捡，因为大家都太激动了。来北京就是要见毛主席的，可是我没看到，于是我也哭了，他们的哭是激动引起的，而我的哭是一种委屈。

此时，我们在北京已经待了将近一个月了，第二天，范大哥拿着介绍信换了三张车票，我们一起回到了家乡鞍山。

记得爸爸看到我时，双手把着我的肩膀，脸上挂着微笑，晃了晃我："回来啦！孩子，看你脏得像个乞丐，我领你洗澡去吧。"这时我才注意，我一个月没有洗衣服，没有换衣服，黑裤子还补了两块补丁，没洗脸，没剪头。我回想一下，当时范大哥他们也是那样，看上去好惨哪！

爸爸领着我到了健身浴池，健身浴池在那个年代是鞍山最高档次的浴池了。那时是一角五分钱一张票，一人一张床，有睡衣，有茶水，还可以搓澡，鞍山仅此一家。一个月爸爸只能领我来这里一次。

动荡时期

我有个邻居，我叫他张叔，平时对我很好。有一天，爸爸神秘地对我说："你不要去小屋。"（小屋是我家的仓库）

我说："为什么？"

爸爸没办法，小声对我说："你张叔在那里。"

原来，学生要抓他，没办法，就跑到我家了。他在小屋里待了三天，从我家小屋的窗户正好可以看到他家。

记得爸爸说："孩子，你长大了，你是个男人了，要学会做人，不该说的打死都不说。你千万不要把张叔说出去，否则你就不是我的儿子了。"

我像解放军英雄一样坚定地说："我打死都不说。"

爸爸拍拍我的肩膀，我挺了一下胸。

三天之后，张叔走了，不知上哪儿去了。

在我小的时候，爸爸给我的印象是非常聪明的。因为邻居家的锅碗瓢盆有坏的爸爸都会给他们焊好，他们都说我爸爸的手很巧，更让我自豪的是我爸爸做事总是让人们佩服。又一次邻居家买了个一号大缸，准备渍酸菜用。大缸圆圆的很难拿到楼上去，绳子绑了几回都滑掉，大概因为绳子太短吧。这时爸爸正好下来，黄大爷说："来庆，这个缸怎么绑好？"爸爸走了过去，把缸撬个缝，绳子在缸底一横，又在缸半腰转了一圈一套，缸口一挤，正好不长不短：缸底一横条，缸口一横条，缸中间一个十字花，就把圆圆的缸捆住了。好简单哪，然后用扁担穿过绳子，两人就把缸扛起来了。那时，那些叔叔大爷都笑了。

小时候，爸爸经常讲爷爷生活是如何仔细：一个咸鸭蛋要吃上好几天，有时只拿筷子戳几下，借借味，更从来不乱花钱。

其实爸爸和妈妈在我的印象中真的不一样。爸爸就像爷爷一样，一分钱掰两半花，从来不乱花一分钱，买东西都是捡便宜的买，生活非常仔细。而我的妈妈真是大手大脚，在那个年代做缝纫活，钱也不少挣，可是就是没有余下钱。

表弟郑琛来了，妈妈总是给他钱；姥姥姥爷每次来都不空手，尤其是姥爷，那时他经常来。

母亲去世后，有一天，爸爸跟我说："家里头没有人不行。生活得有人照顾啊！别人给我介绍一个对象，以后就是你继母，姓王，你就叫王姨吧。"

我说："那好啊！"

有一次，爸爸骑车路过站前一个小楼房说，这就是你王姨住的地方。过了一段时间，她到我们家看了一圈之后，什么也没说就走了。我想她可能还会来吧。可是过了几天，她没来。

那天爸爸正好出门办事，我突发奇想，领着几岁的妹妹到了胜利合社，买了一条鲤鱼。这是我第一次买鱼，回到家里以后学着爸爸的样子，把鱼收拾干净。然后往锅里放油，把鱼两面煎黄，再放上一碗准备好的调料，就这样做了一条完整的鱼。那时我才十几岁，也是第一次做鱼。

我领着几岁的妹妹，到了那个小楼前，问一位老太太："哪位是我王姨？"这位老太太说："什么王姨？"我说："是我的继母。"她说："是那个屋吧，你等着。"过了好一会儿，王姨出来了。

在我印象中，王姨应该像妈妈那样慈祥、可爱。可是，王姨却拉了个脸，说："是你爸爸让你来说的吧？"

我当时一愣，说："不是啊，是我自己想的啊。我想你可能爱吃鱼吧，我特意给你做的，这是我第一次做，闻起来可香了。我们一点儿没动，这是整条的。爸爸不知道，他不在家，出门了。"

王姨最后生气地说："你不要说我是你继母！把鱼拿回去！"然后就把门关上了。

来时，我满脑子就等着大人夸我，可是万万想不到，却是遇到一盆冷水。妹妹吓得躲在我后面，抱着我的腿就哭，当时我也哭了。我真的不明白，这一切是为了什么，我对她好都不行。

后来爸爸回来了，爸爸和同学、同事谈得正高兴，突然发现王姨来了。她进门就说："我们的事完了，以后你不要再让孩子给我送东西。"

我当时就来劲了，说："我爸爸不知道，是我自己做的。以后你给我当后妈我还不要呢！"她很生气，而爸爸温和地跟她解释，但还是结束了。

从此，我真的相信那些童话里所写的后妈的可怕。这也给我的心灵留下了很大的伤害。后来爸爸又找了两个阿姨，但是由于我的原因，一直处理不好，都是悲惨的结局。直到我真正懂事后，我才真的后悔。我真正地感到：我最对不起的是我的爸爸。而后来的继母是农村的，但是没因为我出过一点点问题，我做了最大的努力来弥补我因幼稚犯下的过错。

爸爸有一个习惯，就是喝茶。他有个大白搪瓷缸，里面挂着黑红色的茶垢。当时爸爸就喝一种茶：茉莉花茶。我每天的任务就是烧水。爸爸每次都是抓一把花茶放在缸里。由于每天有很多邻居和同学来我家做客，所以每天要喝掉几大暖瓶热水。

爸爸还对我说："茶缸的外面一定要干净，但里面千万不要给我洗。"由此搪瓷缸里面一直挂着一层黑红色的厚厚的茶垢。

很多叔叔大爷对范大爷评价都很高很高！他们评价范大爷办事特别有能力。

别人办不来的事，他去了，进门以后不和别人谈事只和别人抽烟喝茶。临走时说："把事办了吧。"对方说："什么事？"其实对方也知道。范大爷笑着说："哎呀！我都来半天了，你不知道我来干什么？"对方笑了笑，把事情给办好了。每次范大爷来我家都谈天论地，给我印象太深太深。

此外，范大爷还经常出门。有一次，范大爷对爸爸说："过几天出门，给你带铁观音回来。"没几天，范大爷回来了，果然拿着一个圆筒铁罐装的茶叶。

爸爸说："这个好茶给大家喝吧。"大家喝茶的时候，讲的就是茶道：什么春茶、秋茶、花茶、红茶，还讲了大红袍的故事。

给我印象最深的是讲泡茶用的茶具，最好的是用南泥壶，南泥壶泡茶不走茶味。当时我就想：不就是喝茶嘛，哪有这么多的讲究！

我从来不喝茶，因为茶给我的印象太苦，喝了真的睡不着觉。但没有想到长大后我却离不开茶了。

我爸爸有一个同学叫张兆林，是书法老师，他和爸爸非常要好，经常和爸爸在一起谈论书法，也在书法上给我很大的启迪。他用一张大纸写了四个字"指点江山"，被爸爸挂在了墙上。那时我就想：这个字和书上的字差远了！一点也不工整。后来听他们谈论书法时，我多少懂了一点什么是篆书、隶书、楷书、行书、草书。

那时我就在想：字是怎么来的？是老师教的？老师是谁教的？老师的老师是谁教的？第一个字是什么？小时候，书法给我留下了很深的印象。后来长大研究书法时，才知道书法有四大学说。

其实在我的一生中，并没有在学校里学到什么，而是小时候听爸爸的同学、同事和邻居聊文化相关的事情，这些聊天内容给我带来了很多很多的感悟。也正是这些感悟才使我在人生的道路上培养了我的文化品性，为造就我的性格打下了良好的根基，使我走出了自己的人生之路。

书海荡舟

"文化大革命"中是不提倡看古书的，那是"四旧"。而我从"文化大革命"时期开始到后来那些年，最大的收获却是看书。

爸爸有很多书，那时我看了四大名著：《三国志》《水浒传》《西游记》《红楼梦》，此外还有《东周列国志》《封神演义》，还有《家》《春》《秋》《苦菜花》《迎春花》《野火春风斗古城》等革命小说。记得《红旗飘飘》我看了好几集，解放战争在我的心灵中留下了深深的印象。

有一次我问爸爸：

"爸爸，那本《范雎入秦》放哪儿了？"

"就在那一堆书里吧？我好像看到了。"

"那叫范什么？"

我不好意思地说："叫范雎吧。"我以为错了。

记得爸爸笑着问我："这是谁教你的？"

"是顺下来的。"

爸爸说："这个字很少人能顺下来念'雎'。记住孩子，以后看书不要顺，要查字典，否则要误事。文字不是顺的。"

我更喜欢看的是武侠小说，什么《七侠五义》《大八义》《小八义》《十二支金钱镖》《三言二拍》《施公案》《彭公案》《刘公案》《五女兴唐》《薛仁贵征东》《薛丁山征西》《薛刚反唐》《罗通扫北》等。那时的武侠小说大多是"绣像全图"和"增像全图"的线装本。

爸爸每天晚上在台灯下学习日语，而我在一边看书，十点以后爸爸就逼我睡觉了。有时我在台灯下看书正看得高兴，爸爸总是把灯关掉让我睡觉。

记得有一次我看一本古代小说，正看到高兴时，但时间已经很晚了，爸爸不让我看，逼我脱衣睡觉。我躺在被窝里头，打开手电蒙着头看。那时候的电池是不禁用的，看了一会儿灯光就发红了，看不到了。实在没有办法了，我悄悄地起来用书把台灯挡上继续看。天快亮了，爸爸醒了，瞅了我一眼，把灯关掉，催促我睡觉去。

小说中侠义之士给我的印象是终生难忘的，对这些形象的喜爱已经达到了痴迷的程度。但那时的我更想当英雄人物。《钢铁是怎样炼成的》，开篇的那段话，至今四十多年了，我还能倒背如流。

保尔·柯察金，他是我心目中至高无上的英雄。我那时总想像他那样做一个英雄。

距今天已有五十年了，《林海雪原》那首诗"万马军中一小丫……"我可以一字不漏背下来。杨子荣那可是我心中的英雄，是智慧加勇敢的大英雄，那个形象是那么高大，那么淳朴。但现在拍的连续剧里杨子荣的形象和《林海雪原》原著里的杨子荣在我心里的形象大不一样。

《毛主席语录》二百多页我们都能背下来，大家互相提示多少页，对方就能说一共几段并背出来，我的同学和邻居几乎都会背。

这些书里给我印象最深的应该是《鲁滨孙漂流记》。在一个荒岛，鲁滨孙和一个野人在一起生活，给他起名叫星期五。这本书给我太多的联想。

爸爸深蓝色的老版本《十万个为什么》，不得不说是给我幼年的大脑装上了开启知识大门的钥匙。

"文化大革命"期间，我除了读书就是游泳。如果不是我1965年学会了游泳，也许……姐姐，我真的不敢想象……

"文化大革命"刚刚开始的时候，看过一张照片是毛主席在长江穿着睡衣挥手微笑的照片，那是"毛主席横渡长江"。这是我们这代人再熟悉不过的事件了，可以说是家喻户晓。"到大风大浪中去"也是当时流行的口号。

后来家长也不管我们小孩游泳了，而二一九公园又修建了一个游泳湖，那时游泳的人多得就像下饺子。

一天，我和姐姐还有邻居几个小孩去游泳湖游泳，跳水台旁边是深水区，水深有两米，三层台阶。我姐当时只会"打狗刨"的游泳方式。没想到的是，我姐一手捏着鼻子，咕咚一下就从三层的台阶上跳了下去，开始我没注意，可是我一看，我姐一会儿蹿出水面，在水面上闭着眼睛瞎扑腾，还喝了几口水，就在那一瞬间，我喊了一声姐，便跳了下去。我当时个子太矮了，刚入水没游上来，于是我在水下连举带推把姐姐往岸上靠，之后我又蹿出水面换一口气再下去推，就这样我换了四五口气，终于把姐姐推到边上爬上岸了。我上岸之后看到，姐姐坐在台阶上不停地咳嗽。看来她喝了不少水。

现在姐姐还时常讲起小时候游泳的事。她跳下去的时候别人以为她会游泳，如果那天不是我在，真不知道会出什么事情。也许是天意吧。

这次是天意，有一天我在楼下玩，玩累了就坐在门洞旁边窄窄的水泥台上休息，突然隐隐约约听到哭的声音。起初我没注意，后来一听不对劲儿，这声音是从一个井盖翻过来的井里传出来的。在那一瞬间我冲过去，把井盖抬到一边一看，是全子！他是老组长的外孙子。我看到他身子在水里，抬着头在哭，见到我就从水里伸出手。我一下子用最快的速度从旁边的铁磴子下去，用双手把他拽出来，举到外面。那时他才三四岁吧。他的哭声把他的妈妈也吸引过来，正好我从井里爬出来对他妈妈说：

"全子掉到井里了。"

二姐（按辈分我叫他妈妈二姐）说："谢谢你了！"

之后马上抱着冻得哆哆嗦嗦的全子，回家换衣服去了。

我回过头把井盖盖好。那时每一个楼洞门前都有六口井。我重新检查一下其他井的情况，把另外两个有缝的又重新盖好。

后来全子长大了，没少提起这件事。

一天听爸爸说要上班了，现在要复课闹革命了。爸爸上班以后就给我准备上中学的事了。

我的中学生活

1968年6月3日，我们二一九小学六年级的学生便升入到鞍山市第九中学。

刚进学校的那一天，从二一九小学的小房子一下进入有大楼的学校，我还真有点激动。而进入中学首先看到的是：五六个学生右臂系着监督小组的袖标，看着那个在楼梯的小仓房里的草垛上躺着的岁数比较大的人，说是"走资派"。

我们班被编为十四排，班主任是个叫杨常蓉的女老师。小学的二十多个同学又分在了一个班，尤其是杨金光也和我一班，这让我真的好高兴，班上还有李家俊、刘其光等。

当时我的同桌叫商素坤。记得第一天上课时我的《毛主席语录》和《老三篇》没带，她正好多两本，便说："借你一本。"

刚刚到校的头几天，杨老师教我们学习诗歌，并准备排练节目。当时需要一个男的领读，我第一个举手，老师同意了。当时老师教了我两句话："洪流滚滚滴浊水，烈火熊熊焚妖魔。"之后就是同学集体念下面的词句，但是我记不清具体内容了。我学着广播员的声音，全身心地朗诵，老师表扬了我，说我朗诵得好。

当时我是我们班的小排头，王宝玲、王义和我，我们三个男生一般高。我爱站排头，因为当老师喊"向前看齐"时，别人都双手向前平举，而我却只用叉腰。

那时我们的学习内容主要就是《毛主席语录》《老三篇》之类。

我刚刚进入中学，我的姐姐李娥便走上了知识青年下乡道路，到海城县温乡公社，成了一名下乡青年。家里只有爸爸、妹妹和我了。

每天上学，我都要去杨金光家（他家和我家住前后楼），等他和我一起去上学。每天都是我左面背着自己的书包，右面背着他的书包，左右交叉，我跟着他就像是一个活脱脱的小警卫员，他是我少年的首长。我对他的敬仰更缘于我迷恋他的写字：他在黑板上用抹布蘸上水写上大字，再用彩色粉笔勾出，那些字实在太美了！

而"文化大革命"时有一个信号，也是号令，就是当听到第九中学的高音喇叭播放一首歌曲时（当时的歌曲名字忘了，好像是《大海航行靠舵手》），就是有重大事情发生，人们便爬出被窝，穿上衣服，往学校里头跑，集合后便听喇叭广播中央发布重要新闻。之后，就是上街庆祝：喊着口号，唱着歌曲，跳着舞蹈。现在回想起来，就像过节一样。

由于杨老师和我们班同学照了一张合影，被说成是拉拢学生，调离了我们班，之后参加"斗批改"学习班，最后就下乡了。

我们换了一个男班主任，叫李德春。

这时军代表进入学校，我们开始军训。我们的副班长刘其光指挥我们军训。当时我们国家喊出的口号是"深挖洞，广积粮，不称霸"，在学校的操场边上也挖了不少的战壕，并号召学生自己做木枪。每天上学放学，我们都要扛着枪。后来学校做了一个枪架，我们把自己的枪整齐地放在枪架上。每一天，我们都是扛着枪站排、集合、分队、练习、拼刺刀。我们的副班长刘其光在学校拼刺刀很有名。

记得有一次军代表从部队拿来两套防护服和木质枪让我们比赛。男生代表副班长刘其光战胜了所有对手，女生代表黄玉芬也战胜了对手，那天我们都十分激动。

有一天我们班玩大了，中午课间操之后，我们班的同学把所有的凳子靠着墙一层一层地往上摆，搭了三层。崔政新坐在最顶上，装着座山雕说："三爷有令，带溜子。"这时陈万有两臂一张，嘴里喊着"锵、锵、锵、锵、锵……"从门口走过来。全班玩得正高兴，李老师进来了，大家马上把板凳桌椅弄好。

老师好长时间没说话。但开口的第一句话是："你们自己看看，你们像样吗？这是教室吗？"没有一个人说话。后来班长杨金光站了起来。

当时杨金光讲了很多的话。大概是让我们像个样子，做出点成绩。记得他举起手的时候，我发现他的胳膊略有弯曲，但他发言的样子我至今仍有很深的印象，他的形象那么高大。记得他讲了一个故事，讲先进、中间、落后。他讲的时候还带着动作："先进永远领着大家向前走，落后不可怕，只要你拽他，他会跟着你上来。可怕的是中间人，他在前面拽着先进不让你走，你走得太快把我落下了，他又推着后面不让上来。你要上来我不就落后了嘛。所以我们不能做中间人，我们大家都要争当先进，共同前进。"四十多年了，这句话我一直记在心里。也鼓励着我向前奋斗，直至今天。

后来，我们班在班长杨金光和刘其光的带领下，我们十四排成为全校的先进排，步伐整齐，口号响亮。

记得我是第一个把毛主席像摘了下来，系在纽扣上的人。我的双手把着底沿，身后打旗手黄玉芬打着十四班的大旗。我的左右护旗手分别是李彩凤和孙青，她们两个黄色的军装，头戴军帽，脚穿白鞋。之后第一排是四位大个，带领四路纵队，他们是杨金光、张涛、崔政新、卞安生。我们排一出场总是引来阵阵掌声。

有一天，在班长刘其光喊着口号"一、二、三、四"，我们全班跟着喊"一、二、三、四"时，那一瞬间我也没想到我突然喊"提高警惕"，全班便跟着喊了"保卫祖国"，走了几步，我又喊："毛主席，万岁！"全班又喊："万岁！万岁！万岁！"口号伴随着整齐的步伐，威武雄壮。中学的那一年多，我们班的口号全是我领着喊的。

那时我有一个伟大的理想就是长大了要当解放军，像英雄那样穿着军装，胸前挂着冲锋枪，保卫祖国。

我的第一次冒险

有一次我们九中去辽阳市安平公社耿家屯镇建变电所劳动一个半月。那个时候，我总喜欢电棒（手电筒），无论什么时候兜里都塞着一个三节的手电筒，腰中系一条胶皮板带，划上两个口，插上一把磨得很快的螺丝刀。

当时我们吃食堂是用粮票换食堂的饭票。当时一斤的粮票换一张纸十个票，一个票一两。四个票写着细粮，六个票写着粗粮。一个馒头二两细饭票，一个窝头二两粗饭票。那时生活太艰苦了。而耿家屯处于长白山脉，可谓是山连着山，山峦起伏，一望无边，同学都说山上的狼很多，老师也跟我们说不要一个人活动，要集体买东西。

那一天中午刘安平对我说："山上的狼要能打一只那可就有肉吃了。"

望着手中的窝窝头我实在吃不下去了，我说："可以啊！"

这时刘子新和高福选也过来了："听说有肉吃，什么肉？"

我说："刘安平说要打狼吃肉。"

他俩说："我们一起去！"

　　我环视了一周，往左面的高山一指："那个山高，就上那座山，树林大没有人，有狼也在那个地方。"

　　我又买了一个馒头，放在了包里。下午我们四个在劳动时，我看好一个机会对他们三个一歪头，于是我们逐一顺着小道，钻进了树林。我回头见他们三个都上来了便顺着小道的方向开始登山。后来没有道了，我们不得不在山林中穿行。这时我用左手拿出了螺丝刀（因为我是左撇子），顺道告诉他们："你们准备几根木棒。"

　　哈哈！我们四个打狼去了。记得刘子新说："如果看到狼谁也不跑，一定要把狼打死，拽着狼回来。不然狼一叫会引来很多的狼。如果看到一只老虎，我们打不过它，老虎只吃一个人，谁被老虎咬了都不要救，其他人赶紧往回跑。"

　　我说："对！但是如果要是我们把狼打死了，其他狼又来了。我们谁都不要跑，背靠背找时间点火，狼是怕火的。你们两手拿棒子舞动。我看准机会一螺丝刀扎进两个前腿中间，它一下子就死了。"

　　我们一边走，一边唠嗑，不时停下来。听听有没有动静。终于，在三四点钟我们爬到了大山的顶上。这是一座好大的山，顺着山梁拐了一个小弯，前面又是无数个山峰。

　　这时，高福选说："不行了，我们回去吧。太饿了。"

　　我这时从包里拿出一个馒头分成四份，四个人一人一块儿，一口吞下。最后我们决定回去。

　　但是回来的路已找不到了。因为没有路，按照方向来说我们应该绕过山包，过两个梁，就到了我们那座大山了。不是高福选就是刘安平，他俩说："回头，往回走，因为我们家在身后。"

　　我说："是方向，要按照方向走，不是身后。"但是我最后也没说服他们听我的，没办法只有跟着他们往回走，可是越走越不对。

　　我说："我们来时你们见到过这个地方吗？这个地方多么陌生。"他们不说话了，只好往前走。

　　突然过了山包眼前一亮，前面是一面好大的湖啊！水是红色的。

　　我说："这是洗矿的水。不怕，有人家了。"

　　这时天快黑了，我们迷路了。在一个山包上我说："一会儿东一会儿西我们会越走越远，这样吧，我们选准一个方向，我在最头前，我带头。你们跟着，说往哪一方向走？"好长时间大家在选择方向，我看到前方隐隐约约有几条小路，于是我指着右首边的方向说："就这个方向吧。"我一看，一条小道向右侧下去就说，"就走这条小道吧。"（方向对了，否则往左，往右，往后，离公路就远了，天意。）

山峰很大，我走在前面，高福选说话有些哆嗦："狼可别来啊。要是来了我们就完啦。"他说，"我们要不吓吓狼？"于是想大声呼喊。

我说："不！要是狼来了我们不要大声说话，狼听到了我们小声说话，以为我们胆小它会出来的。"

刘安平说："哎呀！要是狼来了就太好了，我太饿了！"

突然间道路越来越窄，再向前走一走就没有路了。我们在树林草丛中穿行，此时天已完全黑了，好在我有一个电棒。我打开手电照照前面，再照照后面。前面越走坡越陡，再往前走已经陡得很厉害了。

这时刘安平拿过了电棒说："我在前面走，可是走了一段时间，就走不下去了。"

我说："不行！绝对不行！如果要是往前走，那很危险。我们要斜着顺着下，不可直接下。否则很危险的。"

就这样我接过了电棒，往我的右侧斜着走下来。走着走着树没了，草没了。电棒也不是很亮了。我不时地照照前面，但前面黑洞洞的什么也看不见。我又往上面照照，他们三个不时地说："注意脚下的石头。"走着走着我发现前面有块石头挡住路了，我们过不去。我告诉他们手拉着手跟着我往下走。不知谁啊的一声，踩掉了一块大石头，那个石头听着像是向山下远处滚去，最后没有声音了。好不容易翻过这个巨石，前面却更危险了。我们手拉着手一步一步斜着走下来。

在手电还有一点点光亮的时候也是我们下山最陡的时候。这时上不着天下不着地，我们几乎悬挂在悬崖上，真的很危险。记得，前面那块石头怎么过我们研究了好长时间。我说不能从下面过（如果从下面过那就不知道什么后果了），上面可以。刘安平在后面托我，翻过了这个石头。又走了一小段，路况好多了，可以把着手斜走了。这时手电筒几乎没电了，我们终于下山来了。

我是在最前头走的，他们三个在我身后。我听到了前面有咳嗽的声音。

我就问了一声："你们谁咳嗽了吗？"

他们说："没有。"

我说："我听到前面有人咳嗽。"

高福选说："你不要吓唬人。"

走过石壁，前面开始有茅草了，之后看到树林了。我在前面摸着往前走，我们捡了三根木棒，三根木棒把我们连在一起。在一片黑暗之中突然我隐隐约约、朦朦胧胧看到前方有一条小路，我兴奋地说："看，有一条小路。"我们刚走上这条小路，电棒就一点电也没有了。

这时我说："你们听，有人咳嗽。"

我刚说完，突然十几个电棒对着我们，大声高喊：

"不许动！动就打死你们。"

"缴枪不杀！"

我说："我们没动。我们没有枪。我们听你们的。"

我又回头跟他们三个说："把木棒丢了。"

过了一会儿眼睛缓过来了，见有好几十人，拿着枪对着我们。

过来一个人，手里拿着短枪，枪口冲着地下，而那些长枪都对着我们。

那个人上来就问："你们谁发的信号？"

我说："我们没发信号。"

"我们都看到了。"

"你不承认，我打死你。"

可能看我们是小孩吧，他并没有把枪抬起来："你们一伙几个人？"

我说："我们就四个人。"

"你们是从山上下来的吗？"

我说："对呀。"

"那不是你们发的信号吗？"

我说："我们真的没有发。"

"走吧。到大队去！"

我、刘安平、高福选、刘子新在中间，两边几十个民兵端着长枪押着我们向前走去。路越来越宽。最后到了一个村庄，也到了他们的大队部。

民兵队长四十多岁，点上一支烟，开始问我们为什么上山。

我原原本本把怎么饿了，怎么想打狼说了一遍。

他们怕我们说谎就挨个问，而此时我第一感觉是好香。我一看，原来是旁边的粮囤里发出来的芳香。

　　我问旁边的一个年轻人，说："这是什么？"他说是棉籽饼。我趁他们不注意，背着手在粮囤里摸了摸，哇！软软的，真吸引人。

　　我趁他们不注意捏了一小块放到嘴里。哇！真的好香好香。那时候屋里是点着油灯，屋里很暗，我的动作也不是十分明显。顺着茬再进到囤里抓了一大把，左右一晃，抓出一把放进兜里。又抓了一把放了进。一共抓了三把。两个兜满满的。

　　这时进来一个人说："你们是九中的吗？"

　　我说："对呀。"

　　他跟队长说："就是他们，找到了。他们是电业局变电所的，下午走丢了。"

　　队长说："啊，那知道了。"

　　又问：那谁发的信号呢？

　　我说："什么信号？"

　　"我们山里不时有特务发信号弹。你们来的地方叫燕尾崖。从来都没人走过，白天都没有人敢过。你们怎么过来的，没摔死你们，太便宜了！你们是从石头顶上过来的，再往下你们就粉身碎骨了。"

　　我说："我明白了。我的电棒现在没电。在山上有时照上面有时照下面。那你们看了可能就是信号吧。"

　　队长一拍桌："对，为了安全，我们送你们回去。"

　　此时只有五六个人了，别的民兵都回家了。好嘛，我们像战败的俘虏一样被他们押着往回走。

　　在路上，我们才知道原来整个耿家屯所有的民兵，都为这事儿紧急集合，进入战斗状态。他们以为燕尾崖出现了敌特，长时间发信号，而全公社的民兵都处于备战的状态。我们的事惊动了整个安平公社。

　　下半夜我们被押回了驻地。第二天他们说饿得受不了了，但是我知道我是饱了。我在公路上有意走在刘子新和高福选前面，趁着民兵不注意不时地吃着棉籽饼，还给刘安平两块。

　　他问我这是什么，在黑暗中，我对他耳根说："棉籽饼。"

　　而耿家屯的这段经历印象太深了，让我终生难忘！

后来，学校开始上文化课了，我们十四排改为一连二排。

教我们化学课的老师叫刘素吉。有一个符号"Mg"是镁的化学元素，老师喊两遍以后我便喊出了一个老母鸡。老师一愣，又喊了一遍："镁的化学元素是 Mg（艾姆基）。"我和同学一起喊，同学喊的是艾姆基，而我却又一次喊出了老母鸡。这时刘老师已经看出了是我喊的，叫我站起来，随着同学的笑声，老师开始问我很多话，却没有批评我。当听说我爸爸是李来庆时，他说："你坐下吧。"

过两天，爸爸下班第一句话是："你太不像话了，刘老师那是我们的同学。所有人都尊重他。你个混小子，竟喊老母鸡。太混蛋了！我告诉你，你一定要向老师道歉。好好地向老师赔礼。如果别人对我这样，你认为好吗？"我知道又错了，爸爸是化学工程师。而我真的在化学方面一无所知，就知道个 Mg，还是因为有个老母鸡的事。后来，我到教导室向刘老师表示歉意。刘老师没等我说完，把我推出来说："算了算了。好好学习就行啦！"

在中学，每一次上课发言，我都第一个举手。点不点名那是老师的事，而我的发言总是在前，总是很积极。

有一天开"斗私批修一闪念"的会，杨金光在黑板上写完后给我们大家讲。如何"斗私"，又如何"批修"。私心高了，修正主义和无政府主义就上来了。之后我第一个开始斗私，我说我上课讲话，不爱学习，犯了无政府主义，希望老师和同学多多帮助。一下子就过去了。

可是后来所谓落后的同学就惨了，第二天，轮到一个女同学，她认为自己没有私心，那时有三四个同学对她提出批评。她不服。我一看她的发言不是"狠斗私字一闪念"，和班长同学讲的不一样，马上高喊："打倒某某某！"全班同学一起高喊，就这一下她哭了。最后她还是进行了自己私心的检讨。现在回想起来，也是给自己上纲上线罢了。过关了。不知道她现在是一提到我仍是恨我，还是忘了。反正在我懂事之后，我为我的无知给她那时带来的伤害一直感到内疚。没办法，那时太小。

记得我突发奇想为了表示我的诚心我还主动写了一份《向毛主席表忠心》。（没想到我们的老班长，杨金光把他四五十年前中学时的日记一直保存到现在，更宝贵的是把我当时这份《向毛主席表忠心》也保存下来，我今天更加佩服他了。）

排委会站在高山望北京

北京城呀太阳升，

太阳就是毛泽东，

毛主席的话儿记心中。

毛主席呀毛主席，

你是世界的希望，

你是人类的救星。

我们紧跟你奋斗终生。

我们紧跟你生死关头向前冲。

向毛主席表忠心

我要在新的学期里好好地学习毛主席著作，学习毛泽东思想，把我在上学期犯的错误和缺点去掉。为保卫毛主席而奋斗终生。

在上学期里我有一种坏的思想，我不偷不摸不打砸抢，我就不会上敌人的当，其实我已经上了敌人的当。毛主席教导我们说，要复课闹革命，可是我却不好好地学习，上了敌人的无政府主义歪风的当。我就犯无政府主义，难道我没上当吗？我完全上当了。如果老师和同学不帮助我的话，我的后果就是不可想象的。我在这里向老师和同学表示感谢，老师和同学帮助我，我不但不接受，反而还以为整我。我很对不起老师和同学的帮助。我在这里向老师和同学赔礼道歉，感谢老师和同学把我从无政府主义的桥梁上拉了回来。我表示再次的感谢。

我一定要在新的学期里恨（狠）斗私心，大杀无政府主义的回马枪，挥起毛泽东思想的千钧棒，把无政府主义打得稀巴烂。

九中一连二排李文钢

之后排委会给我的评价是：

最高指示

发扬成绩纠正错误以利再战

大杀无政府主义的回马枪

我们排四班战士李文钢，以前由于路线斗争觉悟不高，上了阶级敌人的当，搞了无政府主义，通过两打击和学习毛主席的教导，思想有了进步，主动写了这份《向毛主席表忠心》。主动提出要大杀无政府主义的回马枪，这一革命的行动很好。我们排委会和全体红卫兵战士表示最坚决的支持。从这份《向毛主席表忠心》的字迹来看，李文钢同学写得是非常认真的，没有一个坚定的决心，根据他的能力，是写不出这样的文章的。所以我希望四班的全体战士即全排战士加紧对他的帮助，但不要性子过急，他一下子是改不过来的，要用毛泽东思想耐心地帮助他。

排委会八月二十七日

1969年末，爸爸到齐大山下放劳动已经几个月了，家里只有我和妹妹两人。有一天，妹妹说要去看爸爸，我说："好，等到礼拜天我带你去。"现在的交通方便，上哪儿都可以，可是那个年代，出趟门真的不容易。

爸爸有一台自行车是二六的架子，日本富士牌的。鞍座好长，是自行车里最大的，货架也宽。我载着妹妹，从铁东区过立山区再到郊区，直奔樱桃园铁矿。最后在路边的两排红楼中见到了爸爸。

爸爸抱着妹妹哭了好长时间。那天中午，爸爸买了四个菜。直到晚上我们才回家。

学习文化课不长时间我们的命运就发生了变化，我们这届学生不下乡了，要去当工人了。

1969年12月初，社会开始宣传什么抓革命、促生产。听说我们要分配了，怪了，我们不是下乡吗？怎么进工厂呢？

回来跟爸爸说了这件事，他说工厂已经好几年没有进工人了，工厂要想发展必须每年都招收新的徒工，一代一代地传承下去，这样才能把好的技术保留下来。你们赶上这个时机了。

我问爸爸："那以后都不下乡了吗？"爸爸说："工厂留不住那么多人，恐怕还要下乡吧。"

事情来得太突然，我们就要毕业了。有一天，电业局招人，他把我们学校的顶尖人物全招去了。我们班的正副班长、小队长全分配到了电业局。剩下的我们被分配到鞍钢了。

1969年12月18日我们班排委会的几位领导（班干部），被分配到当时市内八大局之一的电业局工作。1969年12月20日我们班的男生被分配到鞍钢供电厂，而女生被分配到鞍钢配件厂。记得大概有三位1954年出生的同学下乡了，记得其中有一位是班里的好学生叫吴小云吧。

　　学生时代结束了，和同学有无数个写不完的故事。历历在目，回味无穷。现在回想起来有时脸红，有时偷笑，有时感慨，有时悔恨……

我的青年

五块钱学会装半导体，救了我一命

1969年12月20日，我永远记着这一天，这一天我长大成人了。因为这天我进入了工厂。虽说是十七岁，其实我是在十几天前刚刚过完十六岁的生日。

进工厂的那一天，爸爸给我做了一套新衣服并给了我一套工作服。

我们从学校集合进入了鞍钢。在鞍钢供电厂会议室，我们听着几位领导的讲话。这可能也是天意吧，我总给人一个不好的印象。我在前两排坐着，后面不时传来声音。我回头一看，见林声坐正大声说话。可能是我回头吧，他也看了我一眼。

"你看什么？"

我没说话，他上来就打了我一个嘴巴子。

虽说是坐着的，打得也不是十分重，也就身边的人能看到吧。可是今天我忍不了！我酝酿了有一分钟，突然一转身，我站在凳子上打了他一下。这一下全礼堂的人都知道了。他打我时没几个人知道，可是我打他时给人的印象太坏了。

记得领导问："他叫什么名字？"

我当时只是一个劲地哭，坐在那里生气。这是我进工厂给所有领导的第一个印象。而后有很多的领导后来说，小李子不坏。

1970年元旦刚过，我便分配到供电二车间，55变电所。我和我们班同学孙善太分在了一起。

头一天到变电所上班，给我们俩分的师傅是徐大有。别的师傅说徐师傅的水平是最高的。

按着我爸爸的指示：少说话，多干活，多学习，有眼力见。之后，我表现得很勤快：烧水、打饭、擦地样样都做，干活我非常勤快，兢兢业业，嘴也甜。徐师傅对我的印象很好。

我就问徐师傅："我们的工作是什么？"

他说："就是拉闸、合闸、停电、送电。"

　　我就问："什么时候教我们？"他说："你着急啦？好吧，从今天起我就教你。变电所分高压、低压和配电盘。配电盘是为高低压服务的。我们的高压室是10000伏。经过变压器我们的低压是500伏。这面是配电盘，那里有不少开关、按钮、仪表。"我们来到配电盘后一看，哇，里头全是电线。当时我想：这么复杂的东西我得记几年啊？

　　过了两三天，徐师傅拿出了图纸，就开始给我讲继电保护的原理。当我听了三遍之后我就用粉笔在地上画了出来，正在琢磨着，徐师傅拍了一下我的肩膀说："你父亲是做什么的？"

　　"是在钢校教化学的。"

　　"你以前学过继电保护吗？"

　　"没有。"

　　"那你为什么画图画得这么好，这么标准？"

　　前几年画过无数次"四管海棠收音机图"。虽然原理不一样，但画图要点还是很接近。我就问他："是不是当电压没有了，这个线圈就没电了，它有一个东西也就没电了？或许是掉了下来，这个接点就通了，这条线路就有电了？"

　　徐师傅笑了："小李子太聪明了！"马上就问我，"那这个线路有电了以后呢？"

　　我说："不知道。"他马上说："这个线圈有电了，"他马上又拿出了一张图纸，"这个接点不就连通了吗？"

　　我似乎明白了点，但又不全明白。我拿着图纸前后左右地看，又从铁箱里头拿出旧的继电器打开一看，啊，明白了。

　　这时我十分感谢爸爸给我五块钱装半导体，给我今天打下了无线电的基础。也许是命运的安排，我不该绝，有了无线电的基础学习就快多了，这些知识也救了我一命。

　　那天徐师傅刚刚教会我不可以带负荷拉断路器，否则会造成三项弧光短路，发生爆炸。虽然我刚刚进工厂并不明白其原理是什么，但我记住了。

　　就在我刚刚记住的当天，徐师傅带着我们，拿着工作票，一项一项地操作，这时来到电压电盘的后面，我想应该把551—552母联开关合上，

　　可是徐师傅却指着离我只有半米的开关说："把552—2拉开。"

　　我手把着刀闸刚要往下摁，多说了一句话："徐师傅，你刚才说不可以带负荷拉闸。那么母联开关不合，拉这个闸不就造成三项弧光短路了吗？"

　　当时突然间，徐师傅手一伸握着我的手说不要动。他的脸变得苍白，汗也下来了，十

分紧张。他拿着工作票又看了一遍说："对，先把母联开关合上。"

现在回想起来，我真的是捡了一条命。如果徐师傅那天不教我不可以带负荷拉断路器，我也就"捏古"了，也像另外两个同学一样被电烧死了。

妹妹从记事开始，就失去了爱

往年的过年，我们家很热闹，可是今年却是那么冷清。全楼都一样，因为有很多的人要下乡了。

1970年，过年的那一天，我和爸爸都不想做饭，围着炉子坐着，烤着两条咸鱼，拿着窝窝头吃不下。

爸爸说："我走了，妹妹就交给你了，要好好带着妹妹。"爸爸的表情非常沮丧。

正在这时，进来一群人，进门也不打招呼，第一句话就是："过完年了吗？准备好了吗？过完年就去接文公社。"

在我印象中爸爸从来对任何人都是客客气气，那一天，我第一次看到爸爸沉着脸说："现在是过年，还没到时候哪，我也没说不去。"

带头的那个胖子在屋里瞅了一眼，说："准备好噢，走！"

我说："爸爸，在学校我没见过这些叔叔啊。"

"他们是工宣队的。"

那天爸爸落泪了，我也哭了。姐姐下乡当知识青年去了，我刚刚进工厂才两三个月父亲就下乡了，走"五七"大军道路。

爸爸走"五七"道路之前，请大爷家带妹妹，她哭得说什么也不爱去。如果说我一生中不能原谅我自己的事情，那就是我对不起妹妹。

妹妹三四岁时，母亲就去世了。无助的心灵，需要的是爱，需要的是关心，需要的是呵护，而她的亲人，因为时代的形势所迫，离开了她，只有一个不成熟的十七岁的哥哥是她唯一的亲人，可是也没有尽到照顾她的责任。

有一个礼拜天她自己回来了，抱着我哭说要跟着我，哪儿也不去。那时她才八岁啊！而我却严厉地对她说，要听爸爸的话，没待多长时间我就让她回大爷家了。我本来应该骑着车子把她送回去的，可我非让她自己从铁东走到铁西的大爷家，她才八岁啊。那时也不知是为什么，我鬼使神差地偷偷跟在她后面，看她干什么。妹妹边走边玩，在红桥的桥洞中，可能是走累了，她休息了一会儿，坐在了地上。而我却冲了上去，打了她两个嘴巴子，妹妹吓得哆嗦在一起，抱着我的腿，抬着头看着我哭。

"哥，干吗打我？"

我第一次感觉我错了，眼睛一热，我双手扶着妹妹的头，仰着头闭着眼睛放声大哭。

妹妹看我哭，她更害怕了："哥，呜呜……哥，呜呜……"

我想起了妈妈那慈祥的微笑和那亲切的面孔，儿时我也抱妈妈的大腿哭。

妈，妈……妈妈啊……

不！不！我摇着头。

我们哭了好长时间。这时我们旁边已经围了不少人。我把鼻涕甩干，把妹妹放到车的前梁上，慢慢地，迷迷糊糊地把她送到了大爷家。

在大爷家她抱着门哭，看着我，无力地，无奈地，喊着"哥哥"。

对于妹妹来说，她是城市里最苦命的孩子，她应拥有的爱没有得到，她不知道什么叫作爱。她应该有温暖，然而她所感受的却是歧视，所以她不知道怎样去做人，她不知道什么是好人，大爷大娘对她再好，她也只知道家里好。

后来爸爸回来后我和他说："除了上夜班外应该把妹妹接回来。"爸爸同意了，妹妹回来了。

那一天，工厂在二一九公园搞活动，我领着妹妹玩，中午大家都买汽水和面包，我的钱不够，最后从王宝玲那里借了五毛钱，妹妹十分高兴。其实我可是借钱必还的，而给妹妹的印象却是没钱就借，借钱就花。这一点做哥哥的没做好，是有责任的。

爸爸希望能够照顾到姐姐，姐姐从温香公社调到了接文公社，就到了爸爸那里。有一天妹妹说要去看爸爸，我就求同学的母亲吴姨，给我开了诊断书，请了两天病假，再加上休息日时间是够了。

那天邻居的几位大一点的女孩说："你妹妹的头发太长了，我们给她剪一剪吧。"

我感谢地说："谢谢你们了！"

其实上班以后，我的头一直是自己剪，我剪头技术还算可以，我也给小朋友剪过头，本来妹妹的头发应当我给剪，可惜我没注意。后来妹妹剪完头回来了，我一看傻了，妹妹的头发被剪得全是大坑。我知道我又错了，我就不应该让她们给妹妹剪头，她们是拿妹妹做实验哪，后来我怎么修也没修好。

第二天我带着妹妹坐车来到海城，在海城的中心转盘那里有二十多个小孩，突然有一个说："你们看，那儿有一个"黑五类"的崽子跑过来！"妹妹吓得抱着我的大腿，我用手指着他们说："干什么？"他们站在那儿不动了。我领着妹妹到了前面的一个饭店休息。

到了接文公社，我们先是见到了姐姐，姐姐没想到我们会来，一见到妹妹的头发就哭得很厉害，姐姐说什么也不让我们去爸爸那儿，说："如果爸爸看到妹妹这个样子，那一定受不了。"这时我感到没有尽到自己的责任，我双手敲打自己的脑袋，发誓要保护好自己的妹妹。

有一天，我到楼下赵大爷家做客，他是市委的木匠。他家的三个儿子和我非常好。

我看见赵大爷在家包沙发。原来市委的沙发坏了，他搬到家里修。我看了很好奇。

我就和赵大爷说："这打沙发难吗？"

赵大爷说："不难！难者不会，会者不难。"

啊，知道了。我顿时感到心里有底了。

那时我就想，我爸的同学老来家里喝茶，我给他们打一对沙发不是挺好吗？有一天爸爸从农村回来。我说："爸爸我给你打一对沙发，等你同学来了，你们坐着沙发喝茶。"

爸爸的表情当时一愣，马上说道："不行！那是资产阶级的思想。我们家庭不准许有资产阶级思想和产物。"

我说："那市里领导他们坐就可以，你们就不可以吗？"

我爸瞅了我一眼说："那是工作需要。"

后来爸爸走了。我到楼下和赵大爷说："我也要学做沙发。"

赵大爷笑着说："你小子，干什么都行。"

我说："那你就借我一把锯吧，别的不用。"

赵大爷从库房里拿出一把大锯，并拿出用纸板做好的样板。我开始做沙发了。

我们楼下小医院，有一个小道木，立在那儿已经好多年了。那天我到那儿把它晃了晃，用绳子绑上，用木棒把它抬了出来，扛到四楼的平台上，绑在铁架上开始用锯破木头。

经过一个月的努力，我把它破成四片，那里全是钉子。有的是棺材钉，那把锯被我拉得有时锯齿都磨平了。我用扁锉伐了无数次才学会了顺锯横锯伐锯齿的技术。现在回想起来，那四块木板真的不成样子。将近二百的方木我想破开成五十的板子，可是每一块最厚的竟有八十，最薄的有二十个厚。

刚开始，我用家中做菜的菜刀当斧头，终于把木架做好了。我又请人做了一个缠弹簧的模子。

我的舅舅在钢丝厂，我又请他找人批了些钢丝，接着我又把弹簧做好。然后上街里买来线麻绳，把弹簧固定好，再用胶皮绳固定好稻草，铺上棉花，又在街上花十二块钱买来一条线毯包上外罩。

一对沙发做好啦！

那天爸爸回来看到了沙发，先是一愣，没说话，后来还是上去坐了坐。然后笑着说："不错嘛。"爸爸的好同学高大爷也来了，他说："黑小子，我家里木头老了，你拉来一车，给我也做一对。"给高大爷打完了沙发，我可剩了不少木头。

1972年还没有打家具做沙发一说。在那个年代我是最早给老百姓打沙发的。

后来我会做沙发的事同学知道、邻居知道、同事知道、朋友知道，大家都知道了。大家都请我给他们打沙发，我的技术也越来越熟练了，到最后，我一天早上开始到晚上八点，我自己一个人就可以做一对沙发。

尺寸样品全在脑袋里头装着：什么火箭式、全包式、鹅头式、半开式，有皮革的，有毯子的，有麻布的，想做成什么样都可以，真是随心所欲。

那时，我给人做沙发的条件只有一个，两个菜就可以了。有时做多我还生气，不让他做，浪费！因为都是圈内的人，我都不收他们的其他费用，但有时有的剩下的木方木板给我，我倒不客气。

我给高光成同学打了两对，他都给他的亲属了。爸爸的同学打了不少，邻居和同事更是不计其数。现在回想起来，那可老鼻子了。

时间一长我便攒了好多木头。什么红松、白松、樟子松、黄花松、楸子、山榆、水曲柳、色木、柞木，那时的菲律宾木现在都叫它红花梨。

之后我还学会了木匠活。木匠活里最难做的是角柜，尤其是横方的卯。有三十度，有九十度和四十五度，有横有竖，我研究了三天才把这个卯研究出来。当我做出来之后，我真的很佩服自己。有时来客人，我就给他讲角柜木头的卯，每次讲完都开心。

我们楼有两支气枪。对面屋的黄玉满有一支，二楼宋叔有一支德国的气枪，枪管是套管的，内管可以抽出。

开始跟他们去玩了两天，上二一九公园打鸟。然而，枪是别人的，玩起来总是不方便。

我想，不如自己买一支。想到这里，我便到黄楼文化用品商店看了看气枪。店里一共有两种气枪。上海工字牌的三十二块几，不是太长，质量要好一点；庄河产的双箭牌三十四块六，样子很好看，枪管很大很长，有点像半自动。我看了好长时间并把两支枪互相对比了一番。我望着那个双箭心里想：明天我就买这把。

回家之后，我第一件事就是把一个木箱子打开，那里头有一分钱、二分钱、五分钱的硬币。我把它们全部放到了大兜子里。这是我多年积攒的储蓄。我一共攒了三回，每一次都能够攒到一百多块钱。这是我第一次积攒的硬币。

第二天上班，在变电所空余的时间，我请我的同学鲁涛和连师父以及刘师父一起帮我分，把一分二分五分全部分开，并卷成一卷一卷。最后把三十四块六角钱放进一个包里，下班后直接到黄楼商店把枪买了回来，还买了两盒子弹。

回到家后我在平台、在屋里不停地打。把木板都打烂了。可是二百发子弹两天就没了。那时一盒子弹，短的五毛几，长的要七毛六，两天内两盒子弹没了。

正好黄玉满他的哥给他做了压子弹的模具，一压一个。我把它借来，拿到了变电所。在垃圾堆里捡来电缆废铅皮放进模具里压，没想到我压了一饭盒。真的很高兴。

以后每次上山打鸟时，我都抓上一大把放在兜里。每次上山的时候别人看我不停地放枪，子弹那么充足，都用惊奇的眼光看我。

后来，有人看到我跟我说，他的子弹不多了，能不能给他两粒。望着他们对子弹渴求的目光，我总是捏出一小把（有三四十粒吧）给他们。这对于他们来说可以玩上两三天了。因为他们没有把握是不开枪的。

而我和他们不一样，每一天都带几百发子弹，看啥打啥。再加上给人、每次回家子弹袋里都是只剩下几粒子弹。

那天下班一进门爸爸回来了，我真高兴，刚说："爸爸回来了？"就见爸爸脸色非常严肃，第一句话就说："听说你买气枪啦？"

我说："对呀！"

之后我从床底下拿出了气枪，交给了爸爸。

爸爸说："我不看。不务正业。你买这气枪出事怎么办？"

我说："这是商店卖的。我是从小黄楼买的。"

到了晚上，我看爸爸老看那支枪，我便把枪从床上拿了下来。给爸爸讲怎么用、怎么上子弹。正好窗户开着，窗外有棵大树。我便对外放了一枪。

爸爸脸上不严肃了，露出了笑脸。

后来有一天我打了十六只串鸡，收拾好后送给大爷，被大爷说了："一个串鸡就是一条生命，杀生不好，另外一个不要老是玩，要学习点什么。"后来枪坏了。我自己把它修好。那几年前后我共玩了三支气枪，之后就不玩了。

不管别人怎么看，我玩儿自己的

1974年，那时我就是个怪人吧，因为在20世纪70年代初人们穿的只是几种颜色，以蓝黑色的为主，剩下是灰的、白的和黄的。很少有人穿其他颜色的服装，只有女人穿其他颜色的，以红为主。

有一天，我在铁西联营二楼的服装处见一堆布料的底下有一卷米黄色的布料。

我便问服务员："这是什么布？"

她说："是卡其布。"

又瞅了我一眼说："那不是布，那是风衣。"

我一愣，问她："是大衣的风衣吗？"

她说："是吧。从来没有人看。就这么一件好几年了。"

我说："你拿出来我看看吧。"

她把风衣递给了我。我非常激动地把它拿了过来。她说："不要打开。"我说："要是风衣我就买了。"在试衣镜前，我把风衣领立了起来，敞开衣服，把右手伸进裤兜，前后左右转了几圈。我感觉这就是一个活生生的侦探！太美了！门外的道路本来就不宽，我这么一照镜子，摆着姿势，好嘛，那么窄的路都堵塞了，所有人都看我。

说来也怪，那时人爱围堆。随着看的人越来越多，我也不好再摆姿势，就把衣服脱了下来。递给服务员说："同志，我求你一件事，这件风衣谁也不要卖，再过十几天我就开工资了，开工资的第一个事我就是买它。请你给我保管好。"

服务员笑了："你放心吧，没人买。这衣服已经放了好几年了。"那几天我两天就去那家店一看，几乎天天晚上想着。每次去服务员第一句话就是："留着呢！"我便笑笑离开了。最后实在是等不及了，我跟师傅说："师傅我有点事，能不能把互助会的钱先借我？我需要二十块钱。"

当我拿到钱后，我第一时间跑到铁西联营。我刚进到店里，那个服务员又说："留着呢！"

我说："不用留，今天我就把它拿走了。开票吧！"

服务员一愣："好的！"

当我把风衣拿出来之后，穿在了身上。在镜子面前照了又照当然又造成了"交通堵塞"。我左手插兜，右手一抬，说声："再见！"拿到衣服后我高兴坏了，走到楼梯边，我又买了一个围脖。

我从联营出来，从里到外没有人不看我的。我骑着车子从铁西到铁东园林。一路上有不少人骑着车子从后面追了上来看我一眼。我给他们的印象太怪了，他们没有见过这样穿衣服的。

爸爸回来后还是那句话："听说你买风衣了？把头也烫了。你不成了怪人了吗？哪有像你这样的。"

我从箱子里拿出了风衣，爸爸看了看。我从他的脸上看不出什么反应，便把风衣穿在了身上，又嘚瑟了两下。

爸爸突然笑了。我看没事，便开始哄爸爸了。

可以说我是鞍山市"文化大革命"时期第一个穿风衣上街的。那时，穿着风衣扛着气枪在二一九公园山上打鸟，真是人生的乐事！

那天下班，我在儿童电影院旁边的寄卖行里看见了一顶蓝色的礼帽。

"那个礼帽多少钱？"

"两元。"

"是新的吗？"

"嘎嘎新的。"

"拿过来我看看。"

在那个年代本来我穿着风衣就已经要怪了。当我把礼帽再扣在头上，就要加上一个"更"字了。我用两块钱拿下了礼帽。

我把风衣领一立，脖子一缩，礼帽一歪。这不就是电影里的特务吗？领子我放下来，胸脯一挺，礼帽一正。这不就是地下工作者吗？

哈哈！我把领子放下来，用右手握着自行车左把，敞开风衣，把左手插进左侧的裤兜里，我尽力地把腰板拔得倍儿直！在街上一走。我真的感到我是共产党的地下工作者了，心里很是开心。

我的单恋

1974年，爸爸从海城县接文公社回来了。爸爸回来后，从钢校调到了鞍山钢铁学院化学基础部。爸爸回来第一个月就跟我说："鞍山钢铁学院举办电子技术学习班，我给你办了一个白票，你到那里去学习吧。那里只是学习，不发结业证，但学习对你有好处，在你工作中对你的工作有一定的帮助。"

我准备好了书包、书本等学习用具后，爸爸给我准备了一套教材。那时一个礼拜只上两个半天的课，星期三和星期六下午正好时间可以。对于我来说，学习很重要，因为我们这代人小学刚毕业就赶上了"文化大革命"，初中没学到什么就毕业了，我本身是电工，学电子技术对于以后一定会有帮助。

学习班在二楼的大阶梯教室，可容纳二百多人。我和身边的一位大哥相识了，他叫顾荣双，后来我们成了好朋友。在我右前方，前两排。有个女学生梳着两个小马尾辫。那天看到她之后，我便不时地发现她也侧着头看我。说来也怪，那时我突然有一种激动的感觉。

时间很快就要过去，因为学习班只有半年。现在已经过去五个月了。有时睡不着觉，我开始产生幻觉。这就是我的初恋吧。

那时，没事就想着她。记得我在"青年商店"，花了九毛多买了一本塑料皮的最好的笔记本。记得我在上面写了一首词《满江红》，但内容记不住了。

还有一个礼拜两节课课程就要结束，之后就是实验课了。

当大家都走出阶梯教室去另外一个楼做实验时，我们走在了最后。在实验室的楼下，我看只有她自己上楼，我便跟了上去。不知道说什么，她到了二楼，我知道这是最后的一次机会，便喊了一嗓子："喂！"

她站在二楼去三楼的楼梯上，我见她停下，便冲了上去。怎么说呢？什么叫作激动？这是我人生第一次有的感觉。我的浑身在颤抖，差点摔倒。

我说："我给你个笔记本你要吗？"

她的脸也很红，看着我。

当时我根本不敢看她，把头低了下来，假装翻书包看笔记本。手放在书包里能有两秒钟吧，回想起来真是漫长。她轻声地说："我要。"

我费了很大的劲，哆哆嗦嗦地把笔记本拿了出来，双手给她。当她接过笔记本，我一转身，不知道怎么下的楼，双手扶着栏杆一步一步，哆哆嗦嗦下来，几乎摔倒。到了楼下，看看没有人，我一下子就坐在了第一阶的楼梯上，休息了好长时间才缓过神来。

时间就是那么慢，我一直等待着礼拜六的到来。

礼拜六的那天，我是第一个到的。我坐在了座位上望着门口。

这时我突然发现她和另外一个女生也从门口进来，直接坐在了我的身后。我回头看了她一眼，她向旁边的女生看了一眼，并拿出了两个本子放在桌上。当时我激动得不知说什么。等我再一回头，她又拿出一个笔记本放在了桌子上。

之后我就在胡思乱想，也不知道老师讲什么。因为下一堂就是实验课，老师说可以不上，这堂课之后就结业了。

当老师说完，起立，同学说再见，人们都开始陆续往外走。我转身看了她一眼，她也看了我一眼，又看了她同学一眼，把三个本子放进了书包。她们两个在前面向门口走去。

往常她那可爱的微笑，今天根本就看不到。因为她是低着头走出教室的。我跟着她走了出来，那时我只有一个愿望，就是她回过头来冲我一笑，哪怕不说话。我幻想着她说也给我一个笔记本。可是她还是低着头和同学走了。当时我的脑袋一片空白，好像身体发空，走路发飘，骑车无力，就像有病身体发烧到三十九度似的。

之后我连续三天没有睡好觉。爸爸问我："你怎么一夜没睡？"我说："不知道啊就是缺觉。"直到第四天，我下夜班，回到家之后，感觉到头很重，一觉睡到晚上爸爸下班，才感觉好多了，

那时我在问自己：我为什么这么做？她为什么不给我一点暗示？

那段时间天天迷迷糊糊，做事也稀里糊涂。后来慢慢地好了一点。

人要活得起，死要死个明白

在我一生中有一件事永远忘不掉。有一天下夜班，在站台围着那么多人交通堵塞了。一听原来是杀人了，一直到中午警察带走了一个怀里抱着一个两三岁孩子的女人。来到了铁东分局，有好多人围着窗户看，但什么也看不到。

后来人都走了只有我一个人还在那里看，这时非常安静，我隐隐约约听到警察在审问：

"说吧！"

我听到了女人的哭声。警察的一句话让我终生难忘："敢作敢当，你现在已经无所谓了，但是你要想想孩子，要给孩子一个交代。'人要活得起，死要死个明白。'"女人的哭声更大了。

这时正好一个警察过来说："你赶紧离开这里！"

我离开铁东分局，在回家的路上，我不断地回想警察那句话，"人要活得起，死要死个明白"。人要活得起，怎样是活得起，那我怎样活着？死要死个明白，人要是在死的时候怎样算是明白？不后悔算不算明白？我想了很多很多。

这句话，好长一段时间忘不掉。"人要活得起，死要死个明白。"这是一个警察对一个知道自己会走向死亡的人说的一句话，却震动了我的心灵。

这句话一直到今天还在激励着我，我活着就要明明白白地活着，知道为了什么而活着，死要明明白白地死去，一辈子不后悔。

其实，有很多东西是我自身体验、感悟出的。这么多年被别人误解，也解释不清楚。记得有一天夜班，我的胃疼得受不了了，我就和值班长荣师傅说："我的胃实在是太疼了。"值班长荣师傅说："我给你要个车到白楼医院看看。"

之后从调度室要来了一台抢修车，送我去医院。工厂的路不好走，全是铁路，一路颠簸。路过鞍钢炼铁厂小卖部，我说："我饿了，我买一瓶罐头吧。"师傅停下车，我用一块五毛六，买了一瓶猪肉罐头。我抹去顶上白白的一层灰油，用螺丝刀把瓶盖撬开。在车上把一瓶罐头吃掉了。说来也怪，吃完以后我就好了、不疼了。等我到了医院检查，啥毛病没有。司机说："大半夜的嘴馋就说嘴馋，干什么大半夜的要抢修车去医院。"我跟他解释，没用。

后来不知为什么，传到了车间。记得开大会时，孙主任说："有的人半夜说肚子疼，要台抢修车买罐头吃。"当时我很生气，我在下面说了一句："我本来就是胃疼的。顺道吃了一瓶罐头就好了，本来我就是有病嘛。"其实，有很多时候，一个人会被另一个人误解。

后来我常常把问题反过来看，心情也就不一样了。后来我悟出来：换个角度看问题，变个方式来分析，错个心态来了解，挪个位子来处理，那结局就不一样了。

在01变电所，本来工作挺好的。但是由于我个性十足，换句话说，不懂事，太实在。不该说的话，我却直说了。

记得革委会主任（厂长）来变电所检查工作。在谈话时，提到了毛泽东伟大："比如说毛主席的诗，'世上无难事，只要肯登攀。'毛主席把过去的'攀登'变成了'登攀'，首先是登然后才是攀。而我们过去总以为先攀后登，比如攀登了科学的高峰……"

我一听憋不住了说："毛主席的世上无难事，只要肯登攀。并不是说先攀后登，先登后攀。主要是根据词牌的韵脚，凯歌还，人间。他是为了韵脚才把'攀登'变成了'登攀'。"

本来大家谈得很热闹，听着主任（厂长）给大家在讲，可是我这一句话，把全场人弄没电了，大家非常尴尬地坐着。当时我只是一个小小值班员，本来应该静静地听着。可是，我不知高低，不知自己的斤两，换句话说，太不懂事了，把主任（厂长）给直溜了。

最后主任（厂长）起身走了，跟着来的十几个人也都走了。

而我们变电所的三个师傅瞅着我都没说话。后来班长说了一句话，我记得清清楚楚："就你明白！"

当时我傻傻地坐在椅子上，真的不明白了。第三天我便被调离了01变电所，又回到了55变电所。

这件事使我长了一点见识。后来慢慢地懂得了什么叫"不应该"。解释的理由千万条，"不应该"只有三个字。

我不应该，在不应该的场合说了应该说的话。

二十一岁发誓开始练字

1974年，我已二十一岁了。如果我再不入团的话就超龄了，一辈子就不能当团员了，所以我准备入团。

当时我写了份入团申请书。好家伙，一份入团申请书我写了五张稿纸，每张纸上只有二三十个字，有的还是错别字。后来李宝振师傅给我重新誊写一遍，并给我好一顿批评。

记得李师傅说："我没念过书，我的字却写得不错。不要求好，能写就行。你看看你，还什么初中毕业呢，申请书都写不了。"

不行！从今以后我要练字了。

我拳头一握砸在了桌子上说："李师傅，我现在就开始练字。你看吧，我一定会写一手好字。"

当时变电所所有表格的大小都如同田字格一样，填表格时我们也都用蘸水钢笔。

从那天开始，我几乎每天都用一两个小时的时间去练字。

主要写的是口号：毛主席万岁，中国共产党万岁，社会主义好，伟大的中国人民解放军万岁等。之后就是写毛主席语录，并开始学写毛泽东的词。

我记得主要反复写的是："四海翻腾云水怒，五洲震荡风雷激。"那时毛主席的三十六首诗词，我可以倒背如流，写得最多的是《满江红·和郭沫若同志》和《沁园春·雪》。

我认为爸爸的字最好看，所以我经常临摹爸爸的钢笔字。

那时根本不知道什么叫书法。以前我常给自己提问题：字是怎么来的？第一个字是谁创造的？为什么要这么写字？这些问题我都回答不了。

当时只知道模仿，后来写草书开始自己创造。

可是过了几天，自己创造的字也不认识了。回到家里，听爸爸的同学给我讲"仓颉造字"。我提了些问题：中国有多少个汉字？他一个人能造出这么多的字吗？第一个字是一吗？那些叔叔大爷也回答不了。

但长辈的探讨也给我带来了很多的启迪，那时就有一个问题一直在我脑子里回旋：第一个字，第一个人，无数个第一都是怎么来的？也许别人都在考虑其他的问题，而就从这时候起，无数个第一的问题一直在我心中萦绕。

后来厂里头搞活动，要讲"三史"。当时我不明白什么是"三史"，心想那可能就是厂史、党史和历史吧。如果这样那我就给讲一下历史吧。历史当然是《封神演义》好多了。当时我也没问。

回到家之后，我用三天时间背下了开篇的诗和姐己入宫、比干挖心、黄飞虎反商。

那次我是在厂礼堂表演，讲了半个小时。讲《封神演义》可以说在中国是开了个先河吧。

现在回想起来，我那时胆子太大了。真的是"虎了吧唧"，不明白事，不明白政治，但是我得到了全场最热烈的掌声。这是全国在那个时期，第一个在公开场合讲《封神演义》，也算是封资修吧。谢天谢地好在没出事。

有一天，堂弟李文恕来到我家，问我："哥哥有钱吗？"我说："没有啊。你要钱干什么？"他说："我要用点钱，去上海买几台自行车，再拿回来卖。"

我说："这可好，但是哥哥没有钱，我只有一百三十多块钱的钢镚，那都是一分二分五分的硬币。"

他说："你给我拿吧。"我便从床底下拎出了兜子交给了他。

"哇！好沉，好沉哪。"

"你拿走吧，到银行去换成纸币。哥哥就这点钱。"

他把钱拿走了。

那时他才十几岁啊，我心里头也挺佩服他。过了一个月，一天晚上八点多钟，我正和爸爸唠嗑，突然文恕扛了一辆二六架子凤凰（卧凤）自行车放进屋里。

爸爸不知道怎回事一愣。我知道，以为就一辆，文恕放下车说："还有三辆。"我和爸爸一起下楼，把另外三辆也扛了上来。文恕说，放一天明天来取。

当时爸爸吓得脸都发白了，还有点哆嗦。

"谁的车？"

"你别问了。"

我便安慰爸爸说："我知道，没问题。不是偷的就行呗！"

"这可是投机倒把啊。"

"哎呀，你就别管了。"

之后我对文恕说："放心吧，没问题！"随后，我便和爸爸关了灯，在黑暗中唠嗑。说心里话，我对文恕还是蛮佩服的，那么小的岁数就知道做生意，比我强多了。

发誓听爸爸的话

那时屋里东西很多，我见楼下姜大爷在楼前盖间小房子。我想，我也在后院盖一间吧。于是我在一个空地上开始挖土，挖了一大堆，又在厂里请人焊了一个铁模子：500长，240宽，12厚。这一块土坯相当于八块红砖。

那个大坑已经被我挖得很大，之后又没有继续挖就有人往里倒垃圾，最后用土摆平。我就开始借手推车，把我们家附近所有的小工厂里的电石粉"嘎斯粑粑"（当时的气焊产生瓦斯的残渣）都推了回来。再加上附近几个锅炉房的炉灰以四比一的比例制成灰砖。经过四个月的努力，我凭着自己一个人的力量把房子盖起来了。

但我也累倒了，记得那天下着小雨，我把最后一块坯上墙脊，把托板往地上一丢就迷迷糊糊地上楼休息了。

爸爸问我："怎么了？"

我说："迷糊。"

爸爸用手一摸说："孩子，你烧得厉害，快上医院。"

我在自行车后架上趴着，爸爸推着我到医院。到医院后一量体温，39.2℃！但住院没有床位，我就在走廊的长椅躺了下来，医生拿来点滴架给我挂点滴。

我永远记着那个夏天，那时我感觉好冷，缩成一团，爸爸坐在长椅上，我的头枕在爸爸的腿上。爸爸看我太冷了就把两只手放在了我的肩上，突然我感到一股暖流在周身流过，全身轻松，心情是那样平静，不知不觉我流泪了。

爸爸一看说："孩子，病毒感冒你哭什么，挂瓶古力兰就好了。"还用手拍着我。

爸爸这么一说，我哭得更厉害了。我终于从内心里感到了父爱。当时我只有一个想法：躺在爸爸的怀里不起来。我以后一定听爸爸的话，不让他生气。我发誓！

盖房子不是容易的事，人字梁上面因为没有主梁，停工了。后楼二楼的邻居问我："怎么停了？"

我说："差个主梁。"

他说："我给你要两根。你是我见到的最勤劳的人了。"之后他给我写个条。拿着他写的条，我在园林处要来两根粗杆。

我用半年时间凭着双手在平地上盖起一间十二平方米的房子。"挖个狗窝，砌起烟筒，迎风石，挡风台，七层锅台八层炕，我把火炕来个革新，一半花洞，一半死洞，扬锹泥一上找平，再抹上三合土擀光。"纯东北农家感觉。

姐姐结婚时，爸爸一点钱也没有。记得我当时给了姐姐三十六块钱吧。离开家时姐姐哭得不像样子，姐夫家没有房，他们用借的房子作为婚房，家里只有两个木箱，箱座也是借的，桌子、两把椅子也是借的。姐夫对我非常好，他是个转业兵。记得到姐姐家的第一天，姐夫从柜里拿出军大衣说："给你穿吧。"军大衣当时是最流行的了！我穿着大衣，在镜子前左照右照，开心极了。姐夫又从柜里拿出两条辽叶烟给我，还将一百二十元的上海手表给了我。

我建好了这个小房后，姐姐就不用租房子了，他们一起搬了过来。

铁打的衙门流水的官，人员调动在变电所是正常的，没人不流动的。我被调到了34变电所，34变电所是为鞍钢给水厂一个水站供电的，变电所和水站只有一墙之隔，中间两扇大门，师傅值班时我就跑到水站唠嗑。

说来也怪，也许是悟性吧，这时我已能侃侃而谈了。当时70年代中期人们还是吃大锅饭，工资才几十元钱，思想相当落后，那时我谈的内容却是与时代不相符的。

记得我举了好多好多的例子，当时他们正在吃饭，我便说："就以饭盒为例吧，我们现在做饭盒的工厂，有多少人在做？如果说要是给他们定额，每多做一个加多少钱，那效益一定会比现在好多了。"

他们大班长对我说："这些话是你自己说的，我们什么都没跟你说，你要对自己的话负责。"我突然感到，哦，我们谈话带有政治的色彩啦。我脸一红，不好意思地回到了变电所。

从此以后，除了工作之外，我再也不去他那水站唠嗑了。在34变电所，让我在独立工作中有了很大的进步。当时变电所当日值班只有两个人工作，值班长和我。记得有两次事故，需要赵师傅处理。他在处理事故时，总是慌乱，而我是值班员，他总会听我的意见。我先说如何处理，拉哪个，合哪个，他总是执行。

我写的第一部小说《77—7图纸》

后来我又调到37变电所，那时55变电所所长刘承德也调了过来。当时37变电所，桌子不好，所长刘承德说："做一个大的桌子，要一米二吧。"那是科桌。我说干个一米六比处桌还大的吧。最后，他说："那就弄一米四的吧。"我们找来木料，打了个四四方方一米四的方桌，对面两头坐人，对开的双头沉。

我没事就在桌子上练习写小说、诗歌、散文等。虽然不太懂，但随着感觉，一直在写。那天，刘师傅说："你写什么？"

我突然冒出一句话说："我要写小说。"

刘师傅一愣："你一个工人，做好你的本职工作，不出事故，这就是你的人生。"

我说："不，一个人活在世上，不但要做好自己本职工作，还要找到生命的价值。正像保尔说的，是整个的生命。不是每天在这儿坐着。"

说来也怪，我当时很肯定地说："一个人在三十四岁前一定要出名。"

他说："为什么？"

我说："这是我对人生的感觉。"

之后我就开始写小说。写什么呢？就写侦探小说吧，写警察的故事。记得那一天写了不少，其中有一段描写公安局大楼门前有一个转盘，转盘前笔直的路旁，长满了鲜花:牡丹，争奇斗艳；月季，迎风招展；芍药，含羞待放；花，醉放着迷人的芳香……回到家里，我还是在不停地写。大本工具本，都快被我写完了。

那天爸爸问我："你在写什么？"

我说："我在写小说，叫《77—7图纸》。故事的开端是一个保密工厂的图纸被偷了，公安局进行案件侦破。图纸是可以被望远镜照着日光灯管反射出来的。特务动手术，把图纸的胶卷藏在了腿里……"

爸爸没等我说完就说："我看看。"

正好翻到了我对公安局门前景色的描写，便问我："你写的是几月份？"

我一愣，顺口说："是五月份吧。"

爸爸问我："你说的这些花都在几月份开？"

我说："不知道。"

爸爸说："你不知道写出来干什么？"

我当时不服，因为在我脑袋里头有个完整的画面，公安局旁边各种鲜花怒放。

爸爸："你不要写不熟悉的，它是会闹出笑话的。你要写熟悉的事、熟悉的人。你可以根据真实的东西去加以修饰。"

我说："那《西游记》里还没有真实的东西呢，孙悟空这个人物也是瞎编的！"

爸爸说："那是集中了所有的智慧才出的名著，是符合逻辑的。你的没有逻辑性。"并指着我的书说，"桂花是八月份开，你五月份怎么能开桂花呢？ 如果你要写今年的夏天好热啊，一场大雪带来了凉意，语言是好听，那要是让人看了，真实吗？"

我不吱声了。

我第二天跑到新华书店在二楼的拐角处，看了一下午关于花的书。连写带画终于把小说中有关花的部分写出来了。后来我一想：就这么几个字我就用一天时间，那这本书什么时候才能写完？ 不写了！

我要写《第三次打击》，写关于继母的故事，可是想了半天：我把这本书写出来，我要告诉人们的是什么？ 我回答不了。唉，不写了。等我找到主题时再说吧。

那一天我终于找到了主题，我要寻找，就写觅吧。《觅》的小标题是"觅途"，我在寻找自己的人生。这本书我写了两个大本子。

记得爸爸问我："你想寻找的人生是什么？ 那人生的目的是什么？"

我又回答不上来了。后来我把那两个本子撕得粉碎，先不写了。那时我有一个爱好，就是收藏旧书。

新华书店旁边有个废品收购站。人们都卖废品，而我却恰恰相反，下夜班后，我便一头扎在废品书堆里，从中去挑有用的书籍。一般都是政治、经济、军事、文化类的书，不挑小说。记得我现在家里保存的1953年往后的《新华月报》合订本有几十本，1956年的《世界知识》有上百本，还有一些历史书籍。我从旧书里也悟出了很多的东西。

好奇，好玩儿，永不闲着

多少年来除了工作，我从来没闲过，总有事做。

伯父和爸爸都喜欢养鱼和养花，而且鱼缸都是自己做的，为防止鱼缸生锈，还把白铁刷上银粉。每年伯父家的大鱼都繁育出不少鱼苗，真的好看、好玩儿。（到今天我还是喜欢花鸟虫鱼。沈阳的几个大的花鸟虫鱼市场的老板都认识我："哈哈！球迷又来狂购啦？"）

记得楼下三哥结婚，我去厨房帮忙，后来厨师看我很勤快，也知道我很有眼力见儿，他需要啥我就递给他啥，就问我："你炒过菜吗？"

我说："我只做过家常菜。"

他说："那你怎么就知道我要什么？"

我说："上一拨你不就是这么炒的吗？"

他说："你太聪明了。"

我记得那个厨师做了"八大锤"和"冰溜白果"这两道菜，比我在别人婚礼场所上所见到的菜更好看、更父子。当时赵大爷说了一句话："这小子看啥会啥，说不定明天就抢你饭碗。"

说来也怪，从此以后我开始迷恋炒菜了。在正常做饭时，我总是按着做席的方式去做饭。后来炒勺我可以前翻、后翻、左翻、右翻。我还学会了挂糖。有一次我竟把冰棍挂上了。那时我是先把冰棍用淀粉裹好，粘上调好的糊，把糖调到起白泡的状态，再把着冰棍往油里头一炸，这时糖已成红色，冰棒往糖里一放，一翻烧，好嘛，糖溜冰棒成功了，之后我就开始为亲戚邻居做席。表弟郑琛结婚时十五桌菜是我一个人做的：三水一篮、四个凉菜、四个熘、四个翘、四个件，这就是一个席。

那时一切消息都来自广播和几样报纸。有一段时间《参考消息》不断地报道世界杯的消息，我开始知道了什么叫世界杯，也知道了不少的球星，这让我真正地开始了解世界杯这一赛事。除了《参考消息》，市报和省报的新闻媒体寥寥无几。

那时楼下赵大哥有一个120的相机，有时大哥领着我们去家附近的公园照相。回来以后就在他的小屋开始洗相片。我想，老用他的相机不好，我自己也买一台吧。那时流行120的海鸥牌和牡丹相机，我便买了一台海鸥的，花了一百二十元。买回来以后，我就开始玩照相机。

自己做的木箱放上红灯泡、白灯泡。先曝光，然后显影，再定影，最后把照片贴在玻璃上让太阳烤，干了便掉了下来。看到自己的作品，我很高兴。随着拍照技术的提升，我已经可以很好地掌握光圈和速度。后来我从厂里捡来个大电表壳。做了一个暗箱，还真的不错，很好看。

1979年我调到16号变电所。16号变电所在郊区，离千山很近，是为眼前山铁矿服务的。变电所孤独地建立在一个半山坡上。旁边有三棵一米多粗的大松树，下面有二十几个坟包。

记得去16号变电所的头一天，赵师傅就说："这里过去是一片坟地，很邪乎。在变电所高压室经常听到奇怪的动静，像是有人吹喇叭和哭的动静。"我不信。

第一个夜班他们都睡觉了，我值班。我来到高压室，隐隐约约听到确实有人在吹喇叭。我有点紧张害怕，再一想不可能啊，要不然赵师傅不敢半夜一个人在这里抄电量。我非常谨慎地开始寻找声音的来源。高压室中间是一个长廊，一个水银灯，确实瘆人。我走到走廊尽头旁边的仓库，向里面一看，哇，全是破烂！我突然发现声音是从破窗户外传来的。啊，我明白了，我来到大门外，把大门打开细细一听，原来吹喇叭的声音是从对面的山坡传来的。

第二天早晨我便对赵师傅说："昨天吹喇叭的鬼我找到了。"

他一愣说："真的？"

我说："昨天我听到了，喇叭声是从山对面传来的。"

"啊，那是一个宿舍，可能是那里人吹的吧。"

他说："这个房子经常有动静，那又是什么？"

我说："不知道。"

有一天临睡觉时，大家又开始聊了一段家常，后来又讲到了鬼的故事，正在这时赵师傅身后的窗户被小风吹开，咣当一声，声音虽然不大，但就在这一瞬间，我眼睛一瞪，很自然地说了一声："啊，你来啦？"

他突然间"啊"的一声尖叫，从床上蹦到地上。双手捂着胸，脸色苍白大喘气。抬着头瞅着天花板，把他吓坏了，过了一会儿，心情都平静下来了就睡觉了。

也就在这时突然房顶上发出"咚"的一声，"咕噜"，又有个小动静，赵师傅吓得抱住了车师傅，车师傅本来眼睛就小，胆也小，这两个人抱在一起的样子好玩透了。

我说："你们不用怕，我上去看看，到底是谁在那里作怪。"

我找来了梯子，爬到了房顶，一看就明白了。原来这里有一个旧的烟筒，是铁皮的，两头发翘，风一吹必定有响声了。我下了房子后，假装神色紧张，对他俩说："啊！太可怕啦。这么老粗，"我用手一比，"那么老高，"我把手抬起来，"脑袋那么大。"我眼睛一瞪，他俩都哆嗦着抱在一起了。我突然间笑了，"啊，我告诉你吧，那是个大烟筒。"他俩这才缓过神来。

半年后，有一天中午我到食堂去打饭，突然间一个女人哭着喊着跑过来，后面跟着不少人也迎面跑来。她哭得很惨，一边跑一边哭，我问后面的人："怎么啦？"后面人告诉我："她的孩子掉坑里了。"这时我跟着他们一起往坑边跑，我是第一个到坑边的。

我问："在什么地方下的河？"这时后面一个小孩指着旁边三米的地方说："在这儿！"

我问旁边的大人："这个坑有多深？"

他说："深的地方有两米多。"

我说："没事！"我脱下衣服，第一个跳到坑里，我一边走一边用脚画圈蹚着，在水深一米六左右，我想一个小孩不会漂太远，我感到这样摸费事，我便憋了一口气，身体放平在水里头平躺。（我在水里憋气还是很厉害的，今年都六十三岁了，前几天还能给他们表演憋气一分多钟。）我知道时间是非常宝贵的。

这时有几个人也下了水，当我第三次从水中钻出来之后，对面下水的人正冲我游过来，他说："在这儿了。"只见他蹲进水里，一下从水里拎出一个小孩子的脚。我也过去用双手把孩子擎出来，送到边上。我一看，这孩子可能是不行了：已经摸不到他的脉搏，我翻开他的双眼，瞳孔已经扩大。我还是给他做了十分钟左右的人工呼吸，但我知道他不行了，一个幼小的生命就这样默默地走了。

那时候我还有个爱好，就是钓鱼。二一九公园由五个湖组成，那时我没事干时就去湖边钓鱼。我将变电所里的废铅皮化成铅水，再倒到用泥做好的小窝里，插上铜丝做出不少铅坠，再用铜丝盘一个螺旋捆上十几个鱼钩。那时的鱼食是用苞米面开水烫成的，制成窝窝头的样子，反复揉捏，遇水而不化。钓鱼时在螺旋上捏个小团，揪出几个小尖放进鱼钩，食指头套个自制的自行车里胎胶皮套圈，把线在空中摇动，甩进湖中，插上竹批，安上铃铛，把线挂入竹批缝隙中，铃铛一响就知道鱼来了。

他们都是从渔具店买来的小铃铛，不太响，而我却是用啤酒瓶盖对在一起，里头放了不少从修理自行车路边捡来的滚珠。点焊，再焊个弹簧就形成了一个非常响的铃铛。有时我用一个铜丝把两个晃荡或是三个晃荡焊在一起，十几盘鱼钩，二三十个晃荡。我往公园湖一走，背着大包，外面露出不少晃荡，有的老鱼迷听见声音了就说："大晃荡来了。"

那时钓的鱼几乎全是白鲢鱼和胖头鱼，每条都有二三斤，有一天我钓了一条有六七斤的鱼，那是我钓到最大的胖头鱼。我还钓过一条有四五斤重的大鲤鱼，我在湖边遛了很长时间才把它提上来。那时钓鱼的成绩还是不错的，几乎不空手。当然了变电所的师傅非常高兴了，尤其是那条大鲤鱼，他们吃得相当开心。

从小我就喜欢军事：爱看打仗的电影，看军事的小人书和故事书。按现在的说法就是个军迷吧。

记得在55变电所时，我把中国边境和越南地图画在了纸上，并标出友谊关、老街、秀内、河内和越南的山脉。

我还画了军事分界线并画上红箭头和三道蓝色的防线，标注了二十万军队参战，二十万军队后备。

李宝振师傅问我："你画的是什么？"

我说："是对越反击战路线图。我们用二十万就可获胜。"

李师傅说："你一个工人也不是军事家，纯粹是瞎胡闹。"

我说："你看我画得对不对吧？"

李师傅说："你问军委主席吧！"

当时我真的不服。

后来我又调到了51变电所，这是个青年所。所长赵宏明是68届下乡回城的，有一天我打开《参考消息》，看到了两版半解密的1969年苏联要对中国核基地进行导弹手术的文章。美国最后为了使中国能够抗衡苏联，说，如果苏联对中国发射核武，那么美国将对苏联一百多个城市进行核报复。

那一段时间我在思考，如果有一天苏联对中国进行核打击，那我们鞍钢作为全国最大的钢铁联合企业，可能是主要的目标吧。如果遭受原子弹了，鞍钢不就没了吗？我也就没了。我现在不是捡了一条命吗？我现在不还活着吗？嗨，人就这样吧！开心点就可以了。

那时我脑中总萦绕着一些问题，第一个人是怎么来的？ 地球是怎么形成的？ 当时我有个幻想。人肯定是诞生于一次星球爆炸，那个星球是个一大块，把前人带来到现在的地球。那如果有一天现在的地球爆炸了，正好我这个地方在空中飘荡，那时候剩下我自己怎么办？ 剩下十个人怎么办？ 我们怎么去生活？ 水、电、煤气都没有啦，我们怎么找水，怎么发电？

那天我和赵宏明说："如果地球爆炸了，我这块还活着，我要领着他们创造人类的奇迹。"

宏明笑了，他对我说："你懂不懂信仰？ 如果说你信基督，那是上帝创造了人类。中国的文化是盘古开天地女娲摇泥人。"

我说："要是人能捏出来，那就捏个大的。"

他说："你慢慢悟吧。"

我还是不明白，我还在思考。

那时我们的工厂开始有夜校学习了，我们在夜校学习电工基础。通过对电的一些理论学习，我们都增长了不少知识。

后来，我听说鞍山成立了文学学习班夜校，每个礼拜两堂课。我一看，正好能错开，我便缴了每个月十五块的学费。那时工资是四十元零五分，我们叫它四十块零个大馒头，学费占去我工资的三分之一还多呀。但通过学习我还真的悟出了很多的东西，我懂得了许多以前不知道的文学知识，文学基础有了很大的提升。

有时下夜校课，因为第二天夜班，所以在下班的路上看到有人在胜利路旁的园林合社下棋，就会在旁边观看，有时一看便到半夜，从不吱声。园林合社门口有位姓车的大哥下棋很厉害，有时会下到天亮，有好几次吧，我也陪他到天亮。因为常看他们下棋，我记住了什么叫作大胆车、单车耳、野鸡挂，现在已经记不清了，当时记老鼻子了！

没记错的话，是1980年10月1日那天，我从夜校出来感慨万千。那天下了一场小雪，也是鞍山市第一次装上发红的路灯，配着白雪。看着这样的情景我在心里呼唤着：啊！ 80年代的第一场雪啊！ 突然感到有一种激情产生，我似乎闻到了春天的气息。看着小雪飘在发红的马路上我想了很多。

那天晚上我写了一篇散文《80年代的第一场雪》，现在只记得一句话：

我们80年代的青年啊，拿什么送给我们的下一代？ 难道要把日伪时期的设备交给下一代，让他们用手中的刺刀去捅钢铁的乌龟壳（坦克）？

1980年，那时我没事就去照相，然而时代的步伐加快，社会上已经开始时兴135相机了，我的120相机开始淘汰。记得有一天，我在公园的一个长凳上坐着，拍了一张自拍，我把照片起名为《盼》，这大概也是我拍过的最后一张黑白照片吧。

后来开始时兴彩色的了，我想如果我要是能把120拍成135那不就不用买135相机了吗？我经过几天的研究决定动手，首先我把照相机的内架糊上黑纸，在左边刻上135照片大小的框，之后又在120的显示框内相反方向刻个同样大小的显示框。我在街上买了一个九块八的120彩色富士胶卷，而135的卷当时的价格是十一块八和十二块四。胶卷牌子主要是柯达和富士。买回来后，窗户挡上我把120的胶卷倒个头，把另一头也粘在底上。

礼拜天爸爸、姐夫、姐姐、妹妹和我一起来到二一九公园。我根据120底片后窗显示孔显示的大中小的点数和一至十六的数字以及已经计算好的数据，我一下子照了二十二张，照完以后，我又把底片反过来，又照了二十二张。共四十四张，比135还多了几张，还更便宜。

照完之后我把底片拿到照相馆，过了几天我去取，他说："已经冲好了，但不能洗照片，因为我们的机器是135的，你120的底片照的是135的小框，照片无法洗出。"

我笑着说："你把中间用剪子一铰不就是两个135的了吗？"

他笑了："我干了几十年了，头一次见到你这样的人。你是搞摄影的吗？"

我说："不是，我是个电工。"

几十年过去了，现在有时看到这些底片还会发笑。谁能把120变成135呢？我也是个怪人吧。

1980年至1982年在我一生中是最胡里八都的几年。我胡里八都和她相识，又胡里八都结婚，又胡里八都离婚，也许是一生中命运的安排吧，说不清道不明。不如不说。

我的初级球迷生涯

1981年那个时候我关注的报纸是《参考消息》，记得连续几天，报纸上集中报道的内容都是关于世界杯的事情。在那时我对十二届世界杯有了初步的了解。

1981年的秋天吧，那一天晚上，贾大姨夫住的里屋传来了足球比赛的声音，这个声音开始改变了我以后的人生。

当时刚刚时兴黑白电视，从九寸换到了十二寸也就用了一年时间吧。里屋大姨夫家用的是十四寸的黑白电视，播放的正是十二届世界杯预选赛。中国队对科威特的比赛。

当时我对足球的认知只有从报纸上寥寥无几的消息上了解到的几个队员，对足球的战术并不懂，只局限于业余玩耍。当时我和大姨夫看得真开心。我不时地喊着："快吊，快吊！射门，射门！"当时中国对科威特3∶0，赢了这场比赛。

之后大姨夫拿着一本叫《贝利自传》的书。哇！球王贝利。大姨夫可是个老球迷，他比我懂得多。看完比赛后我开始关注足球，但那时宣传的不是太多。有过几天中国队对沙特队的比赛。开始记得是输了两个球，后来换下沈祥福和刘利福，换上左树生和陈金刚，五分钟就进一个球，最后4∶2赢了。

从这时开始，我更喜欢足球了。我还开始计算小分，最后以五个净胜球等待着沙特队和新西兰的另一场比赛。然而沙特队上半场就输了五个球，我傻了，这不就完了吗？可是下半场沙特队死守一个球没进，这样我们要和新西兰再打一场了。

1982年1月10日中国队和新西兰的比赛，我们以1∶2的比分丧失了进军西班牙的机会。输球以后我郁闷了好几天。

记得1982年世界杯之前，当时的中央台在下午播放世界杯回顾，我们青年商店（第一百货商店）二楼的电器部，有一台彩电，记得是十四寸或十六寸的吧，尺寸在现在来看并不大。那时我都是看完比赛再去上夜班。有时上夜班去晚了便买一盒烟或者买点吃的给师傅。那时比赛看得真叫高兴。回到所里，给他们讲电视里播放的世界杯。世界杯决赛队伍从十六名到这届增加到二十四名。

1982年，第十二届世界杯在西班牙举行。那时我在33变电所，33变电所在一个低洼处，门口是个很大的坡，坡上是一排铁道，过了铁道一排帐篷，是020部队。那时我经常给师傅打汽水，而我每到汽水站，总能要一暖瓶糖浆回来。

那一天夜班，师傅说："小李子，去要一瓶糖浆吧。"我拎着暖瓶过了铁道，路过帐篷时突然听到足球比赛的声音，还有不少人大声喧哗。我一听足球，便扒着帐篷的窗户看着里面，帐篷里有一个十八寸大小的彩电。我也忘了去打水，直到看完比赛。最后我拿着一瓶糖浆回来时，师傅脸色极其难看。

"怎么打汽水去这么长时间，脱这么长时间的岗？"从此以后，师傅不让我打汽水了。有时我有意地把电炉子弄坏，不能烧水。师傅渴得没办法还得让我去打。

这时我就会说："回来晚一点，今天晚上有足球比赛。就在对面那个帐篷，有事喊我好了。"为了让师傅高兴，我还要在网兜里装两个饭盒，一瓶糖浆两盒汽水。有时为了看比赛我还要带一盒烟给汽水站。

1982年的世界杯给我的印象太深了。济科的任意球。尤其是后来意大利金童子罗西，半决赛对波兰和决赛对西德，他在禁区的表现让我彻底折服。

我更加佩服烟斗教练贝巴尔佐特，他带的队伍组建得最晚，世界杯之前一个月才成立国家队，为的就是等待坐球监的罗西。罗西一宣布解监贝巴尔佐特就宣布成立国家队。这种做法引来了争议，但他坚持自己的个性，跌跌撞撞将队伍带入西班牙世界杯，最后捧得世界杯奖杯。记得世界杯之后我专门收集有关足球的资料，更关心的是罗西的信息。没想到这些信息也为后来在球迷角侃球时打下基础。

我开始正式做买卖

1983年姐夫单位给分了个房子，在铁西大西街。那是一个老房子。门前有个自然形成的小市场。有一天，姐姐说："挣点钱吧！"

我说："可以啊！"姐姐家的邻居给姐姐带来一大包小布片，是幼儿衣服的用料。做一套衣服一角五分钱。我和姐姐两个人开始做衣服。起初，一天只能做几件。姐姐累了做饭，我便接着做（妈妈留下一台缝纫机，我从小就会缝纫活）。姐姐除了礼拜天全天做衣服，平时都是晚上做。而我需要倒班，一个礼拜只上两个白天两个夜班，我们一个礼拜做了二十套幼儿服装，才挣三块钱。

一个礼拜天，我和姐姐说："干这个活太累不挣钱。那边有个小市场，我们去买点菜吧？"

姐夫说："好啊。"正好这时姐姐已把小衣服做完了，我们三个便来到市场，一问，芸豆两毛七一斤，我指着一堆说："这一堆全要多少钱？"他说："两毛五。"

我说："两毛四我全要了。"

他说："行！"

我就爽快地把它买了下来。我和姐姐、姐夫不一会儿就用两毛七卖了出去。但是查钱时发现不对，买的和卖的正好本钱。剩下两斤芸豆，应该剩一元多啊。

啊！明白了。原来是大秤来，小秤去，一下就带进去了，好在赚了一顿白吃芸豆。

第二个礼拜，卖蒜薹赚了一块钱。又过了一个礼拜，姐夫一指那筐桃，说："不错，我们包下来。"可是卖一半时，那人又拉了一包来。

他从哪儿上的？他一定是在火车站批发市场批的。批发市场从哪儿来的？那一定是农村收的。

我和姐夫说："下礼拜天我去腾熬卜。"

礼拜天的早上两点钟，我骑车子来到郊区腾熬卜。以三毛一的价钱买来几斤蒜薹，这里的价钱和我们市场几乎一样，不行，我又到几十公里外的牛庄去，来到牛庄，一看价钱，也差不多少。买了一点芸豆，回来保本。还是在本地市场批发吧。

那天我在站前批了一筐桃，戴个大草帽，坐在小板凳上，还准备了一个毛刷放在旁边。我周围有很多人都卖水果和蔬菜。这时一个女同志过来挑桃，我便用小毛刷把桃刷得干干净净。这时又有人过来，又过来挑桃，我用最快速度把第一个人的桃称完，开始给第二个人刷桃。

说来也怪，人越多越有人买。卖得也快，很快我的一筐卖完了，旁边的人才卖了一点。其实我给客人刷毛桃只不过给我做广告罢了。

记得那个时期，吃水果和蔬菜真的是方便。姐姐家动迁了，姐姐搬到了姐夫的老家宁远屯。那天我到二台子，无意中来到兔子市场。一看，一只兔子要一百二十块钱，我一想，有赚头。

头一个礼拜我整整一天在兔市转悠。专门找一些岁数小的卖家和他们唠嗑，偷着学习养兔子的经验。那时你和他说一声"小师傅"，他就高兴得受不了，什么都跟你说。

第二个礼拜我几乎整天泡在新华书店，去看有关养兔子的书，还买了几本在工作中看。只用了两个礼拜，我便从理论上掌握了兔子的种类、习性。接着我就开始下手了。那个礼拜天，我转悠了一天，也没有见到合适的兔子，快下行了。

就在我要离开时，突然从马路的那边来了一位，他推着自行车，后面有个好大的笼子，笼子里有很多大兔子。这时人们都围了上来。问："多少钱一只？"他说："比利时马兔，原价一百二，我今天只要八十。法国公羊就贵了。"人们围着他，七嘴八舌地议论，我看今天他的兔子是最大的，真是爱不释手。这时候人们也蠢蠢欲动。

我感到机会来了。

我便上来说："你养得好好的兔子为什么要卖？"

他瞅着我说："没地养了。"

我说："你把门打开。"

他把门打开，我伸手摸了一下最大的那只比利时马兔的耳根说："你这兔子有病了、发烧。兔子得的是耳螨，流黄鼻涕、烂爪。你这一只兔子会感染你的全窝。"

他说："对呀，你怎么知道？"

我说："我一摸就知道，不用看。你这兔子只能吃肉了。弄不好，两天就死。"

他叹了口气说："你说得太对了，不瞒你说，从上个礼拜起，已经死好几只了。这只都蔫巴得不行了。反正在我手里也不行了，所以我把它拿来卖了。"

后来人们陆陆续续地走了。只有我和他还有两个小孩。

在他要走时我说了一句话："要不把兔子卖给我？"

他无奈地看着我没说话。我说："回去后，你这兔子百分之百地就死了。"他摇摇头说："家里还有啊，兔子就怕得病啊！真是长毛喘气不算财啊。不会养不行，教我都学不会。"

我说："你拿回去不是把别的兔子都感染了吗？卖我吧！"

他说："那就二十块钱一只吧。"

我说："太贵了，我就给你十块钱一只吧。"

后来我用一百块钱买下了八只大种兔。后来我跟他说："这笼子也给我吧。"

他说："做这个笼子和这铁筋你没有五十块钱做不下来。"

我说："再给你二十块钱，就全来啦！"

他说："行！"

他帮我把笼子抬到我的自行车上。我推着车子来到药店，买了两盒庆大霉素，还有针管、镊子、呋喃西林和敌百虫。

我高兴地推着车子来到宁远屯姐姐家，一进大门就喊："姐夫，过来帮忙！"姐夫过来卸下兔子。哇，八只大兔子在院子里乱跑。我把东西放好后，开始一只一只治疗。首先用喷雾器把调好的敌百虫往它们的毛里头喷洒，又用敌百虫、呋喃西林合成水用镊子给兔子耳朵消毒。并用镊子蘸着棉球从耳头里头往外掏螨虫。哇，好臭好臭，之后灌进药水，再用黄泥对上敌百虫将烂爪子用布包上。

我太厉害了！一个礼拜前发蔫的兔子，现在个个活蹦乱跳。后来我便在姐姐家院内的菜地里挖了个地洞，里面砌上了兔窝。

礼拜天我就带着一只大兔子装在我做好的小铁笼里来到了兔市。我不在人多的地方，我把车子支上，把兔子放在笼上，我把兔子摸赐摸赐，使它放长。"哇，好大的一个兔子！"

这时人们便围了过来，大堆的人开始向我集中。正好有人问我兔子的价格，我就开始跟他讲兔子的种类、习性等。最后我起价两百四十元，以一百二十元成交。我高兴地回到家里。

那时我就住在姐姐家开始养兔子了。八只兔子里有一只腿有毛病，我就干脆把它吃了。卖了一只剩下六只：四只母兔，两只公兔。我开始繁殖兔子。

为了增加品种。我开始到外地收兔子。有两件事让我终生难忘，那天下夜班，我到长途汽车站，准备到摩云山郊区收兔子。下车以后，一个沟一个村子地顺路往前走，走到下午也没有见到好兔子。终于在一个农家，我见到了两只小兔崽，是美国加利福尼亚品种，刚出窝有两个礼拜吧。我出十元钱买下了。因为走了整整一天，在回来的路上两条腿像灌了铅，大腿疼得厉害，抬不动。回去后我把两个小兔崽养大，又多了一个品种。

为了收兔子我曾经到过熊岳却空手而回。

没有想到的是有一天早上，姐姐把我喊起来，说："我告诉你一件事，你不要着急，兔子被人偷了。"

到了兔窝边，我一看傻眼了：空空的兔笼，只有几窝兔崽，种兔全没了。我呆呆地站着，然后把牙一咬，心里想：我要把他抓到，我要把他废了！

后来我又进了几只兔子。记得我从朋友手里拿来了宝剑。那个夜晚，我上了房顶，睡到下半夜。就等着他们再次到来。可是没有人来。第二天我找来了一些钢筋，用锤子把它拍扁，并用锉子把它锉成带有倒枪刺的非常尖锐的钢针，有十六根，半尺多长。我把它固定在木板上，挖了一个陷坑在兔窝门口，顶上做好伪装。回去跟姐姐说："千万要记住，喂食时一定把铁板放上，否则会出事的。那里有个陷阱。"

姐姐说："不行。"

我说："你注意就行啦！"

有一个早上，姐姐说："食都和好了，你起来把兔子喂了。我上班不赶趟了（以前都是姐姐喂）。"我迷迷糊糊穿好衣服来到兔舍，打开门顺着台阶下去，就在我最后一脚迈下来时，我突然间惊醒，那一瞬间忽然想起铁板没铺，还没有踩下去，我就"啊"一声，可是已经晚了。一脚下去我便掉进陷阱了。

当时只感到一阵剧痛，酸胀的感觉从脚下传来，痛遍全身。我喊了一声："姐啊！"便倒在了兔舍。姐姐来了以后，姐夫和邻居老四也来帮忙，他们拿镐头、铁锹把坑边的砖挖掉，把木板抬了出来。我低头一看：哇！我的右脚背上露出一根钢针，后脚跟扎了几根。老四拿来钢锯，姐夫把着木板，老四把露在脚背的倒枪刺锯掉。每拉一下我就哆嗦一下。

我说："一定要快，使劲往外拽！"

姐夫一使劲便把钢针拔了出去。我"啊"的一声倒在了兔舍。到医院后医生用棉球往伤口里头擦，我浑身痛得哆嗦。

大夫说："马上就好。"

我说："马下也痛啊。"

大夫笑了。

之后我浑身颤抖开玩笑地说："我说，我说，我全说，我的同党是一位大夫。是他给我看的脚。"

大夫大笑得停了一下说："第一次看到你这样快乐的人。"

我说："害人如害己，我这是自找的。"

离开医院后我休息了一个月。然而正是这一次扎脚给了我一个很大的启示：如果被扎的不是我，是我的姐姐，我对得起她吗？兔子一共多少钱？可是一个人的生命价值要多少钱？如果这是一个小偷，我将如何面对？所有的时间我将如何度过？感谢老天，是让我受苦，不是让姐姐，不是让他人承受。以后做任何事情一定不要一时用气。

后来我和姐姐说："你天天喂兔子，时间长了，要是有一天你忘了盖板。那可就坏了。"姐姐摇了摇头没说话。

我常说仁义道德大人大气，可是我做的事可是自私自利，小人小气。这件事给我的教育太深刻了，以后做什么事一定要慎重考虑。

一天我的同学也是我比较尊敬的鲁涛大哥，从01变电所打来电话说："我有一个亲戚在西山有个果园，需要人看着，每天五块钱。你要是没事的话，在那里看苹果不是挺好吗？"

我一听："好啊！明天就去吧！"第二天我骑着自行车和他一起到了他亲戚家，谈好了每个月一百元。那时我一个月的工资才几十块钱呀！那三个月过得真的不错，除了工作之外，我每天都到苹果园去，背着猎枪、拎着扎枪。太好玩了！在山上三个月我也悟出了很多的自然的东西。

我记得清清楚楚，苹果成熟的时候，有一天我第一次吃了十个，第二次又吃十个，第三次又吃十个，晚上又吃六个。那天我吃了三十六个国光苹果！记得丰收时老板还给我两笼黄元帅，那是我从树上摘的最大的最好的最脆的最甜的特等果。回去后我给大爷家一笼，拿回家给爸爸一笼。

爸爸看着这苹果说："啊，真是好苹果。"我拿出四百元给爸爸说："给你，爸爸，这是我挣的钱。"爸爸拿着钱，表面没说什么，但从脸上可以看出，那是相当高兴的。

过一会儿爸爸说："你卖房子得了四百，加上储蓄两百，这里有四百，共计一千。小伙子，不错，好样的！这是爸爸第一次看你攒钱。"

我笑着说："爸，这也叫钱呀？"

爸爸说："你一个月才挣几个钱？"

我说："爸，又要涨工资了，要涨到一百多了。要以工资活着，那只能维持生活。只有干大事，才能赚大钱。"

"那就看你们的了。"

"等着看吧！儿子是不会叫你失望的。"

有一天我去大爷家玩，玩了一会儿后，我对大兄弟李文谦说："我要回家，晚上看电视，今天有长城杯。"文谦问我："你懂球吗？什么叫前锋，什么叫后卫？"他提了一大堆问题。好在我回答得不错，但那时只是爱好，知道得并不太深。但文谦还是点点头，笑了。

我开始把看过的足球报纸和杂志收藏起来。那时候鞍山邮电局发售的主要足球报纸是《足球》《球迷》《体育天地》三大报。杂志一般都是《足球世界》《新体育》和《体育博览》。我收集的第一本足球书，记得是《足球逸事》吧。

我的追求

"5·19" 工人体育场的 "大地震"

1985年5月19日，那一天是我一生中重要的一天，因为那一天北京工人体育场发生了大地震，震动了中国，波及了世界。也焕发了我对新的生命价值的探索。

爸爸两年前买了一台十三寸的台湾产、丹东组装的牡丹牌立式黑白电视机。

那天晚上我和爸爸做好了准备看球赛，爸爸在厨房做饭，我在屋里调电视，将电视天线来回转动，把效果调到最佳。我拿出爸爸常用的里头挂满黑红茶垢的茶缸，抓了一把花茶沏好茶。

我对爸爸说："爸爸，快开始啦！"

爸爸从厨房出来，上了床。我把被子靠在墙上，爸爸就倚靠在被子上。我搬过藤椅，我和爸爸一起看十三届世界杯，中国对香港的比赛。

因为在此前报纸电视已把这场比赛宣传得很厉害了。一个球不算赢，两个球算平，三个球才算赢。比赛开始了，而中国队攻得好像有气势，但比较杂乱。看得我很生气，不停地喊："射门！ 射门！"

爸爸说："看你的脸色都白了。"有些生气地警告我说，"不要生气，再生气我不让你看了。"

我越看越生气，不时地站起来，在屋里走动。

爸爸说："你还是这样我就把电视关了。"可是我还是控制不住自己。

比赛结束时我只记得我说了一句话："爸爸，北京出事了。"

爸爸说："千万别出事。北京一出事可就是大事。"

我进了小屋，躺在床上，望着天花板，问自己：什么是足球？ 什么是球迷？ 中国为什么会输给香港？ 因为什么？ 我不断地给自己提问，但解答不了。

记得下半夜三点吧，爸爸起夜推开门说："把衣服脱了，睡觉！ 这要是出事公安局来检查，你的衣服不脱，你不成嫌疑犯了吗？"

我说:"你睡吧,马上我就睡。"然而我却躺在床上没一点点的睡意。我在想我要是在现场看了这场球,我该做什么? 也许是十五年倒班让我已经习惯夜间不睡觉,想着想着,不知不觉天亮了。我起来打开收音机,打开电视,收听收看早间新闻。

新闻里第一件报道的就是昨天晚上中国和香港足球的比赛。有句话我记得清清楚楚:某个国家的球迷在世界上臭名昭著,而这个国家昨天的新闻报道却对我们昨天的比赛说三道四。

早饭之后八点半。我骑着车到鞍山市邮电局。鞍山市邮电局是我常去的地方,我到那里常买的是《诗刊》《科学探索》《UFO》《新体育》等杂志,以及《体育天地》《足球》等报纸。而邮电局里不时有一些球迷在侃球。那时的球迷寥寥无几,有时我也听他们侃球,但总感到他们只是就球谈球,所以也没深听。而今天我去邮电局时不知道哪来的力量,好像那里是我的阵地一样,我像一个战士一样冲入阵地。

我在鞍钢大食堂门口的十字路口上,我刚要过马路,看有车驶来我就停了下来,让对方先走。刚停下,侧面来了一个四五十岁的人,一下子撞在我的前轱辘上,我的车圈一下子弯了,成了麻花状。

我说:"没事!"

我把车子放倒,蹬着前叉用手掰着车轱辘。这时围了不少人。我再把车子反过来,拿出扳子只几分钟就调好了。

那个人一直没走,最后说了一句:"怎么办?"

我一笑说:"没事啊,你那车不挺好吗? 没事就好嘛。我还要到邮电局去呢。"

说完我跟他一摆手说:"有事到邮电局找我。"我便骑车走了。

在路上我自己突然笑了,我怎么能说这么一句话? 到邮电局找我。到了邮电局以后,这时才发现今天的人太多太多,这是有史以来最多的一天。我不断地从这一堆听到那一堆,但总感觉没有谁谈出我想听到的东西。因为足球在我的印象中,它绝不是单一的足球,这里有很多的学问,需要探讨。

记得从那一天开始,没事我就到邮电局去。

也就是两个月以后,我慢慢地认识了几位常侃球的人,其中一个是鞍钢炼铁厂的工人,叫梁刚。相对来说他谈得有点风趣,我听得也比较多一些。

有一天我听一位球迷谈球,他提到了"5·19"那场比赛,我提出:任意球是我们国家的弱项。这是我第一次发表自己的观点。

　　我记得我是从根子上谈起的。我说："我们国家任意球不行，是基础不行，这也造成队员不行、教练不行这样的恶性循环。近亲繁殖：小学毕业当老师，老师再带小学生，麻袋换草袋是一代不如一代，缺乏灵性、缺乏悟性、缺乏想象力、缺乏创造力。从1951年解放军代表队到保加利亚和捷克斯洛伐克比赛开始被打了一个9：1和17：1开始……到1958年退出国际足联……1979年重返国际足联大家庭……1982年第一个1：2……再到今天是第二个1：2……弄不好明天就是第三个1：2了。"不知不觉我把对足球的感情和这几年从报纸杂志、足球书籍所学到的足球知识一气呵成滔滔不绝地侃了出来。一直到了中午，我突然发现此时已有三四十人围着我了，只听我一个人在讲。我不好意思地低下了头。之后抬起头说了一句话，"我说了半天，纯粹是瞎说。我不是球迷，也不会踢球。瞎白话。"这时场面突然尴尬起来。

　　记得当时有人问我："你谈得很好，我们爱听。你明天还来吗？"

　　我说："我今天下夜班，明天白班。后天一定来。"

　　他说："那我后天也来，还听你谈球。听你谈球就一句话——过瘾！"

　　这就是我人生球迷第一侃吧！到今年整整三十年了。

　　就从这天开始，我登上了球迷的舞台。也就是从那天开始，我认认真真地研究起了足球。

　　记得那时已是秋天了。突然间听球迷说，大连要成立振华球迷公司，那鞍山也要成立球迷协会了。

　　有个球迷叫赵德斌，他说我们的协会正在筹备中。当时我非常高兴，常和他接触，听说他爱照相，我便跟他谈起照相。他说："不如我们找个学校去拍照，学校里拍毕业照很挣钱的。我有个雅西卡照相机。"

　　我说："那好啊！我还有个120的。我能用它照出135的。"

　　他说："照不了。"

　　后来我不光跟他侃球，还给他讲了照相机120如何照成135的方法，他不吱声了。

鞍山成立了全国第一家球迷协会

　　1986年1月6日是全国球迷值得纪念的一天。因为这一天全国第一家球迷协会"鞍山市球迷协会"正式成立了。

记得那天我来得特别早，是第一个到邮电局的，随后陆陆续续球迷来了不少。当时有两个最忙的人，叫汪富余和陈宏。后来有一个叫马国军的站在台阶上说就要开始了。

十点半左右，陈宏站了出来说："我是鞍山市球迷协会秘书长，叫陈宏。我给大家介绍一下，"接着指着一位老人说，"我们的老会长陈隆民，我们的副会长汪富余，副会长马国君、邓涛、郭维亮、赵德斌、陈大军。"

记得当时球迷协会常委郭维亮拿出一张报纸，是《鞍山工人报》，上面报道着鞍山市球迷协会成立的新闻。之后就是招收会员，除了陈隆民老会长之外，剩下的全是二十来岁的学生，马国军岁数大一点将近三十岁。他们组织得比较乱，没头绪。那么多人往前拥，根本办不了证。

我一看控制不住了，便站了出来，说了一句话："大家不要乱。从门口开始，从里往外站排。"

说来也怪，那么多人说不要乱就要乱。我手向门口一指，两手平伸往前比画两下。好嘛，所有的人都往后退。最后形成了有秩序的一排。

这时开始会员登记发证。当时每人会费三块，印证两块共收五块。望着那长长的队伍，我站在旁边看着一个一个的球迷从身边走过。几次我想说，我要办证，但我还是忍住了。

好长时间我对后面的人说："是不是该到你了？"这时前面的几位马上往后一退说："来，你办吧！"我向他们敬了一个正规的军礼，然后我递上照片、五块钱和工作证，并报上了我的名字——李文钢。鞍钢供电厂配电工。1953年12月5日生。他们给我发了一个会员证，是红色的。这张证是陈宏给我办的。当时对着证我亲了又亲，太高兴了！会员证是59号。

那天直到下午四点多钟才结束活动。晚上，爸爸回来时，我高兴地对爸爸说："爸爸，鞍山市成立球迷协会了。我也参加了！"

然后我把会员证递了上去。爸爸拿过去，看了一下。丢到了桌子上说："看球就看球呗。我也喜欢球，参加什么协会。那不耽误工作吗？"

我接着把会员证拿了过来，放进兜里。我跟爸爸说："放心吧，通过看球我悟出很多人生哲理。"爸爸不说话了。

从那时起，除了上班，我就是到邮电局球迷角侃球，不知不觉地只要我一去，人们马上把我围上，问这问那，我便侃侃而谈。为了不让球迷失望，在工作单位，在家，所有的空余时间，我全用来钻研足球。这也使我的侃球技艺不断提高，再加上侃球时我会加上不少诙谐风趣的笑话、歇后语，所以不断地从围拢我的人群中传来笑声。

一两个月之后，听说沈阳也成立球迷协会了，后来知道是在4月30日成立的球迷协会。

球迷送我一个绰号"罗西"

记得有一天，下夜班。我直奔邮电局。我推大门一进。有两个小朋友冲着我说："罗西来啦，罗西来啦！"我一愣。我以为我身后有人。我回头一看，没有人啊。他们冲我喊"罗西"。

我走了过去，两个小孩冲我说："罗西，你为什么不搭理我们？"

我说："你不是喊罗西吗？我不叫罗西啊！"

他说："他们都叫你罗西！"说完往身后的人一指。

我"啊"了一声，说："对不起，我不知道你叫我。工厂都管我叫小李子。"

他说："那你给我签个名吧！"

我愣了一下，说："我是个球迷，我既不是明星也不是球星，我签什么名？"

他说："我崇拜你，最佩服你！你和别人侃球不一样，听你侃球我能学习到很多人生的东西。你就给我签一个吧！"

当时我从玻璃柜台上拿出美工钢笔给他签上了"李文钢"。

他说："不！我要罗西。"

我说："我不叫罗西啊！"

这时梁刚走了过来，他笑着说："罗西，你的名字是我起的，你一来我们都散了，都跑你那里去听了。我就说这小子从哪儿来的？长得有点像意大利的罗西，所以大家都管你叫罗西。记住，以后呢要是出名了，不要忘了请客。"我哈哈地笑了。

我说："我以为给我起外号，但是一想，罗西也不错。他毕竟是金童子罗西。我叫罗西也可以了。"没有想到的是，从那一天开始，经过第一次给小朋友签名之后，找我签名的就开始多了。起初很不自然，可是后来就无所谓了。一开始签的是简体的罗西，后来我就改成繁体的，再后来我还研究出了象形签名体。

爸爸对我说："你有一个表弟魏广文也常去球迷角，还挺崇拜你的。"

一天一个球迷对我说："我姓魏，叫魏广文。"

我说："啊！我知道了。你是我们姥姥的亲戚。"从那天起他几乎天天跟着我。

有一天我跟他说："走！回家去。帮我干点活。"好嘛，我们在几百本杂志和成堆的报纸里，一本本、一张张地挑，把好一点的足球明星挑出来，用剪子把它剪下，做了一个一米六长，七八米宽的镜框，铺上绿色的台呢，用大小不等、颜色不一的图片，拼出一个球星百态图。那时最流行的图片一个是马拉多纳亲吻大力神世界杯，另一张是普拉蒂尼跪在地上双手空举仰天大笑。我把普拉蒂尼的手上放球王马拉多纳那张张着大嘴往前看的图像，把裁判员手伸进了马拉多纳的嘴里，又把一个运动员的倒挂金钩踢在了裁判员的头上……几天的努力终于成功。做完以后，把镜框立在墙上，自我欣赏，哈哈！我对自己的创意非常满意，没事就自我欣赏自己的作品。

后来我拿出两个笔记本，一本粘出了球星谱，另一本作为球星资料。这是我报纸里头最早的资料（我是1983年开始收藏有关足球资料的）。

球迷协会成立当天所侃的是尼赫鲁金杯赛，当时中国队以3:1战胜了当时的南朝鲜（并没改名国号韩国），而没想到的是，从这场比赛以后，中国队就没赢过韩国。

当时中国组建红黄队。红队由全国各地方队班底组建；黄队则是辽宁队本身。不久红队又从辽宁队抽走四名主力。记得两队辗转云南、武汉等地，打了四场比赛，虽然一场比一场打得好，但结局还是全输了。5月10日黄队在大连和伊朗大打了一场友谊比赛，最后以0:1负于对手，造成大连球迷的极度不满，队员无奈化装才得以离开体育场。

球迷协会组织的第一次活动

报纸说1986年5月23日辽阳和伊朗要打第二场比赛，大家非常激动。全体一致要求协会主办这次活动。那时邮局里的人很多很多，但汪富余和陈宏说没有啦啦队队长。

我就向他俩自告奋勇说："我就当啦啦队队长吧！"

他们说："太好啦！"不过我向他们提出了一个意见。

我说："既然支持的是黄队，那么我们每个人手里都要拿一面小黄旗。黄旗我来准备，买几张黄纸，裁成三角形，再买一批筷子，劈成两半，价钱很便宜。这个由我个人来。"

这时协会理事邓涛说："纸我向鞍钢报社要。"这时旁边的球迷国营饭店的老杨说："筷子我解决。我从食堂给你拿。"

我说："那需要几百双啊。"

他说："没问题！"

汪富余说："会旗我做，我从厂里借面红旗。用白纸剪字，糨糊粘上就好。"于是，协会里有的联系汽车，有的联系球票。汪富余还提出请球迷协会名誉主席鞍山市委副书记郭军参与进来。

5月23日那天，这是全国第一次，第一家球迷协会举办的跨市活动。这也是我第一次正式地看一场正规的足球比赛，心情真的很激动。

既然我是啦啦队队长，我就要组织大家喊好口号。我们去了五辆鞍钢巨龙客车，有几百人。我们组织大家一辆一辆地上去。我是最后一个，挤在最后一辆车上。车队直奔辽阳体育场。

鞍山市和辽阳市只有二十来公里。到体育场后，我们首先占好最佳位置。那时辽阳的体育场的草坪坑坑注注，没有多少草。跑道也不是塑胶的而是黑沙土的。

怎么没有黄旗？原来在门口有几个袋子，全是黄旗，我拿出来发给大家，一片黄色，我看着真的好高兴！比赛快开始了。

突然门口开始变得拥挤，人们不断地从大门口拥进来。他们喊着："东风吹，战鼓擂，沈阳球迷爱谁谁。"边喊边拥进了看台。大门口人太多了挤挤插插的，我突然看到一面大旗举了起来，上面粉色下面绿色，两色大旗上印着"沈阳"两个大字，太激动人心了。

而我们鞍山的会旗，是在红色的彩旗上，用大头针别着白纸铰的字。风一吹，哈哈！看不出什么字了。我第一反应是回去要做出全国第一面球迷协会的会旗。

这时看台已经坐满了人，已经没有空余座位了。沈阳球迷的到来自然产生了拥挤，后来双方发生了口角。

后来，不知谁通过组委会通知了大会领导，鞍山市委副书记郭军。

郭书记从对面主席台走了过来，问："出了什么事？"

我们大家说："没事啊。"

郭书记说没事就好，大家好好看球。辽宁队拿出好成绩。

后来听到了沈阳球迷在场外喊退票的声音。（有的事情是听他们说的：有的球迷甚至动手把沈阳球迷协会副会长郭小夫扔到了看台下。）

我站在最前面，站起来转过身，面对观众，用手捂成喇叭状，高喊着：

"球迷朋友们！我是鞍山球迷协会啦啦队队长罗西。让我们一起为辽宁队呐喊助威，也是为国家黄队呐喊助威。我喊，辽宁队为了家乡父老乡亲，你们喊，进一个，行不行？"

大家笑着喊："行！"

这时我便高喊："辽宁队，为了家乡父老乡亲！"我双手一举，大家便高喊："进一个！"

"辽宁队，进一个！"这就是我当球迷的第一喊吧。

这时有人告诉我，不要停，继续喊。我说："那就喊加油吧，行不？"那几个人说："行，你喊吧！"

我把手握成喇叭状，高喊："辽宁队！"双手一挥，大家便高喊："加油！"

"辽宁队，加油！"这就是我当球迷的第二喊吧。

那一天，风好大。我只记得辽宁队的李争一脚远射，射歪了。怪了，正好来了一阵大风，一下子把球卷进了伊朗的大门。哇，真开心啊！这真是天意。这是辽宁队近半年来第一次胜利。

记得我们在看台上又喊又跳又叫，真的好热闹。回来之后的几天大家侃球时依然处于兴奋之中，没想到更难得的是，也就从这时起，辽宁队开始扭转了场场被动的局面，恢复了往日的雄风。

从辽阳回来我便和大家定了下来：1月6日就是我们鞍山球迷协会成立的纪念日。因为我们是那一天招收的会员，也是全国第一家球迷协会招收会员。我们要有会旗！我们要有会歌！我们要有会徽！

当时我便在鞍山球迷角提出了，要做会旗，希望球迷捐款。记得我兜里头有十二块钱。我把衣服脱下来，十二块钱往衣服里头一放。大家就把零钱扔了出来，有的捐几毛钱，最多的两块，不一会儿衣服里就一大堆零钱。

那时每进来一个球迷，我就说："来吧，捐点钱做大旗。多少钱都行。你要是不捐，我往你兜里掏可就多了。"他们哈哈一笑，都捐钱出来了，没有不捐的。

之后我设计了会旗，当时说："就用红黄绿。红色象征着我们火红的心，中国红；黄色象征着黄种人，球迷的高贵；绿色象征着草坪和极强的生命力。顶上一个足球，中间写着鞍山市球迷协会。宽度一米八六，象征着1986年1月6日。"当时大家给予了热烈的掌声。几位协会领导同意我们拿着这个钱，到了锦旗印刷社。最后钱还差一点点，但还是给我们做了。

回到家后，我又请里屋的贾大姨夫画了一只老虎。我自己把它刻成版，来到印刷社，印在了黄布上，并做了一面丈二的大旗，印着"辽宁必胜"和"鞍山"两个大字。

之后我又设计鞍山市球迷协会徽章，菱形红、绿两色，鞍山加上 QM，这可是全国第一家球迷徽章啊。

随后第十三届世界杯，5月31日至6月29日在墨西哥举行。巴西和法国的世纪之战看得我如醉如痴：法国的普拉蒂尼、吉雷瑟、蒂加纳铁三角，再加上费尔南切斯。和巴西的济科、法尔考、苏格拉底三剑客的碰撞，堪称是世纪之战。太精彩了！

马拉多纳一枝独秀，大放异彩，照亮了世界杯。1986年可谓是马拉多纳的世界杯，他的精彩表演震撼了世界球迷：铲不倒，拉不住，乱军丛中仍从容，又以过五关斩六将千里走单骑。他成了本届世界杯中记载的永恒。今天我还记得，当时我说的一句话：

"我要是能和马拉多纳照一张相，死了都值了。能去国外看一场世界杯，枪毙我都行。"马拉多纳当时在我的心目中，只有两个字"崇拜"。那时我从不放过马拉多纳的资料。

那时世界杯和中国球迷的距离是多么遥远。1986年世界杯我爱足球的心可以说达到了疯狂，这一年也是开始改变我人生的一年。

鞍沈球迷是一家

后来听说，香港领带大王金利来老板曾宪梓，在沈阳举办了一场比赛叫"金利来杯"。由辽宁、广东、上海三个队，还有一个是山东吧，共四个队参加。

当时曾宪梓捐赠送给沈阳球迷协会两万元，鞍山球迷好羡慕啊。可是由于上次辽阳的比赛，沈阳球迷对鞍山球迷临行时说："沈阳见。"所以很多球迷想去又不敢去。球迷协会的组织一半又是学生，大家开碰头会，大多数都不赞成举办，怕出事。最后说举办个小型的吧，罗西有时间就让罗西领着。

我说："好！你们放心吧，不会出事的。"

那一天在邮局，我向大家说："我代表球迷协会举办'球迷赴沈观球助阵'活动。现在我宣誓：我是罗西，我是一号旗手，我要扛着协会大旗，第一个冲进赛场。旗在人在，旗倒人亡。有没有第二号旗手？"

这时有一个十六七岁的小孩站了出来说:"我叫王军,我是二号旗手。"

又有一个二十来岁的青年站出来说:"我叫王宏峪,我是三号旗手。"

我说:"我有个外号叫罗西,那二号就叫拉什吧,三号你就是穆勒了。"

当时大家给我们报以热烈的掌声。我说:"为了大家的安全,我先去一趟沈阳球迷角,给你们蹚蹚路子。等我把一切工作做好之后,你们再去。"我开玩笑地说,"如果我回不来了,就把会旗盖在我身上吧。"

一天我穿着黑色的呢子大衣,戴着蓝色礼帽,系着灰色的围脖,坐上了早上五点十八分的通勤火车,历时三个小时来到沈阳。早餐后我来到了沈阳邮电局球迷角。

我一进去,人们突然间高喊:"鞍山罗西来了!"大家围了过来,拥抱、亲吻,我几乎傻了。

我是带着被打、被骂、被侮辱的思想准备去的。可是没有想到,沈阳球迷对我是那样的热情。沈阳球迷说:"这是真正的球迷。"最后,我站在旁边的一个小台子上说出了我的来意。

我首先摘下帽子,向大家敬了一个礼,之后说:"我首先向大家说对不起!我代表鞍山市球迷协会向沈阳球迷协会道歉。由于辽阳比赛没有组织好,你们去了辽阳没有地方、没有看台、没有座位,导致我们发生了冲突,这是不应该的。我现在正式宣布如果鞍山有比赛,希望你们沈阳球迷光临鞍山!"接着我把手握成拳头向空中一举说,"我保证把鞍山最好的位置最好的看台先用绳子给你们围好,等待着你们的光临!"这时大家把我围了起来,抱了起来。场面十分热闹。

这时一个青年走了过来,说:"我就是郭小夫。"

我把他抱住。

"就是你被丢下看台的?"

"对,就是我。你过来,祖钢在那儿呢!"我一听高兴了。

"什么?太好了!在哪儿呢?走!"

他便领我到里头,其他人也都跟了过来。我见到一位非常帅气的军人正在和几个球迷谈话,小夫上前说:"这位就是黄祖钢大哥。"

我们的手紧紧握在了一起。

祖钢的第一句话就是:"老罗,欢迎你。"说完我们又紧紧拥抱在一起。

记得我们谈得十分投机。

最后他站在台上，向球迷说："金利来比赛我们欢迎鞍山的球迷来沈阳做客。"

当时沈阳的球迷高喊着："欢迎！欢迎！热烈欢迎！鞍沈球迷是一家！"记得口号是老裴领着喊的。那是令我高兴的一天。

我晚上回到家之后，只睡了几个小时的觉。

7月11日那天我们三辆贴着"辽宁必胜"的车开向了沈阳。鞍山球迷来到了沈阳人民体育场，沈阳球迷夹道欢迎给予热烈的掌声。由于路线走错，我们围着体育场转了一圈半，记得沈阳球迷说："你们已经过去三台啦！"好嘛，沈阳以为鞍山来了六辆大客。

辽宁队进广东队五个球，5：3。我开玩笑地说："这是世界杯后第一脚。"

我们那天看得是神魂颠倒。然而我还是担心大家的安全，于是在比赛还有将近六七分钟结束时，我便挥手向沈阳的球迷说："为了赶时间，我们鞍山的球迷先退场。"沈阳球迷给我们热烈的掌声。我和鞍山的一个球迷，最后离场。直到所有人上了汽车，我的心才放了下来，剩下担心的就是交通的安全了。

首创36友进京看"长城杯"

这时报纸上说，第六届长城杯8月2日在北京举行，有波兰队参赛。有球迷想去观赛，我一问有多少，当时有十几位都想去。之后大家一研究决定举办这次比赛的助威活动，副会长汪富余和郭维亮先去打头阵，我带大队随后。随后我便开始组织活动的事宜：每人收押金20元。7月底我们一共是三十六个人参加了此次活动，这也是全国第一次有组织的民间的跨省的球迷活动。当时我们派了一个球迷先到北京联系住宿和球票。

当时我们准备得很充分：邵刚买来十七只鸽子；邓涛准备好彩带、彩纸；拉什做了一顶菱形的帽子，还做了一只一米大的"必胜"大手；穆勒做了一个菱形的牌子；我取回来鞍山球迷协会的大旗和辽宁队的丈二大旗。

我和车间主任请假说："我要去北京看球，2日比赛4日回来，31日出发。请四天假。"车间主任孙广剑不情愿地同意了。

在出发前，我又到了体委开了一张介绍信。

我们口号都想好了，还制作了几面横幅。我根据国际足联主席阿维兰热提出的口号：希望2002年世界杯在中国举行。为了促成实现目标，所以我打着"2002世纪杯我们来了"

的横幅。这也是我在中国打出的第一个"2002世界杯我们来了"的标语吧。（没想到，十六年后2002年我们终于去了世界杯，这也是天意！）在站前欢送的仪式上，上千名球迷和观众为我们送行。（三十年了，有时看到2002世界杯我们来了的照片还是激动。）

记得当时鞍山一位有名的记者，被称为鞍山四小旦之一，他把我拽到一边说："本来我想写你们，可是领导不让写，说球迷是乌合之众、害群之马，不予报道。这不，我给你一封信，你到北京之后找到他，这里有电话，他可是著名的体育记者。"

我当时心里真的好难受，心里发誓，我们球迷一定要做出个样子，给那些不理解的人看看。

当时我们拍了不少的照片，至今还保留着。

那时一张从鞍山到北京的火车票才十三块二毛钱，但要坐十七个小时，根本没有卧铺，不分座号，先坐为主。我带了牛皮纸，铺在了座位的底下，再把东西放好。拉什领着大家在车上唱歌跳舞讲笑话。下半夜大家都乏了，我便钻到座底下，躺着进去，不能翻身，因为太矮。我躺了很长时间才迷迷糊糊地睡着。早晨醒了，好像闻到一股臭味，睁眼一看，原来一双臭脚挨着我的鼻子，我急忙钻了出来。从座位下面出来后我看见我们的球迷有的坐着睡觉，有的在地上躺着睡着了。经过十七个小时的奔波，我们终于到达北京。首先我们在北京天安门广场集体照相，之后住在三元一位的双环宾馆地下室。

我和拉什、王洪刚、李连任四个人找到足协，拿出介绍信。当时接待我们的是足协的领导孙宝荣，老人非常热情。给我们倒茶让座，并说："我非常理解你们。"之后在介绍信上签了名，同意给票。我们拿着介绍信高高兴兴地和孙宝荣告别，来到了售票处，可是售票处以没有票为由把我们支到组委会。到了组委会我们见到一位很富态的五十五岁左右的白发女领导。这时我才真正见识到什么叫作领导，官腔十足，还给我们讲了很多注意事项：不许带旗、不许打鼓等。

我实在憋不住了就说了一句话："我真的没有想到，在自己的国家，自己的大门口，自己的大旗，被自己的人拦在了自己的门外。还有那么多人不理解。"那时我并不了解组织比赛和活动是有多么的艰难和辛苦。

后来她也以没有票为由，拒绝了我们买票，记得她还说了一句话让我终生难忘："鞍山离北京这么远，来干什么？"她的话真是让我们伤心，不但如此还把我们支到另一个部门。我们来时是激情四溢，到了北京像是被泼一盆冷水。

从三楼下来时，我实在忍不住了，眼泪掉了下来。这时拉什也哇的一声痛哭流涕，我和拉什抱在了一起痛哭不止。有五分钟吧，我停止了哭泣，忽然想起了那封信，于是推开拉什说："走，找记者去！"

可是走到楼门口，我便说："要是买票，这封介绍信就得被扣下。不买了。买高价票去。不就多两块钱吗？这封介绍信是全国第一家球迷协会进京看球的介绍信，并有孙宝荣的签名。他签名的意义远远不止高价票的钱。走，买票去。"

在卖票口见到几个人，我们便凑了过去问："有票吗？"他们见四周没有其他人就说："要几张？"我说："三十多张。"最后在原球票两元价格的基础上，又加了两元，以四元成交。

我们高兴地回到了双环宾馆。即使住在那潮湿的地下室，大家拿着票也非常高兴。

8月2日，那是值得我们鞍山球迷骄傲的一天。我们在双环宾馆门前用电话约了十辆出租车，那都是皇冠级的黑色的轿车。一溜烟赶到了北京工人体育场，是那样的潇洒。那时我们还没有坐过出租车。一下车北京球迷就问："你们是哪儿来的？"我们的球迷回答："是从鞍山坐飞机来的。"

"哇，好厉害呀！"

我们一进场便引来了全场的注目。拉什头戴菱形啦啦帽，手举着必胜的大手，穆勒双手高举菱形啦啦牌。我们每个人头上都是扎个粉色的布条，上面写着："鞍山球迷中国加油！"这是全国第一次球迷跨省市看球集体亮相的装备。

由于不让打旗，我们把旗杆丢掉，旗子放进衣服里和兜子里。当时有不少照相机围着我们拍照，我当时穿的是白色的运动短裤，是全国第一件印字的背心。上面写着"鞍山球迷"，底下两个小字"罗西"，我拿出"2002世界杯我们来了"小横幅，让他们打开。

我喊："把旗打出来！"这时鞍山球迷协会大旗被我们撑了出来上下挥动。

这时来了几位警察，把我们大旗收了，让大家坐下好好看球赛。我一看跟大家说："你们等着，我去要旗，不要出事不要瞎喊。"这时我便冲出人群，跟了上去。

那个警察看着我，问我："你是鞍山的吗？"

我说："是！我是鞍山球迷协会啦啦队队长，我全权负责，请你把旗还给我吧。"

他说："那你跟我来吧。"

之后我们穿过了几个门，来到了一个小礼堂。那里有三张桌子，里面坐着几位公安领导，桌子上放着麦克风，看来是个指挥室了。那位警察进来把旗放在了地上铺开。有个警察从门口过来。因为旗是反的，他踩着旗走过去从另一面看。

我一下急了，跃到对面对他说："这是我们几千球迷（我故意多说）每个人捐的零钱做的大旗，他们想在电视上看这面旗，你不要踩着过去，你可以跃过去。"

这时一个领导走了过来，说："他是罗西。"

这时领导问我："你们来了多少人？怎么来的？你叫什么？"我一一回答。

我记得首先报的是："我是鞍山钢铁公司供电厂的配电工，我的真名叫李文钢，15号变电所的，电话号码是××××（我现在记不住了）。我现在是鞍山球迷协会啦啦队队长。我带了三十六个人出来，有事我负责。球迷送我的绰号叫罗西。"

后来那个领导对我说："我们欢迎你来，但你们要尊重我们的规定：不准许打旗。"

我说："好的。因为我们来的时候不知道，也是第一次举行这样的跨省活动。我们尊重你们的一切规定。"

那个领导说："好，我们把大旗还你。"

这时只见几位公安人员，押着一个人进来说他们闹事。这时领导跟我说："你可以把旗带走了，但不许打。"

我向他敬礼说："谢谢！谢谢！"回去我把大旗卷了起来，放进兜里，回到了赛场。

当我一出现在球迷面前，鞍山球迷看着我的大旗高兴地给我鼓掌。这时不知谁喊了起来："罗西！罗西！"声音越来越大，我突然感到不好，不能让他们喊，这是北京不是鞍山。

我双手一比画，压下去，马上嘈杂的赛场突然平静了。我双手握出喇叭状，高声地喊着："北京球迷，谢谢你们，欢迎你们去鞍山！"我们鞍山三十几位球迷一起跟着我连续喊了几遍，北京的球迷报以长时间的欢呼和掌声。之后我双手一压，几万人的工人体育场马上静了下来，全场看着我们的看台。

我说："北京的球迷们，大家好！我们是鞍山球迷，我们很高兴来到北京和你们一起为中国足球呐喊助威！那我们喊出祖国首都的声音，行吗？"

他们立刻回应："行！"接着便是那暴风雨般的掌声。

这时我便领他们喊："中国队加油！"起初只有我一个看台喊，当喊了五六遍以后，只要我的手一挥，全场便高喊："中国队加油！"但对面看台隔得太远，听上去仿佛是回音。

好开心，这时国家队出场了，我们带的彩纸撒向天空。欢呼跳跃，那激动人心的场面，终生难忘。激情刚刚平静下来，比赛马上就要开始了。

这时我指挥把鸽子准备好，我喊："放！"

　　随着"放"字喊出口，十七只信鸽飞了出去。由于两天多没有喂食和喂水了，大部分鸽子没有反应过来就掉了下来，有几只他们提前活动了鸽子的翅膀，所以有几只飞向场地和看台，有两只落在了场地。

　　最后一只围着场地盘旋两圈下降后，经过主席台一头扎向球门，引来全场的欢呼。

　　本来想高高兴兴地看一场比赛，可是那场比赛我们以2∶4败给了波兰。后来我一看周围情况不好，知道非出事不可，

　　剩下十几分钟就要结束时我高喊："鞍山撤退！"有的人不走，我硬拽着他们，他们见我生气了都出来了，少几个人我又回来，把他们硬拽着走向门口。我推着他们快走。

　　这时我发现那几个警察就在我们不远处，他们已穿了便衣。那个领导冲我暗中竖了个大拇指。就在我们退场之后，北京球迷出事了。

　　我对鞍山球迷说："分散回去，否则你就会被抓走的。"这时我们已来到大门口，"大家分头走，不要抱堆。"他们明白了我的意思。

　　这时过来一群人，我突然听到有人喊："找鞍山罗西。"我一听害怕了。我把大旗握成个小团，把背心脱了下来，裹着大旗把头低下，一下钻进了小排树林，我一看有好几排警察在外面。

　　他们看我过来，我说了："我找不着路了，我要撤离现场。"

　　他们没说话，我等树林外这群人离开后，立刻跑了出来，奔大马路。这时有不少警察向体育场开来，球迷的骂声和呼喊声此起彼伏。我跑出之后球场里就出事了，警察封路了。这只是在瞬间之内发生。

　　我坐地铁、倒汽车、问路，终于回到了双环宾馆，好在我们一个人不缺。那天不知道心情是啥滋味，是高兴，是激动，是兴奋，是生气，还是后怕？

　　第二天我们知道北京球迷又出事了。第二天，我们鞍山球迷协会打着大旗，游览长城，那里人太多了。我们的大旗一打，十分扎眼，几乎所有的老外都要和我们照相。我们的心情一下子好多了，大家忘了昨天的比赛失败。在回来的路上，高高胖胖的徐福军随着大巴播放的音乐学着指挥的动作，旅游司机也把声音放到最大，高兴时徐福军把身体探出窗外，伴随着乐器扭动身体。那时我们是多么开心啊。在回来的车上，讲着各自的奇闻逸事。

　　回来时，秘书长陈宏和广大球迷在火车站迎接我们，场面宏大。

　　那天大家喝得好开心，后来我知道有个球迷姓张，是个工人，为了去北京骗老婆说，

单位出差到北京，他老婆开始很高兴，认为他工作做得很好。可是后来报纸报道了我们三十六友北京之行的经历，于是引来了他和老婆的争吵。

同时这件事也给了我一个启示：球迷爱好足球是个业余的爱好，不可以因为足球，影响工作、影响家庭、影响家庭的经济利益。绝对不能像我这样，什么都不要了。那天我想了很多，也悟出了：像我这样的人，不能太多，太多是民族的悲哀。但又不能没有。没有更是民族的悲哀。

从喜欢足球到热爱足球

当我回去上班的时候已经超过了两天假期。在工资报表的时候给了我四天假期，两天旷工。如果被记录旷工，那以后会给涨工资和工作带来很大的麻烦。

我便找到孙主任，孙主任说："你请的是四天假，可是你六天没来，没办法。"

后来我说了不少好话，主任最后把两个旷工算进事假。

他说："以后看球不给假，看球算旷工。这是最后一次。你要么做工人要么你就去当球迷吧。"

我当时心情十分沉重，开始思想斗争了。

那时上班也心不在焉了，而满脑子想的都是协会的事：会歌在邮电局已征集有一个月了，可是还是没有编出来。那天夜班，我想着我们球迷去辽阳、去沈阳、去北京时的那种激情，我在床上躺着躺着突然想起了我要作会歌的歌词。怕忘，我拿出烟盒在床上摸着黑，写了几个字，就迷迷糊糊合上眼。三点钟闹钟响，该我起来换班，我拿出烟盒、一气呵成写成了鞍山市球迷协会会歌：

> 来啦，来啦，来啦，
>
> 钢城的球迷来啦！
>
> 带来一团熊熊的热火，
>
> 带来赛场沸腾和狂热！
>
> 飞铲，秒传，劲射，破门。
>
> 破门！破门！破门！

欢呼吧，跳跃吧。跳跃吧，欢呼吧。

场上的拼抢激励着球迷，

赛场就是我们的天地。

来啦，来啦，来啦！

钢城的球迷来啦！

我们钢铁一样的性格，

我们烈火一样的狂热，

飞铲，秒传，劲射，破门。

破门！破门！破门！

欢呼吧，跳跃吧。跳跃吧，欢呼吧。

我们的一生只有足球。

足球等于我们的生命。

有一天我专程来到沈阳到了黄祖钢家拜会。他家有不少球迷，在黄祖钢家我申请参加沈阳球迷协会，黄祖钢发我会员证。我是沈阳球迷协会的正式会员了，他还发给我沈阳球迷协会徽章。我一看，哈哈！和我设计的差不多！当时我是真高兴啊，我们紧紧地抱在一起。

我说："我是你们协会第一批会员，以后协会有什么活动喊一嗓子，我也参加，坚决服从领导，听从指挥！"

于穗成送我一个塑料的小喇叭（不禁用，没用多久就坏了），太开心了！那时我是真的羡慕沈阳的球迷：地理位置多好，看球多方便。那时以球迷领袖黄祖钢为核心的团队让我佩服，那时的核心成员有朱挺、郭小夫、杨天壮、张建、老裴、大张、张勇、三道、草帽、西塔、于穗成、包天、大老李、003等等，等等。

沈阳之行更加增添我的激情，什么这个那个，爱怎么的怎么的吧！人的一生不就这样吗？玩呗。

1986年底，球迷协会成立快一年了，为了宣传球迷协会，我和协会领导们一商量，决定举办一次"鞍山市球迷协会成立一周年图片展"，我自己买来了十二张纤维板，一破两半，买来图画纸粘在板上。纸上划出四个斜角，照片从四个角插进口去，底下写上说明。

我还写下了近千字的前言，记得开头是：在市委市政府领导下，在体委领导直接指导下，鞍山市球迷协会作为全国第一家球迷协会成立快一周年了。近一年来我们举行了几次全国第一次的大型活动。

下面的图片展览是我用毛笔写的。说实在的，那时的书法真的没到境界，但我就是敢写，也就是说脸大不知道寒碜。自我感觉良好呗，也有不少球迷当面说老罗的字不错，背后就不知道了。展览时有那么多的人围着看，我真是高兴。

那时候每到礼拜五都是《足球》报发行的日子，那一天球迷特别多，我就把它定为球迷活动日。我又找来了《鞍山日报》的刘均做了两面大旗，一面飞龙旗，一面飞虎旗。飞龙旗右面写着"中国"两个小字，中间五个大字"龙腾搅世界"。飞虎旗右面写着"辽宁"两个小字，中间五个大字"呼啸震八方"。这样加上会旗、辽宁大旗等旗帜捆在一起，我们有五六面旗帜了。而辽宁丈二大旗，旗杆就有五六米长，根部有小胳膊粗。加在一起，有六七十斤吧。每到礼拜五我便把它扛到邮局，上夜班时我就把它扛到15号变电所，每个星期五到礼拜天是天天如此。过几个礼拜旗脏了，我就在变电所把它洗干净，再插进旗杆，绑在变电所外面的走廊的栏杆上。每次都吸引现场工人的目光。那时上下班，只有一条宽宽的马路，骑着自行车的大军，向着一个方向流动。而我却要扛着一捆旗在滚滚的人流中一手把车把，一手扶着旗杆，当然了，身边总有一些球迷送来赞扬声，但大多数人都是以奇怪的目光看着我。而我却不屑一顾，周周必扛。每到星期五，邮电局门前总是红旗招展。当我和球迷在一起时，心里就非常开心。够了，管他什么眼光！

当然我也要面对着选择，因为有时活动要误工的。我只好找人开"诊断书"休病假。那一天我正在侃球，一个球迷冲了进来对我说："罗西，我今天送你一个好东西！"说完就从身后给我拿出一个小铜号，金黄色的小铜号流光倍儿亮。他说："这是铁路用的，我爸爸是老铁路了，修铁路时，来火车提示注意安全。赛场上，你吹它，那多来劲儿啊！整个楞没谁了。"我说："谢谢啦！以后赛场上，除了喊口号，就听我的小号吧！"那时比赛场上除了哨子，听不到号声。

记得那时的冬天外面特别冷，球迷全都在邮局里面。那天礼拜天人那个多呀，走动都困难。邮电局真的成了球迷的场所，邮电局根本不能开展工作，邮东西的人不干了，找来了警察。

当时来了好几位警察。开始球迷对警察有抵触，我一看，情况不好！马上说："球迷朋友们，外面太冷，我们出不去。但是，我们在邮局谈球，毕竟影响邮局正常工作，发现有邮东西的大家帮帮忙。我一生崇拜的就是军人和警察。今天我们给警察带来了麻烦，十分抱歉，我们大家喊个口号吧，来谢谢警察。大家跟我一起喊：'人民警察人民爱，警察球迷心连心！'"

哈哈！那可是邮局的大厅，数百球迷一起高喊，那可真是震耳欲聋。

之后我又领着高喊："警察，辛苦了！"

那几位警察笑了，摆摆手走了。

在那个年代警察和球迷真的是朋友。类似这样的事在我的记忆之中有那么两三次吧。

给球迷协会办证

1987年球迷协会没有钱了，那一天开会，会员要印新证，还要搞活动。没有资金，活动无法进行。

我说："我攒了一千块钱，我先拿出来吧。"

大家说："你一共就一千块钱，留着吧。"

我说："我留钱干什么？钱不就是花的吗？该花的一定要花。明天我把钱拿出来，交给财会李勇，把证办了吧！"

现在回想起来在当时的一千元钱，真的不是小数目，我们的工资只有几十块钱，最大的人民币面值才十块钱。如果不是看果园和卖房子我也攒不了这一千元。我知道这个钱只要拿出去，就回不来，但当时也没多想就答应了。

晚上回家，我对爸爸说："爸爸，快涨工资了，我现在攒多少钱了？"

爸爸问我："你问这干啥？"

我说："我都这么大岁数了，才攒多少钱？我算一下看，我一生能攒多少钱。"这时我发现我爸爸的眼角看了一下墙上挂的钟，说："一千块钱。"

我明白了，我和爸爸漫不经心地说："现在四十来岁，攒一千块钱。八十岁攒两千。乘上一倍四千，再乘上一倍八千。这点钱没用！"

爸爸用奇怪的眼神看着我。

第二天早晨爸爸上班走了。我把钟摘了下来。那是幸福牌大圆钟。打开后盖，在挂备用钟摆的箱中见有一个纸卷。我打开见到一个定期存单，存单上写着我的名字。我把存单拿了出来，把剩下的几张看也没看放进钟箱，挂上钟。我拿着工作证到银行把钱取出交给了李勇。

晚上我们很开心，谈着未来的理想。回到家时，我一开门，爸爸转过身，用十分严厉的口吻问我："你的存折哪儿去了？"

我一愣："爸爸，你怎么知道？"

"我再问你，你的存折哪儿去了？"

我说："球迷协会急用钱，我先拿去给他们应急了。过一个礼拜就还我。"

爸爸说："你小子一共才一千块钱，要是不还你，你还有钱吗？"

我笑着说："那是球迷协会啊，没问题。你放心吧。要是在这一千块钱上打主意，那人还能活吗？"

我爸一瞪眼说："什么？"

我说："啊，我说错了，这个是个小钱。唉，爸呀，你怎么知道我动钱啦？"

爸爸说："我回来一看桌上有一个存款，钟也歪了。我吓坏了。我以为进小偷了。可是一看，只是你的没了。我一想指定是你把自己的钱拿走了。记住，孩子，钱还你以后不要乱花。攒点钱不容易啊。"

我笑着把双手放在爸爸的肩上说："爸爸，社会开始发展啦，以后钱是不成问题的。它像雪花一样在你眼前飘动。"

爸爸用手打开我的双手："钱那么容易挣啊。"

有一天听说国家队教练高丰文在沈阳打热身赛，会长汪富余说："高丰文来了，我们见高丰文去！"我们先去了辽宁大院，和辽宁队的队员照相，大家那个高兴。之后来到凤凰大厦。我们一进去，看见高丰文正在和别人谈话，我便走了过去，高丰文见到我，马上对旁边的人说："罗西来了！"说完就向我走过来。

我说："高指导，你好！我是鞍山球迷罗西。"

高指导笑着说："你好，罗西！"

我们像多年的老朋友，紧紧地拥抱在一起。我们谈得十分投机，我还说出了自己的观点："既然是防守反击，那么让中场核心队员王军上不是更好吗？他的速度、拼抢、传球不是更好吗？现在的中场，用的是上海的秦国荣，如果换上王军，我想场面会更好一些。"

高指导说："各地各队都有自己的核心，那么我综合所有队员的长处组到一起，所以我有自己的打法。这场比赛也可以用用王军，国家队究竟用谁好，看他的表现，看他的配合。"

后来我又和"海豹"李华筠、麦超、郭亿军等很多队员照相，并请他们在我那个足球上签名，那一天高兴得我呀真是手舞足蹈，又蹦又跳。

回来后我把高丰文和孙宝荣国家队员的照片洗了不少出来，尤其是和高丰文的照片。我在照片上签上名字，每天到球迷角都带上一两张。见到老球迷便给他们，他们真的是如获至宝。

10月4日主场中国对日本的比赛，争夺奥运会的入场券。本来我们以为打日本、南朝鲜、香港应该说胜算挺大，因为那时中国打南朝鲜（韩国）和日本几乎不败。

可是10月4日，我们竟以0∶1败给了日本。那时球迷承受不了。等待着10月26日客场的到来。那时高丰文喊出一个口号："自古华山一条路，我们要冲进奥运会。"

中国足球第一次冲出亚洲

10月26日那天白天，我来到杂货店和那里的经理说好了，我押了所有的钱（四百元），还从朋友手中借了四百元，一共是八百吧。我和他说："你把八百元的鞭炮准备好，今天晚上中国队比赛，如果中国队赢了，我便来取鞭炮。如果中国队输了，鞭炮我就不要了，过两天我来取钱。"我还找了很多的身边骨干的球迷兄弟，中午请他们吃的便餐，晚上集体看球。

那场比赛我们看得太疯狂了：除了砸电视，砸桌子之外，我们所能做的一切都宣泄出来了。啤酒漫天滋、呼着、喊着、叫着、闹着，大家实在开心。记得当唐尧东进球之后，我和拉什抱在了一起，在地上滚在了一起，好几个球迷跪着，哭着，叫："2∶0，我们赢了！我们终于冲进了奥运会！"

如果说以前我们是关公战秦琼，只知道有差距，不知道差距在哪儿，那么我们这次就要到世界上走一圈啦，我们就会知道我们究竟差在哪儿。

我们来到了邮电局门前安排好那几个旗手，跟他们说好："我不回来，你们千万不要动。我去取鞭炮。你要是一动，全局都动。一定不要乱动。"

之后我借来个倒骑驴，来到杂货店，哇，那么多的鞭炮！跟我来了不少人。我说："每人一挂，一直放到邮电局，不要一起放。要一个一个地放。"好嘛，自行车上带个人，把鞭炮放在地上，我说："开始出发！"这时鞭炮已经响起。

当时的站前已经聚集了数万人。我的鞭炮一响，人们便给我让了一条路，我在前面开道，后面是鞭炮。一溜烟直奔邮电局，当我到邮局之后，又拿出几挂鞭放，现在回想起来，什么叫作人潮人海，什么叫作锣鼓喧天，当时的场面就是最好的注解。我们敲着锣，打着鼓。我手一挥："上虹桥，去联营。"大旗往前一冲，滚滚的人流便随后而来，事先安排的球迷在前面两排左右护卫。到了桥中央往下一看，没有空地全是人。我记得清清楚楚，我们已经到了联营，可虹桥上人流还是如此密集。从人民路经铁西地道桥到胜利路，从对炉山折回到站前，人们欢呼着，跳跃着，来宣泄内心对足球的情感。

有一天我和汪富余、邓涛、郭维亮、李更海、宋荣顺，我们六个人在一起。突然我说："我们几个拜哥们儿吧！"大家说好哇。富余说："带上兴研吧。""好！"我们一共哥七个。

排岁数，我岁数最大；其二李更海；三弟汪富余；四弟宋荣顺；五弟张兴研；六弟邓涛；七弟郭维亮。

1987年11月24日我买了一只白色的大公鸡，哥七个在老兄弟家跪成一排喝的鸡血。在那一刻我知道，我的担子又重了，我是老大，弟兄们的一切我应该照顾，因为我是他们的大哥。他们都在看我。

看球与工作相矛盾。此时此刻我必须做出最后的选择了。这半年来我反复思考这件事，吃不好，喝不好，睡不好。我的身高一米八，可是体重已不到一百二十斤了，我知道再这样下去我的身体就不行了。我最后做出决定：找机会辞去工作，虽然鞍钢会失去一位电工，但中国会有第一个职业球迷的诞生。

我发表离职感言

在工厂工作时，我满脑子想足球，想着球迷工作，期盼比赛，早晚有一天要出事。我已有两位同学被电打死了。我就当我出事故到另一个世界去了；我就当我交通事故把我两腿轧没了，在家里头坐着；我当我跌个跟头脑出血变成了植物人；我要是这样不也是不能上班吗？

拜哥们儿后的几天，在邮局球迷角，我发表了能有三四个小时的感言。

那天邮电局的人太多了，能有一百多。他们都说球迷协会要有人干专职的，否则干不起来。谈着谈着我就开始谈到了人生：人为什么而生存？生存的意义何在？价值何在？

记得我说："我不管别人怎么说，我要走出一条自己的人生之路。我要走一条世界上没有任何人走的路，那就是职业球迷之路。以后我的职业并非是鞍钢的配电工，而是一个职业球迷。那么在球迷道路上，怎么走？我的原则是：上不犯天，下不犯地，左不犯法，右不犯规，做人有人格，经商有商德，玩游戏遵守规则。犯天受罚，犯地降灾，犯法公安局收拾，犯游戏规则没人跟你玩。有吃有住有穿有乐能来能走就可以了。人家是下海经商，一点点往海里走。有目标，有事业。而我是跳海追球，咕咚一下跳下去。没目标，追球就是我的事业。追球是足球的球。也许我会开个饭店，那就是球迷的场所。或许我会办个公司，那就是球迷之家。总之我要离开工作，并不是每天为了几块钱而活。几块钱好说，关键是时间干什么了？我要把时间用在我喜欢的事业上，那就是做职业球迷。有人说老了怎么办，其实我什么都会做，木匠、瓦匠、白铁、修理锁头、配钥匙、半导体无线电、修理自行车、摄影照相、书法、绘画、篆刻，这一切难不倒我。到老了我推个杂车只要到楼下走一圈指定有活儿干，有钱赚！到那时国家的发展，文化品位的提高，到时我可以卖字画。我在门前的两棵树上拴一根钢丝，上面挂的字画卖十块钱可以吧。我一天卖一张就够了。卖两张我还赚十块。十块钱一幅'我是罗西'，我不信卖不出去三幅。生活指定没问题。关键的关键是球迷协会路子怎么走？走向何处？这是主要的。是历史选择了我，不是我选择了历史，既然历史把我推上了球迷的舞台，我就要演好自己的角色，那就是：我罗西永远没有成功，但，我更不知道什么叫作失败！只要给我一个释放的空间，我就让这个空间充满激情，让激情的烈火去燃烧我这个执着的生命。我用自己的骨头当柴烧，去点燃球迷的烈火。我在用我生命中不同的方式为足球奔走和呐喊，只要我还在我就永远是足球文化的一粒微子。我的选择是前无古人后无来者。我借用保尔·柯察金的话吧，一个人的生命应当这样度过：当他回首往事的时候，不因虚度年华而悔恨，不因碌碌无为而羞耻，这样他就能够在临死的时候说，我把整个的生命和全部的精力都献给了足球的事业，为了球迷的事业而奋斗。我就要做世界上第一个职业球迷……"我看见大老李挤进来，便说："昨天你笑着嘟囔，问我，工作为什么不要了？我没回答。现在我回答你：大哥，什么也不为。这一切就为了激情，为了我活得有意义，为了我心中的爱。就为了天天和你们在一起。"

我记得我越说越激动，到后来所有的人都围着我，那么多的人。前面坐在地上的人不时地给我递烟、汽水、水果，现在回想起来就像电影里的一样。我的演说不时地被长时间的掌声打断。

记得，我最后说的是："请你们相信我，我绝对会做到，让球迷高兴，让朋友满意，让领导放心，我一定领着你们攀登球迷的顶峰！"当时我把拳头往空中一举，掌声、拥抱一起来，他们喊："罗西万岁！"在此时我真的有一点承受不了了。我感到了什么叫充满激情，我知道了什么叫一腔热血。

不少球迷说："罗西，你领我们干吧，不管到什么时候，如果你有困难，我们每个球迷一人给你一块钱足够你生活的了。走自己的路，我们支持你！"

我记得清清楚楚，国营饭店的球迷老杨在旁边小声地对我说："老罗，辞工作一定要慎重。不可开玩笑啊。老了怎么办？退休了怎么办？"

我瞅着他笑了。

回到家后那一夜几乎没睡好，想着白天我对球迷说的话，也感到那是对自己下的通知书。不能再等了。等不了了，就这样决定吧！

既然选择了方向，那就走吧！走一步算一步，因为这是没人走过的路。什么这个那个，走吧！干吧！干自己喜欢的事，死了也不后悔，活要活得起，死要死个明白！不等了！

第二天晚上，爸爸吃完饭后躺在床上，我坐在藤椅上，我们爷俩唠嗑。

我对爸爸说："爸爸，一个人活着在世上就这样活着我不满意，我要为理想和事业而活。"

"孩子，太好了，一个人没有理想和事业，只能碌碌无为。"

"爸爸，我也想干一番事业。"

"干事业好啊，但不要出事。爸爸就这样了，就看你们的了。但你现在就一个人，还是先把家处理好吧。"

"唉！爸，不谈了。事业和家是两回事。我爷爷已经走了，你也五十多岁了。一生就这样了。我也三十四岁的人了，我要不干点事，我到你那么大岁数，我能干啥？所以我决定我非要干点大事不可。"

这时爸爸下地，在他桌子那地方寻找着什么："干事业好，但要把握时机。凡干事业的人都是经历过风险的。"

我说："爸，现在的机遇已经来了。我准备当世界上第一个职业球迷。"

"当球迷好啊。什么？"

突然间爸爸一愣，转过身来问："你说什么？"

我说："我要当职业球迷。"

"什么叫职业球迷？"

"我要把工作辞了，去当球迷。"

爸爸瞅着我："你要辞去工作当职业球迷？"

"对呀！"

爸爸愣在那里，突然脸色苍白，浑身哆嗦，指着我说："败家子！孽子！"之后抬起手来，停了能有一秒钟，还是打在我的脸上。

我一下子跪在了爸爸面前。

我说："爸爸，你打得好，你要是不打我，我真的走不了。你打了我一下，我心里多少平衡了。儿子走了，但你千万相信，你儿子走的是正道。最不济我也不会要饭。我就是要饭我也会到南方。我不会让任何人知道，你的儿子给你丢脸。作为儿子只能给你争光，因为我是你的儿子。"我哭了。

爸爸浑身哆嗦着，眼圈发红。

我起来双手扶着他的肩晃了晃，最后把比我矮一头的爸爸抱在怀里。

我说："儿子走了！"

那是悲壮的时刻。我知道十二岁母亲去世，爸爸为了我们三个孩子，吃了多少苦受了多少罪，他多想像爷爷那样在家里有个威严，看着满堂儿女，那种幸福的生活。而他的儿子却偏偏是罗西。在他的心里，儿子是李文钢，而罗西只是奇怪的名字。我走了，来到了姐姐家。

我想说服姐姐和姐夫支持我的想法，我和姐姐姐夫谈到了人生，最后说："我要当职业球迷，把工作辞掉。"姐姐哭了，姐夫唉声叹气，反做我的思想工作到十一点。我说："睡觉吧，我困了。"但我躺在床上，翻来覆去地睡不着觉。

一点左右姐姐和姐夫过来，又开始做我的思想工作。跟我讲以后怎么办，千万不能扔工作。又谈到了凌晨三点。

本来我想说服他们，可是变成他们想说服我，最后只有在相顾无言中结束。

第二天在汪富余家，邓涛给我找来了笔和纸。

那是一张表格纸，我在纸的反面开始写辞职报告。本来我想表达一下内心世界，可是当时觉得什么都不要了，什么都无所谓了，随便写了一份最简单的辞职报告。

第二天上班后到车间我把辞职报告交给了孙广剑主任。

我说："我不干了，你说得对，我就当职业球迷去了。"我双手把辞职书一递，孙主任一愣，就在他接过之后，我向他敬了一个正规的军礼。

"再见了，孙主任！"我转身下楼回到变电所。

我跟班长说："再见啦！我要走啦！"

"你上哪儿？"

"我去当职业球迷了。"

"什么叫职业球迷？"

"就是把球迷当作自己的职业。"

"那你生活怎么办？"

"有吃有住到哪儿都行。什么这个那个的。我活一辈子，干我喜欢的事死也不后悔！"

刚好，刘副主任也来了。

我只记得他一直在看我，没说什么。他是个山东人，是个直爽的人，给人们的印象非常好。我把所有的书籍全留下了，只拿走了一些我的练习本。工具箱里所有的东西都没拿。没有眼泪，没有悲伤，我望着那亲手焊的钢梁，钢梁上亲手盖的房子，我向他们敬了个礼便离开了工作十八年的鞍钢。

这里有我太多太多的回忆，有我的幼稚和无知，有我人生起点的辉煌。

啊……再见了！

多少年我一直在梦想着回去看看，可是没有机会。听人说那时候的老设备全没了，更现代化了；以前像垃圾场似的工厂不见了，现在是绿化的工厂了；五十六万职工没了，现在只有不到十万了。人生就是这样，在变化中成长。

从打工起步

1987年12月初的一天，一位球迷朋友说："跟我走，我领你做买卖。到南方去！"

我说："正好全国十多家球迷协会我要去拜会。谢谢你给我这个平台。"

"你准备吧，这两天动身。"

　　我深深地知道，我的前面是一片荒芜，在一片荒芜中我独自行走，什么都没有留下，留下的只是一排脚印，我昂着头，挺着胸，向远处的荒芜走去。

　　那几天来看我的球迷不少都知道我当职业球迷了，他们几乎所有人都支持我，而有的球迷哥们为我担心，关心地嘱咐我，我很感动。

　　我们坐了两天一夜的火车到了终点站，真如火车站（今天的上海火车西站）。那时的火车真慢哪，之后在南通市待了一天，坐小船到了十四圩上岸。在沙洲（张家港）我开始给他打工买化妆品，一个多月之后我领着他的内弟，到了镇江考察市场。我们先到了金山寺拜佛，一个星期之后到了扬州，之后回到张家港。过年前，他扣除我买的东西，给了我一千四百元。我也就从这一千四百元开始起步，我要走出自己的人生之路，那就是做职业球迷。

　　然而，前进的道路并非平坦。

　　1988年过完年，记得那天我要去卖"麦饭石"，因为我听说"麦饭石"是好东西。我领着副会长汪富余，坐几个小时火车来到了阜新市，按着地址找到了麦饭石公司。在公司里听说有长寿村和长寿老人。

　　我问厂长："长寿村在哪儿？长寿老人在哪儿？"

　　他推辞着说："现在那个路很难走，去不了。"之后我上了不少货。

　　有一袋子麦饭石六十多斤。那可全都是石头啊。我背着两个大包，一只手拎着一个包，另一只手拎着袋子的一边，而袋子的那头是汪富余，他两手拿着袋子，腰都直不起来。那时他还没长成，还是个学生。

　　他穿的是紫色的半大呢子大衣，和我比他的体力是那么弱。那可是个冬天，他的汗水把他的围脖都浸透了，在凛冽的寒风中头上冒着蒸汽，满头的白霜。那时火车的门和站台离得很高，我们费了很大的劲儿才把东西放到火车上。

　　我回到家里查看地图，选择了江苏省洪泽湖一带。告别亲人后我背着个大包，带着两箱麦饭石，孤身一人开始我人生旅途的"跳海"第一站。

　　我们到天津倒车，从天津站出来到汽车站只有一站地（那时我兜里只有二十七块钱了，坐公交是最划算的乘车方式）。我拎着两个箱子，往前走了五六米就拎不动了。我用老鼠搬家的方式拎着一个箱子走出五六米，再把另一个箱子搬过来来回倒腾最后终于来到公共汽车站。而汽车司机上了人就关门，我来不及把箱子搬上去，于是等了两辆汽车。最后我见来辆车，就先把箱子放上，自己再上车，好不容易坐上了公交车，再赶到另一个火车站签证。

那时真的很辛苦，在车上吃的是从家带来的东西。火车到明光站停靠时我闻到了一股臭豆腐的味，真吸引人。实在馋得没有办法了，就花了三毛钱买了几块，真香！在我的印象中明光站的臭豆腐是最好吃的。

在长途汽车售票口我抬头一看，明光 — 盱眙。

我说："买一张到于台的票。"

那个女的织着毛衣也没抬头说了一句："没有于台。"

我又抬头看了一看，说了一声："我要买于台的票。"

她说："没有于台。"

我站了几秒钟，最后指着牌子上说："上面不是有于台吗？"

那个女的抬起头，翻了我一眼说："那叫盱眙（xūyí），不是于台。"

当时我的脸真的很红很红，很不好意思。上车以后，我还没有缓过来神。到了盱眙，我几乎弹尽粮绝了。好在一个小商店成全了我，我把麦饭石以两百块钱的价格卖了出去。从这里开始，我又去了金湖、洪泽、高邮、兴化。

那时候江苏的菜饭几乎全是甜的，包子也是甜的，出来这么长时间了，我真的十分想念家乡的菜了。

有一天，我要休息一下。我来到菜市场，买了一条二斤重的活鱼，才一块来钱。在卖大蒜的地方，我扔了一毛钱，拿了一头蒜。在卖辣椒的地方，我扔了一毛钱拿了一个尖椒，又拿了一棵大葱。在卖莴笋的地方，我见所有的人都把笋叶掰掉，只称莴笋茎部，而我却拿了两个个大的莴笋，称过后我把莴笋茎掰掉扔进筐里，把大叶去掉，拿着两个叶芯，而那两个莴笋茎被两个老太太抢走了。

我来到一家饭店，给他加一块钱工费请他把鱼做了。我把所有的青菜扒好洗干净，放进大碗，要来一点酱油，吃了好大一碗的大米饭，真的很开心。等我把饭都吃完了，鱼才做好端上来，我只吃了两口就吃不下了。

我记得清清楚楚，刚开始圆桌坐了四个人，而等我吃完时，我这桌只有我自己在吃，而旁边的桌子却是挤挤插插。那时吃饭认不认识都在一个桌子吃饭。我的吃法把他们吓坏了，那时在江苏，生的黄瓜没人吃，只吃全熟的，只有我这个怪人，全吃生的。

在这期间，我认识了两位走江湖的先生，学到了很多江湖上的规矩。出去几个月，第一次回到家时，也没挣多少钱，但我学到了很多有用的东西。

回家前我买了不少东西，十五块钱的西服一套，回到家乡卖给卖劳保的以二十块钱成交。

想看球就看

报纸上报道说5月8日，中国足球队要在杭州市和朝鲜打一场比赛。我看到后很高兴，这不就在附近吗？ 这回我就可以看球啦！ 谁也管不着，不用请假，想怎么看就怎么看。然后我就开始往杭州方向运动，最后经吴江转到了桐乡，还在桐乡赚了几千块钱。

在5月6日转到了杭州，在一家小旅馆住下。5月7日我便来到了杭州的体育场。

我记得清清楚楚，我穿着一套绿色的衣服，拿着一把军号。在体育场周围有很多人围着卖票。我上去一问，八块钱一张票，原价四块。几个票贩子围过来说，买我的吧，买我的吧。最后我跟他们说，我没有买票的习惯，我不用买票。他们用惊奇的眼光看着我。那时我不知道哪来的自信。

到了体育场找到一位主任和他说了之后，他用一种奇怪的眼光看着我，说票已卖完了，这时我拿出来影集，把我和高丰文和队员的照片给他看，这时他站了起来说："你还真是个球迷。"

我说："国家队在哪儿住？ 我去见他们。"

"他们下午来训练。"

"好！ 我等他们。"

从体育场一出来，那些票贩子把我围了起来，有的问："票拿到了吗？"

"下午国家队来训练，到时候我就有了。"

"你是从哪里来的？"

"从辽宁鞍山。"

有的球迷问我："你是球迷吗？"

我腰板挺得倍儿直，一拍胸口说："当然了，我是第一职业球迷。"

"什么叫职业球迷？"

"就是哪儿有球奔哪儿去。看球就是我的职业！"

哇！ 当时有那么多人围着我，我便开始给他们侃球。记得那时杭州几乎没有比赛。难得有一场国际友谊赛，所以票贩子和球迷都拥来了。

我越侃越激动，最后，后面的人喊："前面的坐下，前面的坐下！"随着喊声，前面的五六排人纷纷坐了下来或者蹲了下来。这时有人提问有关足球技术上的东西，也有人问中国足球上不去的原因，也有问球星逸事的。每当我回答问题之后，语气加重拳头一挥，便得来阵阵的掌声。他们不少人说，这才是真正的球迷。

最后那几个票贩子说："罗西，凭着你是职业球迷，我卖你一张平价票。"而另一个说："我送你一张！"

我说："对不起，情我领了，但是我不能要，你们都得维持生活。只要我能见到国家队我还用买票吗？因为我是罗西嘛。"而正在这时，不知谁喊了一声："国家队来啦！"这时所有的人都往体育场门口跑，马路上全是人。随着人群的拥挤，我站到了马路牙子上，看见在拥挤的人群中，中间有一个红色的长龙，在缓缓地向大门走动。人们只给国家队留下了可走一个人的空间。正在这时我看到了最前头高丰文走上了台阶。

用最大的声音高喊："高——指——导！"

也许在南方的口音中，他听到了我北方声音感到亲切吧。他停下来转过身，所有的队员也停了，转过身，成千上万的人都瞅着我。

高指导向我一招手，人群马上让开了一条道路。

我突然感到脚下仿佛是红地毯，是通向光明的殿堂，是那么阳光灿烂。我和队员一一握手，我和高丰文一下子抱在一起。

"什么时候来的？"

"我在浙江做买卖，听说你带队来杭州打比赛，特意赶来给你呐喊助威！"

高丰文显得特别高兴，拷住我的胳膊进了体育场。

我们俩一同走进了大门。进门后他说："你先等着，我去安排队员换衣服。"

我感到值了，在人生的道路上，我为自己选择的道路感到高兴。过了一会儿，高丰文出来，那么多的记者围了上去。这时高丰文对记者说："对不起，鞍山罗西来了。"然后直奔我而来。

我们手再一次握在一起，谈了能有二十分钟：有关足球队的未来和这场比赛胜利的决心。我笑着跟高丰文说："你放心吧，虽然是杭州，但我也把它当作家乡的主场。你看，"随后我拿出一个小竹管一吹，"上下拉动带响的。"

高丰文笑了："你来杭州有什么困难吗？"我说："一切都好。就希望你胜利。另外我还没有票呢。"

高丰文一笑。正好旁边有两个记者，他往记者脸上一看，记者会意。

一个记者说："你要几张？"

"一张，就我一个人。"

"一张够吗？"

"够了，够了！"

随后他拿出了一张票。

我说："多少钱？"

"高指导的朋友，大名鼎鼎的罗西，我敢要钱吗？"

"那就谢谢了。"

高指导说："一会儿我们要训练了。明天在赛场就看你的了。"这时我拿了两盒烟，对高丰文说："这两盒烟是讨吉祥的。良友象征着球迷，我们之间的友谊。双喜象征着吉祥顺利。讨个吉祥吧。"他笑了。

这时我来到休息室把门推开，队员们正在换衣服。我冲着马林、唐尧东一笑，一摆手："讨个吉祥！"我把烟放到了凳子上，转身离开。

当我出来时，在大门口，铁门一开，那么多人把我围了上来："票拿到了吗？"

我把票往空中一举："这不，拿到了。"

记得很多人问我："要了几张？"

我说："一张够了。"

"你怎不多要几张呢？"

我说："我一个人自己看，要一张就够了。"

他们说："你真傻。"在旁边的空地，我又开始给球迷侃球了，他们给我阵阵的掌声。说了好长时间，最后我谈到了球迷协会："希望杭州早日成立球迷协会。"那时我记得清清楚楚他们给我的掌声足足有一两分钟，我也真的很高兴。

这时一位穿着蓝色制服的青年人说："我叫许锦华，在街道办事处工作，刚才我听了一会儿，你说得太好了，我支持你，有时间我们好好研究一下，还有一个叫孙健的，还有其他几个人，我们定下来明天一起进场。"当时我问许锦华："你在街道做什么工作？"他回答："临时工作，什么都干。"

第二天，许锦华和孙健，那几个球迷又来了。我把大家组织起来，我们一起进入了赛场。记得上半场开场不久，我便拿出了哨子发给大家，那可是一块钱一只啊。上百只的哨子发出去，我让他们拿出来吹，可是他们都放进了兜里，说回去给孩子玩。

回想起来，那个时代的球迷和现在杭州球迷那种激情真是截然不同。我的身边只有那几个球迷拿着小竹哨在吹，当时我真的很无奈。

记得上半场踢得很沉闷，我有点坐不住了。之后我便开始动员，我知道杭州人的性格是内向的，所以我要先动员。我首先将身边的人动员好了之后，说："下半场我们一定要把全场带动起来。"

下半场比赛开始了，我站了起来，面对观众向大家敬了个礼，说："杭州的球迷朋友们，大家好！我是罗西，今天能和你们杭州的球迷在一起，为国家队呐喊助威，我感到非常高兴。让我们一起喊出西子湖畔的威风，行不行？"而此时，我并没有得到太多肯定的回答，回应的大多是笑声。

我记得我双手一摊，做了个鬼脸，又把手握成喇叭状，向大家喊："刚才的声音不够响亮。你们要显出杭州的威风！行不行？"这时声音大了些："行！"

我说："声音不够响亮。行不行？""行！"这时声音已经很大了。

这时我又把手握成喇叭状高喊着："中国队！"双手往空中一举，大家喊着："加油！"这一喊，把整个看台带起来了。喊了几遍以后，我便往另一个看台上跑。记得那是个老体育场，隔着看台是个铁栅栏，上面还有铁丝网，这面的人往上推着，那边人接着，我便到了另一个看台。"中国队加油！中国队必胜！"在全场不停地呐喊。每到一个看台，人们都以热烈的掌声欢迎我。我不时地看着队员的表现，不时地喊着。

最终，我们以0：0打平了这场比赛。比赛之后许锦华说："你们球迷协会很好，我们杭州也要成立球迷协会。你帮着我们吧！"我说："好啊！"

许锦华把我领到他的住处，那是一个又黑又暗又潮湿的小屋，只有十平方米吧。旁边有一个可以做饭的小食堂。我在杭州住在一个小旅社里，领着一些球迷在《杭州日报》记者徐晶晶的带领下，找到了体委民政局。可是那个时候办事太难，还是没有把杭州球迷协会成立起来。

告别许锦华，我又开始在浙江做买卖：绍兴、东阳、义乌、永康、嵊县、新昌、温州、丽水、黄岩、桐庐、德清、安吉，我几乎跑遍了整个浙江。

那时的义乌市场，还是露天市场，用砖头架起的水泥板，一排一排的。在德清见到了几位年轻人走过来，对我说："罗西，你好。我们都是球迷，我们在杭州和你一起看的球。我们很敬仰你。晚上我们请你吃饭。"当然了，客是他们请的，单是我买的。后来我们成了好朋友。

那次我在浙江买了不少足球和书法的书，还有文房四宝，那时物价真的很低，好的宣纸才几毛钱。从浙江回来，我发现，虽然钱没挣多少，但是对我个人来说，这些经历已经给了我很多，人生品位也有所提高。回到家之后，休整了一段时间。

爸爸看我凯旋

记得一个朋友对我说过，东南方向对你来说，是个吉祥的方向。回到家之后我便打开地图，用尺一量，发现焦作不错。随后，我便到了焦作。生意一般，但我买了一个非常可心的望远镜，当天高兴得一夜没睡好。我从焦作转到新乡，再来到郑州，到了郑州打开地图，我选择了紫金山百货大楼。经理真好，也是个球迷，给了我一个门口的柜台。

记得有一天，一个高个子男人来到柜台前，我便问："你是篮球运动员吗？"他说："是。"我说："我是中国职业球迷罗西。"当时我们谈了很长时间，他说："我给你介绍一个朋友吧。他叫张五一，也是球迷协会的。"我一听当然高兴了，他告诉了我张五一的电话。有一天我邀请他过来，可是他没来。没想到第二天中午我正在忙着，来了一位穿着黑色制服大衣、戴着白色大盖帽的男人，在旁边站着，等客人走之后，他便走了过来说："你是罗西吗？"

我一愣，说："我是罗西。"

"我叫刘良州。是郑州球迷协会秘书长。我听五一说你来了，我来看你。"

当时我很激动。

他说："晚上我请客，请你光临。"

我说："没问题。只要你把朋友请来，晚上我买单。"

记得那天晚上。他和协会的另一位姓马的，要去小饭店。

我说："不，去一个大的。"那天我们吃得很开心。从此以后，我们便成了好朋友。那天他又领着我到了他们郑州球迷协会会长雷鸣东的家。

哇，大书法家，大画家，也是乒乓球国际裁判员！那时我们谈得真开心，我拿起他的毛笔，写了三个字"笔中情"。他却指导我说："书法从间架结构要讲究章法，草书更为重要，我这里有个百字诀，你从这里头悟。"

当即我们三个就拜了哥们儿，雷鸣东为大，我老二，刘良州老三。

随后大哥便指导我的书法，我便拜大哥雷鸣东为我第一个书法老师，大礼拜上。

在郑州两三个月我和刘良州一起看了几场河南队的比赛。现在回想起来也好笑，那时的河南球迷最大的特点，就是撒鸡蛋，那时的印象太深了。

我在郑州真的很开心。那时还没有面值五十和一百的货币，最大面值十块钱。记得那时在郑州生意不错，记得要走的时候，我见到了新的五十块钱没敢收，过了两天又见到了五十元，才知道五十元纸币出来了。

那天我来到良州家，跟他说到商店去，他带着他的爱人来到商场。进门以后我跟他说："你们两个合计好，不管什么，不问价钱，只买一样。我作为纪念品送给你们，永久留念。冰箱、彩电什么都可以！"

他俩说不行。在二楼卖钟的面前，他爱人停下了，不好意思地看着良州，说着什么。

我说："最贵的钟才三百块钱。不！买个贵的，买上千的东西。"

这时良州说："二哥，那我就不客气了。我缺个钟，买个钟吧（送个钟不吉祥）。"

我说："不好，买贵的！"

他说："你要让我买，我就买这个钟，我缺一个。别的我不要。"

这时我喊来了服务员，把最贵的钟给我拿来一个。我看他俩看了半天没说话，就说："你自己选吧。"记得二百九十几吧，将近三百块钱，买了一个钟。我回家的时候，他亲自把我送到火车站。

我特意买了个密码箱，拿了一沓带编号的十块钱用报纸包好，放在了密码箱里。

我回到鞍山，下火车后我一手拽着小车，一手拎着密码箱，在广场没人处，我打开密码箱，拿出那沓钱，放进上衣兜。露出一少部分，过了马路来到邮局。

这时在邮局大门口一个球迷喊："罗西回来了！"便跑进了邮电局，门一开，好嘛，二十来个球迷一下子把我围了起来，有的帮我推车，有的帮我拿着密码箱，相互簇拥着我进了邮电局。我用两个指头捻出两张十元钱，交给一个球迷说："去，拿两盒万宝路。"大家谈得真开心。这时我对大家说："去，打几台出租车，吃饭去！"

记得我们二十几个人打了一排的出租车，那时打的的人很少，一溜烟回到家，我跟他们说："你们在楼下等着，我马上下来。（那时爸爸不太理解，有一次球迷到我家找我，敲门喊罗西，我爸爸说，你走错门了。我们家姓李，不姓罗，并嘟囔着说我把祖宗姓都改了。）"

之后我领两个球迷抬着东西上楼。我一敲门说："爸爸，我回来了！"

"唉！唉！"门一开，我见着爸爸惊喜的目光。进了屋后，我一把把爸爸抱起来，在屋里转了三圈。

爸爸说："放下！放下！"我用我的胡楂在爸爸的脸上蹭了几下，爸爸脑袋歪向一边，笑着推开我，上下看了看，说："不错！"

因为我的装束变了。我买了皮大衣，戴着礼帽，穿着黑皮靴，一个十足的西方特务。

"爸爸，他们等我呢，我要跟他们吃饭。"我又指着密码箱说，"把箱子给我放好。"我又给爸爸使了个眼神，爸爸明白了（密码箱已经调到了开箱的位置）。我随后领着他们下楼了。那时我领着球迷朋友在东门的一家饭店摆了两桌，连吃带喝二十来人才花一百来块钱。大家吃着、喊着、唱着、跳着、提问着，真的很开心啊！

晚上回家，爸爸说："不错，小伙子身体怎么样？"

我说："一切都好啊！"我便拿出四沓钱（四千块钱），剩下一万块钱交给了爸爸。可能爸爸从来没见过这么多钱，高兴得直笑。我和爸爸说："这不算什么。这才哪儿到哪儿。钱是人挣的。一个人最大的消费就是时间，而时间产生的是生命的价值。关键是生命的价值值多少钱。当你的生命价值不是用钱衡量时，那才是生命的意义。"那天和爸爸谈了半夜。那天开始我真的让爸爸开始理解我了，又是没脱衣服睡着了。

"7·15"让我终生难忘

本来6月11日是中国队对伊朗队的比赛，因霍梅尼逝世改在了7月15日。全国球迷十分关注这场比赛，弄球票成了当务之急。那时弄到一张球票是多么高傲。经过几次联系，当时的中国球迷真正的领袖黄祖钢给了我们鞍山球迷协会五十张球票，可是我心里还不满足，还想继续多要一些。

黄祖钢为难地对我说："外地球迷就五百张，你老罗拿走五十张，你还说什么？"我和他紧紧地抱在一起。

这是我第一次到现场看中国队冲击世界杯的比赛，我的心情是那么激动。我提前了很多的时间来准备。

鞍山足协主席于庆成从矿山公司调来一台大客，经辽阳时，前轴抱死，又调来了修理工，换上新的零件。但时间不赶趟了，我们又重新调了一台车，急驰沈阳。

那时人民体育场，刚刚改建，增加了八千个座位，可容纳一万八千人。那时沈阳球迷打出了当时赛场上最大的绿色的横幅挂在看台上，上面写着沈阳两个字，下面是"中华足球从这里崛起"的旗帜，这给我的震撼力太大了，是的，只有在沈阳才可以号称"中国足球的都城""中国足球的宝地"。只有在沈阳才配挂上"中华足球从这里崛起"的大旗。

我带着球迷乐队，一出场便迎来了沈阳球迷热烈的掌声。第一首歌我奏的是《沈阳我的故乡》，引来了全场欢呼。随后沈阳乐队又奏一曲，马上我跟着又演奏一首《迎宾曲》。哈哈，沈阳随后又是一曲。这时日本裁判出场，为了拉拢裁判，我指挥演奏了《北国之春》和《拉网小调》。日本裁判回头看看我们还摆了一下手，当时全场轰动。后来老裴过来我们抱在一起。

老裴说："沈阳的和鞍山的一起来唱'鞋儿破，帽儿破'。"

我说："好！我们这边看，你们那边的指挥，来吧！"

在沈阳乐队的指挥下，近两万人一起高唱"鞋儿破，帽儿破"，可想而知那气势可谓是惊天动地、歌声雷动。多少年了每当想起"鞋儿破，帽儿破"还是激动万分。

那场比赛全场无数次进入高潮。没记错的话，当时辽宁籍的22号傅玉斌，3号高升，8号唐尧东，10号马林，在家乡尤其受宠。只要国家队一拿球我就让小号吹冲锋号。

其实在我的球迷生涯之中，我对高指导这届每一个的队员都是非常熟悉的了：号码、身高、速度、爱好，对这届的打法更是了如指掌：后卫助攻，前卫套边，双中锋。而这场比赛已是发挥得淋漓尽致，第29分钟时2号朱波接8号唐尧东直插底线起脚传中，而9号柳海光一个漂亮的金头灌顶，进了，1∶0，漂亮！全场沸腾了，那欢呼声在那一瞬间爆发。然而狂热的激情并没有结束，不到十分钟中国队再一次演出一场战术的好戏。右路朱波和唐尧东紧密配合恰到好处，唐尧东一脚秒传朱波接球后下底传中，张小文左路跟进到位金头一点，又进了，2∶0。1∶0的激情尚未平静，更加狂热的浪潮再一次掀起，球迷们那狂热达到了最高峰、蹦啊、跳啊、喊啊、叫啊……我们真的疯了。这是我看的第一场中国队的世界杯的比赛呀，我们赢了，而就在那一瞬间，我忘了所有的一切。剩下的只有狂欢，直到终场结束，我们还在喊叫。

这场比赛在我当时的球迷道路上记下浓重的一笔。在回来的路上大家还是又唱又跳。真的好开心哪！一个礼拜之后，客场比赛虽然2∶3输了，但总分4∶3我们还是进入下一轮比赛。

听说巴西圣保罗队要来中国打几场比赛。其中一场要和湖北队打。我当时很高兴，在球迷角说："苏格拉底来了，我一定要去看。"因为济科、法尔考、苏格拉底这时的巴西三剑客，是我想见的球星。记得我打好行装，带上物品，再次南下。

到了武汉，没什么事，去商场买足球的物品。在黄鹤楼大厦二楼和三楼中间我见到的墙壁上有一面很大的旗，上面写着"黄鹤楼球迷协会"，我一愣，哇，太好了！真是踏破铁鞋无觅处，得来全不费工夫。

我问服务员："协会办公室在哪儿？"

服务员告诉我协会的办公地点。我一进门便问："请问哪位是黄鹤楼大厦球迷协会的会长？我是中国职业球迷罗西。"

这时一个青年人站起来，从办公桌旁走了过来，十分热情地伸出双手，对我说："我叫李杰。我是这里的负责人。黄鹤楼大厦球迷不少，我组织起来成立了球迷协会。希望你能指导我们看好这场比赛，我们真不知道怎么去做。"

我说："好的，互相学习。"当时他就安排协会的骨干在一起开会。记得他先介绍了我，并说让我指挥。

我说："你们还是先谈谈你们的想法。我根据你们的想法来提出自己的意见。"

他说："我们真不知道怎么去做，所以还是你谈吧。"

我说："好，首先我们几十个人，要把身边的气氛带动起来。不知道你这里有没有乐队？"

他说："有。"

我说："那好，你组织一个小乐队。剩下就是口号，我们先准备十个口号吧。"当时我就给他们编了十个口号，记得有："苏格拉底你不行，林强打你二比零。""武汉地处水陆空，没有协会不威风。""湖北球迷上千万，成立协会领着干。"……还让他们做了几面大旗。当时他们真的很高兴。

记得比赛那天，我带着队伍直奔体育场。我们一出场，便引来了热烈的掌声。我记得指挥乐队先奏了一曲《迎宾曲》，之后是《斗牛士》。每当演奏结束，便引来了热烈的回报。

在比赛期间我不时地领着球迷们喊着口号，喊一遍两遍，刚开始只是我们黄鹤楼大厦球迷喊，喊两遍之后旁边人都知道了，我便左右带领着一起喊，这时整个看台上便响起了震耳欲聋的呐喊声。

这时来了几个记者对我们进行采访，有文字的，有摄影的，真是好热闹！记得那场比赛是2：3吧。比赛结束之后，李总请我们大家用餐，在宴席上给了我很高的评价。从此，我和黄鹤楼大厦球迷协会成了好朋友。

之后我来到了十堰，本来准备在十堰做点生意，可是没看好地方。算了吧，去丹江口玩玩吧！到了丹江口水库，躺在水库的大坝上，欣赏着湖光山色，这时来了一个警察和我唠嗑，哈哈！他以为我是一个逃亡的学生，因为我穿的是"6·11"沈阳球迷印的背心，上面密密麻麻印着国家队队员的签名。

想去武当山，没做好生意，钱又不多了就没去成。

休息了一段时间，我辗转经西安来到了平凉。在去平凉的路上，黄土高原的风景给我很深的印象。在黄土峭壁上支着像庙宇的房子，有不少的木杆支撑着摇摇欲坠的古建筑，也和悬空寺没有什么不同。我至今几次想回头看看这条路，但都错过了时机。去西安看球十几次，去西安办事几次，每次都想拍个照片，但都没去成。

到了平凉之后，我在一个小旅店里住下来。10月13日那天晚上和老板娘说："我出去吃饭晚上回来，我要看世界杯。中国队对沙特的比赛。（那时几乎所有的旅店都只在大厅放一台彩色电视。）"我在外面随便吃了一口，回来之后看见电视前坐着四个南方的客人在看连续剧。

我跟他们说："你们先看，一会儿有比赛我要转台。"他们瞪我一眼没说话。回到房间，我整理好东西，便来到了电视前。我看他们还在看电视剧，便对他们说："比赛开始啦，我要转台了。"说完便用手去拧那个旋钮。刚拧过去，坐下来。那个人站了起来，说着听不懂的南方话，把电视调了过去。

就在这一瞬间，我跳过一个凳子，蹦到前面，把电视又调了过来。我向他们敬个礼，说："对不起，我从来不和人争，不和人抢，今天是中国足球队对沙特队的比赛，十分重要，没办法了。谁要是和我争，那就没办法了。"说完，我看他们嘀嘀咕咕，说什么听不懂。

有两个生气地走了，而另两个坐在那里，不吱声。我便回到了座位。说心里话，我本应该回辽宁和鞍山球迷一起集体观看，可是我一想，头一场比赛对沙特队不一定能赢吧。因为这是10月13日，离10月17日还有几天，17日到28日最后的比赛我再回去。

　　没有想到的是，这场比赛中国队赢了！他们以2：1赢得了这场比赛。记得麦超一脚任意球射门非常漂亮，我看得如醉如痴。中国队踢得太好了。这时我才发现，那几个广东人也回来了。

　　比赛结束之后，我高兴地跑到邮电局连夜发了个电报，上面写着，鞍山市邮电局转收，交球迷角球迷。主题是：热烈祝贺中国足球队战胜沙特，明日回鞍，一起观战中国对卡塔尔和阿联酋的比赛。

　　回来已经后半夜了，我和老板娘说："我把东西寄存在你这里，明天早晨我去西安转道回鞍山，过些日子再来。"第二天早上我坐着车，迷迷糊糊到了西安，又买了票到郑州，又从郑州买了票到沈阳，从沈阳回到鞍山。那时经过两天两夜才回到鞍山。回想起来真的很艰苦，现在的高铁已经是朝发夕至了。

　　记得我到鞍山，球迷看我回来只背个小包，太奇怪了。问我："怎么什么都没拿？"

　　我说："为了方便赶时间、倒车。我把东西寄存在平凉了。"球迷再一次把我扔了起来，说："你来的电报我们球迷收到了。太高兴了。等着你回来。"17日，我们没有想到，中国队以1：2败北阿联酋。28日董礼强中场丢球，郭亿军防守失误，傅玉斌丢失大门。两个黑色三分钟，葬送了中国足球，只差一步到罗马。

　　那天我们几个哥们看完电视来到邮局，那里已是人山人海。我流着泪，大家都在哭。没有侃球，只有骂声。不知哪个球迷抬来一对花圈，上面写着：10·28中国国耻日。之后陆陆续续又有不少球迷抬来花圈点着，人越来越多。

　　人们喊着口号："游行，游行！"大家都看着我，我没有吱声。人们几次跟我说："老罗带我们游行。"我当时只有痛苦悲哀，我也想宣泄，可是我不敢。我知道如果我要是领着这些不是欢乐的球迷，而是悲哀的球迷，如果我领着他们游行，我怕控制不住局面。但我又无法面对这些球迷。这时一些老球迷，说："走，游行去！"说完看着我，我没吱声。

　　他们找人把白天的大旗从邮局里拿出来，开始游行了。我望着人流，跟着身边的弟兄们没动。我看着那队伍奔向了胜利路。我和哥们儿在最后五十米远的距离跟着。

　　我对身边的一个小兄弟说："你用最快的速度跑到前面，告诉前面的人，谁出事谁个人负责。如果是个人出现打砸抢，协会组织不负责任。"

　　我看球迷游行的队伍到了胜利路、胜利宾馆，差不多了。便告诉小兄弟们："让他们回来吧！"那一晚球迷们在车站前，邮电局门前，闹到下半夜两点半。最后把抬着游行的花圈全部烧掉，大家才陆陆续续回家。这次也可以说是球迷几次游行最悲催的一次吧，所有的球迷只是宣泄，只是痛骂。

谣言四起

第二天，十点多钟我们在一起侃球。我对大家说："从理论上讲，我们还是有希望的。"

球迷王说："老罗，都这样了，还有什么希望？"

我说你算一算，假如哪个队对哪个队比赛分是多少，或许老天有眼，哪个队对哪个队比赛分是多少多少。那不是还有一线希望吗？但这只是一种理论上的可能。

当时我把比赛重新分析了一下，也是一种在心灵上对自己的安慰。明知道这样的结局，几乎是万分之一吧，但是我们球迷也是有一点点的希望，虽然是把希望寄托在别人的身上。

这时我发现，和往日不同的是有一些球迷骑着车子不是把自行车放在停车点，而是把自行车往旁一放直接冲我跑过来。很多人分开人群，只往前面冲，上下打量着我，有的甚至扒拉我一下。我好奇，今天他们都怎么啦？正在这时突然间我发现，姐夫分开人群来到我面前。我愣了一下。

"姐夫，你怎么来了？"

他二话没说，拉着我的胳臂就往外走，并说："走，回去帮我激酸菜，抱白菜去。"

我一挥手："走！大家都去。人多好干活。"

我姐夫说："就几棵，不用！不用！"拉我就走。

我和姐夫骑着车，他不说话。我的姐姐家在人民路对面的小马路隔五六排小房，一到小马路就可以看到姐姐家的五楼。怪了，只见姐姐在五楼的窗户里不停地向我摆手。我感觉到奇怪，从来没有的现象。我也不停地向她摆手。到了楼下，我抬头往上看，姐姐探个身子还在向我摆手。

我把车子支上，问姐夫："白菜在哪儿？"

他说："你先上楼再说。"我当时在想白菜在什么地方。我上了五楼，姐姐在门口等我来了立刻开了门，一把将我拽到屋里。

上下看了又看，左右甩了甩我的手，问："你没事啊？"

我说："什么事？到底怎么啦？"

我姐夫说："你没跳楼啊？"

我笑了："为了四年一次的世界杯我也不能跳楼啊！"

姐姐说："我以为你跳楼了，因为孙善太给我打电话，开始的时候他支支吾吾，问你最近怎么样？我说挺好啊。可后来我一听不对劲。最后他问我，昨天晚上听说罗西从鞍山大厦跳楼了。我一听吓坏了。我刚才从汪富余家回来，听汪富余母亲说，这两天中国足球输了。你这两天也没去，我一听更吓坏了，赶紧给你姐夫打电话，看到你没事，这就好了。"

姐夫说："你姐姐都吓一团了，好不容易从小汪家赶回来。那要是你从鞍山大厦跳下来，还不知成什么样呢。你姐姐不敢去，让我去先看看。哎呀，没事就好。"

我一听笑了："走吧，走吧！你们赶紧走吧，赶紧上班去吧！"可能是昨天球迷游行抬花圈，不知道谁死了。一合计球迷抬花圈，就以为罗西死了。我笑着说："你们走吧。上班去吧。"我把他们推了出去。

姐姐姐夫他们一走，我把门一关，趴在小屋床上大哭。我知道我真的对不起姐姐、姐夫，这么多年我住在姐姐家，把她的家当仓库，还不让他们省心。对于他们来说我的平安就是幸福。由于我个人的原因，总给他们带来精神上的压力，真是不应该。

后来姐姐和爸爸说了这事，爸爸笑着说："我知道这小子，他是不会做那傻事的，打死我都不信。我儿子可不是你们想象的人。"后来姐姐告诉我这件事后，我很开心，爸爸终于理解我了。（但是，在一次凤凰卫视许戈壁辉采访我时，由于父亲刚刚逝世才三天，我还没有平静下来，那时我说的是我在班上我接了很多的电话，而不是姐姐接孙善太的电话。好在节目没有出错，给顺下来了，其实那个时候我已经离开了工作。）

那时我住在姐姐家，她的家成了我的仓库、我的工作室。而外甥女安萍已经十几岁了，对于孩子的教育，我和姐姐有着不同的观点。

记得安萍六七岁时，孩子做什么，我姐都说她。我和姐姐、姐夫曾经为了安萍谈了半夜，我说："孩子太小，不要管得太死，这也不行，那也不行。其实你们是把孩子当成自己性格释放的空间。姐，你是科长，"又对姐夫说："你是个工人。什么都听你们的就把孩子管死了。孩子高不过你们，那还有什么希望？她长大了连小科长都当不上，只能当工人了。那不成了恶性循环嘛！十二岁之前尽量不要管她。让她用自己的思维方式释放自己的空间，让她自己考虑问题。十二三岁以后就不一样了，要疏导她，因为那时她的思维已经开放了，这时要贯穿着家训和家教，仁义礼智信为主，女孩子以贤德为主。这时候要加强教育，有时不能让她顺其自然，要记住这句话：教在知理，破在羊倌羊娃。育则为立，成其牛娃状元。孩子上大学了以后不要管她，有了自己的思维方式，再加上正确的疏导。剩下的就是自己去寻找自己的生命价值。"后来姐姐也是这么做的。安萍这孩子真的很争气。

电脑刚刚进入百姓的生活之中时，大多数家庭几乎没有电脑，我就和姐姐：“听说鞍山开电脑学习班了。放学后和星期天带安萍学习电脑去吧！”

现在看来我的决定是对的，在那个年代正是她的电脑水平帮助她在入厂时发挥出自己的才华，走出了自己幸福的人生之路。

1990年，我挣了不少钱，但都花得差不多了。那天在球迷角和球迷侃球，有个朋友说："你开个饭店多好！”

我说："我要开球迷饭店，名字叫罗西酒家。我要写个对联，上联是：球迷爱球喜怒哀乐乐无穷，下联是：罗西酒家酸甜苦辣味俱全。横批就是：球迷之家。"大家报以热烈的掌声。

随后我对大家说："大家给我留意一下，看什么地方有饭店可以兑下或者有房子可以开饭店的。"

这时六弟邓涛说："我们楼下小市场有房子，开小店没问题！”

我说："好！你领我们去看看吧！"之后我们便领着球迷到了市场，看好一个房子，和市场管理处说明情况，管理处的人也答应了。

那是个铁房子，活动房。后面有个小过道。好嘛！说干就干，第二天，我们准备好工具开始大干了：把后墙打开，直通旁边楼上大墙，又盖了一个厨房。那时球迷每天都有二十几位，缺什么，球迷都会想办法弄来。我自己盘了灶台、卷了炉筒子，球迷联系了自来水公司、挖沟下管道，就连小市场卖菜的也过来帮忙，房子漏水的地方他们上去用沥青烫好。

工商、税务、卫生等手续一切顺利办了下来。姐夫把他家万宝冰箱也给我拉来了。（这些年，姐姐和姐夫没少帮助我。）虽然是个小店，但是我手里的近一万块钱也花光了。

这时三弟汪富余说："没钱了吧？我给你拿三千，你先用吧，到时候再说！"正是这最后的三千块钱让罗西酒家在3月18日试营业了。

记得那天我把沈阳的黄祖钢和沈阳的球迷请了过来。那天不少球迷都过来捧场。

"4·29"使我一生回味

刚刚开业没几天就迎来了"亚俱杯"，4月22日，辽宁东药队在日本横滨客场以2：1战胜日本尼桑队后，我们就开始准备沈阳的4月29日比赛了。

我请来美工大师老马做了一个一米大的"虎头"，象征着东北虎。"虎头"是用铁丝撅成的，包上海绵，画上老虎的颜色，哇，一个十足的虎头，太像了！不愧是大师。拉什又特别制作一个V形大手，上面写着"门神阿傅"。我们带了三袋子的彩纸，在印刷厂要来了一袋子金色的彩带。我们还准备了不少鞭炮，准备了电声乐队。我又做了六十五条红绶带分配给球迷骨干，让他们佩戴在身上。我们一共联系了十台大客，球迷协会副会长汪富余还从沈阳调来一辆领导用的黑色豪华轿车做指挥车开路。这是全国第一次大型的球迷观赛车队。"4·29"在罗西酒家对面五一路宾馆门前，几百人的队伍几乎让交通堵塞。记得那时拉什抢着镜头对着镜头说："这就录上了吧？一放就我的影了呗？"大家真的很开心。近五百球迷和无数面彩旗拥堵在主要的马路上，而身上披着红色绶带的骨干球迷在疏导交通。

记得九点左右十辆大客先后到达，我双手抱拳向司机致谢。我一声令下，一阵鞭炮声后，十辆大客在车窗贴着"指挥车"的轿车引导下直奔沈阳。当时我们是第一次到五里河，车队围五里河体育场绕完一周后，广场上无数沈阳球迷向我们拥来，那场面就像电影里两军胜利大会师。

我们刚刚进场我就跑了出来，心里非常着急。心里想着：电源，电源，没有电源一切成为泡影！我是一路小跑进出体育场，还被不少记者和球迷要求照相签名，耽误不少时间，好在体育场王主任是我的朋友，我得以用最快的时间接上了电源，真高兴！

我一回来，大家一下子欢呼起来，比赛前拉什戴着"虎头"，另一位球迷举着鞍山球迷协会会旗顺时针绕着场地奔跑一圈。所到之处都引起雷鸣般的掌声，掀起第一个小小的高潮。上来后沈阳的球迷高喊："鞍山来一个！"之后我指挥电声乐队，开始演奏，那时电声乐队在足球场上的现场直播是第一次呀。热烈的掌声之后，沈阳的大型乐队也开始演奏，我们配合非常默契。

当辽宁队一出场，我一声令下，第一批彩带从这里抛出，那一瞬间彩带腾空旋入场地，彩纸飞向空中乐曲高奏，全场立刻进入高潮。沈阳无愧于中国足球的都城，我以为我们带的彩纸不少（五袋子），可是辽宁队一出场，六万人的体育场那一瞬间便被彩纸所笼罩。

就在那一瞬间，六万多人，便进入到一种崇高的境界，没有权限地位高低，没有金钱，没有欲望，没有怨恨，只有发自内心的欢呼："啊噢……！噢……！噢……！"男的，女的，老的，少的，十多万只手高高在挥舞。

在那一瞬间，人们好像进入了大熔炉，烧去了一切痛苦、忧愁、苦恼、悲伤、孤独、寂寞、无聊、烦躁、闹心、焦虑……都燃烧着爱的奉献，熔化着心灵。

在那一瞬间，六万个不同火热的心熔炼成一个主体。我们陶醉了。

记得那场比赛辽宁队打得气势如虹，我们撒出的彩带彩纸漫天飞舞，唐尧东在中场得球，带球飞奔。正好一条彩带拦在腰中，有十多米长，他犹如一个飞天而降的使者，金黄翅膀跟着他在飞舞，全场报以热烈的掌声。然而我们不知道的是，突然间全国看电视的球迷看不到画面了，金色彩带纸造成了短路，影响了直播。我们在现场看得如醉如痴，而全国的球迷却骂声一片。这是我后来知道的。奇怪的是我们的电声乐队一直保持着电源。

辽宁队进一球之后，全场的第二个高潮更是终生难忘，可以说是空前的，只有在沈阳中国足球的都城才有如此排山倒海、气势磅礴、雷霆万钧、气吞山河的宏大场面，漫天的彩纸，飞舞的彩带，呐喊的世界，球迷的天地。终场哨一响，比赛结束，辽宁队首次代表中国地方队夺得了洲际比赛的冠军，那个喊，那个叫，"捡直杆"疯了！狂了！

回到鞍山大家玩到下半夜才分手。"7·15"让我终生难忘，辽宁队夺得亚洲足球俱乐部冠军，而"4·29"使我一生回味。至今不少记者问我这几十年哪场比赛记忆最深，我都说："不是一场，是两场，'7·15'和'4·29'。"

有一天来了一位朋友，说是中央电视台电视剧制作中心的，他说："中央台拍个电视片叫《啊，球迷！》，在沈阳拍的。拍好了我们一想到你，便赶来了，如果方便，我们将在鞍山继续拍摄。"

我说："好啊！那就请你们过来吧。"说话间他的电话响了，哇，来了二三十人。我没有准备，本来就四张桌子，一下子来了这么多人坐不下，于是我把三张桌子拼在了一起，把冰箱掏空了，又上市场买了不少的菜。那天球迷也来了不少，以穆勒和董思君为代表的球迷，给剧组以热情的接待。记得有个镜头"球迷叠罗汉"，最底下的球迷就是董思君，所以球迷以后都称他为"底座"。

1990年6月8日至7月8日，第十四届世界杯在意大利举行。而想不到的是卫冕冠军阿根廷揭幕战0：1负于喀麦隆，爆出了本届杯赛的最大冷门，2：0击败苏联后，1：1战平罗马尼亚，勉强以小组第三身份出线。

我当时傻了，这是我心中的足球之神马拉多纳吗？

不过英雄就是英雄，在八分之一比赛上，记得巴西压着阿根廷几乎过不了半场，而巴西有三个球打在门柱上，马拉多纳领着全体队员防守。

阿根廷全场只有那么一个机会，马拉多纳在中场过了两个人之后，一记秒传"风之子"卡尼吉亚快马赶到射门，最后1：0淘汰了巴西。

在球迷角侃球时我说："巴西全场九十分钟三个球打在了门柱上，而马拉多纳全场只抓住了五秒钟的机会一脚秒传，卡尼吉亚把巴西送回家。"

贝肯鲍尔率领的西德队，以马特乌斯、克林斯曼、布雷默、沃勒尔、组成的西德战车以势不可当的气势，直冲顶峰，坐上冠军宝座。昼夜颠倒，苦熬一个月。作为一个球迷什么能比得上看"世界杯"球迷的狂欢节更高兴？1990年的世界杯看得我神魂颠倒。

金秋时节，北京的亚运会开始了，我到体委开了介绍信，又到市政府换了一封介绍信（那时去北京要市政府的介绍信）。我们几个球迷买好了火车票，行李也准备好了。我想只要中国战胜了泰国，那以后的比赛我们就去北京将比赛一看到底。

那天揣好介绍信，把背包放在另一个桌子上，我们几个准备看完中国队对泰国队的比赛，就坐火车去北京。看比赛时我端起酒杯（内是糖茶水），说："我们将踏上进京的列车，为中国队呐喊助威。让我们期待中国队打出好成绩，为今天中国队战胜泰国干杯！"

然而就在我们刚撞完杯一饮而尽，酒杯还没放下，泰国队就进了一个球。我们全都傻了，呆若木鸡。大家看着这场比赛以失败告终之后，赵德斌说："不去了，把车票撕了！"紧接着其他人都说不去了。这是我当球迷以来第一次没有把握住自己：我一下子把桌上的碟碟碗碗推到了地上，把车票和介绍信撕得粉碎。这是我当球迷以来第一次无度的、没有克制的宣泄，也是最后一次。

那时每天都有两桌铁哥们儿球迷来陪我。后来生意不行了，有时三弟汪富余带一桌老板来吃饭，走时丢下一两千块钱，其实真算下来也就二三百块钱一桌吧。有时来个老板进门说点四个菜，随手扔下四五百块钱。有一天，我买了一百五十斤挂面放进了铁箱，可是过了一个来礼拜后，邵刚对我说："大哥，没有吃的了。"我说："不可能吧。"随后我打开铁箱一看。哇，三层铁箱里除了堆了几堆挂面，其他什么都没有。后来又进了些大米。最后饭店开不下去了，准备开个商店。

1991年一位领导过来跟我说："听说你要开商店？我和你说，你就是个球迷，你就是罗西。只要你把球迷工作做好，其他的事好办。明天我给你办个执照。"后来，只几天工夫，饭店对面的派出所治安值勤室也就是市场管理办公室给我变成了"球迷综合商店"。那时企业发放福利很多，加上还会采购办公用品，客源还行，我又联系了几个厂家进货。哈哈，商店就这样成立了。

我真的不该和她分手

我的朋友王亚光给我介绍个女朋友。从饭店开始到最后一年多了，她一直陪伴在我身边。记得那天晚上，朋友都走了，她打开包从里面拿出一只烧鸡对我说："我今天开饷了，给你买了只烧鸡，又炒了一个菜。"

我望着烧鸡发呆。我开饭店，她是个工人，她开饷给我买烧鸡，我真的吃不下。我记得很清楚她说的话。

她说："我们俩随便在旁边的市场上兑个床位，我们的生活都会很好。"

此时我知道我应该跟她分手了，我不能再占有她的时间，夺走她的幸福。她跟着我只有遭罪，没有幸福可言。

记得第二天晚上，我借故和朋友一起出去，在站前转了一圈，最后在一个小酒店买了一两酒，只喝一小口，趁大家没注意便倒在了身上。

回来后她问我怎么这么晚才回来。

我说："我看到了以前的一个女朋友。"

她没等我把话说完，她笑了，指着我："你编，你编，你再瞎编。"

那一瞬间我真想哭，可是一下子我把她抱了过来，紧紧地抱着她。

她问："你怎么啦？"

我说："啥事没有。"我知道我再也不能耽误她了。

有一天晚上我出去了，买了二两酒，一口喝了有半两多。晕晕乎乎地把一两半酒倒在了身上回来。

当时她问我："你上哪儿去了？"借着酒劲我硬装醉没吱声，因为已经是半夜十一点了。直到看到她生气，我知道差不多了。

当她再一次问我，我便跟她说："你问这个干什么？你不相信我？"她没吱声。

最后我和她说："我告诉你吧，邮电局对面商店有个服务员，在很早以前我们就认识了。今天我见到她了，她已经有孩子了。但我看她很不幸福，我今天安慰她来着。"其实邮电局根本没有商店。现在回想起来，如果……

当时看她的表情，我知道她吃醋了，这次她相信了。她说："那你说怎么办？"我再也没说话，那个礼拜，我们都在沉默中度过。那天是个星期天，她不上班，早上八点半左右，我在商店的桌子前坐着，她在旁边整理自己的东西。

我说了一句话："我们是不是该分手了。"

她瞥了我一眼，没说话。

就在她一转身那一瞬间，我的心碎了。她并没有开门就走，我知道她在等待我拽她。可是我手伸了出来离她有十厘米的地方就停了下来。这期间到她慢慢地推开门离开，有一分钟吧，这一分钟是那么暂短的瞬间，又是那么漫长，它包含了一年半的感情。当她慢慢地推开门，慢慢地走了出去，慢慢地又把门关上，背靠着门站了一下。

突然她一抬头向着市场走去，我蒙了，哭了，哭得是那样伤心，只记得一切都是空虚的。这时朋友陆陆续续到来，问我到底为了什么。我说她走了。后来朋友陆续来得少了，因为我沉醉在悲哀当中没有办法和他们交流。后来听人说她在家具市场一个商店做营业员。

记得有一天，我找到那个商店，在那个商店隔着两个电线杆的后面向里头偷看。可是没见她出来。半个小时白等了。

那三个月我的魂不知道跑哪儿去了，呆呆傻傻。有一天，赵德斌拉个脸进来，进门就说："罗西，以后我不来了。"

我说："为什么？"

"你让我失望。这么长时间你干什么了？你不是说自己是罗西吗？难道这就是罗西吗？"

如果这话要是在头两个月说，我可能有一大堆的话来解释，找理由。但这时我突然猛醒。

我立刻站了起来，把拳头往桌子上一砸，向他敬个礼说："兄弟，哥哥对不起你，对不起你们。如果你认我是罗西，你还认我是你的哥哥，今天你就把哥们儿都请来，我要开会。好长时间大家没在一起聚了，我们应该在一起研究点事情了。"

那天晚上在饭店，我对着几个哥们一顿检讨。邵刚说了一句话："大哥，我们理解你。你这么大岁数了，应该有个家。是她走了，我理解你的心情，但你要挺过去。"

记得他走之后，我找来一张纸，拿出她的照片，把她回头的照片剪下来，贴在纸上，我含着泪写着：

> 你回头一笑，
> 带来我幸福的遐想。
> 你张口欲说，
> 道出你临别的时光。
> 请不要看我，
> 我心中发慌。
> 闭上你的眼睛，
> 看出我的悲伤。
> 你就是你离我而去，
> 追寻自己美好的向往。
> 我就是我依然如故，
> 拥抱心中不落的太阳。

落上日期，盖上小印章，擦干眼泪。我双手握拳，往空中一举仰头闭目。哇，好轻松！那时我挺起了腰杆，感到我回来了。

阿球，不是人类的好朋友

记得有一天，邻居一位朋友对我说："门口有一条大黄狗，不知哪儿来的，很吓人。它在这儿挡路没人敢走，你去把它抓来，晚上吃肉。"我一听好啊，顺手拿出绳子（那是安全带的大粗绳），又拿出尖尖的水果刀，跟邻居来到他家的门口。我以为那是一只很肥很肥的大狗，可是没想到，那是一条骨瘦如柴的大黄狗。它趴成一团，头贴在地上，翻着眼睛看着我，好可怜，突然有一种怜惜的情感从我心里生起，我在它两米距离外和它唠嗑。

我记得清清楚楚，我说："阿球，以后呢你就是阿球，你愿意跟我相依为命吗？"这时大家都乐了。狗的尾巴摇了两摇，天意啊！

我说："这样吧，你不要龇牙，也不要打呜噜，你要是打呜噜，那你就是不跟我做朋友了。我很喜欢你，所以我现在就蹲下，你不要有反抗的动作。"说完我见它没动，我蹲了下来，慢慢地向它靠近。渐渐地，我离它只有一米远，我跟它温馨细语唠着嗑。这时我的左手还拿着刀子防备着它突然咬我。我又往前靠了靠，最后离它很近了。这时它摆摆尾巴，还是一动没动。头趴在了地上，用那种祈求的眼光看着我，我的右手慢慢地向前探去，迎着它的脑袋，左手防范着，当我的手碰到它前又和它唠了一分钟时间。我见它没什么反应，没有龇牙，也没有呜噜，便用右手拍到了它的脑门上，推顺着毛，抚摸它，直到它的头完全地贴在了地上。我发现，它的脖子上有个绳套，我马上想到：这只狗一定是哪个饭店逃出来的。旁边的邵刚说："老罗真厉害！"我两只手在狗头的耳根子上和脖子处不停地给它按摩，它的尾巴不停地摇动。这时我把它那细绳解开，把我带的粗绳系上，就站了起来。

在我站起来的瞬间，它也猛地站起来。哇，吓我一哆嗦！它好高、好大，就是瘦。它起来以后往前走，由于有绳子拽着，它停下了。我往前一走，它顺着墙往前走，跟我来到后院。我把它放在房后拴在柱子上。

我到小饭店要来一小盆杂碎，不少肉，干干的，放到了它的面前，它先是看着我，不吃。后来我们进屋。我跟大家说："狗肉不吃了，我和他有缘，从此以后我和它相依为命。我欠你们一顿狗肉，哪天到朝鲜饭店请你们。"大家乐了。

二十多分钟后我去看它，它还是什么都没动。当我一个小时以后去看它，它把一盆杂碎都吃了。哈哈！没问题了，它认我这个主人了！

记得晚上时，我去一看，傻眼了。那么粗的绳子，那可是安全带的大粗绳啊，它已经咬得毛茸茸的了，就要断了。它一见我来，便退到了一个小空里。我打开绳子拽它出来。进到屋里，这家伙头一低，钻进了床底。大家欢笑不止。

晚上，它挠门，我起来拽它出去排泄后便领着它转了一圈回来。半夜起夜，我门一开，它就像一阵黄色的旋风冲了出去。

我喊："阿球！"可是它头也没回地走了。我想完了，它把我扔了，跑了。但过了一会儿我又想，它一定能回来，一定能。因为我有一种感觉，从跟它认识到现在，它才跑出去是有它的道理的。果然早晨五点半，我听到它的呜噜声还有它的爪子挠门的声音，我一下子从被窝里蹦了出来，把门打开。

哇！它一下子冲了进来。两只前爪搭在了我的肩上，不停地舔我的脸，我一闻，好臭！就把它推下去，它又搭上来，我再推下去，它再搭上来。最后我说："我打死你。"我把手一抬，它一下子蹿到了床上。我一看，我也上床，后来我又一闻好臭。我一拍它，"下去！"它便钻到了床底下。

白天我把门卸下，在门上锯开一个方洞，挂上布帘。这下好了，它出入也方便了。可是后来，每天晚上，它都不出去，怪了。一到十点以后，它的身子在屋里，脑袋露在外面，天天如此。有人在门口停下，它都不叫，只是呜噜。因为有两次它刚一叫，我怕扰民就喊："不叫！"真听话。后来，这只黄色雄性的大笨狗让我养得贼肥。

记得有一次去沈阳看球，看完后我到小店买了一瓶罐头。别人问："你买罐头干啥？"这时旁边的哥们儿说："那你还不明白啊？ 给阿球买的嘛！"

我说："我们吃饱了，阿球还没吃呢。"

记得我们哥几个在离家有一百多米远的路口，我喊了一声："阿球！"在黑暗中，它像箭一样冲了过来，扑到了我的身上。逗得哥们儿乐得直弯腰。

那时我的身体是真好，有一天在球迷商店、邵刚、赵德斌等朋友提到锻炼身体，我说："我小时候拧砖拧到两千多下。"他们用怀疑的眼神看着我，我发飙了，我说："你要不相信我跟你们挂东。我要推不了两千多下，我拿出一百块钱，如果要是我推了，你们拿一百块钱。"大家说好。

我记得清清楚楚，我说："一下一下推绝对不停，估计情况得四五十分钟吧。"随后我上门口拿来两块新砖，我便开始半叉双腿，记得我悠了半个小时吧，那时已经一千好几百了。他们个个都呆若木鸡，有记一千的，有记几百的，当我达到两千的时候，大伙一起跟我喊："98、99、100！ 2000啦！"我还继续喊："1、2、3……"我印象太深了，当时我足足悠了两千四百多下，他们一下子拽住了我的胳膊，拿下砖头，说："够了够了！ 服了服了！"

当然了我不能让他们花钱，虽然我赢了，晚上吃饭还是我请。

那天早上起来我正和阿球玩得高兴，突然一个穿着军大衣的人进来，我一看一愣，停了一下："许锦华！"我张开双臂把他抱了起来转了一圈，"你怎么来了？"

"我来看你。"他说完之后打开军大衣，不时地说话还从包里拿出一个小影集，你看这是我和女排的合影，这个是谁谁谁。他不停地介绍，这时我突然产生了疑问：这是几年前的许锦华吗？仔细一看，他穿着一套脏兮兮的白色蓝道运动服和军大衣，嘴还在不停地"嘚啵"。

"哎！锦华，你还在杭州那个街道小屋吗？"

"早就不在了！"

"那你现在干什么呢？"

"在街道工作也没什么发展，所以不干了，我准备成立一个广告公司，做经纪人。这不我来了就是要和你商量，我想做你的经纪人……"

变了，变了，他完全变了，变得让人不敢相信了。

球迷朋友们陆陆续续来了不少，我介绍锦华给他们认识，开始对他很热情，可是后来他玄天舞地，说话不着边了。球迷开始反感了。本来我想多留他几天，可他自己说没有时间，记得我把仅有的三百元给了他。

我记得清清楚楚，那个朋友歪着脑袋用一种鄙视的眼光看着他。

我说："你比我还怪，你真是怪人。"

他没明白，马上说："好哇！那我就是怪杰了。这是你赐给我的封号。"

他走了之后老强问我："你从哪儿淘弄这么个怪物。"

我说："几年前在杭州认识的，那时感到他真的不错。"

老强说："我是服你了。"

我付之一笑。

第一届女子世界杯

1991年11月是中国足球历史上重要的时间段。因为第一届女子世界杯在广州举办。虽然世界杯我去不了，但女子世界杯在中国举办这可是个机遇。当时我和郑州的刘良州联系了广东省球迷协会会长梁玉坤。联系好后我就和刘良州一同前往广州为女子世界杯加油。

记得是中国对挪威的比赛吧，也是第一场比赛。在赛场上我让刘良州看着我的东西，我领着球迷喊口号。可是当时的广州球迷他们只吃零食，对于我喊口号他们只给予嘲笑。上半场时只有极少部分人跟着我喊，可是我没有灰心，下半场时我继续领着喊，不管他们喊不喊，我不时地指挥着。虽然人很少跟着喊，但能够在沉闷的赛场上发现球迷呐喊的声音也是开心的，这毕竟是国际足联第一次在中国举办的最大型的比赛呀。

记得我领着他们做人浪，可是只有少部分站起来，而我的衣服早就被汗湿透了，嗓子也沙哑了。

还剩二十分钟时，我用沙哑声音对广州的球迷说："这是国际足联女足世界杯在中国头一场比赛，我们应该把广州的热情展现给世界。希望你们广州的球迷在最后的时间能够和我一起留下历史的见证。"

随后我把大刀旗"中国龙腾搅世界"从右往左一挥。不想，用力太大，旗杆中间断了，引来了一阵嘲笑声。我把绳子打开，旗杆丢掉，拿着大旗空舞着，随之而来的是大部分人的"加油"声。这时这个看台上终于喊出了"中国加油！"震耳欲聋的声音。随着这个看台的喊声渐高，我跑到另一个看台领着他们喊口号，这样全场上气氛便真正到了高潮。

比赛还有五分钟就要结束了。而这时我再一次做起人浪，我高喊着："第一次女子世界杯足球比赛，第一次人浪从这里掀起。"哇，全看台的人站立起来，双手高高地抬起："啊！"声音震耳欲聋。在看台上随着我的大旗向前奔跑，所到之处便是人浪和呐喊。在我咬着牙最后一瞬间，跑不动了，两腿发软要倒了。我用右手往前一指，左手往上一抬，呐喊的人浪此起彼伏令我终生难忘。

那八圈，六万人的体育场中，人浪比赛在最后激烈地拼抢时间。

那八圈是第一届女子世界杯的第一场比赛的人浪啊！

那八圈是在比赛结束的哨声中停止。全场起立，欢呼中国队取得胜利。那时看台无数双手伸向了我。他们在近两个小时里，从不理解到给予大力支持。虽然我已筋疲力尽像个洗过蒸汽浴的人浑身湿透，但是我是那样高兴。

做一个中国的球迷，在自己的土地上为自己的球队加油，看着自己的胜利，那是多么开心啊，就像我自己拿到了世界杯一样。那时的我像一堆泥一样瘫在了刘良州旁边的水泥台上。我开心了，我满意了，我高兴了！

第二天上午九点梁玉坤请我和刘良州吃早茶。我说："什么叫早茶？"

他说："就是早点。"

他领我们来到一个大的饭店，哇，那里有几十张桌子。每张桌子旁都有十几个人。从大门口就听到里面嘈嘈作响。服务员引导我们在一个大桌子旁坐下，那里有三个空座。我们坐下后服务员送来一壶茶水。一个小车推了过来，车上有不少食品。

这是我第一次到广州，也是我第一次吃早茶，什么也不懂。这时梁玉坤在小车上拿出了不少小笼、小碟、小碗。那时的早茶的东西比现在的还要小还要少。一个小碟，手指盖大小的丸子只有三个，猪爪只有指盖大小的三块，去掉骨头你吃啥？一个小笼一个菜叶包着一个小小的水饺。一壶茶水给每人一碗后剩下不多。我一口一个，很快把东西吃了。我一看吃的东西太少就来个水饱吧。我喝完水又倒了一杯。

刘良州比我还惨，小声地对我说："你看那两个的怎么夹啊？"

我小声地说："管他呢，吃了再说。"说完我又夹了一块。我见服务员给旁边的人的壶倒水，而且越过我们给旁边人倒水，不给我们倒，我有点生气了。我见服务员又到其他桌倒水，我越想越生气。干吗看着我们不给倒？气顶不住了。本身嗓子昨天喊得已经沙哑，说话困难，可是这时我却以喊球的声音喊道：

"服务员！"

当时，把身边的梁玉坤和刘良州吓了一跳。

他问："你干什么？"

我说："你们东西吃不饱，水也喝不饱。干吗越过我们不给我倒，尽给旁边人倒！"

这时梁玉坤看所有的人都盯着我们，感到很难为情。他小声地对我说："你不要喊。你要喝水，你把盖翻过来，往壶梁旁边一放。有人给你倒水。"

啊！我明白了。我双手合十，忙说："对不起！对不起！"

他说："旁边这小车有的是吃的，只要从你身边路过，你摆手他就停下来。你吃什么拿什么。他有个章，会印上。结账时一起来算。"

由于我的无知和粗鲁，同桌的人看了几眼，我们吃了几口就走了。结账时我一看老梁的脸上红红的，我知道我给他带来了麻烦。

我脑袋一转，我对他说："梁兄，谢谢你。当我说句心里话吧，你们广东的菜饭我真的吃不来。你可能花了不少钱，真的谢谢你。"我说，"我和刘良州要上街买点东西，早茶就到这里结束吧。"

梁兄说："你吃好了吗？"

我说："吃不惯。这里的早餐和我们北方大碗粥、大盘菜不一样。"

梁玉坤说:"我们广州人不吃早餐,只吃早茶。下午我请你俩吃真正的粤菜!"

我一抱拳说:"谢谢了。"之后我和良州出来,对他的胸部来了一拳。

"我今天掉链子啦。"

他笑了笑说:"不中,不中。"又摇摇头。

以后真是不明白这规矩,千万不能凭着主观的意识来处理问题,一定要遵守规矩。问明白了事以后再出手,否则主人很难堪。后来很多大场面我都不知道怎么做,只是暗中偷偷看着他们,跟着学。有一次先上了一碗茶水,那其实是洗手用的,我差点把它喝了。

"走,去吃点大碗面去。"

"中啊! 那可得劲。"

第二场比赛从开场到结束,广州的球迷给世界留下了狂而不乱、热而不野、既文明又激情的印象,也给我留下了很好的印象。中国队虽然输给了瑞典,没进四强,但广州之行在我人生中又留下了浓重的一笔。

以前我像瘟疫一样让女人感到恐惧

有一件事我终生难忘。那一天八点半左右我从办公室刚起来,门就被打开了,我一看,一个女同志身后带个小徒弟,她穿着工作服,戴着工作帽,手里拿着一副油黑的线手套。她也不进来,一脚门里一脚门外地站在那里。

我问她:"你有什么事吗?"她也不说话,开始掉眼泪。

我真的蒙了。我说:"我也不认识你,你这门口一站,一哭,给我带来很大的影响。要么请你进来,有话说话。要么请你自便,不要在这儿哭。"她哭了能有半分钟,我生气了。

我说:"你说话,你要不说话,我可要给派出所报警了。"随后我拿起了电话。她马上就进来了。

我说:"你把门关上。"她俩进来后,她吭哧半天说了一句话就差点让我掉眼泪了。她慢慢地说:"以后你不要让海啸来了(海啸是一个球迷的绰号)。"

我当时停了好长时间,那时我感到自己像瘟疫一样给女人一种厌恶感,是家庭的破坏分子,是家庭的叛逆。我缓解了一下气氛。

我慢慢地说:"你放心,我罗西是个有争议的人,有的人理解,有的人不理解。但是所有来我这儿的球迷哥们，我都让他们处理好三关：第一关，处理好家庭关系。一定把家庭处理好再当球迷，否则我就是罪人。第二关，处理好工作关。不能因为看球给工作带来影响。不能像我这样，职业球迷就我一个。第三关，处理好经济关。不能因为看球给家里的经济带来麻烦。为什么每次看球，我都找几个老板拉赞助。就是为了让球迷少花点钱。你放心，从今天起，没有你的准许，我是不会让海啸再来了。但是球迷的情我不会丢掉。无论你们家有什么事情，只要你喊一嗓子，我们球迷都会全力帮忙，这一点请你放心。"

记得她还要说什么，我拒绝了她，说："我真的很忙。今天就到此结束。一会儿海啸过来，我请他回家，请吧！"这件事至今我清清楚楚地记得。

北京举办东亚四强赛，我本来想去看，但接到一个电话，是中国足协打来的。他们要在四强赛中发行中国第一套足球彩票，时间紧迫！当时我和足协彩票工作领导在一起探讨如何发行，一辆大卡车就从北京开了过来。

记得第二天晚上，我的店门口停了一辆大货车，蒙着帆布。为了看守那些纪念品和彩票，我和球迷几乎一夜没睡，当然阿球也起了很大的作用。但由于比赛就要开始，宣传工作已经来不及。那时球迷对彩票的了解也不是很深，只是匆匆忙忙地卖了一些，但我高兴的是他把那四个足球彩票的样品送给了我，还给我留下了很多的纪念品（小挂历，后来长征时做签名的礼品送给朋友）。

记得那时报纸杂志对我报道很多，有的会随报道留下我的通信地址，所以我收到了很多的信件。有的信件上面写着"鞍山市球迷协会罗西收"，我便可以直接收到，甚至于有的写着"鞍山球迷罗西收"我也可以收到。

终于找到目标

1992年中国足球处于低潮。不少球迷给我写信说，不当球迷了。有的说把报纸烧了，有的甚至于发誓不看中国足球了。我每天都要给不少球迷回信，正常的我都回：来信收到，甚是高兴。让我们共同期待，中国足球胜利的那一天。

有的我看比较严重，便多写上一些鼓励的话，加上人生的哲理。他们再回信时几乎都是重振精神，很多回信都说：是你重新点燃了我们的希望，是你重新把我们呼唤回到了赛场。

你永远是我们球迷的英雄，你永远是我们球迷的精神领袖。当时每天在桌子上伏案回信时，都有不少球迷在我身边提醒我，哪封已经回，哪封没回。

记得那天球迷王来到我的商店，侃完球以后，我开始回信。他瞅着我，对我说："你麻不麻烦哪？你能不能搞个活动，把球迷直接拉到赛场？"

我说："那全国各地的球迷，怎么集中？搞什么样的活动？"

"搞场比赛，请新闻记者过来宣传我们会到赛场。"

"那资金怎么办？"

"找赞助呗。实在不行我们大家骑车子到北京看球那轰动多大！"

我一拍大腿："对呀！那我骑车子，不上北京看球，我到广州不更厉害了吗？那个宣传力度有多大？"

"对呀，老罗。那时你号召全国球迷为足协捐款。筹办一场以球迷主办的比赛。你不就完成任务了嘛。那时谁还给你写信。"

那天的这段对话使我非常激动。那一夜我也没睡好，满脑袋考虑比赛的问题。那天晚上我越想越激动，似乎找到了我要寻找的那虚无缥缈的感觉，那看似遥远的目标我找到了。后来我终于想了一个大的计划，那就是骑着自行车走遍中国。为的是唤起球迷回到赛场。把中国足球推向市场，要打职业联赛。我号召球迷一元钱一份爱，把钱邮给中国足协。

我这个观点一提出来，所有的人都赞成，说："关键是，你能不能走下来。要是半途而废，那你罗西可就一世英名败落了。"

我说："要么我不走，走出去了就不会半途而废回来，活一天宣传一天。因为一路上不可预知的现象会层出不穷，甚至于有生命的危险。如果我要是怕死，那我就不会去。我现在就有思想准备。哪死哪埋。这点我已经考虑好了。否则我是不会和你们说的。什么这个那个，一切都是无所谓的。职业球迷就是要干职业球迷的事！"我这一路上主要拜访三个地方：一、球迷协会和球迷的组织；二、体委；三、新闻单位。那时没走的时候，我已是激情四溢了。

这时没有想到赵勇的内弟对我说："我有一把刀送给你，在长征时候用。"我突然感到好像这事已定下来似的，这个事情在球迷中传播出去，说罗西要长征了。没有想到的是，汪富余的同学王威竟给我送来了一套运动服。好嘛，我突然间觉得，这是我一生中重要的一步。如果说我放弃了工作当了职业球迷是我迈出人生关键的一步。但那时什么是职业球迷的道路我自己都不知道，只是一种激情，而一切的一切，我只有在长征的道路上去感悟吧。

那天我把所有的铁哥们组织在一起，把我所思考的路子细节说了一遍。大家说："太好了，我们等待着你的归来！干吧！"

因为路线、时间、地点、地理、文化、生活、脱险、自然环境、人文环境等问题我都一一地摆了出来。

大家对我说："你想得太细了。我们想你是罗西，这一切不应该成问题。要是别人，我们不相信他。"正是大家的鼓励、大家的信任更增添了我的信心。我说："出发时间一定要在10月之前，因为天气太冷北方结冰，路上不安全。"我还联系了各地球迷协会，他们都给予肯定。

我跟爸爸说了一下我的想法，爸爸先是愣了一下，说："儿大不由爷啊！你做什么谁能拦得住。我只说一点，一切注意安全。只要不违法，安全回来就可以了。"

我说："爸爸，假如你儿子有什么不幸，你千万不要悲哀，你也不要去。在你心里，你有一个好儿子，你有个不孝的儿子，就够了！"

爸爸眼睛发红，几乎落泪，但眼泪没有掉下来。那一夜我和爸爸谈了很多很多，以前真的没注意，那天晚上我发现爸爸真的老了。

我和姐姐也说了一下我的决定，但是她以一种既羡慕又担心，同时满溢着牵挂的心情嘱咐着我，盼我安全而归。

那天张应甲来了，说："北京十月出版社要我写《中国球迷皇帝罗西》书。"

我说："回来再说吧！"

"你要去哪儿？"

我说："合计好了，我要骑自行车走遍中国二十四个省，四万六千里。历时近一年半吧，所以我回来以后你再写吧。"

听说我要长征，大尉（大尉、中尉、少尉是三个姓魏的球迷，这是我送给他们三个的绰号）说："我给你联系了红旗拖拉机厂。"

之后红旗拖拉机厂给我拿五千元说："回来再给你五千元。""太好了，雪中送炭，够了！"

我到印旗社印了一面大旗，长两米五，宽一米五，上面一排大字，"红拖球迷万里行"，中间是个中国地图，右下角和左下角留两块黄框，左面留给领导、球星、明星签名，右面留给全国球迷协会留名。我找体委在中间黄色中国地图上盖了第一枚公章。之后又花八十元钱买来一个傻瓜照相机。把应该准备的都准备好了。

记得那天，我只身一人来到沈阳，下车以后直达黄祖钢家（他家离火车站很近），我到那儿以后满以为和以前一样，会有满屋子球迷。可是我敲门进去只见他一个人躺在沙发上。他见我来了，马上起来，十分热情。

那天我们谈了好长时间。我只记得最后几句话："祖钢兄弟，哥哥孤身一人走了，你是我的偶像，没有人能代表你，我先走一步，我去蹚路子。走好之后，我们还是需要你来挑起辽沈球迷的大旗。困难是暂时的，你我当球迷那天起，不就预感到有今天吗？我坚信你，你是球迷的英雄，我的偶像。你会成为一代枭雄。"

他非要送我离开。我们俩慢慢地从他家唠到火车站，不愿分手，他说："老罗，你放心吧！祖钢不会倒下，沈阳不会倒下，鞍山不会倒下，辽沈球迷不会倒下。我等着你的凯旋。"他没有流泪，但眼睛发红，此时的我也没有流泪。

他一拳打在了我的胸前，说："你一定要安全地活着回来！"我们紧紧地拥抱在一起，足足有两三分钟。这一拥抱是力量，是支持，是鼓励，是希望，让我终生难忘。

回到鞍山后我便直达电业局见到了我的同学老班长杨金光。他当时是鞍山市电业局党委副书记。我到那儿之后拿出长征大旗请他在旗的右角黄框内给我签名，请他签上"少年的首长杨金光"。

他说："黑子，我等着你活着回来。回来后我给你接风，那时我再签。"楼上工作人员来了不少想和我照相。

计算一下时间定下来：9月25日从哈尔滨出发，10月4日沈阳的甲级联赛辽宁对广州比赛可以看到。

1992年9月23日球迷给我准备好了一个军用背包。我准备好了随身携带的衣服，系上我的腰带，腰带上别着匕首、工具包、急救包、钱包、保护环等必要物品。我特意把中国足协彩票的小纪念品足球小日历全部打包，放进大包留着给球迷签名用。

记得在火车站广场出征仪式上，市体委领导和足协领导在火车站为我送行，还借来了桌椅板凳，我把长征大旗铺在了上面，简短而热烈的仪式结束了，那么多的球迷送我，大家含热泪分手。球迷仙、老苏等五六位送我到沈阳，其他人的名字时间太长了记不住了，有一个球迷说什么也要把他的手表给我，推辞不过只好带上，之后我们就分手了，我乘长途汽车连夜赶往哈尔滨。

　　第二天早上来到了这座号称"东方莫斯科"的都市哈尔滨。我的情绪处于极度的亢奋中，虽然一夜颠簸，但是我感到有一种责任感、荣誉感，在心里燃烧。刚到八点的时候，我立刻打电话给哈尔滨球迷协会秘书长原立伟。

　　电话里传来原立伟惊喜的声音："我们得知你来哈尔滨的消息后，立刻开会研究接待你的事儿，没想到你来得这么快。"原立伟很快就赶到火车站，把我接走。崔耀军（崔老五）、原立伟及龙松等球迷热烈接待我，并陪着我到百货大楼买了一台红旗加重自行车，自己又调车圈，紧螺丝，重新检修一遍。

　　24 日晚上，崔老五说什么也要把我请到他家里住，记得他家的卫生间有一个小浴盆，他用了两个多小时才接了几盆水烧了一锅开水给我洗了一个澡，因为从这里我要洗掉我心灵上的尘埃，干干净净地上路，我要开创中国球迷史上的创举。明天万里行从哈尔滨开始。

中

万里单骑

万里行直穿东三省

1992年9月25日清晨，我重新检查了一下行囊，摸摸挂在腰间一圈的"武器库""工厂""医院""银行""照相馆"等一堆东西，推着载满大小包裹的红旗牌自行车，车后边插着两面红旗，上写"红拖球迷万里行"。

上午九点三十分，我来到了哈尔滨抗洪纪念碑。哈尔滨球迷来了不少人，大家呼喊着"中国足球必胜"的口号为我壮行。

龙松走过来，送我一把多功能斧头，这把苏联产的斧子，带个钩，能砍能钩。"哈哈！太好了，我正需要。"说完就将它挂在腰间。崔老五主持简单的仪式，大家照相。我来了个第一照之后，崔耀军（崔老五）、原立伟、姚国斌及龙松四个人陪着我上路了。

车子刚刚骑过火车站，自行车的"大腿"活动了，我一看是穿钉松了，哈哈一笑说："天意，你刚刚给我的斧头，这不，用上了吧！"

龙松笑着说："我就知道你能用上。"

我用斧头砸了三下，拿出扳子把螺丝帽拧紧。

后来到了102国道起点，我们四个拿着我的大旗拍下了第二照：我们互相拥抱的照片。突然我感到胸部堵得慌，眼泪就要流了出来，我翻身上车头一低，没敢回头，手一摆，向前骑去。说不出什么心情，我就想大声痛哭，大声号叫。我知道自己，只要我一回头，就得停下来，又是难舍难分。

我控制自己，深呼吸，用力前行，过了好长一段时间心情才慢慢地平静下来。后来我抬起头奋力前行，一路行来也不感到疲劳，中午在路边小店吃点便餐。

我记得有一位骑车的当地人问我："从哪儿来？走多远了？"二十多年了，今天我仍记得，我不好意思地说："刚起步。"说完我就把头低下，来了一个冲刺。

晚上六点，我到了一个叫三岔口的地方住下来，第二天早上五点我就起来了，整理东西一路直奔长春。上坡身体离开车座左右晃动用身体的重量加力，下坡放闸。上午身体已经有一点吃不消了，下午就不要说了。后来我的两条腿又酸又痛，我不时地用手压着大腿加力，向前骑行。

那可是一百四十七公里呀！我凭着激情和毅力完成的。到达长征第二站长春时已经是晚上八点多钟了。我一看时间太晚了，住下再说，就找了个招待所，服务员是个小伙，他说："我认识你，你叫罗西，报纸杂志都登过你的文章。"他热情地帮助我拿东西说，"住下吧！"

晚上我疲惫地躺在床上，我不停地揉着双腿，突然乐了，哈哈，昨天上午在哈尔滨，今天晚上我就到长春了。我为自己高兴。长春球迷协会的才子早就接到了哈尔滨原立伟的电话，今天他带球迷整整等了我一个下午，直到晚上七点多了才各自回了家。

27日早晨八点，我打电话给才子，他立刻赶来，直接把我接到一个大商场。这家商场的二楼被长春球迷协会承包了，由球迷协会主营床上用品和家用电器，正张罗开业。

那时，那帮球迷哥们儿有钱，都有车，有大哥大。记得晋华勇（老三）拿出一千元钱，对我说："大哥，那一路上辛苦了，这点钱你先拿着用吧！"

我笑着说："三哥说什么哪，这个钱我要是拿了，那以后的路，你让我怎么往下走哇。"

他说："要不我给你换一辆好一点的车子。"

我说："这辆自行车是加重的，好使。"

记得后来老三说："你长征期间的车子我包了，什么时候用，来个电话，我立刻给你寄钱。"

《中国体育报》驻长春记者站站长杨有恒对我长征帮助太大了，不仅自己掏钱为我摆了两桌酒席，还张罗为我搞了我人生中第一个新闻发布会，导致中央电视台和《中国体育报》都发出了罗西已经开始长征的消息，这为我后面的路程打下了极好的基础。

在新闻发布会上，记者向我提出了不少问题，并就现今中国足球存在的问题进行探讨。到今天我也不会忘记杨有恒老师，虽然我们只有那一次的见面。

那天晚上工作繁忙的孙钊也请假匆匆赶来看我。至今，我看到那张大家开心时拍的照片仍是激动不已，才子、大成、孙伟、三哥、宋建生招待我时，那可谓每顿都是山珍海味，他们说是给我补身体，长征好有劲儿。

那天朋友们拿来一个帆布大包，内有一个气垫，还有一个帐篷（帐篷上面印的是"长春市球迷协会伴你行"），太好了，真是雪中送炭。这些东西总计花了他们四百元，我回去后打开大兜子一看，里面还有一个六百元的红包，上面写着祝福的语言。我来不及把它送回去，没办法只好收下了。这个大帆布包，简单方便，十分好用。之后十几个哥们用歌声和祝福的语言来为我壮行。

我从长春出来奔沈阳，突然我的右眼睛眯了。当时也没在意，甚至连自行车也没下，边揉边照旧往前赶路。骑了一会儿，觉得眼睛磨得很厉害，泪水也流个不停，没法再骑自行车了，只好从车上跳下来。那时路上行人很少，好不容易遇上一个。

我说："朋友，我的眼睛眯了，请你给我看一下。"那个人说："我不会看。"我自己翻开眼皮给他看。那人惊叫了一声："哎呀，眼球上有个包。"我立刻明白沙子包在里面了。这时眼睛已经没有泪水了，但是痛得厉害，我当时有些害怕了，只好闭着眼睛低头往前走。猛一抬头，差点撞到一辆汽车上。这是一辆"解放牌"货车，车上下来两个人，问："你是罗西吧？"

我忙回答："是！"一看车牌，这不是鞍山车吗？

那个人说："我叫马壮，鞍山球迷协会会员。我一看一定是你，就停下来等你，你怎么了？"

"眼睛眯了。"

"上车吧！我送你去医院。"真是需要啥来啥。这次长征就像有神助我一样，马壮将自行车等东西扔到车厢里，扶我上了驾驶室。我闭着眼睛侃着球，我们说说笑笑地来到一区医院，正赶上"十一"放假，大夫一看说看不了。我们又赶紧到市医院，那里也没几个人，大夫一见我立刻就笑了说："罗西，我认识你。"二话没说，上机器前一照，送到处置室，一挑一擦一冲，好了。

告别医生和马壮，趁着天还没黑，我整理好东西重新上路。在接近郊外的一块路牌下，我请求一个从后面追上来的中学生给我照张相。中学生对我说："我非常崇拜你！"说完就接过照相机，他非常激动，双手有点颤抖，结果没拿住相机，啪地摔到地上，将后箱盖摔掉了，一路上拍的照片全废了。中学生惊慌失措，不知如何是好。

我笑着说："没什么，是老天不愿叫我照啊！"随后飞一般地骑往沈阳。

发烧中辽宁队获得九冠王

10月4日，全国甲级联赛在沈阳将上演一场龙虎斗，9月25日出哈尔滨就是为了赶这场比赛的。顺寒流而下，我骑了六十五公里的路程，中午时就赶到了长征第三站：沈阳。

我直接去了人民体育场。沈阳球迷对我太熟悉了，一下子便认出来，都围了上来。

一个电台的记者叫杨潇，也挤进人群拿着采访机采访。我和球迷谈了一个小时左右就被他们拉到饭店吃饭，又联系招待所让我住下。

突然有人喊："罗西！"进门一看，沈阳球迷老大哥003来到招待所，"怎么沈阳没人啦？让你住旅店？走，到我家去！"003本名叫苏书生，四十五岁，因其球迷协会会员证是003号，故得此绰号。我说道："您家拜访可以，住就住这里吧。"记得在他家，他把工具拿了出来让我随便挑。之后我又来到了朱挺家，临别时他给我一个军用背壶。太好了！

第二天003陪着我，拜访沈阳球迷领袖黄祖钢。黄祖钢不在家，锁头看家。我用粉笔在外屋的地上给他留言，写的是："祖钢你好！长征到沈，登门拜访，诚恳重新出山，球迷需要你。沈阳球迷不能没有你，辽宁球迷离不开你，中国球迷需要你。"写完后我含着泪水，离开祖钢家。

这时我打不起精神了，003问："怎么了？"我说："有一点迷糊。"他一摸："哎呀，发烧了。走，买药去。"我说："我包里有。""不！那个你留着长征用。"这时我的嗓子肿了，4日的早晨我休息到十点才起来。下午，我来到人民体育场观看辽宁足球队与广州足球队争夺1992年全国甲级联赛冠军，当时球迷已经来了不少。

在体育场，锦州高伟彬、大刚和吴迪冲进人群，我们抱在了一起。问候之后吴迪问我："什么时候到锦州？"我想了一下说："明天启程，大后天到吧。""好的。锦州哥们儿7日隆重迎接你！"

鞍山的赵勇、赵德斌、邵刚也冲进了人群，我们抱在一起又蹦又跳。

比赛快开始了，作为辽宁球迷，我自然希望辽宁队打赢这场球，夺取九连冠。可是从整个中国足球发展着想，只有各地方队水平都提高，才有中国足球的发展与提高。辽宁队之所以能连续数年称霸中国足坛，主要是领导重视，球迷拥护，新老队员交替得好。但说老实话，这几年，辽宁队也没有多大进步，各地方队水平则明显下降，就把辽宁队的成绩突显出来了。

应当肯定我是辽宁人，我最爱辽宁队，辽宁队也是国家的宝贵财富。但连续数年称霸中国足坛对中国足球不是好现象，可以说是中国足球的悲哀。球星各挑大梁，力展风范，所向披靡；球队风格独秀，各展风骚，群争天下。那才是中国足球的希望。

记得当我和一群球迷走上看台，球迷们便呼啦地站起来一片，一齐冲我高喊："罗西，来一个！罗西，来一个！"我冲大家摆摆手，看台上立刻静下来。

我便喊道:"沈阳,沈阳,广州队遭殃!"之后双手一挥,三遍之后,球迷给我以最热烈的掌声,我冲大家一抱拳,"谢谢! 敬礼!"

003和几个球迷高喊:"罗西病了,在发烧!"我刚刚坐下来一件军大衣便盖在了我的身上。一瞬间四五件军大衣把我围住,我真的好感动。我也难得地可以看一场好球。

记得,当时辽宁队积十七分,广州队积十八分,辽宁队只能背水一战,胜了就是冠军,打平或者输了九连冠就成了泡影,而辽宁队上半场踢得极为一般,球迷立刻沉不住气了,体育场内一片杂乱无章的谩骂声,某某臭,乱套了。而辽宁队不但不见起色,反倒越踢越臭。上半场快结束时,反倒叫广州队打进一球。

然而下半时我受不了了,再也控制不住自己,脱掉大衣,站了起来。双手平伸向下压了压,记得不少球迷说:"罗西急勺子了! 你看,罗西急勺子了!"

我伸手示意大家安静,看台上马上鸦雀无声安静下来。然后我双手拢成喇叭状说:"今天我们是为辽宁队呐喊助威,辽宁队现在需要的是鼓舞和支持,而不是骂。来,弟兄们跟我喊几个口号,喊出辽宁球迷的气势来! 行不行?""行!"

我说:"进一球也白搭,辽宁一会儿灌你仨!"三遍,我伸出来三个指头。我抖足了精神:"预备——齐!"手臂一挥,"进一球也白搭,辽宁一会儿灌你仨!"头一遍只是我们看台在喊,第二遍那是一面看台在喊,第三遍,那声音真的是震耳欲聋,气势如虹。

哈哈! 怪了。下半场时辽宁队那些哥们真的卖力气,跑动积极,穿插到位,我领着球迷从头喊某某,大家喊,好样的。果真没辜负球迷的希望,下半场一连射进两球。我们高兴得又蹦又跳,随后我又领着喊:"十八分你白拿,辽宁把你送回家!"当时辽宁队积十七分,广州队积十八分,打平辽宁队就废了。

结果,2:1的比分一直保持到终场,辽宁队获得九冠王。比赛结束,我们那个乐呀。从体育场一出来,就被等在外边的球迷围住,无数双手把我举了起来,然后一次次地把我抛向空中,一遍又一遍地高喊:"罗西万岁!"我怎么喊停下来也不行。

这时鞍山球迷也冲了进来,架起我就走。老黄伸出手来我们握在一起,手中感到不对,一看,是五十元钱,他一摆手走了。

003陪着我回到招待所,之后不少球迷来看我。晚上八点,朱挺也来了,我们谈得非常高兴,他说明天早晨来送我。5日早上朱挺和003送我到102国道路口,朱挺扛着机器采访完之后,我们紧紧拥抱在一起。记得他说:"罗西,一路平安,你是一个关东的球侠,堪称神州第一骑,等你回来我给你拍个大片。"和朱挺、003分手上路,回头一看朱挺一直扛着机器在录。我转头含着泪直奔锦州。

经过辽中，在公路上我正全力往前赶，突然听见路边田地里传来一位姑娘的声音，一个农村的小姑娘对另一个小姑娘高声喊："哎，你快来看，那儿有一个精神病！"

两个十三四岁的小姑娘正冲着我笑，我几乎无法压抑巨大的愤怒，想停下车解释一下，可是就在那一瞬间，我苦笑了一下，一用力全速前进，眼泪几乎流下来，我知道自己的打扮，再加上车上的大包小裹，插着刀旗，外人看着肯定觉得很奇怪。不过，既然自己走上了这条道路，就不要管他们理解不理解了，路是自己走的。我放慢了车速，挺了挺胸，不停地做着深呼吸，一下子感觉好多了。

我正骑着，这时一个小伙在道边冲我摆手，到了跟前，小伙子很激动，问："是罗西吗？"

我停下车点头回答："是。"

小伙说："我在大客车上票都打完了，看到了你，我特意从车上下来，你给我签个名吧！"说完脱掉外衣，转过身，请我在他那白色衬衣上签名。

我说："我有签名的足球小台历。"之后我从包里拿出来一本，给他签名。他高兴坏了，但还是让我在他的白衬衣上签了名。

之后说："我别的能耐没有，给你拿点钱，算是我对你的支持和感谢。"说着从兜里往外掏钱。我伸手一把抓住他的手，拒绝了他的好意。

"先谢谢你，可是钱我不能要，如果我这么要钱，我的长征就失去意义了。我有个口号，叫一分钱一份爱，有钱寄给中国足协。"他激动得要哭了。

我拍拍他的肩膀说："有缘我们还会再见。"说完就翻身上车与小伙子挥手告别，一路前行。这一冷一热确实让我无法平静，记得我在那段路上想了很多很多。

经台安到了盘锦市。

盘锦当时是刚以盘山和锦县合并成立的城市，记得当时只有两座三四层大楼，到了体委盖章之后继续上路，直奔长征第四站锦州。

锦州新调整

全力前进，因为锦州球迷三天前就定下来今天接我。一过大凌河，老远锦州球迷看我到了，便敲锣打鼓，打着横幅迎接我，其中包括当时的会长高伟彬和吴迪、大刚、小地主、陈杰等三十多人。大家拥抱寒暄过后给我介绍锦州经济电台的记者龙涛，在路边龙涛进行了采访，之后他们从一辆大卡车上拿下来十几辆自行车，两台记者轿车开路，一部分球迷骑着车跟在后面，一部分球迷在大卡车上打着锦州经济电台做的巨型横幅 —— "向球迷问好！向罗西致敬！"

我让高伟彬坐在我的自行车横梁上，他可是一米八的大个子，体重有一百六十多斤，再加上我后车架上五六十斤行李，哈哈，那可是三百五十多斤的分量啊。我一马当先，后面锦州球迷一溜十几辆变速自行车，朝市里奔去。半个小时后，就有球迷说："大哥你慢点我们跟不上了。"有的说："我们空车变速，你的二八加重拉人载物，上坡我们还赶不上你，我们全服了。"浩浩荡荡的车队一溜烟开进锦州市，直奔锦州日报社，会议室正面挂着"热烈欢迎罗西"等不少标语，记者招待会开始了。

这时锦州电台的一位女记者首先发问："罗西，你认为你这次长征能给中国足球带来实质性变化吗？"

记得我回答："实际上，我长征并不是为了一场两场足球赛，我是把中国足球作为自己的事业。球迷是我的职业，在这里我找到了属于我的人生真谛和生命价值。我的长征主要是让更多的球迷回到赛场上来，让更多的人理解球迷，支持球迷，使中国足球早一天进入职业化。任何一个人，任何一件事，都无法单独地改变中国足球的现状。作为中国第一个职业球迷，我现在只能做到这些。因为我是罗西。"

又有记者问："中国足球屡战屡败，你为了它放弃了一切，值吗？"

"关于值与不值，我为我走上了一条球迷的道路而高兴，我为球迷送给我'罗西'的绰号而自豪。只要我还在，我就是罗西，只要是罗西，永远是球迷，只要是球迷就和球迷在一起，呐喊永不止。因为我是中国第一个职业球迷，所以我的生命属于足球，我的感情属于球迷。是足球给了我事业、爱好、追求和信仰，球迷给了我鼓舞、勇气、力量和信心。因为我是罗西，有什么不值？自己感到值了。"

又有记者问："罗西，你长征一半的时候，正好是世界杯外围赛，中国队如果出不了线你还接着走吗？"

我说："我这次万里行主要是为中国足球呐喊，不管中国队出线与否，我都将走到底。对我个人而言，我没有成功，也没有失败。中国足球的需要，就是我奋斗的目标，直到永远……"

记得那次活动举办得相当成功，球迷给了我最热烈的长时间的掌声。锦州经济电台还送给我一台四波段半导体收音机。

而锦州球迷更是急我所急想我所想，竟然给我要来两箱压缩饼干，这可是我长征的必用品哪。我准备带上一箱过太行山用，另一箱请他们给寄到郑州刘良州处，准备翻秦岭时吃。可是他们说太重，便一起发往郑州。压缩饼干的由来是有球迷和他们40军的首长说起我长征的事，他们特地从备战饼干中拿出两箱来赞助我们，这是部队第一次也是唯一的一次用战备物资赞助我们球迷。当时我真的很激动。

锦州球迷又根据我的要求，在自行车后货架两旁又焊了两个活动支架。这以后装卸行李可就方便多了。这也为我后来加东西起到了重要的作用。

球迷们为了给我补养身体变着花样带我吃，从辽菜到海鲜，可谓是山珍海味。

9日早晨，我从锦州球迷角出发，汽车上的锣鼓不停地为我加油。我咬紧了牙，拼命地蹬，在102国道与锦州球迷分手含泪抱别。

我的耳边不时地响起吴迪对我的祝福："罗西，你不属于你自己，你是我们辽宁球迷的骄傲，你的功劳就在于你抬高了我们球迷的名声。我们等你安全回来，为你庆祝！"

这些话我直到今天还清晰地记着，我咬着牙双手使劲地握着车把，心中发誓一定不辜负球迷对我的信赖。

当天晚上，我在兴城一家旅店住下，第二天上路，经山海关、秦皇岛，入关了。

叩山海关直入京津

到了长征第五站唐山，到体委盖章后继续出发。

到长征第六站天津后，直达球迷报社，得到了王激强老师热情的接待，想不到的是王激强老师给我拿出一大摞《球迷》报合订本，从创刊号开始到当时。我高兴得把王激强抱起来抡了一圈，这些合订本可是我的宝贝。之后又见到了白金贵老师，老朋友见面那个热情不用说了。

之后联系张锡路，一见面，我相当高兴，可没想到的是大哥挑礼了，把我接到家后说："罗西，大哥以为你不来天津了，我看报上发的你的长征路线，唯独没提天津，气坏我了。"

我忙解释道："哪能不来天津呢？那是记者给漏写了。"

分手时大哥说："报纸太重了，把地址给我，大哥给你邮回去。"之后拿出三百元说，"我给你准备了五百元，花了两百这三百元拿着。"我刚要客气，还没等我说话，他把钱放到我的兜里，眼睛一瞪，"瞧不起大哥吗？"我还能说什么呢？

我带着一片温暖于翌日早晨六时离开天津，直奔北京。半道看见一横幅，上写"欢迎日本朋友徒步考察进京"。当时没在意，再往前走，看见一群人、三辆警车、两辆轿车，阵势不小，还有几台大客。见我骑车子上来了，警车立刻开过来，问我是干啥的。

我说："是中国球迷万里行。"正说着呢，又上来一辆车，问我："采访一下可以吗？"

我说："可以呀。"他们就叫我快骑一段路，他们再从后面赶上来，停下车，进行电视采访。

"请问，你最大的意愿是什么？"

"我的意愿是中国足球世界杯出线和奥运会申办成功。这次长征的意义是，希望中国足球早一天进入职业化，中国足球早一天进入市场化。"

采访结束后，对方送我一张名片，还欢迎我去日本。分手之后我奋力前进。

从天津到北京是一条新建的公路，好宽好长，就在一瞬间，我的脑海突然间一点声音没有了，我突然停了下来，看了一下四周，刚才车水马龙可是现在什么动静也没有，没有一个人，没有一辆车，没有一声鸟鸣，没有一丝风声，没有一点动静。静！静！静！是那样静，静得出奇，仿佛整个世界里就我一人，在静止的空间，静得让人感到多多少少有点可怕，我产生了怀疑，自己掐了一下自己的胳膊，嗯，有一点点的痛，管他呢，前进！

激情一小时

到了长征第七站北京，顺着长安街直达天安门，我在天安门照下了北京的第一照。这时不少人围了上来，我一看人太多，只能冲出重围，然后去中国社会科学院拜访金汕老师，之后又拜访王文哥俩。休息一天后我到了中国足协，直接到了中国足协专职副主席许放的办公室，因为许放和张吉龙是我的好朋友，许放十分热情，并关心地问我："身体怎么样？累吗？"随后请张吉龙过来。我和张吉龙一见面就抱在一起，记得龙哥微笑着说："身体不错吗？"

"你看，没问题！"我做了一个健美的姿势。

唠了一会儿嗑，转到了我这次长征的内容上，记得最后许放说："罗西你代表的是球迷，你也真的懂球，爱球，我们想听听你的看法。"

我说："我是一个职业球迷，我什么都没有了，只有足球在心中陪伴，我说一点心里话你们也不要挑。这些年来为什么中国足球上不去，就是因为中国足球得的是'足球综合征'。我的结论是：体制上的束缚、经济上的落后、教练水平低、队员修养素质不高、各级领导不重视、普及度不够、裁判水平低。这个综合征束缚了中国足球的发展。中国足球没有球员真正的付出，就没有真正球星的根基；中国没有好的环境，就没有真正的球星产生；中国没有真正的球星，就不能决定赛场的胜负；缺少悟性和灵性、想象力和创造力，所以没有赏心悦目的比赛。这些年来，中国有哪一位球员敢说我是真正的球星，我一上场就可以改变结局？真正的球星那是顶梁柱，那是球队的灵魂，而我们这些队员都一样。而这一切，关键的关键是我们足球人口不足。我们有十亿人口但有多少人在踢球？全世界中国人口最多，按比例中国踢球人口却最少。这种种因素都促成了中国足球的恶性循环，近亲繁殖，小学毕业当老师，老师再带小学生，是麻袋换草袋，一代不如一代。

"我们对足球的内涵不懂。如果我们把世界的足球强国比作艺术大学的话，那么巴西、阿根廷无疑是艺术桑巴系了，而英国和西德则是硬朗雄狮系，法国代表拉丁表演中场，意大利展现防守反击大闹禁区。1982年，如果没有烟斗教练贝巴尔佐特，等待金童子罗西球监结束，最后一个组建国家队，那么第十二届世界杯肯定会被重新改写。1986年，如果没有比拉尔多的球星战术，那么第十三届世界杯艺术的光环会如此闪烁吗？而亚洲的水平充其量只是中学水平，中国的足球就更惨了，可以说连小学还没有毕业。1951年临时组建的国家队代表中国人民解放军八一足球队访问捷克斯洛伐克和保加利亚，被打了1∶9和1∶17。中国足球从1951年筹建到1952年正式组建国家队，教练李凤楼，队员王政文、王寿先、王礼斌、郭洪滨、马少华、邵先凯、厄伯尔、年维四、方纫秋、史万春、陈成达、何家充、李逢春等开始了新中国足球的起步。1954年匈牙利队来访，八场比赛进了中国五十六个球，球星苏查独进四十二球，这确实给中国足球界上了深刻的一课。同年，我们先后派了两批队员赴匈接受再教育，我国的足球水平才稍有进步，可以说达到了小学最好的水平，1957年第六届世界杯三场比赛仅以一球之差被印尼挤出世界杯决赛圈，而1958年由于台湾问题等政治上的因素，中国退出了国际足联大家庭。从此，不懂什么叫足球的恶性循环的历史就开始了。退出国际足联后，我国的足球可以说是闭关自守、故步自封；给我印象最深刻的是，我们小时候喊的口号是'友谊第一，比赛第二'。可是有人竟还为此涂脂抹粉，说什么，中国足球史上出现过三次高潮。我们都退出了国际足联大家庭，只是参加友谊赛和一次亚洲杯，何谈高潮？正是这种盲目的自信把中国足球推向一次次失败的深渊。1978年足联主席阿维兰热老人家向中国发出了友谊的信号，1979年在足联主席阿维兰热老人和国际的支持下，中国足球重返国际足联大家庭，结束了闭关自守的历史。从本质上讲，苏永舜那批队员最好：曾雪麟打法好看，高丰文战绩最佳，徐根宝常变战招。施拉普纳对中国足球什么都不知道。"

直到今天我还清清楚楚地记得我当时说的话，许放当时插话说："什么叫施拉普纳都不知道？施拉普纳到中国来，对中国足球发展到今天的历史、内涵他并不知道；中国文化和足球文化的交融他不知道；中国足球发展内在的本质水有多深他不知道；中国足球体制上的束缚他不知道；中国根本没有球星他不知道。"

许放对我抬抬手："你接着讲。"我接着说："从本质上讲，我们不得不承认，两个1∶2和两个0∶1的悲惨结局，反映出中国足球界领导水平太低，说难听一点，好像没有哪个领导在足球理论上是懂行的。1981年世界杯外围赛，我们吃了赛制亏，我们从上到下，没有一人指出来。更可悲的是，12月初打完科威特队，比赛还没有结束，我们却刀枪入库马放南山，队员放假回家了。没有一个人提出预案：假如沙特与新西兰打成0∶5怎么办？结果，1982年1月10日，中国队匆忙集结，在新西兰队面前以1∶2俯首称臣。我们若是早有准备，也许第十二届世界杯的历史将被重新改写。'5·19'我们打平就出线，为什么有人非要说1∶0不算赢，2∶0算平，3∶0才算赢的激进目标？如果我们打防守反击，香港能赢我们那才是怪事，但1∶2输给了香港。1986年12月23日，高丰文在武汉新华路体育场招待所因一句'不敢超过老师的学生不是好学生'而赢得热烈掌声，接过中国队教鞭。'5·20'报了'5·19'之仇，当然，中国足球的历史必定评价1988年10月26日那场比赛，中国队后卫助攻、前卫套边、双中锋，奔跑强，不好看，但实用。在自古华山一条路的情况下跨进奥运大门。但是我们不能忽略一个前提，就是东西分开，南北朝鲜不参加。世界杯外围赛'7·15'扳倒了亚洲王，'10·13'使沙特大伤元气，'10·17''10·28'两个黑色三分钟，第三个、第四个0∶1只差一步到罗马，这是一个典型的范进中举的反面教材，'我中了，我中了'疯了傻了。事后有人说换人不对，有人说技术不行，有人说战术不对，其实是心理素质不行。董礼强失球，郭亿军被穿裆，小傅没接住，而电视画面上再不见他人，比赛就要结束了，队员都哪里去了？明显是心理犯傻，不过硬，因为他们承受不了历史的重任。如果说1979年之前，二十八年来我们是因为受闭关自守的危害，那么1979年之后，我们则是得了一种‘足球综合征’。我们每一次输球都指责教练水平太差，某个队员的失误，其实中国足球绝不是一个教练和某一个队员的问题，是全民族的足球意识问题，需要进行综合治理。千万不要把希望寄托在一个洋教练身上，否则，还有可能加剧我们的悲剧。就中国足球目前的这种状态，不要说施拉普纳，就是贝肯鲍尔、比拉尔多来了也没用。就像我们请来一个美国的教授到我们的一个小学培养出一个学生，他再好也比不过大学生。所以说中国的足球总是在教练上研究这就错了。

"中国足球的出路，就在于把中国足球真正地推向市场。只有中国地方队的水平提高，中国足球才有希望。中国足球的出路就在于，中国足球人口的增加，不少人说：中国有十一亿人口，怎么就一亿人里挑不出来一个球员，那么十一亿人口有多少注册球员？据我所知，也就一万来人吧。我们不和足球先进国家巴西、阿根廷、德国和意大利比，就与阿联酋来比，阿联酋人口不到二百万，而他的足球人口却比我们多。所以说，中国的足球出路最主要的是提升全民族的意识问题。最主要的就是环境，有了好的环境，就有了好的氛围。有了好的氛围，就有了大的投入。有了大的投入，就有了足球人口的增加。就有了足球的根基。就产生了球星。这是我们中国足球的出路……

"我长征的目的就是让球迷回到赛场上来，就是让中国足球早一天职业化，就是让更多的人支持足球、关心球迷。"

五十多分钟，整整的五十多分钟啊，进去一个多小时，除了寒暄之外，就是我一直在侃球，那可是中国的足协呀。许放可是亚足联第一副主席呀。如果我们三位不是好朋友，打死我也不可能在那里侃球。从朋友来论出于感情，从领导来论出于信任，我出于球迷纯真的情感，谈出来自己的观点。

许放、张吉龙当时给了我很高的评价。

张吉龙说："罗西，中国球迷都像你这样就好了，有水平！"

在我侃球时，许放在一个本子上记了好几页。最后许放说："你有本子吗？"

我说："有。"我拿出签名本。

许放在我的日记本上写上"球迷迷球解球迷"，并说："这是上联，你长征时把下联给我对出来。"（遗憾的是，我走过了四万六千里长征认识的很多文人墨客都没有对出来。几年后，邵主任给我对了一个下联：圆梦梦圆难圆梦。）

第二天我和金汕老师一同来到了龙潭湖训练基地，与张忠、王占军等二十几位球迷谈了一会儿球，接着就来到施拉普纳办公室楼下。在施拉普纳的翻译杨耀武的引领下，我们进到施拉普纳的房间。

我自我介绍："我是鞍山球迷罗西，为中国足球万里行到达北京，专程来拜访您。"

施拉普纳说："大连、大连、沈阳、沈阳。"说着展开桌子上的一张地图。这是施拉普纳自己绘制的，上面果然在大连和沈阳的位置上圈了两个圈。

我便上前指着大连沈阳之间的一个位置，学着施拉普纳的腔调："鞍山，鞍山。"

施拉普纳立刻笑道："鞍山，鞍山，广州，大连，广州，大连。"

我立刻明白了，临长征前，广州队和大连队在鞍山打了一场比赛，施拉普纳对这场比赛非常关注，所以对鞍山颇有印象。

施拉普纳又和翻译说了几句德语，转屏风后去了。我以为不再理我了，不一会儿，施拉普纳又从屏风后面出来了，手里还拿着一摞他的明信片，有三十多张吧，我高兴坏了。他为我专门签了一张，之后用他那心电图一样的笔体在三十多张明信片上签名，全部送给了我。高兴！高兴！真的好高兴！接着我提出要跟施拉普纳照张相，施拉普纳一下子就用胳膊搂住我的腰，杨耀武啪啪啪连拍了三张。

我对施拉普纳说："我是一个职业球迷，请你放心，不论中国足球处于什么状况，我们球迷自始至终跟中国队站在一起，你的腰板是硬的，有千千万万个球迷支持你。不管打赢还是打败，你的功绩在未来。"

杨耀武翻译过去后，施拉普纳乐坏了，伸出两个大拇指，连说："你好！你好！"

之后我到了国家体委，找到一个认识我的办公室工作人员，他把我领到办公厅和领导说明来意。很快，领导就从柜子里拿出公章在我的大旗上盖上了"中华人民共和国体育运动委员会办公厅"的大印。当时我那个高兴劲儿，啥也不说了。

在北京临行时，王文哥俩请我吃饭并给了我两个柯达胶卷。

离开北京，我直达大兴县，因为中国少年足球队赴巴西学习的大本营在那儿，我到那里正好遇到了比赛选拔队员，我见到了许多中国足球界老前辈和著名人士：徐福生、张京天、金正民、李辉、张俊秀、张宏根等。

比赛结束后我和他们签名照相，临走时，徐福生拉住我的手，久久不肯放开，反复说："保重、保重，注意身体。"我听了心里立刻便有一股热流在激荡。一位我尊重的老人、老前辈说了几遍"保重身体"，让我十分感动。

我正要起步，一群小朋友跑了过来说："罗西叔叔，我们是辽宁的，能和我们照一张相吗？"

"可以啊，来吧！"照相之后我说，"中国足球就缺乏悟性和灵性，你们要悟出自己的灵性。中国足球的希望就在你们身上，再见了！"（后来发现这里有李铁、孙继海等中国著名球员。）

曹家栋送我急需的军铲

长征以来，我一直比较顺利，没遇着什么太大的困难。离开大兴县直奔石家庄，骑到正定县，我被一个人截住，那人自我介绍说："我叫曹家栋。"然后叫我下车。

我一看，还别说，他长得真像我的三弟汪富余，圆圆胖胖的脸上戴着一副眼镜。我心里直犯嘀咕。曹家栋见我有些迟疑，便递过一张名片。我一看，上写"地矿部河北正定县水文所"。曹家栋又说："你从北京出来我就知道了，想不到真就把你等着了。我知道你要去石家庄，可今天是星期六，你到市里正赶上星期天，没人，你什么也干不了，白花钱，不如跟我一块儿到我家，咱们好好扯扯。"

我见他文质彬彬的不像是坏人，就说："也好，那就打扰你啦！"于是，我跟着曹家栋到了曹家。

住下后，曹家栋问我："前面就要翻太行了，有什么困难没有？"

"没什么困难，我早有准备。就是缺把军铲，你还帮不上忙。"这话是我随意说的，根本就没指望曹家栋能帮上忙。

可是曹家栋却说："你别着急，我们单位有，我和领导说说，支援你一把。"

"真的吗？"我简直不敢相信自己的耳朵。

说完他就出去了。过了一段时间他回来了，手里拿着一个帆布袋子，说："给你。"

我打开一看，激动得心都要跳出来了。那是一把折叠的多功能军铲，带锹、镐、锯、刀。在那个年代这东西可是个好玩意儿。

第二天曹家栋陪着我去了大佛寺，那里有一个千手千眼的观音雕像，是一根整木头雕刻而成的，他给我讲了一个故事。

在很久以前有一位姑娘，和父亲相依为命，有一天他的父亲病了，请来很多郎中也没治好。后来有一个老郎中说："要治好你父亲的病只有一服药可以，但是，要一双眼睛做药引子。"再后来姑娘把一双眼睛挖出来救活了父亲。这件事感动了苍天，苍天赐给了她一千只手，每个手心上长着一只眼睛。有一年发大水，有一根木头漂到这儿不走了，人们为了纪念这个姑娘，用这根木头雕刻成今天的千手千眼观世音的像。

我一边听一边点头，心里在想，这真是个奇怪的故事，千手千眼观世音菩萨是佛教里的人物和这故事风马牛不相及。但是我还是说："这个故事太感人了。"

闯娘子关两翻太行

哈哈！这一天休息得不错，10月26日我早早起来整理行囊，曹家栋和一个朋友骑车一起陪我到了长征第八站石家庄。

我们先去了省市体委盖章，又去《体育之声》报和《燕赵晚报》拜访，记者相当热情，对我、曹家栋和他的朋友进行了长时间的采访，采访结束后要请我们吃饭，我们婉言拒绝后出来。曹家栋他们一直送我到石家庄的市郊，大家拥抱之后分手。一路前行，这时河北的报纸上已登载28日下午四点"亚洲杯"中国对日本。我想赶到哪儿算哪儿吧。

太行山是山西高原东部的一条山脉，平均海拔千米左右。出石家庄不久，路就不好走了，除了山就是山。当天晚上六点到达井陉县，住了一宿。

27日晨，上路奔阳泉市。哪知正赶上修道，所有的车几乎都是逆行，而且百分之八十的车拉的都是煤，路上的空气也很糟糕。自行车很重，路净是上坡，推不动，这时我灵机一动，拿出备用的绳子绑在车架上，往肩上套，像拉车一样以拉代推，这样好多了！

过了娘子关，我走不动了，这时天也黑下来了，按理儿，我应该再往前走，找一个繁华一点儿的去处，又怕路上不安全，干脆住下来吧。周围不见村庄，又往前走了走，在一岔路口见一小饭店，上面写着"三路口饭店"。得啦，就在这家小店对付一宿吧。

我便停下自行车，开始支帐篷。在曹家栋给我的军铲的帮助下我只用了十五分钟就在地面上支好帐篷。

之后便走进对面的小店，店中只有老板和老板娘，我一进门他俩一直在注视我，我刚要点菜就听到老板娘指着我对老板说："我在杂志上看过写他的文章，他是个球迷。"她又看着我说，"叫什么来的？"

我微笑着说："我叫罗西。"

旁边的老板激动得一拍大腿："你就是罗西？"

"对呀！我就是球迷罗西。"

我真的没有想到，在荒郊野岭能碰上熟悉自己的人。

老板娘问："吃点什么？"

这时老板说："来一大碗水煮肉片，再来一大碗米饭。"

他倒是帮我把菜点了，好家伙，我是一点没剩，吃完后我要算账。

老板说："不用算了，明天早上再说。"唠了一会嗑，老板跟我出来，帮我把帐篷又弄了弄，把气垫子吹起来。我记得清清楚楚，我用了二十三口气就把气垫子吹得鼓鼓的。哈哈！以后我一定要用二十口气吹鼓。老板过了会儿又送来一壶糖茶水（在饭店他看我喝茶加糖）和两件军大衣。

10月末的太行山区，天已经开始冷了。我们又唠了好一会儿嗑，我知道了他叫萧长青。那天晚上我想了很多问题，下半夜才迷迷糊糊地睡着。

早上六点半我醒来撤掉帐篷、打好行包，再次走进饭店。老板叫服务员又端上来一碗水煮肉片和一大碗米饭："吃吧，吃饱了好赶路。"

刚吃完饭，厨房就走出来一个服务员捧着两箱饮料和一条香烟往我的自行车上绑。我一愣，萧长青说："今天我有点急事要办，不能送你了，这两箱饮料和一条烟你带上，算是我的一点心意。"

我一看，是两箱易拉罐装的牛奶咖啡高级饮料和一条良友香烟。面对这种场面，我无法不激动："大哥，咱们素不相识，我不能收你这些东西，心意我领了。"

老板说："说白了吧，我是敬佩你是条汉子，在中国足球这么不景气的情况下，你能只身万里长征，就这一条，我服你。你长征消耗体力，牛奶咖啡可以补充体力和提神。"

"如果这样的话，那么我得付你钱。"

老板笑了："那你就小瞧大哥了。"

啥也不用说啦！我望着这高大的山西汉子，抱在了一起相互拍拍肩分手告别。我蹬着那辆加重的红旗自行车又上路了。但我的心情却格外振奋，有种八面威风的感觉。（后来在南方，我跟萧长青通了话，他说他在中央电视台《东方之子》节目里见到了我。）

我到达阳泉是当天中午一点二十分，市体委的同志告诉我29日打亚洲杯，《山西电视报》上也说是29日打，可《河北日报》说的却是28日。我弄不准到底哪个对，想了想，还是先到寿阳吧，有比赛就看，没有，29日就到太原了。

路是越来越不好走了，坡越来越大，最后干脆不骑了，推着车走。有一段路坡不是太大，我艰难地骑行着，这时有个衣着肮脏，看起来比我大几岁的人，从后面追了上来与我并肩骑行，过了一会儿他突然问我："这么远出来图什么？"

我说："为了中国足球崛起呗。"

过了一会儿他说："你是为了钱吧？"他把我噎得一句话也说不出来。

我望着他耐心地说："骑车能骑出来钱吗？我是为了中国足球而呐喊才走上长征之路。"

他摇摇头似乎不认同我说的话，我也索性不理他，拼命往前骑。我快他快，我慢他慢。我停下来，他也停下来，看着我，后来我喝了罐饮料，他走了。

到了寿阳。正好前面有一家饭店，闯进去一问，人家说他们的电视不能转播中央电视台节目。于是我立刻蹬车子往县城赶。去电力招待所一问才知道亚洲杯不是28日打，山西的消息准确。我选择先住下来再说，安顿好行李，在招待所门口把车翻倒，换换车条，平平圈。

29日这天风特别大，少说也有六七级。正常下坡路是不用蹬的，可是因为逆风，这天所有的下坡都得用力蹬，有几次险些把我吹倒。到中午十二点才走了几十里路，我着急了，四下里一看，山上山下，所有的草木已经开始枯黄，而且风声在耳边一阵一阵地鸣响。孤独、寂寞、凄凉、无聊、烦躁、焦虑这些情绪在瞬间袭上心间。此时，真希望能有个同行人，不认识也没关系，可是无边无际的群山中竟然一个人影都看不见。

我给自己编了一个故事

出来一个多月了，可以说没遇到什么困难。直到此时，到了太行山，我的心情却坏到了极点。我脑子里几乎是一片空白，我开始自问自答：什么是天？不知道。什么是地？不知道。什么是人？不知道。我知道什么？不知道。我此时似乎进入一种奇妙的幻觉状态。

不知不觉地自己竟给自己讲出来一个童话故事。我从来没有编过什么故事，也不会编故事，所以，我觉得这个童话是上天恩赐给我的。

在我的脑海里闪出一个高大威猛浑身充满肌肉的青年人形象，他头上戴着枝条绿叶，腰中系着豹皮裙，背着弓箭和柴刀。故事的内容是这样的：从前有个部落，很穷，四面都是高山，人出不去。有一个青年为了让部落里的人们能获得新的生活，便四处寻找走出山谷的道路。尽管他付出了巨大的努力，可是他还是找不到出口。他携带的粮食吃光了就挖野菜、摘野果。终于，他的诚意感动了上帝，上帝将一条爬上山的巨蛇变成了梯子。小伙子攀着梯子开始往山顶爬，山太高了，爬呀爬，怎么也爬不到山顶。感到饥饿时山鹰就给他叼来肉，吃饱了继续往上爬，他终于爬上了山顶。前面一片荆棘丛挡住去路，过不去了。小伙子从背上抽出柴刀，一路砍下去。这时，来了一头巨大的野猪，用獠牙给小伙子开辟出一条路来。小兔子给小伙子送来鲜蘑菇，松鼠送来野果，一只小鹿跑来驮着小伙子，空中的燕子在前面引路，终于找到一个美丽的地方。从此，这个部落的人们过上了幸福美满的生活。

这个童话讲完的时候，我便一下子从幻境中醒来，突然伸出右拳，狂喊了一声："我——找——到——啦——！"而就在此时，我的胸口一堵，泪水一下子倾泻出来，滴落到胸前的红色绶带上，不一会儿便染湿了一片，浅红的绶带立刻变得紫红紫红。我把太阳帽檐往下拉了拉，在这空旷无人的山野，我像一只孤独的野狼放声号叫，慢慢地心里感到一阵轻松，但是，浑身上下一点劲都没有了。

前边又是一个上坡，推到一半，忽然咔的一声，车子后轮胎瞬间扁了下去。人要是倒霉喝口凉水都塞牙。本来心情刚刚有所好转，这下子又坏了。没别的办法，我卸下行李，拿出锯条和胶水，在备用的一段内胎上铰下一块胶皮，用锯条锉出新芽，漏洞也锉好，抹上胶水，晾了一会儿见到变白色，便粘在漏洞上，只用二十多分钟就修完了车。而此时已是午后一点半了，我拿出傻瓜机拍下了那历史性的一刻。

我全力地推着车子前进，自言自语道："上帝呀！神灵啊！佛祖啊！你们开开眼吧，请你救救我吧！这场球我一定要看到。"

终于来到了坡顶，一看下面是一望无际的大平原，我的心一下子开朗起来。我望着那蜿蜒伸向远方的公路，激动得控制不住自己了。我握紧双拳举向空中仰天奋力高喊："苍天哪，你赐给我勇气和力量吧！"喊完我感到精神倍增，重新整理一下行囊，上车前行。车速太快了，把什么都忘了，只有耳边呜呜的风声。我不断提醒自己，注意安全。这时，从后面上来一辆桑塔纳轿车，与我同行，车窗探出一个头来，说："罗西，上来吧。"

我不敢看，只注意道路，笑着说："谢谢啦！车我不能坐，坐了那就失去长征的意义了。"我问他："现在是多少迈？"

过了一会儿他说："快三十了。罗西，再见！祝你一路顺风！"

"谢谢！"

我终于在三点五十到达榆次市，直奔一家小旅店，交了三块钱，进了房间，打开电视。可是电视里找不到中央电视台，之后我问服务员，她说："我们收不到中央电视台节目。"这下我着急了，这要是看不着这场比赛，那我不是白忙活了吗？正在焦急之中，进来四个人。

"是他，是他，就是他！你是不是在路边修车的那位？"

我淡然地回答："是的。"突然我想起了在修车时的确有几辆车驶过。

"你想看电视？"

"是呀，亚洲杯！"

"那你打电话给电视台呀！"

"对呀！"我一拍大腿，"谢谢了！"我到门外，用公用电话打给电视台。一位记者说："你到就近的大学和大饭店，那里转播中央电视台。"

一句话点醒梦中人，我还是不稳重。我回到小旅店骑上车直奔市内，到了一个大饭店一问，那里可以转播中央电视台，二话没说拿出二百元交给经理说："先开一间房。我要看亚洲杯。比赛开始了。"

那就二楼吧。

我一下子冲上二楼，等着他给我开房。这时我听到了那激动人心的、熟悉的、让人热血沸腾的声音从里面的房间传来。

我来到门口一看，几个人在看电视，我上来就问："几比几？"

"1：0"

"谁是1？"

"那还用问，中国队能赢吗？"

"不一定！只要比赛没结束，就要坚定中国必胜的信心。"

他们抬头看了我一眼。可能是我的打扮太扎眼了，他们愣了一下。就在这时，电视画面里谢育新传中，黎兵插上头球攻门。进了！1：1。说话的那个朋友高兴地和我抱在一起。屋里的人一下子蹦了起来，欢呼跳跃。这时那个人指着我说："你是？你是？"

"我是中国职业球迷罗西。"

"啊！你就是罗西呀？你可是大名鼎鼎啊。来请坐！请坐！"

那个经理听了球迷的介绍之后把钱还给我，我说："扣除时间吧！"

他说："不用了，你们看吧！"那场球大家看得好开心。

晚上，打开日记本想写下这两天的心情和感受，可是感到力不从心，我无法把变化如此之大的心情用文字描述出来。

离开榆次，直奔长征第九站太原。半路上，一个朋友认出了我，直接把我带到太原日报社和太原晚报社，两家单位都在一栋楼里。日报的同志把我介绍给晚报，太原不少家报纸的记者得知我来了，都赶到晚报采访。

山西省足协副主席吕太生也来到我下榻的体育宾馆看望。原来吕太生年轻时是空军部队足球队的，他跟鞍山足协秘书长朱青浦是旧交，朱青浦可是我的好朋友，对我的球迷事业给予过很大的支持，我们谈得相当高兴。

31日下午两点，电视转播亚洲杯第二场比赛，中国对泰国，0：0踢成平局。《太原晚报》当天晚上发表文章《罗西，罗西》，介绍我长征的情况。晚上，一个著名杂志社的记者来采访我，名字现在记不起来了，还说要写《好汉罗西》这篇文章。（文章后来在一本杂志上发表，记得很多的杂志和报纸都转载了，影响很大。很多不理解我的人，开始对我有了一些新的认识。对我以后球迷事业也起到了很大的帮助。）在我离开太原的那天，报社又发出《罗西走了》的文章。

出了太原，直奔长治。在东关县，路过乔家大院。这里一看就是大家族，房子好多，如庙宇一般。一群人看见我立刻围上来，手里拿着《太原晚报》，说："大伙正议论你呢！"我跟他们又侃了一阵球，签名之后继续赶路。

这里仍然是太行山区，坡路多且大，路上车辆很少，见不着几个人。上坡时，我就从车上下来低着头推，下坡时，闸也不捏，一气往下放，车子就如同飞起来一般。中午在路边遇上一家饭店，进去吃了一大碗面条加两个大火烧。休息了一会儿，下午两点接着上路。晚上五点的时候到了长治的近郊，这时我已经没有劲了，想往市里去，可腿不做主，干脆就住下。

第二天我上车直奔长征第十站长治。到了市区，盖完章就上路了。

在坟地的边上睡了一夜

出了市区不一会儿，柏油路没有了，全是土道，而且是盘山道，上坡多，几乎达到二十度，骑行根本不可能，只能推着走。前面是一条河谷，坡不太大，但风不小。

天黑了，前不着村，后不着店，我打着手电，不敢再往前走了，决定就在这儿支帐篷，住下来。山里的夜晚那才叫黑天呢，伸手不见五指，一点光亮也不见。

这个地方的草也怪，都如手指般粗，拔不动，想找块平地都找不着。多亏了曹家栋送的那把军用铲了，连砍带铲，才在路边开出一小片平地，支上了帐篷。这一次我只用了十七口气，就把气垫子吹得鼓鼓的。我用军铲挖了一个小坑，埋上蜡烛。为了防风，我用石头垒成一个小窝，窝口对着帐篷，用土培好。微弱的烛光正好照在帐篷上。我还用石头砌个炉灶，将白钢盆放在上面，捡了点干柴，续进去，把背壶里的水全部倒进去。水开了，我把方便面放进去，用右胳肢窝夹着手电筒照亮，两手用毛巾垫着端着白钢盆来到帐篷前放到地上，这时我左手扶着下面拉链，右手把上面的拉链往上提。好嘛，三节电筒不偏不倚，正好砸在白钢盆的沿上，一下子将盆砸了个底朝天，面都扣在地上了。

我一动没动，呆呆地停在那儿，过了一会儿，我拿开盆，用手抓上边没沾着土的面条，夹断了，好歹吃了这一小口。吃完了用军铲把剩下的方便面铲起来，双手握着军铲把方便面用尽全身的力气抛向那深深的夜空。

那时的电池真的不耐用，才照了一会儿灯光就弱了下来，在电筒微弱的灯光下，我翻着车筐，就找到一根两寸多长的有食指那么粗的小麻花，还有一小盒猪肝罐头，只有雪花膏瓶大小。我把猪肝罐头打开一看，里面像午餐肉似的，没有水没法吃，只能干噎。没办法，检查了一下周围之后，拉上了帐篷两侧的防雨拉链，钻进帐篷躺在气垫上。但我根本无法入睡，想了很多很多。下半夜刚刚睡着，突然被啪啪的雨声惊醒。啊！下雨了，好在我准备工作做得不错。

第二天早晨醒来的时候听到外面还落着霏霏细雨，我是又渴又饿，醒来后躺了很长时间，听雨停了我才起来，出来一看天空阴沉沉的，一片灰蓝色，气温却是明显地下降了。再一看路边，里面有那么多的坟包。哈哈，原来我是在坟地的边上睡了一夜。我一边收拾帐篷，一边想，找个地方休息一下，把帐篷晾干，否则帐篷非捂坏了不可。

我八点三十分上路。现在回想起来那里的风景真的美丽极了，那是一条挨着岩石铺设的山间沙石路，右侧有一条大河，河水从二百米宽齐刷刷的岩石的大峡谷之中流过，我拿出傻瓜机照了很多照片。我站在岩石的边上试探着身子往下看，哇，好深哪！走了一段，突然一个大下坡，顺着沙石路竟然下到了谷底。太美了！山上一片金黄深秋景色，谷底却是一片绿洲，鸟语花香，温暖如春。我几乎忘了饥饿和干渴，沉浸在这春夏季节的绿色世界里。

从早上到现在没有一段路可以骑行，太不好走了，坑坑洼洼没有一平方米是平坦的，我的精神几乎要崩溃了。车子几次倒下，一个上午也没有见到一辆汽车驶过。下午我终于见到了一个小小的村子，有一个院子坐落着二层木板小楼，一位老太太从厢房走出来。

"大娘，这里可以住吗？"

"可以。"

"住一宿多少钱？"

"一天一块五。"

"谢谢了，我住哪间？"

"随便了。"

我上了二楼一看，里面的设施实在简陋：这里的门全是坏的，是用板皮钉上去的，窗户上没有一扇玻璃是全的，有的是用木板钉上的。进了一个房间，发现屋里灰挺厚，看样子是长时间没住客人。被子有不少，但是太脏没法用。我第一件事就是把帐篷拿出来铺在床上晾干。

我下楼和大娘说："可以做饭吗？"

"可以。"

"做面条多少钱一碗？"

"四毛吃饱。"

我拿出两块钱给她，说："不用找了！"

大娘一连说了好几遍谢谢。

天还没黑，我就休息了。

第二天早上，早早起来，推着二百多斤重的自行车继续赶路。那条河仍然在山下流淌，两岸是陡崖峭壁好高好高，风很大。这时能看见一些当地人了，大都骑着小毛驴。一问才知道，山下这条河叫浊漳河，北面还有条清漳河，它们是河北境内的漳河的两条支流。我在一个大下坡停下来，坡度好大呀，这哪是路啊，几乎全是石头看不到土，只有缝隙底下有一点踩实的沙石。我鼓起勇气小心地走下来，怕跌倒，结果自行车还是卡住了，我费了好大劲才把车子扶起来。我拽着满载的车子下了这个大坡，虽然只有几十米但是费了好大的劲，这是我见到的最陡的最不好走的路了。

在山石路上我继续前进，最后上了一个大坡后，我停下来，回头一看，自己所走过的道路：弯弯曲曲、时断时续地缠绕着一座又一座的山，直隐没于遥远的天边。顿时，一种少有的崇高、震撼的感觉涌上心头，那是力量、勇气、男子汉的感觉。我计算着快到山西和河南交界了，果然，下午一点三十分，我来到了山西、河南的交界处。

上了一座桥，桥这边是山西，那边是河南，河南地界的道路让我兴奋得要跳起来：黑亮黑亮的柏油路伸向远方。看到这场景，几天来的孤独感一下子就荡然无存了。

已经两天没有骑车了，只能肩背手推。我翻身就上车，可是车有点不稳，一直在乱晃，下来一看，原来经过这两天的颠簸，后圈断了五根车条。我赶紧换好，继续赶路。心里那个高兴劲就甭提了。那可是一个大下坡，我放闸飞行，车上的红旗啪啪作响，我感到自己像一个骑士冲向战场，浑身充满了力量。骑了一会儿，来到河南、河北、山西三省交界处，有路牌指向红旗渠。

我知道红旗渠的故事，"文化大革命"时，鞍山钢铁学校当时组织教员到大寨和红旗渠参观学习，爸爸回来和那些叔叔大爷没少讲那里的故事。而且小时候的电影开演前都有一个关于红旗渠的加片纪录片，我也没少看，所以对这个地名印象很深。

红旗渠的主任是一个球迷，我和几个工作人员照相之后，他们陪着我参观了一番，最后他们拿出签名本，我在上面留了言——"人造天景自然美"。

面对着太行山和红旗渠我感慨万千：太行山，伟大的山，虽然我流了很多汗，冒了很大险，但你伟岸的身躯，热情的人民却始终给我力量、勇气和信心，你永远印在我的心中。

11月5日下太行山，这一天我打破了自己的纪录：按照路边的指路牌，我一个小时骑了近三十公里，因为全是下坡和平道。现在回想起来真的好危险，但那都是出于一种激情。晚八点到达林县。第二天下午一点到达长征第十一站安阳。

中原大地一路顺风

安阳市球迷协会会长郭仁哲，副会长刘怀阳热情地接待了我。我还出席了由市体委、新闻单位、球迷协会联合召开的新闻发布会。安阳电视台记者问我："什么动力鼓励你两翻太行？ 你能按预定计划走完全程吗？"

我说："有广大球迷，包括你们，给我大力支持，后面的推我，前面的呼唤我、等待着我，我相信自己一定会走完全程。我有足球——我心中的太阳在我心中高照，我有球迷——我心中的上帝在我心中永存。没有什么困难能够阻碍我前进。困难当然不少，两翻太行这才是刚刚开始，后边有秦岭蜀道和云贵高原，还有四万多里程。但请大家放心，我一定会走完全程，你们就为我祝福吧！"

新闻发布会以后，我在街上花了七十元买了两块羊皮当褥子，在漫长的野外冬季里，这两块小小的羊皮褥子给我带来不少的温暖。

晚上看亚洲杯，中国对日本。这场比赛太激烈了，上半场三十二分钟，谢育新打进一个球，日本队开始反击，攻进中国两球。日本队守门员被红牌罚下场，中国队十一人打日本队十人。下半场中国队换上高洪波和李晓，李晓又攻进一球，打成2∶2。最后五分钟，中国队又不会踢球了，攻击无力，防守不牢，再被日本队打进一球，变成第三个黑色三分钟。我当时的心情可想而知了。

球迷朋友陪着我到很晚，东部绅士见到我的几个本子，其中一本是日记本，他在这个本上写了好一会儿，之后合上本子说："大哥，我不能和你一起长征，但我的心永远和你在一起，我给你写的，你不要看，等着翻秦岭走不下去的时候再打开看一看，那时你会感到，我就在你的眼前，我就在你的身后，我在拉你，我在推你，我和你同行。你并不孤独。中国球迷等着你。"听到他这番话，我还能说什么呢，我们紧紧地拥抱在一起。

11月7日早晨，几位朋友赶来，陪我吃了早点，在稀疏的冬雨中送我离开了安阳。一个多小时后我到了汤阴。

汤阴县因宋代时出了一位抗金名将岳飞而闻名天下。岳飞可是民族英雄，那还了得。可是在汤阴县城，我耗费了近一个小时居然没找到县体委。问路，那里的人也不正经告诉我，乱指一通，那可是几十分钟啊，那么多人都没指出路，我干脆也不盖章了。

我想在岳飞塑像前拍张照片留念，可是无论请谁帮我拍一张照，他们都摆摆手不帮忙。令我非常敬佩的岳飞的故乡，却给我留下了这样的印象。

雨虽说不大，却一直下个不停。虽然披着雨衣，但身上好多处都淋湿了。风不断地吹来，觉得分外地寒冷。平原和山脉就是不一样，在平坦的公路上我奋力前行，虽然雨水汗水交融在一起，但心情总是平静得很，晚五点，到达新乡市。

我换掉湿衣服，到街上吃了三个大包子。以前做买卖时来过这里。今天是亚洲杯的最后一场比赛。

我中午十二点前到达了长征第十二站郑州。

在郑州立刻去球迷协会秘书长刘良州家。他家里没人，我又去刘良州爱人单位，他爱人也不在，我只好去河南足球队驻地，也没人。跟几个少年队的小队员打听到了王隋生教练家地址，连忙赶去，王教练正在搬家，电视在半道上呢。我着急看电视转播，王教练便领我到楼下的河南女足教练家。

这时已经打了三十分钟了，九十分钟比赛结果是中国与卡塔尔1∶1战平。点球大战，傅玉斌又神了，射进一个，扑出两个，中国队获得第三名。比赛看完了，刘良州也回来了。

在刘良州家，我们谈了一阵球，晚上刘良州安排我住到黄河宾馆，然后上街吃砂锅。回宾馆后，《河南体育报》王维民又来采访，午夜一点半才睡。

11月9日早晨起来，我去刘良州家，然后去刘良州爱人单位洗相片，再去亚细亚百货大楼买了一把太极刀。中午，河南省报、晚报几家新闻单位为我接风，采访，他们给予我很高的评价，每一个人都在我的签名本上签名鼓励我。

吃饭的时候，我用河南朋友的大哥大往鞍山给姐姐打了个电话。听到姐姐问候的声音的时候，我的泪水就流下来了。又给足协的姚老打了电话，问了一下鞍山球迷的情况。那时，鞍山球迷正在谈论我，不少人认为我走不下去就回来了。

说心里话，那时我是真想家，可我同时也下决心，一定要走完全程，因为我没有停止的概念。刘良州派人去火车站将锦州发来的两桶压缩饼干取回来。真的好高兴，因为经过太行山后，我深深地知道压缩饼干在行程中的作用。

之后我和良州分手。他抱着我说："二哥一路保重，千万注意身体，一切都是假的，安全回来是真的。"

"三弟放心，二哥会照顾好自己的。"

黄土高原路难行

艰难的行程又开始了，去西安的路上，路面平均一里地高出一米，全是上坡。最可怕的是风太大，车子根本就没法骑。以前光知道唱"我家住在黄土高坡，大风从这里刮过。不管是东南风还是西北风，都是我的歌我的歌"，今天我才知道，这西北风可没唱得那么轻巧和浪漫。风大得把车子都能刮倒了，扶都没法扶，太沉了，车上有二百多斤的东西呢。

过了巩县的时候，进入一条小河谷，我逆水而上。这时从后面上来一辆拖拉机，我就一把抓着拖拉机的车厢，一手把着自行车，想让拖拉机拖着走一段路。可是刚走儿步路，车把前横放着的那把刚买的太极刀就挂到车厢上了，一下子把自行车别倒在路边。亏得我反应灵敏，从车子上跳了下来，不然和自行车一块儿摔出去，那恐怕就要危险了。这件事进一步提醒了我，一定要注意交通安全。

晚上到达巩义市。一摸上衣兜儿发现眼镜丢了。其实往兜里揣时就知道了兜浅，东西容易掉，但还是顺手揣了进去。我认识到以后要千万注意，发现问题一定不能耽搁。

11日离开巩义奔洛阳。巩义到洛阳还有七十公里。十点多钟的时候骑不动了，在路边停下车子，用身体支撑着车子，休息一会儿，欣赏一下周围的风景。车子前面的路上有一个自然形成的图案，非常像一个外国洋娃娃，如果配上颜料那金色的卷发、蓝眼球，更加迷人了。过了好一会儿，一种从来没有过的疲惫正在蔓延至全身的每一个器官，我全力地推着车子又走了一段，身体实在撑不住了，就在一个小店住下，那个晚上睡得很香。

第二天太精神了。一路行来，突然我发现路边右首有一个很大很大的黄土丘，两侧有两个四柱门亭。每个门亭有二十平方米吧，左侧门亭内被挖了有两米深的大坑，惨不忍睹。我一看，这一定是一个历史名人的陵墓。我支上车子不知不觉地就来到了巨大的陵墓前，扑通一声跪下来，长跪不起，大脑一片空白，不知道磕了多少个头，现在回想起来至少也有十几个吧。怪了！那时一种无名的情感涌出来，眼泪突然流下来。我也不知道为了什么。我擦擦眼泪，来到路上，刚刚推行不远，对面来了一位妇女。

我敬了一个礼说："大姐，你好。"我指着身后，"请问，你知道那是谁的陵墓吗？"

"那是赵匡胤的陵墓。"

"啊！我知道了。谢谢！"我说嘛，要不谁有这么大的力量和气势。我刚要走，她从兜子里拿出两个很大的苹果，放进我的车筐说："路上吃吧。"

我推辞不过，只好表示感谢收下了。在路上我顶着大风，就是下坡也要用力，索性不骑了一路推着走。我脑子里突然跳出一个问题：我怎么总是想路啊路啊的？在路上时想着前面的目的地，到了目的地想着下一个目的地，整日整日为路而前行，这样下去我长征还有什么意义？我的目的不是让中国的足球早一天进入职业化吗？不是在于为中国足球呐喊和鼓舞吗？不是寻找足球的真谛吗？不是展示球迷的价值吗？不是让更多的人来理解我们球迷吗？所以我必须从路的困扰中跳出来，逃脱出来，思考其他问题，想想能为中国足球做的事，还有一路上我必须应当做的事。这一醒悟让我得到了极大的振奋，一下子好像从梦中惊醒，浑身充满了力量，精神抖擞地顶着大风全力前进。

人的思想要是开了，思路也就开了，精神头也来了。我一边走，一边感悟着天地万物赐给人间黄土高原这大自然的美景，浑身充满了力量。

过偃师市又开始骑上坡路，车子再次被风刮倒，我把车子扶起来继续前进。晚上五点到了洛阳。我在一个门球场上支上帐篷。有几个女人见到后便说要帮忙找家招待所，我谢绝了。我又用十七口气吹鼓了气垫子。

第二天早上出了洛阳，风开始小了，下坡放闸一路狂奔，上坡肩背手推，下午四点多钟到达新安县，在县体委大院里盖章出来，我遇到一帮电大学生。本来盖完章后想继续赶路，可这帮大学生说啥也不放我走。我只好住下。那帮大学生小兄弟太可爱了，他们一直跟我聊天聊到半夜，他们非常崇拜我。我便跟他们谈人生。

我说："人活着为了什么？许多伟人都谈过这个问题，但我觉得人就是为了寻找自己的价值，因此就要有理想和追求，有自己的爱，可以让自己能全身心地投入。只要你感到有意义、值得，你就要不顾一切地去做。希望、信心和胆量对每一个人来讲都是至关重要的，一个人不要听信别人说你什么，不要看他们在干什么，要知道自己来到这个世界为了什么。干好自己每一天应该干好的每一件小事这就是灿烂的人生。人不是天生的什么都会，什么都懂的，读万卷书，行万里路，交万个友，讲万个事，喝万杯酒，吃万次亏，上万次当，被万人误，还要做一万件好事，再征服一万个人，才能取万人心灵。刚才那个小兄弟说看不惯足球上面的事和社会上的事，你才多大呀，请你记住哥们的话：用爱心看世界，那是多么美好，用冷眼看世界，又是多么黑暗，那么我们为什么不用爱心来感知社会的温暖呢？让大爱无疆在心里充满灿烂的阳光，何必非要用冷眼来看社会的黑暗使自己心里充满怨恨呢？"我越说越激动，在那个小小的十几个人的宿舍中我第一次给他们专门讲人生，我也是第一次在讲演之中给自己带来新的顿悟。

他们很激动，记得清清楚楚有一位学生说："这要是有一个录音机就好了。"那一个晚上我觉得特别开心、有意义，我从大学生们的身上感受到一种青春的气息和生活的可爱。其实那一夜我根本没有睡好，我在努力回想自己说过的话，也给自己带来新的人生思考。

11月14日上午八点我离开新安县体委大院。上路后，起初没有风，过了九点，风又大了，下坡不蹬，车子不走。但此时，我的心理状态已经调整过来了，蹬不走就下来推，心里不焦躁了。又过了三个小时，我才走了二三十里路。车子不知怎么的发出吱吱的响声，加上昨天没睡好，下午又走了一段，然后我就在路边小店住下来，修完车就睡觉。

11月15日，早上起来赶路，天公作美没有风，真让人高兴。这真是黄土高原，周围全是黄土，路有时是从黄土丘中间开出来的，两边齐刷刷的土墙，中间是柏油路，在土墙的长廊里骑车你感觉真的不错。这里风大破路又多，一天走不了多远，好在我的思想已经跳了出来，这两天我感到自己的想法也在改变，想的问题也特别多。

晚上天刚刚黑，我见路边有个窑洞，就停下车子，想住在那儿休息了。我第一次进窑洞，那个窑洞和电影里的一样，就是太脏，里面有一个矮矮的瘦瘦的弓着腰的老头和一个衣衫褴褛的老太太。

我问："老人家，有吃的吗？"

"有。"之后他从一个架子上拿出来一个碟子，上面有半块豆腐。我一看拿出来两块钱给他们，"谢谢！谢谢了！"接着我和老人唠嗑：

"老人家你家几口人哪？"

"不提了。儿女不要我们了！"

"什么？那你怎么生活呢？"

"讨口饭吃呗。"

啊！我一下子愣在那儿了，原来我是从要饭的两口子手里买来的食物。

"老人家，我可以在门口支帐篷吗？"

"对面有一个窑洞，没人住，你想住就住那边去吧。"

"谢谢。"

走几步，果然看见对面有一个破旧的窑洞。进去一看，长不到两米，宽也就一米多一点，这是给路人避雨的。我卸下行李，想修修车子，可这会儿天已经彻底黑下来了，四面全是山，天黑得伸手不见五指。我掏出手电筒，用绳子将它绑在脑袋上，像矿灯一样。修车差不多用了一个小时。把车子横在窑洞口，就抱着那把太极刀躺下了。

大概是到了下半夜，我蒙眬中觉出外面有动静，一睁眼，见黑暗中有几个手电光照得我睁不开眼睛。我不由得一激灵，唰地抽出太极刀坐了起来。就听外面有人问："干什么的？"

我随口回答："万里行的。"突然觉得不对，厉声喝问："你们是干什么的？"

同时我也不容对方回答，光着脚，哗啦推开车子，一挥太极刀便从窑洞跳了出来。

眼睛被灯光照得什么也看不见，只听到有不少人跑向远方的跑步声，我也不敢追赶，重新回到窑洞里，怀抱太极刀，迷迷糊糊半睡不睡坐到天亮。

第一次遇打劫

16日下午四点，到了潼关，这就进了陕西地面了。打听路，说是最好沿火车道走，安全，不会迷路。这时天又要黑了。这哪是路啊？这是一条挨着铁路不到半米宽的人行便道，两个人都不能并排走，左边是火车道，右面是四十多米深的铁路护坡。白天走还行，不过天马上就要黑了，走在这样的路上我真正感觉到什么叫作胆战心惊了。

那时也顾不上害怕了，骑上车子就走。骑车时，我还在想，如果有火车过来，我就得下车把旗拿下来。否则会有危险！走小道从护坡下来走不多远，来到一个岔路口，不知往哪儿走了。

幸好有一个人过来，给我指路，结果越骑越窄，后来骑到田里边去了，最后我只有在田埂上走。忽然见右前方有灯光，赶过去一看，是个小村子，有一群孩子在玩儿。我向孩子们问路，他们指了另外一条路。可这条路全是泥，车子根本没法骑，又推了一会儿，路况逐渐好转，后来终于上了公路。

走到一个下坡的时候，身上背着的手电筒快没电了，突然发现，前面路上有几块大石头，我马上有了一种不好的感觉。本来车速不快，下意识地捏车闸，停下车一脚点地。见有七八个上来，同时几支手电筒一起打过来，就听对面一人说："哎，这小子有把刀。"说着，上前就来抓我横在车把上的太极刀。

我早有准备，左手抢先一把抽出太极刀，叫道："别动！"

小伙子看了我一眼说："看看嘛！"

说时迟那时快，一翻手，我将刀背唰地压在了小伙子的左脖子上："看？看？看什么看？刀有什么好看的？让开！"

我刀背压着他的脖子往左一推，逼着他从车前让开，趁着他们发愣的时候，身子一晃，举着刀，蹬车子就跑。多亏当时是下坡，不然，后果就难以想象了。

进市里的时候已经八点多钟了，我找间小店住下。前面就是华山，华山古称"西岳"，有一部给我印象最深的电影叫《智取华山》，所以我一定要登华山。17日早上我把东西放好，带上吃的，把军铲背上，来到华山大门。

工作人员中有一个球迷，热情自不必说了，签名照相之后我便进了华山的山门，走过很长的一段路，便开始登山了。我发现有两个小伙子在暗中跟我较劲，一直在后面紧紧地跟着我。我一看兴奋了，便一步两级，小伙子却始终是一步一级台阶向前走。我加快速度，小伙子也两腿紧走；我放慢速度，小伙子也就慢慢地跟着。我不由兴起，想把他俩甩后面去，可是始终也没做到。此时我知道，意志上的较量开始了，当人的身体达到极限时，只有精神能突破这个极限。

当时的台阶很窄，我咬紧牙关，有时以手支着膝盖，侧着身子慢慢向上爬，但我始终是一步两级。前面有一个小平台，心想：就到那儿休息吧。上来以后一看，上面是一个二十米的台阶，再坚持一下就到那儿吧。我心一横，慢慢地登了上去。走了几级台阶感觉身体已经超过了极限，那就休息吧。回头一看，之前他俩和我的距离只差一米，现在在这二十米的台阶上，他们已经相距我有三米了。哈哈，他俩也不行了，再坚持一下。我又奋力向上一级走过去，这一次我是不行了，前面的弯处一定要休息了。就在我快到弯处时，我忽听哎呀一声，我回头一看，那俩小子瘫倒在石阶上，看着我费力地苦笑。我也冲他们笑了笑，休息了两分钟，冲他俩摆摆手，转回身改成一步一级，慢慢地，慢慢地，继续向山上爬去。

经过这一段长距离的冲刺，我太累了，于是一边休息，一边慢慢地向前走，欣赏着华山的美景，努力地回想《智取华山》中的镜头，一边联想很多，快到山顶时有四个球迷陪着我一起游览，倒也格外开心。

华山顶上已经有雪了。在仰天石下，我停住了脚，什么围栏都没有，我想上，但不好上，一边是无底的深渊，很危险。回头一看，有好几个人在看我。我便从后背上抽出那把军用铲，将前边打开，镐头和军铲打开拧紧，向仰天石爬去。他们这时都说："罗西！危险！"刚爬了几步，突然脚下一滑，身子一歪。啊！……哎呀！现在回想起来我的反应那是相当地快，我一翻手军铲正好钩在旁边的一根树根上，趴在了大仰天石上。

后来有球迷朋友说："罗西，你不属于你自己，你要为球迷负责。危险的事，不应该是你干的。"

"好的。你们放心吧。我不会让你们失望的。"通过这件事，我的感想很多，不让干的，千万不干，不该干的，一定不干。

那时华山顶上没几个人。我游览了几座山峰和球迷拥抱分别，下到山下腿还可以，可是回到小店腿就不行了，痛得厉害。第二早上起来，我想下地，一抬腿，啊的一声就不敢动了，疼得厉害。我还是咬着牙，八点钟上路，勉强挣扎到了渭南。

19日，早上起来，我感觉一切好多了，便去参观兵马俑。我的这身打扮吸引了不少游人，他们都以为我是外国人。我说我是地地道道的中国人。兵马俑那时发现不长时间，人员不是很多，门票记得是十五元吧！哈哈！他们没有收我的门票钱，我就直接推着车子来到正门。在大厅里我被震撼了，望着那一排一排整齐的兵马俑，我呆呆地站在那里想了很多，很多。这就是历史，这里的一切是谁设计的？当时的场面又是什么样？这只有考古学家来解释了。我突然感悟出：历史是个人思维的描述。历史是时光残留下的遗物，是借鉴给后人走向现实的阶梯，是留给后人片段的回忆。现实是思维生存时间的享受，是过去留给未来想象的感觉，是未来评说的历史。未来是人类思维延续的空间。

我带着激情向西安进发，见到路边有一座山，满山都是郁郁葱葱的树。在路口有几个人摆着小摊，我走过去一问才知道，这里原来是秦始皇陵墓。我赶忙下车，向前紧走几步，在陵墓前扑通跪下，把帽遮往后一转，当！当！当！磕了三个响头，站立很久。回想起对秦始皇的了解，有一种崇敬的心理，他当时可以说达到了至高无上的地位：青铜剑一举，天下顺我者昌，逆我者亡；统一了六国，统一了文字，统一了度量衡；修建长城。秦始皇乃我中华第一个皇帝。但我又感到一种惋惜：焚书坑儒把中国很多的文化埋没，使伟大的民族在历史的一段留下了悬念。

出了秦始皇陵墓上车直奔长征第十三站西安。路上又碰到一个球迷，他陪我一直到了市里。我问他有没有便宜的旅馆推荐，球迷朋友就把我领到了长乐宫饭店，一问四人房间，每人五元五角。这家旅馆的经理听说我来了就立刻迎了出来，说："罗西哪能住这样房间呢，跟我上四楼。"结果把我安排到一间双人间，里面彩电、卫生间全有，"这屋归你住了，不再安排人了。你不要提钱，只管住着。"

第二天他开车陪我找西安球迷协会的朱传章，结果朱传章没在家。我们到省体委盖完章，出门口，忽听有人说："这不是罗西吗？我是《世界体育》杂志的记者。"于是，这位记者帮着找到西安球迷协会的人。当时球迷协会来了不少人，有朱传章、赵刚等，那两天我们谈得很开心，并定下来下个月我们一起到成都看亚俱杯。

第三天早晨我整装待发，西安球迷协会来了不少球迷送我，他们全都骑着车子。省电视台、体育节目主持人也赶来采访，帮我装好行囊开始录像，我骑着车从火车站到钟楼，打着大旗在西安转了一大圈。在钟楼大家为我举行欢送仪式，在仪式上朱传章和我讲话，西安球迷协会给我一条香烟和一面锦旗，锦旗上面写着——赠：超级球迷罗西。还有两排字：罗西行程千万里，愿足球早日腾飞，落款是西安球迷1992年11月（后来中央台《东方之子》收录的长征镜头就是西安那段）。朱传章、陈光瑞、张白一行六七位球迷送我好远。

从西安出来刚一上路，后面有人喊我："罗西老师！"

我回头一看，是一位中年人，他追上来说："我是咸阳轻工学院的老师，我在电视上看到你了。我请你来我们学院可以吗？"

"可以呀！"

"太好了，中午在礼堂请你给学生们谈谈你的人生，半个小时。"

"没问题！"

我和他一进学校大门，有人喊："罗西！罗西！"我下车后，无数学生向我拥来，本来他说要在食堂写一个通知，现在不用了。我刚刚把车子架好，无数学生就把我围了起来要签名。

其实根本签不了名，因为学生太多，好在那位老师领着几个学生冲进来保护我。那天我讲了有关人生的主题，回想起在新安县给电大的学生讲的人生道路悟出的道理，加上足球的感悟，我只记得好像刚刚开始讲，转眼间半个小时就结束了。在长时间雷鸣般的掌声中，我离开了咸阳轻工学院。

一路上我真的很高兴，浑身好像有无穷的力量。

爬秦岭，走蜀道，难于上青天

11月24日，达到周至县。体委领导十分热情，签名盖章之后要请我吃饭，我谢绝了。当他们听说我要通过周至翻秦岭时，说什么也不让我走这条路线。翻越秦岭有两条路：走周至线或者宝鸡线。宝鸡安全，柏油路，但绕远。走周至，虽说险，但是近。

体委领导却说什么也不同意我走此路，说此路是新修建的，不安全，还时有狗熊出没。但为了节省时间，我还是坚持要走此路。我推车子出体委大门，准备上路了，已经推出来二十米了，刚要上车，体委领导再次喊住我，拽住我的车子，十分恳切地说："听我的话，你不是探险家，你有足球事业，你要为球迷负责。"

从他的眼光和表情里我感受到一种少有的真诚与关怀，我不能再一意孤行了。我从兜里掏出一枚硬币，说："国徽朝上走宝鸡线。"说完，朝空中一扔，落地一看，是国徽。我与体委领导会心地笑了。

我穿过周至，于25日晚到达长征的第十四站宝鸡。宝鸡的球迷挺狂热，当晚便来了许多球迷与我聊天，我们侃到下半夜。

秦岭海拔两千米以上，是中国地理南北方的分界线。我跟球迷和新闻界朋友打听了许多有关过秦岭的情况，有人说，岭顶已经有冰雪了，又有人说，这几天气温升高，开化了。但有一条是肯定的，要过秦岭就得抓紧时间，再晚几天恐怕就不好过了。于是我于26日早晨离开宝鸡，向秦岭进发。

出市区路面便有坡，但不大，自行车可以骑行。两小时后，我感觉已经走了好远。车子一直在两侧山中平稳小坡上行，骑过了好多大山，我开始怀疑这就是秦岭吗？又往前骑了一段，坡路大了，拐了几个弯一看，傻了眼，前面和左右全是山，蜿蜒不断的公路向前方伸去，无数座大山连接成一个大环。这时我才感到秦岭的巍峨。坡路变大了，骑行根本不可能，只能推着走。后来道路是在山腰间盘行，转了好几圈才走上另一个山坡，回头一看，实际距离并没走出多远。火车也在山中盘行，在山洞隧道里穿梭。开始见火车在左边行驶，过了一会儿从右边出来了。

半山腰有一座军营，太好了，我从小就崇拜的解放军，里面一定有球迷！果然军人球迷十分热情，我在军营好好地休息了一会儿，还煮了好大一碗面条。孩时我就喜欢枪，战士们把子弹退出来，让我拿着枪照了不少相。

天渐渐黑下来，路上一个行人没有，那时汽车也少，想支上帐篷休息，可是四处全是森林灌木，找不到一块平坦的地方。我只好再往前走走，过了几个弯，眼睛一亮，发现有一条小道旁的几米处有一块几平方米的空地。这是一块堆修路用的沙土的地方，沙土已经用完，这里已成为一块平地。这地方简直就是为我准备的，太美了！我拿出军铲稍加整理，支好帐篷，把旗绑在帐篷杆上，吹起气垫铺在最下面，又铺上羊皮，盖好棉被和军大衣，好舒服。

忽然头顶上轰隆隆一阵巨响，声音如此响亮，吓得我魂飞魄散。爬出来一看，原来一辆火车从头顶的一个山洞里钻出来，好吓人。原来我头顶上两米高的地方就是铁路。因惊吓而快速跳动的心脏好久才平静下来。我回到被窝里吃了三个火烧、两个苹果，吃完后想写日记，可是冻手，便戴手套写。

第二天早上，我整理好行囊继续赶路，又绕了几个大盘山路拐个大弯，哇！一个大平坡，直通山顶！我一高兴加紧脚步推车到山顶。山顶有一个好大的平台，旁边立着一块大石头，上面刻着"秦岭"两个大字。我奋力高呼："秦岭！我来了！"这时我已兴奋到了顶点。

过了一会儿，来了一辆汽车停在路边，车上下来两个人，我拿出军铲摆出一个胜利的姿势，请他们给我照了一张相，谢过之后下山了。

当时的心情甭提多高兴了。下山的坡度很大，车闸捏死了，可是车子还是飞快，骑起来非常危险。我用右脚插在车前叉中挤压前车轮摩擦，才降低些速度。骑车时我的眼睛瞪得像豆包一样大，不敢掉以轻心。终于从山上下来了。

从9月25日到现在，我一直在一片深秋金黄的景色中前进，只有在漳河底下见到那一点点的绿洲。一个小时之前我在山的那边看到的还是深灰色，而现在是一片绿色的世界。

下山之后我在一个小村子里吃饭，然后继续前进，过凤县时已是晚上。太黑了打着手电筒走了一小会儿，发现道边的山坡上有个窑洞，探头进去一看，挺大，里面还堆了一堆柴草。走进去四下看了看，感觉这是个不错的地方，怎么没人住呢？手电筒往头顶一照，立刻被吓出一身冷汗。窑洞顶上有一个大裂缝，还不时地往下掉土，一旦塌下来，后果不堪设想，只好忍痛割爱。

手电筒也快没电了，走不远，前方有一个小院是护路站，于是和那里人商量便在小院里支上帐篷休息下来。安全放心，睡得真香。第二天早上，一位护路工人还给我送来一壶开水。

我以为过了这么多座山了，秦岭也该过来了吧，我后来才知道错了，刚刚骑出不远又开始盘山了。我费了好大的劲蹬上了一个大的坡顶，拐过一个弯一看，傻了眼：

一条盘山路在我的左侧伸向远方，在远处那个山梁上有一个凹口，有玉米粒大小，豆粒一样的东西在缓缓地移动，那是汽车。

我要从这里骑到凹口，好在公路是在半山腰平行延伸的，我是能骑就骑，不能骑就推。天快黑时，我终于来到了这个凹口，转过来一看乐了，是一个盘山下坡。

我一口气骑下来，车速太快了，捏死闸车子都停不下来，还是要靠脚减速，尽管这样还是像骑摩托车一般，如果轧到石子上非出大事不可。这时，我发现前面有两个人，在自行车的脚踏板上绑一木棒，一脚使劲往下踩木棒，木棒拖在山路上，车速就缓慢下来。

晚上六点多钟的时候，遇上一家酒店，要了一盘牛肉、两大碗面条，一口气都吃下去了。吃完饭，一问才知道这里是酒奠梁，再往前就是柴关岭，还告诉我说，柴关岭有一百零八个弯。当地有一句话："柴关岭上雾气腾腾，张良庙赛过北京。"哈哈，有这么玄吗？赛过北京？在我的脑海中出现了好大的庙宇群的画面。

我刚想出去支帐篷，饭店老板说："你到我家住吧，我家虽然没人住，但怎么也比你这帐篷强。"一想也是，便推着车子跟着他，过了两条小路来到他家。进去一看，层里边连个灯也没有，漆黑一团，打开手电，好嘛，明亮的光柱之中显示的是满满的灰尘，家具乱七八糟的，我把帐篷当床单，铺上羊皮和衣而睡。我刚把手电关掉，突然呼啦一声，棚顶上像刮风一样，我吓了一跳，原来这里已是老鼠的世界了。我太累了，也管不了许多就睡下了。

到了柴关岭，开始我还数着几个弯，后来弯太多数不下去了。山太高了，快到山顶了这才感到柴关岭上雾气腾腾的感觉。在我的心里张良庙一定气势如虹，可是在山顶上没有看到。柴关岭真是山山相连，山路七扭八弯。我只得上坡推行，下坡飞行。我正在飞速下行，突然发现有一个山坳，可以说是风景秀丽三面环山、松柏翠绿、竹林风雅、古韵秀色、清香幽静。我知道这就是张良庙了，从根本上说，张良庙不是太大，可是在那个时代，在这个山区，张良庙可以说是赛过北京了。在这幽谷中，可谓是幽霸一方了。

在张良庙我游览一圈，在英雄神仙的石碑旁照了一张相，之后我静思良久。出来后，我前跨横梁上车前行。此时，我像一只蚂蚁在雄伟的秦岭中穿行，后来在一个盘山路上，因为实在是无聊，我开始过个弯数个弯，数了几个后，我突然笑了，烦不烦哪？我自言自语对自己说：走出来！跳过去！哈哈。我豁然开朗。我立刻感悟出来：痛苦、忧愁、苦恼、悲伤、孤独、寂寞、无聊、烦躁、闹心、焦虑，这一切看开了，想通了，跳出来，越过去，剩下的就是理想和追求，希望和未来了。我肩背着绳子，手握着车把一边思考着足球、一边回味着人生，置身于这美丽的大自然中的我慢慢感悟着，在人生的道路上艰难地前行，路就在脚下，一步一步行者必至，山就在眼前，坚持坚持攀者必顶，作为第一个职业球迷，我就是要寻找足球的真谛，就是要寻找自己生命的价值。

我突然感悟到人的运气太重要了，随后我悟出了"人生四气"就是运气、志气、骨气、大气；悟出了"人生四力"就是智力、努力、实力、体力；悟出了"人生四大"就是策划大人生、登高励大志、举事大手笔、德智成大业。到了此时我真的从困境中跳了出来。

顿时我感觉身体增加了无穷的动力。

越过最后一道岭，土地岭，便进入了汉中盆地。

11月30日午后四点多钟，到达长征第十五站汉中市。就在我打听体委怎么走时一个青年人冲过来问："你是罗西吧？"

"对呀！"

"我叫王凯，是个球迷，知道你在长征，没想到，今天到汉中了！走，先到我家。"他也不等我说话拽着我就走，之后领着我来到关中小学说，"你等一下，我和妈妈说一下。"说完就进去了。

这时学校放学了，那些小学生拿我当怪物围着我，用奇怪的眼神看着我，王凯出来说："去，去！"轰走了小孩，领着我去他家，那些小朋友也后面跟着。

晚上他妈妈蒸了一大碗猪头肉。以前我们北方人吃猪头肉都是凉吃，今天我是头一次吃蒸的。我也没客气，一大碗全让我吃了。

八点半，陕西电视台《体坛内外》栏目播出我的专题，共十分钟。看到自己在屏幕上侃侃而谈的样子，倒也高兴。

第二天早上起来，我把军大衣等用不着的东西寄回鞍山，王凯跟我说："明天上午校长请你给学校老师和学生做报告。"我答应了。晚上应球迷张老师之邀前去做客，同行的还有王凯等几个球迷，我们侃起了球。侃球可是我的强项，那天晚上王凯他们可让我给侃傻了。记得张老师说："听罗西谈球是一种享受，过瘾！"

王凯家住在关中小学，他妈妈是老师。早上，校长来请我去学校做报告，那是个小学。记得我站在水泥台上说："尊敬的校长，各位老师，小朋友们，大家好！我是中国职业球迷，我叫罗西，为了中国足球的崛起我单骑四万六千里长征。因为中国足球非常落后，我就是想让中国足球给你们这一代人带来辉煌，才搞这个活动。前天晚上，你们见到我看我怪怪的，这很正常，我头上的绿色飘带象征着绿色的草坪，伴随着我的一生，我腰中一圈挂的是长征必备的工具，我披着的绶带是告诉人们我在长征，这回你们明白了吗？""明白了！"学生们回答。"你们要好好学习……"我对在场的学生说。记得最后我说："罗西伯伯送你们四句话：努力学习，未来美好，大业早成，你们是中华的希望！"讲话时间不长，但自我感觉不错。老师们中午还包了饺子请我吃。

12月3日离开汉中时王凯送我好远，分手时王凯突然拿出五十元钱说："这是张老师托我送你的。"接着又拿出三十元和一百元，"这是刚才走的那个球迷送的。这一百元是我母亲送你的，你啥也不要说。必须收下，不然，你就是瞧不起汉中球迷。我们支持你，就是支持中国球迷和中国足球。"此时我还能说什么呢，带着汉中球迷的真诚离开了汉中一路前行。

路上我多少有一点着急，因为我要在12月12日到达成都看"亚俱杯"。出汉中就那么一小段路好骑，之后又是不尽的山路，我在这高山峻岭之中缓缓向前，见右面山坡上有两间房子，而左面有十几个人正在休息。

从房前走过的时候，便看见一条挺大的狼狗趴在那儿，两耳直直地立着往我这边看，却没叫唤。我骑着车子过去了，回头扫一眼，那狗仍然趴在那儿，正走着，我听到身后有什么东西快速奔跑的声音，我一激灵，下意识抽出横在车上的太极刀，回头就砍。那条狼狗已经扑到车子的后轮，见刀砍来，便往后一跳，躲过这一刀，但随后又扑上来。我也被摔了出去，车筐里的一应杂物滚了一地。

我急了，从地上爬起来，挥刀冲狗扑去。可是砍不着它，一砍它就跑，我回来扶起车，它随后又扑过来。我冲那群人喊："谁家的狗？赶紧叫住，不然我就下死手了。"

那群人不但不唤狗，反而冲我狂笑起来。好啊，我非杀了它不可。我不顾一切地朝狗追去，狗一眨眼就跑没影了。我气哼哼地回来，把洒在地上的东西捡回车筐，眼瞅着装好了，那狗又回来了。这下子我真的"急勺子"了，扔下车子，捡起几块石头一路砸下去。狗顺着山路跑下去，一会儿就没影了。我便坐在道边等了一会儿，狗再没回来。那些人一直在笑。

在五丁关那天晚上我病了，全身无力，直流鼻涕，拿出体温计一测三十八度二。第二天十点钟才勉强爬起来上路。开始还勉强可以走，可是后来不行了。前边是一个好大的坡，我感到脑袋昏昏沉沉，车子也推不动了，就头埋在车把上休息了一下，过了一会儿继续前行。不知过了多久，觉得车子好像轻快了不少，抬起头，回身一看，一个跛子一手推着自己的自行车，一手推着我的后车架，埋着头一颠一颠地往坡上走着。当时我真的好感动。我勉强地说了句："谢谢！"走了一段路我想停下来，支上帐篷烧点水，吃片药，睡上一觉。

可那个人说："你再坚持二十分钟，前面有个村子，你到那儿再睡，安全。"

我说："我实在支持不住了。就要倒了，已经站不住了。到前面的弯处我要支帐篷休息了。"

话音刚落，一辆长厢的北京吉普在我身边停下来。从车上下来一个人，自我介绍道："我叫张捷，四川电视公司的，上北京提车。去北京时在道上就见着你了。"

他一摸我的头说："你这个样子也不行啊，上车吧，我带你去成都。"

我说："那就没意思了。我12日能赶到成都就行。"

张捷说："那就拉你到下一站。"说着，将车子里的东西和自行车都搬到车厢里。我谢过那位好心人后，张捷把我扶进车里。我的鼻涕像水一样往外流，我拿出毛巾挡着鼻子在脑后系一个扣，那么厚的毛巾不一会儿就透了。张捷一口气把我拉出五十公里，到四川省的广元县。

我在一个招待所住下，一觉醒来正是5日的上午十点。躺在床上第一件事是吃药，实在是不想起来，想养养病，可是一想到12日要赶到成都看亚俱杯，还得抓紧时间赶路，便硬撑着起床上路。过雷鸣谷还是高烧不退，骑着车子像醉汉一样在山道中间画龙。

有一辆车从后面开上来，司机探出头来，问："你是罗西吗？上哪儿去？"

"我是罗西！去成都看球。"

"来，上车吧！"

我记得上车说："我到前面剑门休息，身体不行了。"说完我就什么都不知道了。汽车开了十多公里，一到剑门，司机就把我叫醒，花钱给我安排到一家旅店住下来，并请我吃豆腐宴和肘子。

剑门的豆腐和肘子还是有名的，几十个菜都是豆腐做的，可谓是豆腐宴，肘子更是一绝。这要是我身体好，一个人就能把一个肘子给吞了，而此时我迷迷糊糊只吃了几口。分手后吃了药，倒头就睡。

第二天，醒来，感觉好多了，头脑清醒了，但全身无力。休息一会儿真的饿了，吃饱之后一想，到了剑门可不能错过，便起身去剑门山。人们都说华山险，我说剑门赛华山。

剑门有个巨大的笋石峰特别好，像一把利剑刺向蓝天，石峰后面有栈道，只有不到两米宽，左手侧是万丈深渊，右手侧是悬崖峭壁，抬头仰望直入青天，栈道是在石壁断层下面凸出两米宽自然形成的，没有任何遮拦，在这断层石缝之中，有许多树枝支在那里。到现在我也没弄明白什么意思，我也凑趣去折树枝，折树枝非常危险，因为树枝都长在崖一边，得探身子去折，下边是看不见底儿的山涧，掉下去可就难以想象其后果了。但我还是冒险折了。

从山上下来，自行车行驶在一个山梁上。在左边长满了绿苔的大石头砌成的路基上，我突然发现在一块块大石头中有一块刻着"下定决心，不怕牺牲，排除万难，去争取胜利"的字，这可是"文化大革命"的产物。这句话在我小时候可是座右铭。走着走着又发现几块。我受到这些词的鼓舞，浑身充满了力量。

这时注意到路基上几米远，有两排直径近两米粗的古柏树，有几株的，有十几株的，有几十株的，时断时续，在万木丛中十分扎眼。我想，这里是不是古时的蜀道啊？一打听，还真是。我把车子靠在石壁上，爬了上去，穿过丛林抚摸着千年古树，我是感慨万千。每株的距离有四五十米长吧。怪了，在这些古柏中间，只有不到半米高的杂草，却没有灌木，是人为的吗？我看了一下，并拔出一把杂草观察，那些土可是多年的落叶土。我站在这五六米宽的古蜀道当中，奋力高呼："秦——岭——！我终于过——来——了——！"心情激动无比，久久不能平静。下来后，坐在车上靠着石壁，点上一支烟休息，一边回味这一路走来的艰辛。我笑了，秦岭，我经过两个星期的努力，推着两百来斤的东西终于要结束啦。前面就是四川盆地了。绵阳我就要来了。

战劫匪，抗病魔，洒泪过四川

哈哈！怪了。那天遇到的好几辆汽车司机都是球迷，有的问寒问暖，有的要拉我一程。我委婉地谢绝了。后来，有一个大下坡。前边出现一个急转弯，往常我会大弯内切，而在此时，我的脑海中画了个问号，不由自主地开始用右脚挤压前车轮摩擦来减速。车速虽然减慢了，但车子却停不下来。车子在转弯处一转。我一看吓坏了，迎面一大群牛正走上来，把路给全部堵死了，眼看车子奔牛群冲过去，我的左脚也上去了（这是我的绝活），速度终于降下来，不等车停稳我一下子跳了下来，小跑几步把车停在左侧的山崖旁。我刚刚紧靠着崖壁，牛群从身边挨着走过，好大一片，那可是一百多头牛，后面憋了不少汽车，形成长长的车队，这要是晚个两三秒，我就冲进牛群里了。

说不清咋回事，一瞬间，就像神灵在指示我，让我一下子就产生了一种不祥的预感。幸亏有了思想准备，否则，非出大事不可。

前行几乎全是下坡，过了几座山一看，我乐了：大山没有了，只有几座山在平地突起，公路基本是平小坡。一路前行，今天车链条也只掉了两回。

天快黑的时候，骑车子往前走，见前面路旁有二十多人，他们手里都拿着工具。我立即就觉得苗头不对，一个中年人快速向我迎面走来，我只好停车。刚下车，他走过来一伸手要拔我车后架的旗，我一抬手挡开，他放下右手的工具一下子拔下旗帜。这时对面那二十几个人也呈扇面网状快速过来。在那一瞬间，我把车子推了两步靠在大树上，一转身，那人正把旗对着我往下压，我一个侧步抓住旗杆两手一拧，侧身一脚，把他踹倒。转身把旗插上（自行车内胎横压行李），一翻手抽出太极刀。那人刚要起来，我上去一脚踩在他的胸脯上用刀尖点着他的脖子，并对那些人说："都别动！谁动我就宰了他！"之后用刀指向那些人，那些人都定在了有五六米的地方站着，这时我对他说："别动，起来我整死你。"说完刀尖在他眼前一晃，他的手动了两下，说了一句听不懂的话就不动了。

我一转身把刀一横来到车前。这一切，也就发生在几十秒之内，我右手把着车把用力一推向他们走去，那可是一百来公斤的重量哪。此时我没有看他们的眼睛，因为我知道一对上眼睛，一般来说，就要有一个结果了。我一看，前方那么多人中间正好有一个一米多宽的空隙，我左手横着刀走去，此时我反而并不是特别紧张，我用余光注视着一切，当我走过最后一个人的一刹那，突然感到后背一凉、头皮发麻，我的心一紧，感到心要跳出来一样，浑身哆嗦，就要摔倒。我真的感觉到了，什么叫腿肚子转筋，但我知道，这时我要是马上跑，那就等于提醒他们我害怕了，因为车子太重，只要有一个人喊一下，他们是不会放过我的，当时那个紧张感儿乎让人窒息。

天意！天意！当时是个下坡，我这样走了能有儿十米，突然猛推几步借着惯力，一下子蹦到车座上，右腿从前梁一跨便坐在鞍座上。心里只有一个念头：千万车子可别掉链子。真是苍天保佑，怎么蹬车也没掉链子。那时真的感觉是草木皆兵，以至于后来后面来了一辆车，我还以为他们追来，一口气又骑行二十来分钟。实在骑不动了，就在路边一棵大树下停下车。人没下车靠着大树，大口大口地喘气，出气多，呼气少，头晕，自己都能听到自己的心在咚！咚！咚！咚！快速猛跳，过了好一会儿才缓过来，但还是感到浑身无力，之后继续上路，又骑了一会儿好多了，也精神多了。

骑了一会儿感觉车子不行了，一直在"画龙"，晚上到了新桥，在路旁一个小饭店住下来。我发现车条断了七根，却正赶上小饭店停电，只能打着手电筒修车。这时饭店门口又停了一辆汽车，下来两个人，司机在旁边的水池子捞鱼。

"你是哪里的？"

我头也没抬："我是职业球迷，为中国足球长征。"

"罗西？"

"对！我是罗西！"

"什么？"我抬头侧身一看，只见他俩丢下网抄子转身愣在那儿，指着我，"你是罗西？"

这时我已站了起来，他冲过来，我们抱在一起，我的手太脏了，只能张开双臂回应。

"老板再加几条大的，这位大哥，一会儿我们一起吃，谢谢啦！"

我用最快的速度修好车。

吃饭时桌上有好大的一盆酸菜鱼，那是我第一次吃酸菜鱼，是鲫鱼做的，真的过瘾。那天他俩不停地问我各种各样的问题，我是超水平发挥，都一一回答了。

8日，我一口气到了长征第十六站绵阳。受到了球迷协会会长左刚的热情迎接。正在筹备出版的晚报记者闻讯也赶来采访，说要在创刊号上发关于我的报道。我给他们讲了昨天发生的事，他们都笑了。

左刚笑着说："这件遇劫的事件给你留下深刻的印象，不过你放心，这一带很安全，很少发生抢劫的。"绵阳球迷协会虽然刚成立两个多月，但非常活跃，球迷也挺狂热。我跟他们交流了协会的工作经验和将来的一些打算。分手时左刚和球迷协会副会长老叶送给我一件挺昂贵的文化衫，又买了不少吃的东西送给我。

9日，到了长征第十七站德阳。

会长曾令照很热情地招待我，先是陪着我到体委盖章，又去新闻单位拜访，并说12日组织球迷去成都一起呐喊。

12月10日下午，我终于到达长征第十八站成都。在球迷朋友的引导下我直奔体育场，一进围墙大门，球迷一下把我围住，我还没下车便领着球迷高喊："中国队，加油！"一看沈阳的老裴已经来了，我下车和他拥抱在一起。

这时球迷高喊："把他扔起来！"一下子，球迷把我反复扔向高高的空中。正好四川电视台的记者在现场，他们把这热烈的场面全部录了下来。

不少人让我在球票上签字，我的两支钢笔很快就写没水了。一转身，签过字的票便由十元一张卖到三十元一张。

我被两个部队的球迷接到部队的招待所住下来。第二天早上八点，应邀前往《四川体育报》，接受记者的采访，刚刚开始谈得很开心，我忽觉全身发冷，哆嗦成一团，头痛迷糊。

我说："兄弟，我的手怎么木了，我这是怎么了？"

记者用手一摸："哎呀！烫手！走！到卫生所去！"到了之后，一测体温，三十九度。

记得大夫说："不行，快去医院！"

我只记得记者扶着我打车，去了第三人民医院，迷迷糊糊听到什么住院、打点滴，后来什么都不知道了。记得醒来时已经是下午四点了。头不痛了，浑身无力。

这时旁边一位朋友见我醒来，自我介绍说："我是成都球迷协会的，我叫董小祺。"

我刚要起来，头一晕，他一下子按住我说："别动，刚才测量体温还是三十八度二。"我记得清清楚楚。我冒了一句绝对犯虎的话："你说话算吗？"

"还可以吧！"

哈哈！（这也成了我俩见面的问候语了。）记得我提到球票。

他说："您放心吧，外地的球票都准备好了。"之后我又睡着了。

再次醒来已是晚上，锦州的球迷、西安的球迷、沈阳的球迷都来了，最后是西安的两位朋友陪护我。

第二天早上测体温高烧仍不退，我心里非常焦急，晚上大赛开始，而我却是这副样子。

躺着哪是我罗西的风格，只要有一点力气，我都要站着为辽宁队呐喊助威。锦州球迷小地主安慰我说："大哥，你放心，我们抬着也要叫你到体育场去。"

我清楚地记得，一位男医生说："放心吧，我们一定把他的体温降下来。如果烧还不退，我们派两位大夫陪着到赛场给你打点滴。"我真的好感动。那温馨的话语我终生难忘。

十二点左右我感到好些了，一测体温，烧退了。两个小时前我还是三十八度哪。

大夫说："从昨天上午到现在给你用了各种药品，一共是十二瓶。你得的是'打摆子'。"

我重复地问了一遍："十二瓶？"

我说："怪了！今天是12月12日，第十二届亚俱杯，现在是十二点，我打完了十二瓶点滴，烧退了。真的是巧合。"哈哈！大家全笑了。

下午到体育场转了一圈，看到我签字的票已经卖到六十元一张。成都体育场座无虚席，我一进体育场，球迷们立刻喊起来："罗西，来一个！罗西，来一个！"我冲看台上一摆手，然后把手在嘴边弯成喇叭形，高声说："成都的球迷朋友们，我们要喊出四川麻辣烫味道来。"看台立刻响起一片会心的哄笑，"好，大家跟我喊，中国队 ——"看台上成千上万的球迷立刻接上，"加油！"我一个看台喊几句，绕场一周，整个体育场便响遍了球迷们兴奋的喊声。尤其是辽宁队先进一球后，口号声更是如潮水拍岸一般震耳欲聋。

2∶3辽宁队比分落后时，球迷并没有失去信心，当傅博梅开二度3∶3全场进入了最后的高潮。那时的球迷是那么纯真，四川的球迷真的是激情四溢。记得，除了整齐的口号，就是球迷自发的呼喊，几乎没有平静的时候。那场面，那气势让人难忘。

比赛结束啦。不知谁喊了一声："把罗西抬出体育场。"好家伙！一瞬间我就被举起来。人们呼喊"罗西万岁！罗西万岁！"我想下来都不行，无数双手把我举了起来往外传。这时只见一个小伙拿着一张毛主席的像，冲进人群也被人们举起来，他把毛主席像挂在了我的脖子上，一位姑娘过来传上来一束鲜花。无数双手把我传到大门口。我看到了一条白色的横幅，上面写着："罗西万岁！"激动的心情不用说了，但是我也真的很怕。

罗西就是我们球迷心中的皇帝

13日，成都、沈阳、鞍山、锦州、西安、四川等二十多个城市的球迷代表，齐聚成都游泳馆招待所，集体观看丰田杯赛。

在当时中国球迷领袖有"四大天王"，分别是鞍山罗西、沈阳老裴、锦州小地主，这次比赛只差重庆小皮球没到了。

锦州球迷贾宝庆，球迷送绰号"小地主"，小地主矮胖溜圆，经常是大青色绸缎对襟衣服，顶上有一小疙瘩的瓜皮圆帽，活脱脱一个小地主形象。

成都的一位记者问他："为什么叫'小地主'？"

他说："第一，不带政治色彩，中国足球太贫穷了，地主象征着富有；第二，地主的服装是传统的，但有特点，引人注目；第三，地主地主，尽地主之谊，让中国队感到是有自己的主场。"

之后老裴说："有的球迷打出了'罗西万岁'的横幅，这横幅也表达出了我们的心声。罗西的万里行是壮举，是神州第一骑。我们球迷应当受到尊敬。我们球迷不是富翁，吃的是方便面，啃的是面包，喝的是白开水，坐的是硬板车，有时还要躺到椅子下面，甚至逃票。我们为什么自己花钱跑这么远的路到这儿来看球？我们就是为了要争一口气，说大点儿是为了中华民族的精神，爱国主义的一片热情。我们哪儿也不去，就是看球，而有的人花公款游山玩水，大吃大喝，与他们比，我觉得我们球迷很高尚，不但不应受到人们的指责和嘲笑，而且应该受到人们的尊敬。"

成都球迷协会会长董小祺的开场白先是感谢各地球迷的到来，欢迎大家来成都做客。他高度评价了辽宁的足球和北方的球迷，提到了加油和雄起发音。他说北方人喊加油是嗓子喊的，加——油！清脆明亮。而我们四川人喊的雄起是从腹腔之内呼出的，雄——起！内气浑厚。这场比赛无论是喊加油，还是喊雄起，都要体现出我们南北球迷的大团结。为辽宁队呐喊助威，也是为中国加油助威。

他最后说："罗西的一切最能代表我们球迷，从他身上，你可以找到我们球迷的一切。从罗西身上可以看到一种精神，他为中国足球付出了很多，我们没有一位能像罗西那样付出，他的万里行是我们做不到的，我们球迷需要罗西。所以，罗西就是我们球迷心中的皇帝。我们不带政治色彩，只是出于球迷的尊敬。"这时大家一起鼓掌。"好！好！"

我站起来说："我感谢大家对我的厚爱，可是这个称号我不能接受。"没等我继续说完，西安球迷协会会长朱传章站了起来说："罗西所做的，不是常人所能做到的。他长征到西安引起了很大的轰动，我们省的电台、电视台等新闻媒体对罗西的评价都很高，作为一个球迷，我感到非常自豪。罗西不同于他人的地方在于他不但肯吃苦，对于球迷的事业有一种执着的追求，而且对足球很有研究。从各个方面看，他确实是我们的偶像。"

锦州的吴迪说："罗西到锦州我们以最热烈的方式接待他。从罗西身上我们可以看到的是球迷的精神，他代表了我们球迷的意愿和豪放的象征。罗西最大的功绩在于他提高了我们球迷的地位。'球迷皇帝'他当之无愧。"

就在这时成都球迷协会鼓队队长陈学蓉（成都的"小地主"）站了起来说："明天我个人拿钱，代表球迷协会做一面锦旗，上面就写'赠：中国球迷皇帝'，中间四个大字是：'罗西万岁'，落款是：'成都市球迷协会'。"这时全体起立给我热烈的掌声。

这时我还能说什么呢！我站了起来，说："我罗西走到今天真的无所谓了，我刚当职业球迷时，人们说我是疯子、傻子、精神病，我过来了，今天你们封我为球迷皇帝，这是你们对我的认可，这是我一生的荣耀。但我就说一句话：我只是一个平凡的生命，一个普通的球迷，我罗西永远没有成功，但我更不知道什么叫失败。一个职业球迷，直到永远！"说罢，单腿点地，双手抱拳。

在掌声中我和董小祺拥抱在一起，之后董小祺摆了四桌，有五六十人吧。我记得清清楚楚，我和董小祺坐在一起，开始进餐。我看到一个大盘子，上面铺着一层肥肉，用筷子一裹，好大的一片包着糯米，刚放到嘴里甜甜的。

董小祺对服务员说："服务员，再来一盘甜烧白，罗西需要补充能量。"说完把那盘从转桌拿下来，放到我的面前。

我不好意思地说："大家吃。"

小祺大哥说："还有！你吃吧，这里就你需要补充。"

那个大盘子有五六两肥肉吧，加上下面那大碗糯米。哈哈！真的过瘾。

各地球迷在14日便搭车返回自己的家乡了，而此时董小祺请我到他家，接受四川省电视台的采访。这时成都"小地主"把做好的锦旗挂在了墙上，十分抢眼。

这期间董小祺陪着我拜了文殊院等成都名胜古迹。在成都十来天里，在朋友关怀和照料下我的病很快就好了，身体已经达到极佳的状态，可谓是精神抖擞。

19日，十几位朋友为我饯行。最后西安交大球迷协会的一个球迷送给我一大把零钱说："这一百二十元钱，是我们学生球迷的情谊，我们没有多少钱，你一定要收下。"

但被我坚决拒绝。我说："你们主要的任务是学习，不是当球迷，你们以后当老板了再支持中国足球，那时我热烈欢迎。可是你们现在都没有挣钱，都靠父母供你们读书。你们的心意我罗西领了。但这一百二十元我不能收！不知道是谁的！你就买一点学习用品，大家用吧。"记得交大的学生球迷当时抱住我失声痛哭。

董小祺送我五百元，我说什么也不要。我说你是个工人不是老板，这个钱我绝对不能要，要是王绪明给我，那我就不客气了。

这时老娘过来（记者的母亲）说："这是老娘给你的月月红，一百二十元什么都不要说，拿着，十二个月，月月红红火火，一路平安。"并给我一个佛牌说："这是文殊院开过光的，佛主会保佑你的。"我谢过老娘。收下了。在那一瞬间想起：这又是一个十二。

我端起了酒，大家也全起来了，我说："第一杯酒敬天，第二杯酒敬地，这第三杯酒敬父母。"我用手蘸了三次弹向空中，"最后我敬在座的哥们和朋友……"我一举杯，大家把酒杯碰在一起，"干！"我一仰脖，半两酒落肚。

我一抬胳膊把手臂放在了董小祺和哥们的肩膀上，大家肩并着肩。

突然小祺大哥带头唱起了《驼铃》："送战友踏征程……一路多保重。"泪水，止不住地流了下来。

这时我领着他们唱起了国歌："起来……前进！前进！前进进！！！"

我放下手臂，手臂一挥："前进！！！"

擦干眼泪，在十几位球迷的护送下，我们在大路口拥抱分手。再见了！亲爱的成都。挥泪上路，继续长征。

出成都直奔峨眉山。小时候就向往将来有机会来一趟，这回终于如愿以偿。遗憾的是此时不是游山的季节，游人不多。记得我在山下拜了大殿，开始上山，在半山腰一个弯路上突然蹿出一只好大的猴子，脑袋那么大。还没等我反应过来，冲到我的面前，上来就拽我身上的食品兜子，后面又来了不少。我怕他们把相机抢走，抢起太极刀一阵乱舞，又怕伤了它们，杀出条路来冲了过去。

本来我想两天登到山顶，可是刚开始东西就被猴子抢了，一问后面还有几群，算了吧！走了两个山之后就回到招待所。

经过峨眉山来到乐山，到了乐山住下来之后，直接到了报社，记者吴忠渊十分热情，听说乐山球迷很多却没有球迷协会，我便提出来成立球迷协会。吴忠渊当天晚上专门为我召开了一个新闻发布会，主要内容就是乐山成立球迷协会（后来在成都他们打出来"乐山人和乐山球迷协会"的巨大横幅）。之后，吴忠渊提到了尧茂书说："你和尧茂书都有一种民族精神。"一提到尧茂书，我倍感敬仰，那可是长江第一漂啊。为了实现长江第一次漂流必须由中国人完成的心愿，尧茂书抢在日本人之前匆忙下江，不幸遇难。听说他的雕像就在大佛不远处，我于是决定明天敬拜尧茂书的雕像和乐山大佛。

尧茂书的雕像是由花岗岩雕刻而成，五米左右吧。抽象的身体向前探去，具象的面部，紧锁的双眉凝视远方，不知不觉我扑通一声跪下来，磕了三个头。没有眼泪，没有悲伤，只有力量。我挺起胸脯全身倍儿直，向他敬了一个正规的军礼。吴忠渊一行向我竖起大拇指。

我来到乐山大佛，最先联想到的就是电影《神秘的大佛》里的情节，当我下到底下，这里有十几个人，我站在大佛脚下抬头仰望那高大、雄伟、壮观的神秘大佛，心潮澎湃，浮想联翩。那时大佛前什么都没有，于是我拿出三支烟点着敬在了大佛前，跪下，磕了三个头。那时我对佛教、道教、基督教和伊斯兰教不太了解，只知道神灵保佑，上帝保佑，佛祖保佑。记得我跪在那儿有五六分钟吧，等我起来一看，好嘛，那十几个人，他们都在我身后和两边跟着我给大佛跪拜（一年后再来时这里已设立了佛龛）。这时下来几个人也是敬烟跪拜，到我们走时没有不拜的。记得吴忠渊说了两个字——"佛缘"。

我在乐山只留一天，帮助球迷筹备完成立协会的有关事宜，之后我直奔长征第十九站重庆。

重庆我是12月29日晚到达的。给王绪明打传呼机，王绪明马上回话，并亲自开车把我接到招待所，安排好后说："你哪儿也不要去了，眼看过新年了，在这儿好好休养休养，我给你补充补充，过完年再说。"他还请来几个球迷天天陪我。

我和球迷马彦成那是老朋友了，他还给我介绍一位朋友绰号叫"三猪"，我问大名，他说："你就叫我三猪吧。渣滓洞、白公馆，那是要看的。"

1993年1月2日三猪请我到他家做客，当时家里有十几个人，开始大家喝得很开心，后来喝多了，看着他们都有家室，有的还带着孩子，就我一个是孤家寡人，突然我控制不住自己了，哭了，哭得好伤心，但也哭得痛快。本来大家聚会是打算让我高兴，结果我喝得大醉。这是我长征第一醉，也是长征的最后一醉。

3日晚上三猪做了一面小锦旗送我，上面写着："绿茵骄子"。他说："我不是球迷，但是你的来到，让我认识了球迷，从现在起我就是你的追随者，记住，以后中国球迷队伍又多了一位球迷，他就是我三猪（后来他有了一个正式的球迷绰号叫'大皮球'）。"

那几天，王绪明大哥是天天带我去吃好的，这也是天意，经过成都、乐山、重庆这二十多天来的调整，我身体恢复到了最佳状态，我感到浑身充满了力量，准备向云贵高原发起冲击。

4日早上，王绪明送我一面锦旗，上面写着："侠骨铁汉万里行，热泪沾襟绿茵情"，并亲自开车和协会的十几位球迷前面开路，把我送到大路口。我从车上下来和他紧紧地拥抱在一起。之后他回到车里拿出一条万宝路香烟说："路上抽吧。"

"谢谢大哥了！兄弟不客气了。"

他又从兜里拿出一沓钱说："我给你准备了一千元，以备路上急用，你收下吧。"

"大哥！"我刚要推辞，没等我开口他就说，"你一出成都，董小祺就给我来了电话，说送你五百元你不肯要，你说他是工人，挣点钱不易，说要是王绪明的钱就要。"哈哈！我婉拒董小祺的话被他抓住了，"有困难你就来个信儿。我会马上到。"

我们拥抱在一起，球迷哥们儿之间还有什么说的呢！

"再见！"

带着深厚的感情和依依不舍的真情，告别了重庆的哥们儿，我踏上了云贵高原之路。

过乌江，上云贵，飞越娄山关

从重庆出来就是山路，但我是精力充沛，我是上推下骑。云贵高原我只是听说过，可是今天我要骑着车子从这里经过，那我的一生也算没有白活了。心想这里应该没球迷，到贵阳才会有大批球迷出现，但一路上不少司机和我打招呼，我也是十分高兴。

大将晚的时候，正好看到路边有一家小店，我便住下来。进屋后我放好了行李，正常我会先休息一下，之后再说，可是那天怪了，我偏偏拿出地图来到门口，在一个小板凳上坐下来看地图。想不到刚刚坐下来，翻开地图还没有找到想看的那页，这时，一辆摩托车直开过来，下来两个青年，问我："你是罗老师吗？"

我看他一眼，有点儿惊讶："我是球迷罗西。"

"我是东溪镇球迷协会的，专门来迎接你的。"

我在那一瞬间没有反应过来，愣在那里。

青年人又说："你没从重庆出来我们就从媒体上知道你到重庆了，也知道你今天离开重庆，我们便安排人在道上等你。我们是骑摩托出来接你的。"

哎呀！我如梦方醒，急忙站了起来。

之后他对另一个人说："你回去告诉他们，我接到了，我在这儿先陪着罗老师。"另一个青年摩托车油门一给，一溜烟开走了。打死我也想不到，在这个偏远的山区，有一个镇级的球迷协会。他一转身，我们热烈地拥抱在一起。

他说："我们协会 共有三十多名会员，他们都在镇上等你呢。你收拾东西跟我走吧，我们都安排好了。"

我们两人整理好东西开始上路了，走不多远，有一辆摩托来了，下来一个球迷。第一辆车回来了也下来一个球迷，我们四个人上路了。

这个地方的路虽然是柏油路，但大都是坡路，一会儿上坡，一会儿下坡。在一个大上坡，一个球迷说："罗老师，我来帮你推吧。"

我说："你推不动。"

他说："没事，我来吧。"

我把车子给了他，他接过后一推，没动，车子往外倒了。旁边的人马上扶住，他晃晃悠悠不要说推了，就是站着都不稳。后来的那位上来，他们三个人一个人在前面扶，两个人在后面推，摇摇晃晃迈着醉步，只推了一小会儿就浑身是汗。

我笑着说："来看我的！"之后接过车子，把绳子往身上一背身子一用力，"你们闪开。"我弓着腰车子稳稳当当地走起来了。

那个小伙对我说："原来只知道你长征不易，一推你这车就更知道你的艰难了。我对你很崇拜，本来今天约好和女朋友见面的，但一听你今晚到，便推掉约会来接你。"路上，又来了两辆摩托车，打个照面便掉头回去报信儿。走了一会我们终于到了山顶。

他们说："山下就是东溪镇了。"

我看了一下手表八点多钟，望着山下灯火辉煌的山镇我非常激动，这时那几个小兄弟伸着脖子高喊。

"哎！罗西来了！罗——西——来——了——！！！"四周围都是山，黑黢黢的，只有镇里的灯光在眼前闪烁着。

下得山来，只见前面有一座小桥，那里已经有二百来人了。突然桥头上燃响了鞭炮，鞭炮声在这寂静的山区小镇的夜晚显得格外清脆。过了桥头，在人群簇拥下，我们直接进了一家饭店。一看酒菜都准备好了，这确实出乎我的意料，想不到在这么偏僻的小镇居然有这么多如此狂热的球迷。

后来三十余人来到一个篮球场，点起一堆篝火，开始谈球，谈人生。第一个见到我骑摩托车的小伙名叫陈红，在银行工作，他激动地对我说："我们东溪镇只有八九千人，这么个小地方能迎接你真是我们的荣幸。我们比不了成都、重庆那些大地方，只能在这个篮球场，点起一堆篝火来欢迎你。"

我随后说："长征到现在，我觉得这里是让我最无法忘怀的地方。这篝火虽小，但它燃烧的是中国足球的希望，这篝火是中国球迷燃烧不尽的激情。就像这堆火红的篝火，一定能烧出一个火红的中国足球。"我的话赢得了经久不息的掌声和欢呼。

唠嗑中才知道1990年世界杯，没有闭路电视，他们二十多人到电视台要求转播。还买了两条烟送去。电视台感动了，转播了比赛。他们为成立协会，申请到地委。协会成立后，组织比赛，出会刊，搞得非常红火。篝火随着时间渐渐熄灭了，我随着一群人来到旅店。他们住九人的大房间，给我安排一人间。

我说："不用！我跟你们住在一起。"

于是，大家就又接着谈。到下半夜，大家告辞，留下三个人陪我。有个叫程吉亮的，才十五岁，是我见到的年龄最小却最狂热的球迷，他到旅店跟球迷打闹，在板床上直翻跟头。

他说："今天比过年还高兴。大伙说你来了，开始我还不信呢。"

真是个可爱的小家伙。

1月6日早上，陈红拿着一个包说："这里装的是我们最喜欢喝的下关沱茶，送给你。"

我说："好，以前我从来不喝茶，现在开始喝了，我还是第一次见到这窝窝头状的茶，谢谢你了。"我把那四个窝窝头样的茶放进了包里，球迷协会送我起程。

他们打着长征万里行的大旗和三面锦旗，横穿镇中心。一路上燃着鞭炮喊着"罗西万岁""球迷万岁"的口号，招惹得不少人都停下来观瞧，连马路都堵塞了，弄得小镇如同赶集一般。我长征考察后确认这是全国最小的一家球迷协会，但是我一生中都不会忘了在东溪镇和球迷协会成员共度的那个夜晚。

离开赶水，便是九盘子，全是上下坡路，七扭八歪，盘山而行。据说当年毛泽东、朱德长征时就从这儿走过。大雾弥漫，柏油路是没了，全是土路，又有泥，特别滑。路过的汽车一般都拴防滑链。有几个弯路，几辆汽车由于没有防滑链，在原地打滑发出轰鸣冒着黑烟。

我是肩背手推步履艰难，那时代这里可是国道啊，记得是108吧。为了安全，怕汽车剐碰，我尽量在路边的乱石中穿行。不知道是汗水还是雾水让浑身湿透了，休息的时候感到浑身发冷，我咬着牙艰难地前行。

突然，一阵悦耳的铃声从后面传来，我一看愣了，一个身着少数民族服装的人身后有一溜马队，我马上靠在最边上。

我可以说见到的马不少，可是这样的马，我还是第一次见到，太小了，矮矮的比羊大一点比毛驴要小。这些马穿成一串有二十来匹吧，每匹马都驮着有十多斤的袋子搭在两边，我一下子反应过来。这就是马帮？我拿出照相机一按，可惜没电了，没照成。

我翻过了一座山又是一座山，停在了一个比较平稳的路边。看见左侧有一个村子，想吃点东西，休息休息。这时一个十五六岁的小姑娘和两个小男孩走过来，我便走过去问：

"小朋友，这里有饭店吗？"

小姑娘摇摇头。

"这里有商店吗？"

小姑娘还是摇摇头。

我想，就在这里休息吧。我准备就地休息。

小姑娘问："你是干什么的？"

"宣传足球长征的。"

她指了指旁边的屋子："到里面休息吧。"

"谢谢了。"

那间屋子没有门，只有一个破门帘。小姑娘把门帘撩起来，我一脚门里，一脚门外停在那里没敢进屋，漆黑一片，没有窗户。这时我听到里面有不少人谈话，我便进到屋里，门帘放下，在黑咕隆咚的屋里墙角隐隐约约看到有几个人坐在那里。

屋里有一个大坑，里面有一根很粗的大木头，底下有星星的发红的木炭，有一个人不断往木炭上丢去一把树叶树枝，火苗便燃烧起来，屋里马上亮了起来，一看这里坐着四五位老人，又有人加了一把，火更大了，大木头也红了。

从棚顶上，吊着一大串黑乎乎的东西，我仔细一看，原来是十多斤肉，还有猪蹄挂着厚厚的一层油烟，肉已经不像肉了，漆黑一团。屋里的人介绍说那是油烟腊肉，这里的人一年到头就指望这点肉，这屋里全是黑色的，房顶上垂下的全是黑黑的大尾巴灰。

我说："这要是着了火可就没救了。"

那个老人说没事，几十年来从没着过。这时男男女女的进来不少人，听说我是球迷，长征路过这儿，就请我签字。我接过递来的笔一写，不下水，甩几下才能写两个字。

我便说："这笔也不行啦。"

递笔的那个男人说："哎呀，我们这地方能有写字的笔就不错了。"

这时仔细一打量进来的人，真是挺可怜。一个十六七岁的女孩子，穿了套很普通的运动服，显然不是运动员为锻炼。我掏出临出重庆时王绪明送的万宝路烟，每人一支，可把他们乐坏了。吸着烟，我从兜里掏出一把笔，对他们说送他们两支。没等挑选呢，呼啦一下子都上来把笔抢走了，幸亏衣服里兜还别了三支，不然连写日记的笔也没啦。

唠嗑中我说："你们可以改变一下环境。"

老人无奈地说："有住能吃就满足了。"

在此时我真正感到了什么叫思想上的贫穷。

贫穷不可怕，只要努力贫穷可以改变。可怕的是思想上的贫穷。不去努力改变贫穷的现象，而用惰性回避勤劳。思想贫穷，此乃可怕。

金刚哨是"战胜自我"的人生飞跃

一打听，前面的路更难行，叫凉风垭和金刚哨。尤其是金刚哨，山顶上两公里路最难走。还有七十二个拐。我想：什么哨不哨的。太行山、秦岭我都过来了。怕你个金刚哨、七十二拐？

临行时二十来个人站在门口摆手再见。我昨晚休息得不错，打起精神，前进！行进途中车子车条又断了两根，天没黑，想先休息下再修车。一看路边有一个牌子写着"松坎"，我便在这里的小店住下，换上干的衣服舒服多了。一面修车一面和店里的三位客人唠嗑，了解当地的风土人情。

第二天一觉醒来已经快九点了，浑身难受，又发烧了。店主人给我做了一大碗面条加了两个鸡蛋。整整休息一天，晚上八点感到好多了，起来在路边溜达溜达。

又睡了一夜起来，精神透了，继续赶路。可是出去一看这哪里是天？这哪里是路？漫天大雾能见度只有十米到二十米吧。当地有一句话：天无三日晴，地无三尺平，人无三分银。漫天的大雾，几乎没有晴天，表面像雨，其实是水雾，看不着雨点儿，但路却是湿湿的，衣服也是湿湿的，很容易就拧出水来。

九点半，我好不容易才来到一座山的半山腰，可是在一个很急很陡的坡路旁看到有二三十人有男有女停在那里。到了这个坡，我傻眼了，光滑的路面，淌着泥水。不要说汽车和自行车，就是人也要滑倒。我休息一下吸一支烟，当地人在那里专门准备了防滑链租给过往的汽车。一趟八十元，讲价九十，再讲一百，只涨不降。

有一个青年人说："我帮你推上这个坡给三十就行。"

我说："谢谢了，我要的就是这个劲。"说罢，我肩背手推下了路，在路边的乱石头中就像纤夫一样，背着绳子，扶着车把一点一点往上推，车子几次要倒都被我稳住。一个弯接着一个弯没有直的路。在一块一尺大的石头前，我抬起前轮放到石缝中，肩膀一用力过来了。这个坡不到二十米，可是我却用了十多分钟。

路中间积满了泥浆，全是泥巴黏糊糊的，想都不用想，没法通行。车辙深得足有半尺，里面全是泥浆，车辙两侧更是大小碎石根本没法推行。没办法，只好在左侧的车辙中前行，并不停地用大号螺丝刀抠泥，走走停停，抠完再走。四周全是雾，道更烂更难行了。正好下面上来一辆汽车冒着黑烟，我一用力想把车往外推一下，但是人和自行车摔在中间的泥浆里，冰凉、潮湿、软塌塌、黏糊糊，好不容易爬起来，我整个人成个泥人了，车也成了泥车。车轮、车条、车架、行囊全是泥，推不动了。我起来把车子刚刚拽到路旁又倒下了，汽车溅起的泥浆把半个车子埋上了，我受不了了，开始急躁。我使劲地踹着车子，双拳举向空中抬头号叫："啊——！啊——！啊——！"我像一只荒野的孤狼一样号叫，又踹了踹车子。看了看车子的狼狈状态又叫了两声，这一喊心情好像好多了。

我想吸一支烟，可是兜里的烟已经湿了，索性给丢了。脖子上的毛巾也已经全是泥水，双手拧干毛巾擦手一看，手指肚被泥水泡得白白的、皱皱的，我把车子靠在石头上摘下自行车里带的挂钩，卸下压缩饼干的铁桶，用毛巾擦了擦，打开从里面拿出一盒万宝路和半块压缩饼干，躺靠在湿漉漉的大石头上，慢慢地吸着。

我想了很多很多，最后问自己：我现在需要的是什么？是权，是钱？不是！我需要的是朋友，可是朋友不在身边。我现在需要的是什么？是静！静！静！对，静下来，静下来，只有静下来，才能面对眼前的一切，我现在什么都不需要！我只需要静！当我真的安静下来之后，心情马上好多了。

躺了好一会儿我感悟了很多。静若星空，高玄幽清。动如涛吼，卷沙托舟。静中有动，动之不乱。心静动远，乃为高人。

心态调整过来之后，喝完最后一口水，慢慢起来，一下一下把泥巴抠下来，继续前进。可是车轮整个被泥糊住了，一步也走不了，只好抽出螺丝刀再抠。最多走出十来米就得停下来继续抠。两个小时过去了往回一看，没走出多远。在一个车辙中黏糊糊的泥，把前后两个轮子又糊得死死的，记得我一边抠，一边小声地嘟囔着："静，静，不要急！"抠了粘，粘了抠，我像一个甲壳虫慢慢地向前移动，我一抬头突然看到前面一个平面的弯道里全是水，我一鼓作气冲了上去，在水中推了十多米，又把车圈的泥抠掉，心里那个高兴别提了。

可是我高兴得太早了，只过了不到几十米的弯路，又来到了泥泞的盘山路。有时刚刚抠完，听到下面来车就得把车子往旁边拽，白抠了，反反复复，几个小时下来还是在半山腰折腾，在一个急弯大斜坡前我停下来，光光的路面没有车辙，我尽量把身体往外靠，那里有一点露出地面的石头，我一步一步眼看着就要上来了。不想还是脚下一滑，连滚带滑出溜到了内侧三四米下面，车子卡在了路中间。我第一时间爬起来，把车子后架上的四条带的钩子摘下来，东西散了一地。我用最快的速度把东西搬到坡上，把车子拽到路边，坐在坡上一块大石头上不停地呼吸，望着一大堆东西发呆。这时上来两辆大货车在这急弯处加着油门以爬的速度一颤一颤地上来，黑烟向我扑来，那个柴油味太浓了，我受不了了。我起来踢了踢车子，此时我就想，什么东西都不要了，回去吧，什么这个那个的，什么都没有用。我突然号叫："我静不下来了——！"我一下子瘫靠在路边唯一的一棵小树上，我的重量几乎把小树压倒。但我此时什么都不想，就想球迷、想朋友、想亲人，回想一路走来发生的事，想那些对我关心的人。

突然我想起来了安阳球迷杨钧说的那句话："你不要看！过秦岭和云贵高原最需要人帮助时你再看。"我马上起身打开包，拿出一条干的毛巾把手擦干净。从里面拿出袋子，把签名的本子取出来。那一页我是用纸盒包的，我把纸盒丢了，一看上面清晰地写着：

　　　　罗西我兄：我叫杨钧，自封"东部骑士"，作为现代骑士，是可悲的，也是可笑的；但是我，你的兄弟，理解你的心迹。万里行你要骑完、跑完、走完、爬完，到时候你又是一个新的罗西。你的真名是李文钢，你是用钢铁铸成的汉子。我总觉得你不仅仅是职业球迷、足球疯子，你还是一个哲学家、思想家、艺术家、宗教圣徒。你有血肉之躯一具，你有灵魂之壳一副，你有不泯的希冀，你有永恒的依托。在寂寞的日夜请想到弟弟，他盼你的魂躯归来。

在那一瞬间，我突然感到我浑身一颤，是的，我有不泯的希冀，我有永恒的依托，那就是你们，我的好兄弟，你们在等着我的魂躯归来。

董小祺大哥那狂放的字体，又展现在我的眼前。

足球、摇滚、狂热，还有我们球迷。

大哥，兄弟看到了，狂热的罗西不会倒下。

绪明人哥的寄托他为我写着：

炎炎华夏振兴足球何日可待，

悲壮单骑行程万里雄心难撼。

双手紧紧地攥成拳头重重地向膝头一击，仰天号叫："绪明大哥 —— 小弟罗西看到你的赠言了，小弟看到了，小弟感谢了！我罗西宁可累死也绝不给大哥丢脸！"

《重庆晚报》张老师的寄语：

你最需要帮助的时候，我们就在你的眼前，我们就在你的身后，我们和你同行。

张老师，是你给了我力拔千斤之力，看我的。

词语不同，但却无一例外都是珍重豪迈的赠言，看到这些我疲惫不堪的身体竟轻松了。而发自内心的激情却在体内涌动。

看到东溪镇球迷陈宏的赠言，精神又不由为之一振。这两行字却如一个惊雷在我眼前炸开 ——

只有折断的翅膀，

没有折回的路程！

陈宏，我的好兄弟，你怎么这么了解我，你怎么这么知道我现在的难处，这哪里是赠言啊，这是我罗西的加油站，是兴奋剂。

好汉罗西……

铁汉球迷……

我是罗西！是历史选择了我，不是我选择了历史，既然历史把我推上了球迷的舞台，我就要演好自己的角色，那就是：我罗西永远没有成功，但，我更不知道什么叫作失败。这不是我常说的话吗，怎么能在长征之路上投降和失败哪？

我鼓足了勇气把东西装上车，在难以想象的雾水泥泞的山路艰难前行，到下午两点时我已经推了五个多小时了，只走了两里路，可是我还需要像蜗牛一样爬行，仿佛永远看不见路的终点。肩膀被绳子勒得太痛，不敢太用力，可是不用力又走不了。在前面有一个急转弯，我刚刚抠完自行车轮子，转不到一圈又粘住了，连推带背愣是拽着走了三四米，车又死死地不动了。我一用力，再一次倒下了，我趴在车子上有一分钟没起来。之后用拳头敲击地面的泥浆慢慢地爬起来，把车子拽到路边，我自己则成个大字躺在路边，过去了两辆汽车，泥浆淹没了车子溅在了我的脸上，我也一动都没动。我起不来了，我也不想起来，我知道从两翻太行山，爬秦岭，到现在走云贵高原，实际上才刚刚开始，长征之路还不到三分之一呀，后面还有无数大岭山川，我的精神就要崩溃了。我就要失败了。

这时爬上来的汽车突然停下来（一般在这样的急弯上坡，大车都不停，一启动一加油门那会浪费不少油），一个和我差不多年纪的副驾驶摇下车窗看了一眼之后说："英雄！"他向我伸出一个大拇指，"需要帮忙吗？"

"不需要。"我一下子缓过神来，爬了起来。我用右手一指，前进。

"拉你一段？"

"不用！谢谢了。"

他打开车门，脚踏着踏板一弯腰，把一个袋子放到我的车上，关上车门汽车重新发动。离开前他探出身子，伸出右手大拇指向我点了三下："英雄！英雄！英雄啊！"

"谢谢！谢谢了！"

袋子里是几个橘子和一个苹果。天意！天意！这是天意呀！我深深地知道：此时，虽然体力已经达到了极限，但还不是主要的问题，重要的是毅力，是精神，精神倒了我就崩溃了，我不是总是在酒桌上提到精神吗？我的精神哪去了？精神是一种文化的传承，是形象感知的印象，是思想转化力量的爆发。感官的精神，是以内精之力，合外神之气。乃精神也。想罢，我抖擞精神前进！

我把毛巾垫在疼痛的肩膀上，牙齿咬着泥水毛巾的一角，走一步，抠一步。你能粘，我就能抠，你粘多少，我抠多少。我像一个疯子，我像一只孤狼发出呜呜的低吼，拼了！老子只要有一口气就不能倒下，不抬头，誓死不抬头。我有一种感觉，到了，就要到了。坚持！坚持！前面就是顶峰，来车了我就让一让，然后继续前进！

说来也怪！这时路过的每一辆汽车，都向我鸣笛，有的还摇下车窗，对我竖起大拇指。记得有一个车队，有五六辆红色大汽车。有一个司机说："好汉！加把劲！前面就好了。"我一听使出最后的一点力气向前冲击。

拐过一个弯。我就要倒下的时候，一抬头，我傻眼了。

眼前是平整的沙石平坡，没有黏泥巴。我当时真的太激动了。我用最快的时间把车圈上的泥抠开，一鼓作气，推到了山顶。

我站在一块巨石上，望着那对面，对面的峰峦在雾气中时隐时现。我双拳高举仰天号叫，我奋力地高呼："金——刚——啃——我——来——了——！噢——噢，噢——！噢——噢，噢——！"喊完后泪水也随之而下。我全力把双手伸向高空，头全力地后仰，胸脯全力前伸。在那一瞬间感觉一切的一切都是无所谓的，把大地踩在脚下，把世界纳入胸怀，我感觉到了什么叫可上九天揽月，我感觉到了什么叫可下五洋捉鳖。我突然感觉到了那一瞬间，我在升腾。

休息之后，整理好车子，下山时全是砂石路面，我飞一样地冲下山来。在一个旅店住下。那时我哪里像个人啊？连人带车全是泥巴。用水把车子冲洗干净，然后换上干的衣服，把所有的衣服鞋帽，投巴投巴也没正经清洗。晚上躺在床上想，今天如果不是汽车停下来，喊我一声英雄，我的长征不就到此结束了吗？难道这是上天的安排吗？太累了，想了一会儿我就迷迷糊糊睡着了。

我找到了书法的感觉

经过一晚的深度睡眠后，我第二天的精神非常饱满，昨天晚上吃得又饱，状态一下子完全调整过来，休息之后开始上路。这段路全是水泥路面，一路行来心里那个高兴劲儿就甭提了。虽说弯多坡大，但是还是高兴，毕竟没有让人糟心的泥泞道路。

突然发现前面的路太美了，左手边是悬崖峭壁，公路是在悬崖峭壁上掏出的一个凹字形。上下是岩石，右侧是石壁，左侧是峡谷。那一小段是挂壁公路，景色太美了，对面的山上大岩石的狭缝中有不少钟乳石悬挂，我一边欣赏美景一边前行。

拐了几个弯，车子绕过两座山，右面那景色简直让我终生难忘。整座山的石壁齐刷刷的，从地下直立山顶。白黄的岩石挂着黑锈，一层层的断石是那么清晰，宛如人工砌成一般。我拿出相机想拍照，突然发现电池没电了，不禁后悔不已。

突然一种激情涌遍全身，这不就是一幅完美的画卷吗？雾蒙蒙的山这不就是大写意吗？面前的断壁这不就是工笔画吗？如果说以前我写书法是枕腕，那么现在我找到了悬腕的感觉。

我随手折了一根树枝，我一边走一边伸出手，在前车把捆着的行李上不停地比量着。我突然找到了书法的感觉，此时我就想写字。我在顿悟着书法，对书法的理解也一下子深刻很多，以前我对书法的理解是迷茫的，此刻思路大开，感悟很深。我大脑中的篆、隶、楷、行、草之间的关系，分散的结合，集聚的扩变变得更加清晰。太好了，对书法我慢慢地感悟出来了。

问路人才知道前面是七十二拐凉风垭，有无穷无尽的山路，七十二个弯，七十二个坡，七十二个拐，我一步一步艰难地前行。我的右手边几乎全是急弯、坡路，左手边几乎全是危险路况，需要慢行，减速，下坡。我拖着沉重的车子，一步一步推着前行。为了缓解疲劳，除了欣赏美景之外，我不断地回想家乡的球迷，喊着他们的名字，回味一路走来所经历的过程。最后，我终于推到了山顶。望着迷雾环绕的群山，感到今天的心情与昨天比起来真有天地之差。

休息一会儿，下山只用了一个小时便到达桐梓县。在一个招待所住下。进屋之后便和服务员说："旧报纸给我几张，再把钢笔水借给我吧。"回到房间我把报纸卷成个细卷，蘸着钢笔水在报纸上练习书法。可是报纸蘸上水之后就掉了，只有根部有一点点痕迹。记得那天我凭着激情在空纸上连写带比画能有将近一个小时吧，顿悟出那种挥毫的气势，抑扬顿挫，舒展自如。我是真的很开心。

过了一会儿我来到小店买来电池装在傻瓜机中，心里想这回再有风景可不能错过了。

第二天早晨起来之后，精神抖擞向娄山关冲去。娄山关可是著名的山。路好走多了，走不多远，突然我发现前面的几座山峰美丽极了，层峦叠翠，公路向前延伸，伸入群峰之中。景色太美了，以至于我边骑边照相一直到山下。开始公路是直上的大斜坡，虽然劳累，但还是可以骑行，一路上可谓是心旷神怡。之后便开始盘山。

这就是娄山关了。这里开始结冰了，有时路面很滑，我只有在车子轧出的痕迹中前行。突然发现一个树条垂落下来，顶上挂着晶莹剔透的一层薄冰。我把车支上，想留下摄影的作品，然而这毕竟是个傻瓜机，照出的效果我并不满意。经过几个小时肩背手推我费了九牛二虎之力，终于登到了山顶。

我抬头一看，在一块巨石上刻着金色的大字，内容是毛泽东的手书《忆秦娥·娄山关》。小时候毛主席的诗词我可是倒背如流，给人写书法我也是常写：西风烈，长空雁叫霜晨月。霜晨月，马蹄声碎，喇叭声咽。雄关漫道真如铁，而今迈步从头越。从头越，苍山如海，残阳如血。那奔放的狂草融王羲之、怀素、张旭于一身，又展现出伟人那种领袖的胸怀和霸气的书法，刻在娄山关的巨石上，我真的被震撼了。望着巨石，我像年轻时一样，奋力高呼：毛主席万岁！在巨石前，我沉默了很久很久，也想了很多很多。之后带着激情带着希望向山下冲去，直达遵义。

遵义是中国革命圣地，当年在遵义，确立了毛泽东在红军和党中央的领导地位。毛泽东带领着红军四渡赤水的事迹闻名天下。在遵义我参观了革命博物馆和红军政治部旧址，也想了很多：我也是四十岁的人了，对于中国的革命来说，在我们这代人的印象中是很深的。我也知道了很多的革命故事，有很多关于遵义的电影镜头在脑海里回旋。

晚上躺在床上，翻来覆去，难以入睡，回想起长征以来的千辛万苦，风餐露宿。尤其是刚过的金刚哨，让我想起这几年来伴随中国足球走过来的风风雨雨。我突然有一种灵感，再也按捺不住了，翻身起来，拿出日记本，一气呵成，写下一阕《西江月》。

写完之后，心情那个高兴劲儿就别提了。

下雪了。雪虽然很小，但是也让绿色的山峰、青松翠柏挂上了白色的银装，那景色让人迷恋。在遵义休整一天，我完全恢复正常状态，心情也达到了极佳状态。离开遵义，前进！

那时我就是能吃肉，在路边一个小店我见有店家卖肘子，肘子好大，我问他多少钱？他说十块钱，我心想这里价格真是便宜，就买了一个。之后，店主拿一个锅把肘子划了两刀，用手一拧放了锅中。一棵大白菜就剁几刀放在水池中清洗后捞出来放在锅里。那可是满满的一锅。

那个炉子也怪，底部只有蜂窝煤那么粗，可是顶上却像个桌子有六百见方。锅坐在上面抓把咸盐放把辣椒，倒点味精，锅盖支着老高。我盛了一碗大米饭等着。开锅以后我还没等白菜下去，就把锅盖打开放到一边，从底下开始夹肘子吃。白菜没煮熟半个肘子已落肚。等白菜熟了，我连那个大骨头棒子都啃完了，最后是大米饭就白菜。哈哈，那可是满满的一锅都被我吃了下去。

那天经过一个小镇，空气中有烀牛肉的香气。店铺的门口倒挂着一个半头牛，店铺里有两个大锅烀了满满两大锅牛肉，那是真香啊，便上去问："多少钱一斤？"

"十二块。"

什么？十二块钱一斤，那可是大价钱！我心想，这个山里面怎么比城市还贵？没办法谁叫自己现在就想吃呢，我对店主说："来二斤吧。尽量要肥一点的。"只见那个人拿个大钩子，在锅里捞出好大好大的一块肉，放到秤上。

我说："我要二斤。"

他说差不多少，之后对我说："二十三块几吧。"

我一边掏钱一边对他说："至少也得有四斤吧，也得有五十块钱吧？"

他指指秤说："你看，差一点点二斤。"我一看秤，啊，原来是公斤啊。我把肉包好放进前车筐，这下好了，饿时抽出匕首，切下一大块，既解馋又顶饿了。

乌江给我的印象相当深，当我到了乌江大桥，我停在桥中间望着那滚滚的乌江流淌，我感慨颇深，用尽全身力量高呼："乌江！我过来——啦——！"我以锐不可当之势，上推下行，穿越在云贵高原之中。一切都好，就是嘴唇裂开了几个大口子，我想这就是我高原反应的表现吧。

接着我开始向长征的第二十站贵阳冲刺。

到了贵阳直达报社，记者非常热情，对我进行了长时间的采访，说："我们贵阳球迷很少，你的到来会引起贵州球迷的注意。我们要写一个大块的文章，来报道宣传。"他们要请我吃饭被我谢绝。他们打电话给体委，指给我路线到体委盖章。我从贵阳出来，直奔昆明而去。

一路艰辛。过了坪坝就是安顺场。这可是当年红军战斗过的地方。记得有部电影叫《万水千山》，那里过泸定桥时，红军爬过铁索桥，躲避着敌人的子弹艰险万分，为后续部队铺桥前进。我还记得电影中红军战士一开始双手拽着铁链，后来用一只手拽着铁链，最后掉进了大渡河牺牲的镜头。那一幕幕的镜头在我的印象中是那么深刻。

路虽然好走全是柏油路，但却是盘山路，蜿蜒曲折。站在山上往下一看，就像一条巨蛇从下向上盘旋。

这个地方的风土人情让我大开眼界。我正骑车走着，突然发现对面有五六名少数民族妇女走过来。她们全身穿着由白色和粉红色组成图案的服装，头上也是编织的粉白帽子，帽子很高也很大，挂着不少银器。我拿出相机想拍照，可是她们转身就跑。我只好放下相机，放进兜里。她们跑了一段就站住了。我不敢停车怕打搅她们，于是继续骑行。在一座山的弯处见到山的对面有一个好大的村寨，密密麻麻数不清，一个连接一个，木板的房屋。我拿出相机，尽管底片不多，我还是照了五六张。

路边见两个小孩他们的头上缠着黑布，藏蓝色的服装配着黑裤子给人一种庄严的感觉。他们拿着两个罐头盒子，中间拴着线有十米长，一个在唱歌，一个在听。这个画面太好了，我刚一拿相机，两个小孩吓得转身就跑。过了一会他们离我十几米站住了，瞅着我发愣。

这时从坡那边又跑来几个小孩，坐在坡上的土坝上。我拿出相机他们也站起来要跑。我把相机放下来，他们又坐下了，走过去跟他们说："我给你们照几张相吧。"他们没反应。有个小男孩沉默地摇着头。我指指相机，手在下面端着。凭着感觉照了几张，效果还不错。之后我重新上路。

水，水，水，水真是我最需要的。一个背壶两个塑料瓶一上午都不够喝，每天中午到饭店吃饭，我都打满下午用的水，一旦没有饭店可就惨了。那时很高兴，路边有不少野菜，什么苣荬菜、婆婆丁、大头菜，倒也好吃。

哈哈，前面不远就是昆明了。我看到路牌写着"黄果树"三个字。黄果树那可是我小时候梦寐以求要去的地方。可能是要过年的原因吧，我到了黄果树，空无一人。好在瀑布下面有一个老太太在摆个小摊和一个青年人照相。我尽情地游玩之后，从黄果树的栈道上下来，盘腿坐在瀑布旁，闭着双眼。伸开双臂，静坐玄思，聆听瀑布永不停止的轰鸣。那感觉今天回想起来像悬空一样。好长时间之后才站起来，在照相的地方换上老式军服，插着我的太极刀照了几张自我满意的照片。

大年三十

今天可是腊月二十九，仍是一路艰难前行，晚上到达关岭县。县道上几乎无人，店铺全部关门，看来只有找地方支帐篷了。我向前骑准备找到可以休息的地方，突然发现左手侧有一家小旅店，门开着，一位中年人在门口看着我。

我便上去问："你好，请问你这是旅店吗？"

"是的。"

"我想在这里住宿可以吗？"

"现在都过年了，停业好几天啦！"

"哦，谢谢了。"我站了一会儿，迈着疲惫的脚步，准备找地方休息了。

他突然问我："你是做什么的？"

"我是球迷罗西。为了足球进行四万里长征。"

"你也不容易啊。过年啦，你也该休息了。不要走啦，就在这里住吧。"

我一听高兴坏了。

店门口写着很大的字：吃住五元。之后我把车子推到屋中。拿出二十块钱给他。

他说："太多了，过年了就不收钱了。"

最后我硬是把钱放进他的兜里。这个地方连吃带住五块钱很便宜。晚上我和他们一家三口人吃了一顿饱餐。

随后和主人说："明天早晨千万早点喊我，我要继续赶路，千万不要忘了。"

"好！你早点休息吧。"

我躺在床上睡着了，那一觉睡得真香啊！早晨自然醒，忽然感到不对，一看手表，九点了。马上起来穿好衣服，一切准备好以后，主人进来了我刚要开口，本想埋怨一句。

可是主人进门就说："我早上来了两次，看你睡得这么香，没想喊你。今天是三十了，你不要走了。因为这里的规矩，三十什么都不干了。我看你是一个好人，你就在我这儿过年吧。"

当时我非常感动，一股暖流涌上心头。我打开包袱，把该晾干的打开，反正这满院子满屋，就我一个客人。中午了，我领着十几岁的小朋友上街花二十块钱买回了鞭炮，小朋友乐坏了。下午闲着无聊，我坐在炉子旁边烤火。

那个小朋友指着我身上的照相机说："这是什么？"

我告诉他这是照相机。我便把照相机从包里拿出来，打开盖。告诉他："这个叫快门，不能摁，眼睛瞅着这里，你想照什么，手指头一摁，这里头的胶卷就留下了影子，你看着玩吧，不要摁。"

小孩接过相机，他左看右看前看后看上看下看。今天可是三十啊，心里有几分难受，我的亲人，我的家乡，朋友们，他们都在家里欢天喜地过大年，而我今天却孤苦伶仃在这荒郊野岭的小镇，度过这一年一次的三十。心里倒有几分苍凉和感慨。

突然间我感到闪光灯一亮，咔嚓一声。我侧头一看，那个小朋友惊慌失措地说："我摁了。"

"啊，没问题。"

他像犯错误一样感到十分紧张。我说："现在你还是太小，长大了你就会照了。（到昆明洗相时，还别说这个小孩照片照得还真不错。）走，出去玩。"

三十的白天，那个小男孩一直陪在我的身边。我们玩得倒也快乐。晚上和他们全家一起过年，我领着孩子放着鞭炮，他们全家很开心。

大年初一，我早早起来，给主人二十块钱，主人说什么也不要。我把钱放到他的兜里，转身来到门口，可是主人一把把我拽住，又把钱放回我的兜里。

"出门在外不容易，这点钱你还是留着吧。"

和主人告别，那个小朋友一直拽着我的车子不说话。

灵魂和宇宙相沟通

今天可是大年初一，我却孤苦伶仃一个人在一个山梁上推行。

静，如此之静。这个静使我想起了从天津到北京有一段路上的那个安静。

这是一个大山岗，两边空旷，没有树木向下延伸，中间柏油路向前伸展，风景独秀。路上没有一辆车，没有一个人，没有鸟鸣，没有风声，只有我一个人脚底磨着路面的沙沙声。连绵不断的群峰，弯弯曲曲的山路，无尽无休的安静缠绕着我。我只有一个信念：前进！前面就是昆明。

有一天晚上，我在树林中支上帐篷。啃着最后一块压缩饼干，喝着泉水，品味着人生。我躺在青石板上，望着天上蓝蓝的夜空，那里有无数颗闪耀的星星，我在感悟，把身心和大地相亲吻，把灵魂和宇宙相沟通。我感悟到什么叫作受日月之精华，采大地之灵气那种感觉。

我拿出十块钱往空中一举，这是什么？这是一张纸。我指指天，这是什么？孕育万物的起源。我摸摸地，这是什么？这是养育我的根基。我的生命意义是什么？就是在这天地法中去寻找自己的价值。在这天地万物之中我这个平凡的生命，一个普通的球迷，受到了球迷对我的尊重。我不吃东西就饿，不喝水就渴，小刀一拉我一样出血，但是我这个生命却在这天地之间立起了球迷的生命。在这个青石板上我躺着，我离开，石板依旧。我生存，我走了，天还是这样蓝，星星还是这样闪耀，地还是这样静。所以说我太渺小了。我渺小得就同蚂蚁一样。一切都是无所谓的。只有自己灵魂深处的感悟，自己思想的追求，思维方式的活跃，让我去选择自己的人生之路。让我和球迷在一起，用我的心灵给大家带来快乐。

记得我在青石板上躺了很长时间，之后钻进帐篷，抱着太极刀美美地睡了一觉。

第二天我感到有无穷的力量，在路上我悟出了很多的道理。

高兴，高兴。我真的高兴，我突然感到身体是那么轻松。

晚上写完悟言后我躺下就睡了。

本来准备的食物都只够维持一两天的，可是我犯了一个错误：在一个小路口我应该停下来买食物，可是看着那个棚子里摆着的几个面包和一袋麻花，上面飞着无数的苍蝇，几乎把食品全部覆盖了。手一动，嗡的一声苍蝇乱飞，一想算了吧，到前面再说吧。此时我已是弹尽粮绝，却犯了个旅行中的错误，不可两顿无粮。在我的印象中，这是国道，一定有食物，可是我又错了，想象和现实总是有距离。

一路推着车子前行，没有村庄，没有商店，没有饭店，那个饿呀，那个渴呀，真的让人难受。我记得清清楚楚，路边的水是黑黄的，我实在是没有办法了，拿出饭盒盖舀了一点点水，看着那个水真的不敢喝，只是用舌头舔了舔就往外吐吐沫，但什么也吐不出来，只有低着头往前走。

也许是天意，突然我发现右手侧有一尺大的平趴在地上的萝卜缨，我一愣，这个地方怎么会有萝卜呢？我高兴坏了。我们北方的萝卜缨是往上长的，可是这个萝卜缨是紧紧地贴着地面平长着。我抽出来半米长特大号的螺丝刀，我把萝卜缨握在了左手中，右手拿着螺丝刀，插进旁边的泥土中，活动活动，我把四周的泥土晃松，不想左手没有使劲，萝卜就出来了，我一看傻了眼。

我们北方如果是这么大的萝卜缨，那底下得有很大的萝卜，可是这个萝卜缨好长好长，萝卜本身可是比筷子粗不了多少。怪了，这么大个萝卜缨，这么细的白萝卜，我是头一次见到。我也在纳闷，这个地方怎么会出现一棵萝卜？管他呢！我擦巴擦巴，连根带叶，一口气全给吃光。按理来说，它会很辣的，可是那个白萝卜和缨子不是十分辣，吃了以后我精神多了。

那时我多么希望前面有个村庄、一个城镇、一个饭店，让我好好休息一下。可是除了无尽的山路，只有我一个人。偶尔有汽车从身边路过，走着走着我产生了幻觉：前面有一个村庄，有个饭店，有那么一大碗的面条，不凉不热，上面是肥肉。我二话没说，上来就吃，那个香啊，那个味啊。现在回想起来也是回味无穷！等我缓过神来，原来这是一种幻觉。

此时我想了，如果再没有村庄，我就准备截车，我想从车上买一点东西了。过了这个弯路，我眼前一亮，在我左手侧很斜的坡上有一个房子，我急忙冲了过去，把车子靠在路边，顺着斜坡土梯上去，门口出来两个小孩，大的有七八岁，小的有三四岁，冲屋里头喊当地话，从屋里出来一位和我年龄不差上下的又瘦又小的男人。

"你好，我是罗西，为了中国足球长征路过这里，这个地方没有饭店，你能给我做点吃的吗？多少钱都可以。"

"有的，有的。进来吧。"

一进门我傻了眼，屋里很脏。他带着四个孩子，大的十三四岁，小的刚会走路三四岁。进来后他把我让到桌子旁坐下。

他来到了墙角，那里有一个水池子，水池上是木板和菜板，他挪开一块木板，挽起衣服，伸入水池中，捞出一个金黄色的东西，像个长条的窝窝头，想不到外头溜光锃亮，水里头泡着玉米面不散团。我正奇怪，就见他在面板上像切萝卜一样，很费力地把它切成一片一片，改刀后切成了小条，接着他拿出一口锅放满水，烧开后拿出一个罐头瓶，白色的东西挖了几勺，加上白糖和切完的玉米条放入锅中。不一会儿，哇，满屋的酒香，玉米飘香。真让人陶醉。

这时我问他："这是什么东西？"他告诉我说："叫达尔粑，也叫玉米粑粑。"

这玉米粑粑看起来不大，可是一切完往锅里一放，那可就是一大锅了。

我问他多少钱？他说："不要提了，现在虽然钱紧张，可是再困难，但是吃的还可以。正好过年，不提了。"

我随手拿出五块钱给他，他说什么也不要，又放回我的兜里。我真的好感动。

玉米粑粑熟了，他盛了满满一大碗给我。真的好吃，甜甜的散发着玉米的芳香，略带一点酒味，不禁让我想起了少儿时期楼下王姨过年给我们家送的老糟子。一锅可以盛四大碗，其实我真的都能吃下去，可是吃了两碗后看着孩子在旁边站立，我真的忍不下心来。第二碗快吃完时，我假装拍拍肚子示意吃饱了。

他说："再来一碗吧。"我说："不吃啦！不吃啦！"

我把剩下的玉米粑粑带汤一口吞下，放下碗。我把五块钱放在了碗下。他又要拒绝，我一把抓住他的手腕，对他说："我在长征，兜里不方便。这一点钱太少太少了。记住我叫罗西，是中国职业球迷，我在辽宁省鞍山，如果我们有缘，我会好好报答你。如果这个钱你要不拿，我没脸出屋。感谢你。"之后我出来了。

他们站在门口，一个大人带着四个孩子和我摆手。这个画面只要我还活着，只要我还有记忆，我就会想起当时的场面。我走到路边推着车子，走出了好远好远，回头一看，他们还在那里站着。我和他摆摆手，隐隐约约可以看到他也在挥手。随着弯路我告别了这个给我饥饿中带来补充的小屋。

经过千辛万苦，一路行来。终于到达长征第二十一站，云南省会昆明。

到昆明换单车轻骑下高原

说到昆明我首先想到的是1985年中国足球发生了三件大事：第一件事就发生在昆明。当时昆明拓东体育场2月7日踩踏事件死了六个人，之后就是5·19事件，随之是5月28日沈阳球迷怒砸中华剧场。在球迷角侃球没少谈起昆明，今天我终于来到了云贵高原名城昆明。我真的很高兴。

我先到招待所，一问住宿价格，十五元一天，觉得有点贵，但还是选择住了下来，长征这么长时间来第一次住得这么奢侈。开始那个服务员对我有些怀疑，可是当时任2002足球俱乐部老板的高思义听说我来了，专程来看我，并向服务员介绍我后，她的态度大变，又是照相又是送水。

这时正赶上一场女足国际邀请赛，我和高思义到了中国足球训练基地——海埂。这是我第一次来海埂，不仅受到中国足协领导的热烈欢迎，还见到中国女足主教练商瑞华和队员钟红莲。回市里后，我又受到昆明球迷的热情款待。

当晚我与昆明球迷研究翌日比赛的有关问题。他们说："你心理上要有所准备，云南人与北方人不同，不爱喊口号。"

我笑着说："你们放心，我要不把赛场搅起来就不叫罗西了。"

记得当时能容纳数万人的昆明体育场已坐满了观众，确实如昆明球迷所言，昆明人文静有余，缺乏北方人的粗犷与狂热。到离比赛还有两三分钟的时候，我才跑上看台，我的一身行头自然是格外引人注目。

我先是自我介绍："我叫罗西，是鞍山球迷，此次是单骑万里行到达春城昆明。今天能和你们一起为中国女足呐喊助威非常高兴，那么大家随我喊几个口号，唱几首歌，喊出云贵高原的气势，唱出大西南的威风，大家说好不好？""好！好！"于是中国队加油的口号在体育场的上空回旋。

之后就是"妹妹你大胆地往前走"的歌声在体育场上空回荡。九十分钟比赛我一刻没闲着，在看台上绕场四圈，两次掀起墨西哥人浪。此时我已是大汗淋漓，声音沙哑。但是因为九十分钟的激情、九十分钟的狂热、九十分钟的呐喊、九十分钟的宣泄，我得到了昆明球迷对我的认可。

第二天，《云南日报》发表大块文章盛赞，标题赫然醒目：《昨天的明星不是运动员，而是万里行的罗西》，文章这样写道："昨天的明星不是两个队的出色表演，而是来自东北鞍山的罗西。为了振兴中国足球，罗西进行四万里长征。他时而搅起赛场气氛，领着大家唱'妹妹你大胆地往前走'，时而又掀起墨西哥人浪，不时地为中国姑娘加油，使多少年来沉闷的昆明赛场达到了一个高潮。"还写道，"罗西身上背着的小包背着不少自行车辐条，看来罗西的坐骑没少给罗西带来麻烦。"

第二天上街，我买来了笔墨纸砚。路过展厅，一看有展览，是有关平远街扫毒的。门口还有不少武警荷枪实弹，展览场所里头有不少柜子，里面全是黄油纸包的毒品和一沓沓的人民币。我在那里看了一会儿录像，这也是运气吧。电视中说道："吃饱饭，加满油，平远街上不停留。"如果我要是提前来两个月，还真的危险了。这个地方很乱。现在好了，可能是天意吧。每到一个地方，那里都是刚刚打完车匪路霸。一路下来倒也安全。

晚上回到招待所发现自行车后轮车条断了三根，我便开始修车。正在检修时，高思义来了，说要请我吃饭，还带来了两位朋友。其中一位刚刚介绍完，就对着高思义说："你就让我们的罗西骑这台车子？"

高思义笑着说："我正想着给他换什么牌子呢。一般的不能让他用。他要用好牌子的。"

我笑着说："我什么也不要，这台车子实用。别看它已经破了，但是跟我一路走来，可是立下汗马功劳啊。"

高思义说："什么时候修完？"

我说："快了。马上就好。"之后用最快的时间修后，洗洗手和他出去吃了一顿大餐。

那天我能喝半两吧，真的好开心。我们谈球，侃人生，最后我还给他讲了金刚哨的故事。有六七位球迷给了我长时间的掌声。

他们都说："英雄！你是真正的英雄！你是民族的英雄！"

可能是酒精的作用，我也无比兴奋。记得我把腰拔得倍儿直，脸上挂着幸福的微笑。真的好高兴。我还给他留下了墨宝。

第二天《中国体育报》记者段云星老大姐采访我，高思义做东，我们吃得很开心，采访也相当成功。

段大姐说："作为《中国体育报》的记者，我采访过很多名人，那都是国家认可的，很多都是出于名和利的。像罗西这样的人我是第一次采访。他图的是啥？他图的只是虚无缥缈的达不到成功的那种思想上的追求。值得老大姐对你尊敬。"

大家说："那你就好好地写一写。"老大姐笑了笑点点头。

后来我跟高思义说："这几天休整得真的不错，身体倍儿棒。我准备后天向南宁进发。"

"好，后天我们为你饯行。"

那天早上，他来了，手里拿着一面锦旗送给我，又给我一把钥匙，说："这是一台欧派克自行车，给你新换的。你路上用吧。保你没问题！"

当时我就愣了，我说："不用了。"

他说："你必须换上新车，骑着我给你的车子离开昆明。"

我还能说什么。来到门口一看，我傻了。那是一台粉红色的山地车，带变速的。发票上清晰地写着一千四百三十元。在那个年代，这台自行车可是最贵的了。

我心情有点激动。记得我当时和他紧紧地拥抱在一起。既然有了山地车，后货架的东西就挂不了了，那就轻装上阵吧。我只随身携带必备的衣服和必需的东西，其他的全部打包邮回。

一切准备工作做好之后，2002足球俱乐部一些朋友骑着车子送我到大路口，拥抱分别。昆明，大西南的名城，再见了！昆明是我长征最主要的一站，因为它是我长征路线最西边的一个城市。到昆明之前我一直是南下，今天之后开始东行了，到这时我在日记中写道：到昆明换单车，轻骑下高原。

我终于找到了"足球的真谛"

去下一站到南宁可以选择走上线和下线，我选择了下线。那地方离国境线最近只有七公里。这下我可真的轻松了，以前带着二百来斤的东西，加上二八加重自行车，负重难行。现在我是轻装上阵，货架上只有一个包，还别着帐篷和军锹，插着旗。

在平地我是大牙盘带小飞轮快速前进，小上坡我是小牙盘带大飞轮，快速猛蹬。心情别提多开心了。

前面路牌写着石林，石林给我的印象可是特别深。一提到石林我就想到阿诗玛的故事。我可不能错过这次游览石林这个机会。在石林中我望着这喀斯特地貌形成的美景，心情非常畅快。

正欣赏着石林美景突然听到有叫喊的声音，是有人踢球。我转过两个石林的石峰一看，在石峰中有一个广场，有一群人在踢球，这场景真的让人高兴。我推着车子过去，有几个人看了我一眼继续踢球，一边踢球一边看着我。这时有一个人停下来愣在那里看着我。

突然他一指我："罗西？"我冲他笑一笑一摆手。他跑过来和我抱在一起，之后对大家说："罗西来了，罗西来了！"大家也都围了上来。

"你们继续踢吧。"

"不踢了，这不，时间也快到了。"

"罗西老师，我们是弥勒的球迷，"他自我介绍道（二十多年了，名字记不住了），"我们和石林的球迷在踢一场球赛，你能到我们那儿去吗？"

"我去南宁，弥勒县正好路过。"

"太好了！我们换好衣服一起走吧。"

有的人坐车，有的人和我一起骑车到了弥勒县。我先住下来，拒绝了他们付钱，到了晚上大家在一起就餐。真的没想到在石林见到了弥勒的球迷，席间侃球，那是不可少的，高兴处大家鼓掌欢呼。我也高兴。他们说："明天我们为您踢一场球，欢迎您的到来。"我是真的开心哪。

第二天九点半吧，那个球迷朋友来接我。在一个广告牌前，他指给我说："你看！"哈哈！一张大红纸上写着喜讯：为欢迎罗西的到来，将在体育场打一场比赛，欢迎球迷观看。

到了体育场，几十个球迷坐在五六层的水泥台上。这个体育场只有这一面不大的看台。球迷一看我来了，便围了上来要签名，签完之后就坐下来看比赛。比赛开始了，他们踢得很认真。两队的球员大汗淋漓地跑过来，又有十几个请我签名，有几个下半场不踢了便坐在我的身边。

有一个很活跃的小球迷（和东溪镇程吉亮差不多）十分可爱，他说："罗西老师，我们非常佩服你，你为什么 ……？"他问了我一大堆问题，我一边看球一边回答。后来我一心一意地和他们侃球了，只是进球时和他们一起欢呼。

我记得清清楚楚，他问我："罗西老师，你能不能用几句话说明什么是球迷？什么是足球？你把这个定义说出来。请你等一下，我把本子拿过来记一下。"他往旁边的自行车跑去，那几个小朋友也跑过去。我望着那几位拿着笔的小朋友和几十个球迷期待的目光，我慢慢地说："什么是球迷，谁是球迷，谁不是球迷，很难说明白。那么我们不妨先给球迷下个定义。"

就在那一瞬间我突然感到一种东西正在爆发出来。我努力地，全神贯注地，把我对球迷的理解一下子发挥出来。

我说："球迷是除了搞足球工作之外的人 ……""请等一下，慢慢说，我记不下来。"有球迷插话道。

"球迷是除了搞足球工作之外的人 …… 对足球有着浓厚的兴趣 …… 特殊的感情 …… 是艺术上的欣赏 …… 是多色彩的享受 …… 是心灵上的刺激 …… 是感情上的宣泄 …… 是一个民族的文化现象在社会上的反映。"这时我停了一下，马上说，"如果中华民族的每一位公民 …… 都能像球迷爱球那样 …… 爱自己的事业 …… 爱自己的岗位 …… 爱自己的国

家 …… 那么 …… 中华民族就是世界上最伟大 …… 最不可战胜的 …… 最伟大的民族了！"

说完，那几十个球迷全部欢呼起来，之后就是热烈的掌声。"静一静，静一静！"那个小球迷说，"请罗西老师给我们解释一下足球的定义！"

那时我也不知道哪来的激情和灵感，几年来自己要寻找的足球真谛，就在这一瞬间悟出来。

"足球是智慧和力量的结晶 …… 心灵和技术的结合 …… 战术和速度的运用 …… 具有民族特色 …… 带有地方特点 …… 象征着金钱 …… 近似于宗教 …… 主要表现在 …… 球员对足球的悟性 …… 在场内与球迷发出的共鸣 …… 是综合了所有体育项目的精华 …… 把政治、经济、军事、文化融为一体的一种特殊游戏 …… 特殊艺术 …… 特殊文化的一种特殊产业。…… 既有中长跑的耐力，又有百米冲刺的爆发力 …… 具有武术、摔跤、拳击、柔道的彪悍，又有体操的柔和和技巧。…… 时间长九十分钟 …… 加时赛一百二十分钟 …… 场地大，七千平方米 …… 参加人员多 …… 双方二十二个运动员在场内奔跑 …… 需要个人英雄主义球星的自我表现 …… 又需要集团式的大范围穿插式进攻和防守 …… 又要教练运筹帷幄决胜于千里之外 …… 是和平时期两个民族相碰撞产生出最大火花的一种竞技项目 …… 号称世界第一运动 …… 是和平时期没有硝烟的战争 ……"

我把最后一句话说完，把双拳一握在胸前一举。他们全体起立鼓掌欢呼，抱在一起。那时我是多么开心啊。

中午吃饭时，那个球迷出去不一会儿拿了一个盒子对我说："这是弥勒的特产，六种风味的腐乳，路上你一定用得上。"

吃完饭我依依不舍和弥勒球迷分手，心情如此激动，一路前行。这里的景色真的是美不胜收。喀斯特地貌在这里很多地方形成了大小不一、风格不同的石林，煞是好看。我一边欣赏美景，一边回想我对球迷讲的话，这也是我多少年所要寻找的足球真谛呀。

这些年我一直在寻找，寻找着足球的真谛。我多少次问过自己什么是足球，什么是球迷，可是我自己回答不了。如果不是在这种场合问我，我根本不能产生出这样的灵感和悟性的爆发。我反复地思考我对球迷和足球下的定义，并把语序前后调整一下，又加了两句。这样自己满意的"球迷定义"和"足球定义"出来了。

前面就是平远街了，由于在昆明看了展览，也不多说话，看着这秩序井然的街道上的人们，他们的脸上显得平和而宁静。

穿过平远街，晚上休息时我依然久久不能入睡，心情越发激动，回味着白天给足球和球迷下的定义，反复地背着，背着背着睡着了。

一路前行，这里风光无限。一切美景尽收眼底。后来又进入高山地段，骑着新换的山地车，倒也神清气爽。这天我创造了纪录：在山地中，我骑行了一百五十多公里。这是我长征以来的最高纪录。

记得我跟在一辆中巴后面，上大坡时，那辆车才把我甩下。过了会儿我就恢复到最佳状态，我知道前面不远就是南宁了。

我被眼前的风光再一次地吸引住了：我的左手侧是巍峨是群山，无尽无休，高耸入云。公路就是从这高高的大山之中延展下来的，前面的公路就是在这山下，平稳地向前延伸，没有坡只有弯，然而就在我的右手侧，就是一马平川，远处是无数个山峰，那山峰我称之为笋峰。像竹笋一样直上直下，在平地中拔地而起。

我沿着公路前行，忽然进入了一个自然形成的大石洞，我骑着车子在几十米的山洞中穿过。这样的美景消除了我全身的疲劳。大盘带小牙啊，快速前进。我望着这巍峨的群山一种成就感油然而生。我知道了什么叫征服，我知道了什么叫拼搏，我懂得了毅力精神。

即将到南宁的那天晚上，我不想半途住下，只想快些到南宁，一路只是向前，低头前行，忘记了看路标。骑着骑着忽然发现自己好像走错路了，按理说前面就应该是南宁了，这么大个省会在国道上，应该说会有不少汽车，可是在这黑暗之中却见不着几辆汽车往返驶过。越想越不对劲，停下来看着地图，拿着指北针，是走错路了。

这是我几个月来第一次走错路线。好在我醒悟得还算及时。到了正路之后，借着来往车辆的灯光一气冲到了长征的第二十二站邕州，也就是广西省省会南宁市。当晚住下。

第二天一打听，当地有球迷协会，心里那是相当高兴。到了球迷协会受到了会长黄冠初和秘书长谢汝棠的热情接待。他们的事业非常成功，都有汽车。黄冠初矮矮胖胖的，四方大脸，给人宽厚的感觉，我的到来使他非常高兴。他放下了所有的工作，陪了我几天。

我记得还特意为我做了一个绶带，上面写着"邕州球迷协会"。那几天我天天系着，并请来多家媒体对我进行采访。记得临走前我们在当地开了球迷座谈会，在会上开场我阐述了对足球和球迷的定义，一下子把气氛推到了高潮。座谈会非常成功。

更让人高兴的是，我知道了桂林有球迷协会，柳州也有球迷协会。临行时南宁球迷协会的球迷开车的开车、骑车的骑车送我到大路口，大家依依不舍分别。

我接着向柳州进发。晚上休息查看地图得知，从柳州出来到桂林去下一站还要返回柳州。这样不如直接去桂林再去柳州。于是我向长征第二十三站桂林进发。

桂林这个城市那可十分有名，桂林山水甲天下，那可是闻名于世啊！到了桂林一问，不少人指给我球迷酒家的位置。我和桂林球迷协会会长梁祖雄一见面就像多年的老朋友一样拥抱在一起。

他开的酒店规模不小，叫球迷酒店也恰如其分，餐具全采用足球形状的，包括锅碗瓢盆台面摆设。我也没客气，席间我和他要了一套。他答应给我邮回去，我是真开心啊！他陪着我到体委盖章，接受新闻单位采访，十分热情。

第三天他与别人洽谈建一个更大规模的足球饭店的事，请的客人不多就我们四位。他在一个大酒店包房里点了很多好菜，有许多山珍海味，但对这些我不是很感兴趣，我的眼睛盯在了东坡肉上。那是一个能装二斤肉的黑坛子，又高又大，里面满满的一坛子肉，每块肉都有二三两重。

开始就餐，祖雄说："补充一下体力，先来块肉。"我高兴了，用筷子把那块肉夹成四块（为了礼貌不敢狂吃）。在谈话中慢慢地把四块肉吃掉。真香啊！那肉块像块豆腐一样，熟透了，面面的，入口即化，肥而不腻。我自己又夹了第二块。我记得其他的菜什么都没吃就吃那些肉了。当我把第四块肉吃下以后，感到解馋了。第五块吃完以后就饱了。而此时的一坛肉已见底。第六块肉夹完之后我只吃了两小块就吃不下去了。这时肉已经发凉了，那两块肉已经被奶白色的荤油粘在了盘子上。我终于吃饱了，我终于感到不想肉了。

记得那天，那么多的名菜我是一筷子没动。那天的两个客人起初对球迷不太了解，但是通过我讲解以后说："球迷的事业我们一定全力支持。"那天祖雄真的很开心。

桂林有个奇怪的现象，我发现那里的妇女非常勤劳。在路上有不少骑三轮车拉脚的妇女，女性占这一行业的百分之四十的比例吧。她们的年龄都在四十岁左右。谈话中问其中的一个妇女："你的男人为什么不出来？"她说："在家种地带孩子。"说心里话我真的很佩服这些南方妇女。

祖雄对我说："来桂林七星岩是必须要看的。"之后便陪着我游览了包括七星岩在内的几处桂林的风景名胜，面对那些美景我的心情那是相当高兴。随后我准备骑车去柳州。

祖雄对我说："你不用骑车，先坐游船，然后从漓江到阳朔，从阳朔去柳州。这多好啊！"随后给我订了船票。沿途风光非常秀美，如果说三峡的风光巍峨雄伟彪悍给人以激情，那么漓江则是靓丽优雅清秀温美迷人给人以柔情。在这清澈见底、秀丽的漓江乘船而下，聆听讲解员的讲解，心中的激动之情自不必说。

柳州球迷大会师

从阳朔下船见到美丽的月亮山，那真是造化之作。我带着愉快的心情，一溜烟赶到了长征第二十四站柳州。

想不到和柳州球迷协会会长王潇一见面，寒暄后他说："我等你多时了，我要和你一起长征！"

我提出："要与我一同长征需要过三关：第一关，家庭关；第二关，工作关；第三关，经济关。"

他说："没问题。"

我是相当高兴。他直接带我去他的家中，见过老娘和他的爱人，记得当天晚上他提出要跟我走。

我说："那就开个家庭会吧。"我们四个人在他家里开了个家庭座谈会。

我提出三点：

第一老娘和你爱人有一个不同意你就不能走。

第二如果单位不同意你不能走。

第三我们的长征是为中国足球呐喊，不是旅游观光，路途艰苦，所以不用太多的钱，你不许从家里带走一分钱。我们俩凭着自己的能耐去完成球迷的大业。

记得他的老娘说："这几个月很危险。只要安全回来，我不反对了。"

他的爱人说："他要去也好，跟你锻炼锻炼，长长见识。只要安全回来，是个好事。关于工作我和他一起到单位请假。"第三点她谈到钱，要给王潇拿几千块钱。

我当场拒绝："我兜里还有千把块钱，方便的话我们找找赞助单位。"

第二天王潇领我去了电视台、报社和电台。那几家媒体十分热情，这一天我们都在新闻媒体中度过。晚上因电台邀请，我和王潇直接进入直播间与球迷对话，两个小时节目下来，我们聊得十分开心。之后记者请我们吃狗肉火锅。

找赞助单位、向单位请假、联系服装，一晃半个月了，这段时间里我们的进展也很顺利。

那天晚上聊到高兴处，我对他说："你没有外号直接叫王潇没什么意思。起个外号吧。"

他说："我们柳州，别称龙城，那我就叫柳州的龙城，'柳州龙城'就是我的外号吧。"

我说："从字面上来说不错，龙是中国古老文化的图腾，象征着腾飞。但总有点过于文雅，不顺口。"我瞅瞅他的体形，"应该从你的体形入手，从形象上起个绰号。从你的头上发型到脚下穿的鞋找找思路。"

这时他的爱人说："他总是梳这么个平头。"

我一拍大腿说："柳州小平头。"

他爱人笑了，王潇也笑了。没想到中国知名球迷里真的多了一个小平头。

银荔集团给拿了三千块钱资助我们长征。当天我给小平头做了一面黄色刀旗，上面红字是"球迷万里行，银荔一片情"。我们俩又去帐篷厂，厂长二话没说给我们每人一顶帐篷。

这半个月中新闻单位不断地报道球迷长征的内容，尤其是广播电台，三天一期节目现场直播。记得最后一次主持人介绍完之后就出去了。这两个小时由我和王潇自己主持，该放大声音，键子推上去，声音缩小，键子拉下。我和王潇配合默契。台里说领导那是相当满意。

到他单位请假之后的第二天，我便和他来到大商店买了一台玉林组装的凤凰牌自行车，二八架子，回到家重新检修一番，给他配备好必备的工具，最后做了一次全面的检查，决定明天出发。这时我写下了：万里行直穿东三省，叩山海关进入津京。闯娘子关两翻太行，中原大地一路顺风。黄土高原坡路难行，爬秦岭走蜀道难于上青天。战劫匪抗病魔洒泪过四川，上云贵过乌江飞越娄山关。到昆明换单车轻骑下高原，柳州球迷大会师，北上长征再行二万。到此时我的长征正好过去了一半。

北上长征再行二万

第二天早晨八点半吧，一切准备就绪，我们准备出发。我拿起帽子往头上一戴，感觉不对，我又摘下帽子，数了数帽子上的牌和小平头说："好像少了一个，应该十三个才对，现在怎么只有十二个？"

我在放帽子的沙发上左找右找没有找到，这十三个牌有的是球迷给我的球迷纪念章，有的是军人给我从身上卸下的军种军徽，我突然对王潇说："是佛牌掉了。"

这个佛牌是老娘送给我的。过了几分钟还是没有找到，我知道九点钟广西所有驻柳州站的记者会全部到场，所以不敢耽误时间。

我就和平头说："算了吧，不就一个佛牌吗，丢就丢了吧。"

当我们转身从屋里出来，一脚门里一脚门外往外走，就在这一瞬间我啊的一声，靠在了门柱上，右手捂住胸脯，一阵刺心的疼痛从心脏传来。

小平头一看我说："怎么啦？"

那时我已不敢大声说话。我说："可能是岔气了，胸疼。"估计一两分钟就能好吧。可是过了一两分钟还是疼得厉害。

他说："你以前心脏有问题吗？"这一句话点醒了我。

我说："不好。是心脏病犯了。"

他说："你休息一下吧。"

我知道时间不多了，必须到现场去了。记者在等着我们，出发仪式上有很多的人，报纸、电视都在宣传。

这时小平头说："你的脸色太难看了，很白很白，汗都下来了。"

我说："没事，走吧。"他扶着我一步一步慢慢地下来。到了一楼，我把凤凰车推出来。他推着山地车来到马路上。

今天我还记得那场面：我弓着腰，咬着牙。从前面横梁上跨上自行车（因为后面有旗杆）。心脏真的很疼，自己也是勉强挣扎着跟着他来到了广场。那里已经是人山人海了。看见我们两个人出现，人们让开一条通道。我们两个直接进入广场中间。好嘛，那里有十多台摄像机、二十多台照相机，广西所有记者站的记者全来了，电台主持人讲话宣布出发。

我勉强上了自行车。前面三台小车开路，我和王潇并排前行。后面几台面包护送。离开柳州我们即南下，前往梧州。他们给我们俩送到十八公里处就分手告别了。

我和小平头说："我的身体真的不行了。不敢快骑，慢慢地骑吧。"在一个县城，我见到一个旅店，我说："就在这儿休息吧。"随后我俩推车进去，我和服务员说："先给我开一个房。他办手续。"说完旁边的门一打开两台车子一放进去，我说："你去办手续吧。"

进了房间我拿出救心丹放到舌头底下。我把鞋一脱，帽子一摘，往床上一躺，盖上被。后面的事什么都记不得了。

当我再睁开眼睛一看，已是第二天的上午九点了，小平头不在，我昏睡了一夜。我是心脏病犯了，想起来写遗书，可是刚一动心脏又一阵剧痛，又什么都不知道了。

蒙蒙眬眬中被小平头叫醒："吃点东西吧。"

我一看是饺子，我只吃了三个饺子喝了一口汤。看了一下表是十二点，就又什么都不知道了。

一点钟，小平头把我叫醒。吃了两粒救心丹，就又昏睡过去了。

昏睡中再一次被叫醒，我睁眼一看小平头微笑着对我说："你看。"随后拿着一张报纸，我第一眼看到的是"中国体育报"五个大字，随后映入眼帘的是一张大照片。我和球迷在一起。还有锦旗，那个锦旗上写着四个大字，"罗西万岁！"这是成都球迷协会给我的。顶上一个大标题，几个大字是："中国球迷心中的皇帝——罗西！"而"皇帝"两个字是套红的。

我眼睛一亮，突然间清醒了。也许是昏睡了二十二个小时的原因，也许是精神的作用。我的身体已经恢复过来，我躺在床上拿着报纸看了一遍，心情相当高兴。我知道《中国体育报》是国家级大报，它的前身是《体育报》。今天国家的报纸登了这篇文章，这是对球迷的认可。这也是对球迷行为开始理解了。

我高兴得啊地叫起来！我和他说："饿了。我真的饿了。"

他说："你起来吧。"

我掀开被子一看，哈哈，我是全副武装躺在床上，就差鞋和帽子了，袜子都没扒下来。一起来感觉头有点晕，喝点水，休息一下好了。活动活动身体，心脏也不疼了。那个高兴啊，真的是天意啊，老天保佑啊！

之后我和小平头上街，这个精神啊，仿佛换了一个人。身体发轻，好像有使不尽的力量。

我笑着跟他说："出发去梧州长征的第一天，出门就休息了。这绝对是天意。"

我兜里一共有七千块钱，给平头拿了一千。所有吃饭住宿的钱都由他来花。一到饭店他都点四个菜一个汤。头两顿我没说话。

第二天晚上我和他说："我们这次出门路途遥远历经千辛万苦，所以我们不是潇洒，四菜一汤住宾馆这样花钱，我们走不了多远就会走不下去了。所以我们只能是一荤一素多喝点茶水吧。以吃饱为主。到了大地方自然有大餐等着你。"

他不好意思笑笑说："好的，我知道了。你就放心吧。"

要说不顺就是不顺。我们俩很能喝水，两大瓶的水，两个背壶，一上午就干光了。中午吃饭第一件事就是要来两壶水。凉凉后倒进壶中再要，最后才开始喝。记得那两个晚上每次想要点水，店员都不给。气得我嘟囔了几回。

我说："长征以来，一路全是热情接待，可是从柳州出来到今天没有一点顺利，全是别扭。"小平头在一边笑。

那天正骑着车子，我感到脚蹬子出了问题，停下车一检查，是中轴沙架碎了。我卸下东西，翻过车子，卸下中轴，好在我背着的小包里面有中轴的滚珠。我丢掉沙架，重新抹好黄油，滚珠一上，不一会儿就把车修好了，之后继续前行。

到了梧州感觉车子又不对了，到了旅店一看是前叉断了，好危险。气得我一边检修一边发牢骚。在卸前轴的螺丝时，螺丝扣又脱了。

气得我编了一首打油诗对小平头说：给玉林车厂写信。

你就这样写：

> 凤凰凤凰，
>
> 玉林组装。
>
> 三天骑坏中轴挡。
>
> 五天又断前叉梁。
>
> 正在检修中，
>
> 前轴螺纹光。
>
> 凤凰凤凰，
>
> 谁骑谁遭殃。

写完后小平头给玉林凤凰自行车厂邮去。（后来自行车厂给他家回信，并邮了全国各地维修站的电话，说对不起，可以在各地免费修理。这封信被他的母亲邮到了广州，他的四伯父家。）

梧州结佛缘

到了梧州，天热了，有的东西用不着了。我们准备把东西邮回去，真的不顺，从旅店出来到邮局，纸箱子、袋子什么都没有，还要自己缝袋子。好不容易买块布，又要到另一侧买来针线。回到旅馆，还要缝袋子，时间白白地浪费了。

那天晚上，我们两人躺在床上唠嗑。我想起了和他出来开始到现在发生的事。突然我想起佛牌来。我就说："自从佛牌丢在了你家，出来到现在一直不顺。"

小平头说："我已经给我妈妈打电话，佛牌已经找到了，邮到广州四伯父家，到广州就可以取了。"

"那好。佛牌不值钱,但那是老娘在文殊院给我请的。带着他佛祖会保佑我的。"

"要不我们到街上买一个?"

"请佛牌是随缘,那是天意,不是花多少钱买来一个就能代替的,算了。"之后我说,"休息吧。"

我们俩躺在床上,我说:"把窗户关上吧。"哪知窗户刚关好又会自动崩开。

我笑着对他说:"关窗户都关不上。"我顺手在窗户台上一胡噜,什么也没有。我重新关上窗户,指着窗户说:"你开,你开。"

我看窗户没动,便躺在床上。小平头在那边笑着看我。随后,窗户再一次自动崩开。

我对小平头说:"人要是不顺,窗户都关不上。"

小平头说:"不要说了,到了广州,把佛牌给你戴上,什么都好了。算了吧,不关了。"

那是两扇很旧的木头窗户,中间是墙,我和平头两个人的床头各自两扇窗户。天气凉爽我又怕海风刮进屋里在睡觉时对身体不好,就说:"哎,还是起来吧。窗户还得关上。"

因为窗户插销插入的木头已经开口不能用了。这一次我的手自然地奔着右面窗户角摸去,这一胡噜我一愣,原来窗户角立了一个东西。就在那一瞬间我的心突然一紧,第一反应这是个佛像。我大叫一声:"佛牌!"我拿到手里一看,我记得当时是个绿色的佛牌(也许是太激动了,我想象中那佛牌应是绿色的,所以把紫色的看成了绿色),之后我把佛牌放入口中,跪着身体向后退,冲着窗户连磕数个响头。

之后从口里拿出佛牌来。太激动了,浑身哆嗦。那时我的眼睛已经看不清了,我把佛牌递给小平头说:"你看看是不是佛牌。"之后我的头抵在床上不起来。

记得好长时间小平头让我起来,对我说:"是佛牌,玉石的。"

这时我把它拿回来开始仔细地端详,这时我的身体还在颤抖,仔细一看这是一块翡翠观音挂件,是紫罗兰色的。后来我从内衣的兜里拿出老娘给我的月月红把它放了进去,和小平头唠嗑。

我跟他说:"我正叨咕丢在你家的佛牌,天意,这不老天又赐给我一个,这绝对不是钱所能买到的。你说,今天这个事你能说明白吗?这是我们两个人都看见的,如果只有我一个人在场,我跟他们讲,他们会不会说我在编故事呢?"

小平头笑了说:"很多东西是说不清楚的。"

那一夜我的心情久久不能平静。我突然感悟出四个字——"科学哲理"。科学是人类思维最高的极限，科学又是人类智慧攀登的顶峰，科学是人类思维进步的结果，科学是现实发展的阶梯，科学是未知的探索。但是科学满足不了人类思维方式的续读，而哲学却从理念上弥补了思维不足的空虚。

记得第二天我做的第一件事就是请了一条红绳拴上挂在了脖子上。我又在一个商店给小平头请了一个佛牌。

我说："这是我送给你的，是你的缘分。"他要的是弥勒。戴着佛牌，我们心情也高兴起来。

热辣的太阳烧得身上暴皮起泡，我便和小平头两人买了几尺条布披在肩上，这样一来感觉好多了。

进湛江市到了徐闻，坐船到了海南省海口市。休息一下经文昌，穿琼海，过万宁，到了长征最南边长征第二十五站三亚市。

到了三亚市，我们不走回头路。准备买船票到广州，可是一个礼拜只有一个班次，昨天是最后一班，不管它了，是天留我也，先住下再说吧。

当时我和小平头先参观了亚运烽火台，在那里照了几张相。在天涯海角我要怪了。那是个光秃秃的大石，侧面有点凹凸的痕迹。我看了看，卸下身上东西，光着脚像壁虎一样，手抠着凹进去的地方，脚踩着石缝尽量把身体贴着岩石。大脑高度旋转，记忆着我是怎么上去的，想下来时也这样下来。起初以玩的心态，可是上到一半往下一瞅，哇，好高啊。从底下瞅天涯海角石头不高，可是从顶上往下一瞅，下面的人那么渺小。我站在巨石上，摆了个胜利的姿势，小平头拿相机给我照相，倒也高兴。当时也有不少人拿起相机照相，有几个小青年在石头旁比量了两下，摇摇头，笑了。

下来时我想怎么顺着原路下去，可是下不去了。上的时候可以看，可下去的时候身体离不开岩石，没办法下来。只能一只脚用力支撑，另一只脚和两只手开始找支撑点。记得还有三米高吧，累得不行了。我看地面全是沙子，一咬牙从石壁上蹦了下来。小平头瞅我直笑。躺在沙滩上，我大口大口地喘气。休息一下好多了。

后来去了大东海，在路边就听到轰隆轰隆的巨响。我问他："什么声音？"

他说："我也不知道。"

到了海边一看，才知道那轰隆轰隆的巨响是惊涛骇浪发出的怒吼，海浪太大了，有几米高。

最后和他去了鹿回头，并听说了鹿回头的故事。

走的那天，整理好东西出发。上街买了五十个馒头，十斤黄瓜，一瓶腐乳。下午的船，上午十一点半我们就来到船站，横在大门口的铁链子哗哗地放了下来，两个门卫探出身子摆摆手，我下车敬礼示意，和小平头推着车子直接奔大船而去。

船下站着一排穿制服的船员，整齐列队，船长正在讲话。我们推车一过去。所有的人都瞅着我，船长瞅着我们两个人笑了。最后他们互相敬礼。他们站着队从舷梯登入船中。

剩下三个人好像在等我，最后有一个人笑着说："你是球迷皇帝罗西吧？"

我敬礼说："职业球迷罗西。"

他说："你买票了吗？"

我说："五等舱，散席。"我把两张船票递了上去。

他看了看说："你住三等舱吧。"

我说："我是五等舱啊。"

他笑了笑："住五等舱也好，我不管，反正今天你就住在我的三等舱。我就服务在三等舱。"

他们三个人帮我俩抬着车子，我们就在三等舱住下来。我把东西安排好就和他躺在床上休息。

船离开码头时我和小平头想出来照几张照片留念。

好嘛，当我来到船边，一个朋友马上认出我，便说："你是罗西？"

"你好！我是罗西。"

他马上和后面的人说："快过来，罗西在这儿呢！"这一喊不要紧，他的几位球迷朋友都围过来了。拥抱之后我把小平头介绍给他们，大家在一起照相、谈球。但是球迷太多了，他们都过来了，其他人也渐渐向这个方向拥来。我们正谈得高兴，掌声和欢呼声刚过，警卫人员和那个工作人员就走了过来。

"罗西你赶紧回船舱。所有的人都往一边靠不安全。大家赶紧回到舱内。"我一听，双手抱拳，和小平头回到房间。这时那个朋友带着几个朋友过来了，我们继续谈球，聊得非常开心尽兴。那么大的船在海中像一叶小舟，跌入浪谷心一旋，冲入浪峰内心一涌。我怕晕船，和小平头吃完馒头黄瓜腐乳之后便休息了。

晚上那个朋友请我们吃饭。我们谈着足球与人生，讲着长征的故事十分开心。

在广州靠岸后，我俩最后下船，告别所有的船员，来到长征第二十六站广州。

老人的思念

按照地址小平头带着我先到了他的四伯父家，把他母亲邮来的佛牌拿了出来。我戴在脖子上，他又把邮来的一些东西和信件放进包中。之后，我们找个地方住了下来。

我给梁玉昆打电话，他对我们相当热情，请我们吃饭。我坐下之后他第一件事就是拿出一个没开封的邮包，那是一个月前爸爸寄给我的信，我告诉了他梁玉昆的地址他把一些必要的信件给我邮来。同时梁玉昆给我了一封父亲的家书。打开信后我非常激动，但是看着看着我看不下去了，热泪止不住地流了下来。父亲在信中写道：

儿子：

你离家已有半年多了，想爸爸吗？我时刻在惦念你，挂怀你，也盼望你顺利而平安地凯旋。"儿行千里母担忧"，这次是"儿行千里父担忧"了。日夜在估计你的行程，对照地图，主观合计到哪里了。每当见到明信片，欣悉抵达某地后，心里十分高兴，并祝福你平安到达下一宿地。

路途遥远，任务艰巨，跋山涉水，露宿风餐，饥饿劳累，一路上吃不少苦。好呀，克服困难是好汉，一定要坚持到底，争取最后胜利！

注意：千万遵纪守法，确保安全，别惹是生非，自找苦头。单身在外，自己多关照自己。

生活要妥善调剂。希望归来后见到你具有健康肤色，生龙活虎般的彪形大汉。

儿子，既然走上这条光明路，希望你一定到达目的地。扬起航帆，乘风破浪前进！最近，各地的信件像雪片飞来，对你十分敬佩、仰慕，你的知名度已达全国各地球迷心中了。希你戒骄戒躁，谦虚谨慎，不要迷失方向。

给你寄去的信件等，看有无保留必要？可否再返回保存归档？家中一切安好，诸事顺遂。爸还在做临时工作。

愿一举成名，名垂青史。

祝儿一路平安，载誉归来！

爸字

1993年3月28日

花了很长时间看完信，我的心情非常激动。那顿饭也没吃好。后来梁玉昆陪着我和小平头去了广州日报社，到了"足球报"，见到了严俊君老总。他给我拿出《足球报》中奖的浴巾和一本《世界足球邮票大全》，夹着一个首日封，上面有不少足球名人的签字。我高兴得手舞足蹈，把严大老板抱起来转了一圈。又到岳副总编那儿，他也给了我不少有关足球的纪念品。

之后我们上街想把东西换一换。两个人一商量不如找自行车厂换两台车子，于是梁玉昆就带着我们到了五羊自行车厂。厂长非常热情，又是吃饭又是拍照，并说给我们做两套衣服："明天和两台车子一起给你们。"

第二天我和小平头到了厂子，厂长给我们每人换了一套短身运动服。这下好啦，我又可以骑山地车啦。经过调整，我们俩骑着新的山地车，一样的服装，一样的车子，心里非常高兴。

深圳丢单车落荒而逃

经过中山到达珠海，签字盖章直奔深圳。什么护照，什么边防证，我除了一个鞍山球迷协会会员证，什么证也没有。当地人对我俩说，有小道，花点钱就能过去。我对小平头说："闯，闯过关去，什么证不证的。我俩为中国足球呐喊，名正言顺。咱俩别下车子，一直骑过去！"

在一个高高铁丝网和护栏的长廊中前进，我知道前面就是关口了。我俩直冲过去，前面一个栏杆几个武警，他们见我和小平头过来，没想到抬起了栏杆敬礼，我和小平头也在车上回以军礼，嗖的一声冲过关卡。我们俩在车上那个乐啊。就这样，我们闯进了长征第二十七站深圳。

小平头按照地址来到一个楼房前，楼下有个自行车棚子。他把车子锁好又拿出两个钢丝锁锁在栏杆上，可谓是双保险。

小平头的亲戚租了一座民宅的六楼做办公室，小平头拿着大包小裹按响门铃，进门后小平头和他的亲戚唠嗑，我见桌上有一张报纸，顺手拿起来一看，大标题写着"通过窗口窥视深圳人的心态"，小标题是："深圳人丢自行车不是新闻，不丢自行车那是新闻"。

我笑着对小平头说："你能看明白吗？"就在这一瞬间我一愣，回头来到窗口往下一看，傻眼了——小平头的自行车不见了。只有我那辆孤苦伶仃地立在那儿。小平头看到我的反应，往外一看也傻了。

我二话没说奔下楼来到车棚前，捡起地上被掐断的多股钢丝拧成的钢丝锁，傻傻发呆。"把你的这辆车子直接抬到楼上，"他的亲戚说，"丢车不算什么，我们这儿哪个没丢过自行车啊。没丢过那才是怪事。"

深圳在当时给我的感觉是现代大都市，很气派。尤其是晚上，霓虹灯将整个夜空照得壮丽辉煌。但它又是那么陌生和可怕。

第二天，花七百多块钱，我们买了一辆最便宜的山地车。小平头要五羊的，我就要了这辆。

急匆匆离开深圳沿海而上，过汕尾和汕头一路前行，从广州到这里全程水泥或柏油路面，没有泥泞的山路，只是大雨瓢泼。

那天晚上在旅店，我把我们两个的衣服合在一起准备洗干净，发现他的兜里有一张邮资存根，上面写着一百四十七元，日期是三两天前。我想可能是他往家里邮钱了。每一次我都把钱给他，钱没有了我再给他。

我把衣服洗完之后，把他喊来："你给家里邮钱啦？"

"啊，我妈说电费要交了。让我交一下。"

我说够吗？

他说够了。

我说还有别的费用吗？

他说没有。

我告诉小平头："下次有事跟我说一声。我也好帮你张罗张罗。"

他红着脸不好意思地说："不用了。"

"兜里钱不多了吧？"

他说还有几十。

我又拿出一千块钱给他。

我们所到之处就是例行公事。体委盖章，新闻单位采访，和小平头出来又加了一项——本子上贴着邮票到邮局盖章。

那晚我拿出一张纸，上面写着足球比赛的规则、场地的要求、足球的大小和一些球迷必备的知识。我告诉他："你是一会之长，有一些必备的知识一定要知道。这是基础，这个基础不牢，那么没有任何人会相信你是个球迷。哥哥希望你在下一次采访中一定要拿出球迷的风范。"

一路下来，山清水秀，无限风光。山地自行车的性能给长征带来了方便。到达漳州之后，我们直接到了中国女排基地听讲解介绍，不禁心潮澎湃。随后，我在签名本上用毛笔写下了"罗西长征四万里，来到漳州基地"的字样。从漳州出来，我们直接到了厦门。

到了厦门见有个大牌子是部队的，我便和平头跟门卫打了个招呼："只有在你这里头支帐篷是最安全的。"门卫给里面打了个电话后表示可以，我们听后非常高兴。门里面就是海边，挨着海边就是军营。我们在军营门前支上帐篷，面对大海和军舰。

见到中国足球的活化石"孙铁腿"

早晨起来，有张报纸刊载着上海举办东亚运动会的消息。

小平头说："去吧？"

我说："好啊。"

第二天，我和小平头坐船到了上海，观看东亚运动会。

我们出现在新闻中心门口，一下子被几十台摄像机、照相机包围，并分别接受了采访。

一个记者问我："你是为中国足球，他是为奥运会申办，你们主题到底为了什么？"

我脑袋一转说："我们这次长征，就是为了弘扬球迷文化，为中国足球摇旗呐喊，使中国足球早一天进入职业化，那么长征一半到柳州主题不变。现在不是正在申办奥运吗，所以他就加了个副标题。"

当时那个台湾记者点点头。明白了。

我们进入体育场时，不少球迷把我围起来，签名照相。我便把小平头介绍给他们。我见他们手里一人一个硬塑料的小喇叭，我问他们从哪里买的。有人说："不是买的，是那个老板送的。"

这时，一个球迷过来问我："你是罗西吗？"

我说："我是罗西呀。"

他说："我们老板正要找你哪，中场休息时你不要走。"

"好啊，你们老板是做什么的？"

"就是卖这个得胜号的。"

"哇，太好了！"

中场时，那个球迷领着一个中年人过来，介绍说："这是我们老板赵力群。"我们相互拥抱。看球之后他不让我走，领我和小平头吃夜宵。谈话中，他说6月份世界杯外围赛在成都举行，邀请我们俩一同前往。

我高兴坏了。我和小平头当场表示：全力以赴，而且还要办好。因为中国足球的赛场就需要这种热烈的气氛。在赛场中，我们又认识了镇江球迷协会会长董建明并建立了深厚的感情。毕竟对上海他比我熟多了，他陪着我联系事情。

后来，我听说中国老足球运动员孙锦顺从香港来。我动用一切手段了解了内情得知，孙锦顺是上海市足协主席包赢福请过来的。孙锦顺了不得，他曾在20世纪30年代和亚洲球王李惠堂并驾齐驱，号称孙铁腿。在同英国人的一场比赛中，一脚劲射把球网射穿。由此得名。他来了，那我必须照相。找到包赢福电话，可说什么也不让见。因为老人的腿有病，行动不便，加之他年岁也不小了。可我和小平头还是决心，一定要见到包赢福。

最终，我们如愿以偿。去见孙锦顺时包老师交代：他家里有两个要求，不许签名，不许照相。我们只好答应。

到了之后，包老师介绍彼此。老人家非常高兴。他躺在躺椅上，把肥大的裤腿挽到上部，他的腿，又红又粗，看来真是病了。老人虽已高龄，却很是健谈。我尽我所能把自己的崇敬之情表达出来。

临别时我对他说："老人家，你有心情吗？爱动弹吗？我有一面长征的大旗，是名人签字。你老人家能为这个大旗题字吗？"

老人笑了："可以啊。"一句话不打紧，我一伸手，小平头拿出了长征大旗。之后，我们像流水线一样，四面大旗，四个本子，纪念封邮票，分秒必争，老人一签，就签了十几个。

最后，我把本子签完，又和小平头同孙锦顺啪啪每人照了几张合影。出来那个乐啊甭提了。

既然来了，那就索性把上海足球界的老人都见一见吧。于是，我们又拜访了贾幼良。我想，在我的一生中能和这些老前辈有一面之缘，这是多么荣幸啊。

李惠堂、孙锦顺、贾幼良他们三人是1936年参加过伦敦奥运会的足球名将。那时在亚洲可是威名远扬啊。南华队打遍亚洲无敌手。

最后，我还拜访了张邦伦与上海队教练王后军。

这期间，上海球迷协会成刚给了我们热情的接待。随后，我们和他及几个球迷一同去了南京，拜访了南京球迷协会主席李石成。

李石成本人在体委工作，身兼协会主席，他热情地接待我们，并找了球迷踢了一场小球，加深了彼此的感情。

那天成刚跟我说，上海电视台东方卫视有一期节目现场直播并请来了嘉宾，是中央电视台体育部主任马国力和柳海光等几位名人，邀请我和小平头一起参加。马国力和柳海光在直播的节目中多次提到球迷和我，并给予我高度的肯定。

一位姓牛的球迷一定要跟我长征。我和小平头一商量，多一个人多个力量。可以吧。就一起做了出发的准备。

后来接到了赵力群的电话。25日出发，26日他在西安等我。

这样，我和小平头两人坐火车来到西安同赵力群见面。那两天，我和赵力群研究如何把他的得胜号推出去，想的是那么仔细完美和周全。

返蓉城"陪太子读书"SOS紧急呼救

28日，我们一起到了成都，在一个招待所住下。晚上，赵力群请我在饭店吃饭，饭后埋单时，不想服务员说："你们的单已经被旁边那桌给埋了。"原来旁边那桌有个球迷老板。

晚上董小祺大哥到了，大家拥抱在一起。想不到中国队在28日竟以0∶1输给了也门。那一刻我的心碎了。求佛祖保佑吧。

29日上午，我提出去文殊院烧香。赵力群和小平头陪我一同前往。烧香拜佛之后我摘下帽子在香炉上用烟熏熏，愿中国足球队客场胜利。想不到的是中国队又以0∶1败给了伊拉克。当然，我知道，这次成都比赛我们即使全赢也还要看其他队的比赛结果。

唉，这不是陪太子读书吗？准备的一切一切成为泡影。曾经想象球迷狂热的激情、奋力的呐喊。可是在这种情况下，球迷还会来吗？比赛还有什么意义呢？连续两天我难以入眠，在屋子里来回地走。

小祺大哥对我说："这两天全国球迷就过来啦，我们准备搞一个球迷大行动的活动，叫中国足球SOS，到时全国球迷都会到来。"

我说："陪太子读书，球迷能来多少？"

"不少。我已经接到很多家电话和来信。"

"那我们就开一个全国球迷代表大会。你是东道主，你就是第一届全国球迷代表大会主席。时间、地点、人员你来安排。这样配合你那个中国足球SOS紧急大救援，不是更好吗？"

"好吧，回去和大家研究研究。"

在此期间，几乎每天都只能睡几个小时。白天来了很多记者，我要和赵力群研究喇叭的使用及推广，又要接待全国各地球迷。没想到锦州球迷来了七位，鞍山的第一仙、辽必胜和大老李也到了。晚上，足球俱乐部的杂志记者每天都是十二点后等我们没事了，他们开始采访，有时会忙到凌晨三四点。

那天成都电视台《33聊天室》请我做节目，现场直播。相关领导都希望我把球迷的热情压下去，而那些球迷又希望我喊出球迷的声音。我真难把握啊，官话太多那我不是罗西，过分激情对当时的情况又不太好。

记得当时全世界有两百多家外国媒体要进藏采访，由于特殊原因被堵在了四川。他们转而开始报道足球。所以在那半个小时的现场直播中，我是激情四溢，希望球迷到赛场上来，尽管是陪太子读书，但也要喊出球迷的热情。球员把球输了，但是我们球迷不能输掉我们球迷的形象。最后又坚决提出"狂而不乱，热而不野，文明看球"的倡议。

从电视台出来，见到台里领导，他们对我的表现非常满意。之后到了体育场，陆陆续续前来的球迷也给我很高赞扬，说我讲出了球迷的心里话。我悬着的心这才放了下来。

8日，国家队抵达成都双流机场。我们很多球迷前往迎接。成都球迷协会在正面打出"站直了！别趴下！"的横幅。那长长的队伍，没有鲜花，没有掌声，没有欢呼，没有口号，庄严肃穆，很让人感伤。

当国家队的大巴从眼前驶过，国家队的队员个个戴副墨镜，表情严肃，没有一丝笑意。锦州小地主冲出人群跪在地上当当当磕头，哇的一声哭了。就在那一瞬间，我难以自持，一抹头抱住了董小祺痛哭，只有痛哭才能宣泄我内心的痛苦。我想挺起胸膛，擦干眼泪，我们打出的横幅让国家队"站直了，别趴下"，可我就是控制不住自己的感情。只有痛哭才感到痛快，我失去了男人的尊严，男儿有泪不轻弹。我脑袋里一片空白，全身无力。原来计划的鲜花锣鼓却换成了为国家队送行的悲惨结局，换来的是陪太子读书。除了流泪，那时不知还能做些什么。

回到招待所，大哥歪着头，咧着嘴，看着自己身后，抖抖肩，又看看我笑了。我走近才知，泪水把他的衣服都浸透了。

朋友陆陆续续来到，赵力群还要开房。

我说："不用了。就在我这房住吧。"

一时间，我这屋子横七竖八住了十三个人，那天我突然发现抽屉里那么一大摞子照片没了。他们都说没拿。我真的急了，好伤心。

想不到吃完晚饭，半夜十一点我准备写日记。打开抽屉一看，哇，那几百张照片大大的一摞稳稳地躺在那里。我说回来啦，大家马上围了过来。

我们不锁门，可能是哪位记者或朋友看了之后把东西又送了回来。不提了，我们十几个人东西不都没丢吗，大家笑了。

11日，由成都球迷协会发起的中国足球SOS紧急大营救在体育场开始第一个活动。成都球迷协会印制了上千张调查表，多家新闻媒体前来采访。无数个球迷在表上填写自己对中国足球的意见和感受。晚上，我们拿回来让大家挑选，有的留言还是很有品位。我至今还保留其中有代表性的八十张调查表。

6月12日，中国首场对巴基斯坦，比赛前全国各地球迷该来的都来了。我们几十家球迷协会的代表和东道主成都球迷协会一起开始游行。

我走在最前，小平头和张克葵在我左右，身后是成都球迷协会的横幅。七个球迷赤裸上阵，用血肉之躯组成七个血红大字 —— "可怜天下球迷心"。

我们一起高喊："中国队加油！"那么多的球迷一起高喊。

我记得太惨了，不少球迷之前把球票都撕了，可到了现场又重新买一张票进去，来自全国各地的球迷协会的会旗及各种彩旗、横幅将整个赛场变成了沸腾的海洋。"为什么伤心的总是我？！""誓报伊城一箭之仇！""足球尚未成功，球迷仍须努力！""不信东风唤不回！""中国足球路在何方？""擦干眼泪，国足雄起。"锦州球迷每个人举着"恨与爱，爱与恨"，而鞍山球迷举着"血与泪，泪与血"，他们光着膀子身上写着一个"血"字，好不伤感。

其实我在电视台就说，我们现在是在陪太子读书，我们全赢还要看别人的脸色，也门进约旦一球，球迷欢呼，我却知道结果很难改变，是真的难受啊。

而中国战巴基斯坦七十五分钟没进球，我的心情低落到了极点。当中国队终于在接近八十分钟时踢进一球，球迷们欢呼，我却流泪了。

第一届全国球迷代表大会第一次会议

15日，来自全国二十多家球迷协会的代表在四川电视台隆重举行了第一届全国球迷代表大会第一次会议暨"中国足球SOS"恳谈会。那天来的各地记者不少，在我的提议下，推荐东道主董小祺为第一届球迷代表大会主席。会议由主席董小祺亲自主持，锦州球迷协会秘书长吴迪、广西南宁球迷协会会长谢汝棠、镇江球迷协会会长董建明、柳州球迷协会会长小平头、成都球迷协会秘书长尚荃、连云港超级球迷程卫华、成都球迷协会副会长张克葵、西安超级球迷赵力群都发了言。有的球迷越说越激动，我听了不住流泪。

最后董小祺请我发言，我是从新中国成立时说起：

"中国足球从50年代到现在，四十多年没有冲出去，我认为最根本的原因是中国足坛近亲繁殖，恶性循环。50年代从匈牙利学习归来的那批国脚，在世界足坛只相当于小学毕业水平，小学毕业了本应继续发展，但实际上，'小学毕业生'再带学生，中国的足球是麻袋换草袋一代不如一代，导致中国足球得了一种'足球综合征'，包括：体制上的束缚、经济上的落后、教练水平低下、运动员修养素质不高、裁判水平低、普及不够、领导不重视，等等。中国足球的希望不可能寄托在某一个人身上，我们现在不应该指责施拉普纳，我们应该指责的是中国足协，中国足协到了该动大手术的时候了！

"中国足球的体制，还是靠行政手段和官僚机构管理足球，最大的坏处是关键时刻外行领导内行，有时甚至会出现笑话。一提到体制，许多人就提到足协的改组，我认为这只是一个问题，而且不是主要问题。改组是换汤不换药。足球体制的改革主要的是要从放权开始，使中国足协有权按照足球运动的内在规律去管理足球。中国足协在中国足球队的身上好像有些权力，而对中国足球的总体就没什么权力了。权力在国家体委、省体委、市体委，有时省体委发一点儿难中国足协就没什么办法了。而省一级足协只是一个空架子，市一级的足协就只剩一个虚名，没有球队的省市足协更惨了，无事可做，一切权力在体委手中。而这权力真的用在足球上了吗？某一大市过去足球在全国也是一流的，这几年下降到乙级队。几个企业出资要把足球搞上去，派队员到荷兰学习，而体委的一个主任非要把自己的孩子放进去，教练不同意，好了，你不要去了，请一个听话的人去。这个市的足球水平能不下来吗？国家队助理教练的人选是有争议的，但上面有圣旨，教练委员会便不起作用了。为什么地方队没有新人出来？为什么各地方队水平在下降？训练是你教练的，比赛是你队员的，而行政的管理和费用由我来管理。什么足球不足球，反正输球被骂的是你教练，被指责的是队员；而赢球是领导有方，教育工作到家。中国足球这几年有了一点点变化，开始翻牌了。有的出嫁、有的联姻，这也是一种过渡。为什么新婚夫妻开始甜甜蜜蜜，而后来就非要离婚？有的蜜月还没度完就嚷着离婚？这里不说各自的不足，我认为最主要的因素就是婆婆挤进小家庭，造成夫妻矛盾。有的家庭一下子来了三个婆婆，什么人受得了？旧的体制最大的危害就是阻碍了队员发展。我们的队员为什么没有足球的悟性？是人不行吗？是队员发自内心不想练吗？不是的。我们有多少队员到省队后想努力地拼搏一下，有多少队员到国家队后想好好地表现一下自己啊。他们带着火热的心到了队里，得到的不是努力奋斗的精神，而是必须学会将人与人之间的关系处理得当，长此以往，还考虑什么技术、学习，而麻将、喝酒、泡姐才是人生的乐趣。我们中国足球有一个怪现象，球越踢越臭，而钱越踢越多，越踢得臭，钱就越多，臭球和金钱成正比，真是怪了！

"经济上的落后是不容忽视的重要问题，没钱不行。我们国家的经济刚刚与世界接轨，正在向一个好的势头发展，但我国足球体制下的经济却是在倒退。足球象征着金钱，近似于宗教。两年前，我们国家足球全年的经费才三百六十万元外汇券，八十八年来，成都四川队队员才三百二十元工资。1987年世界球星马拉多纳，他一个人的转会费就是九百六十万美元啊，创造了转会费最高纪录。这比我们国家从建国以来对足球的所有投入还多。外国的足球运动员除了民族精神和事业心外，主要的奋斗目标是金钱，当上一名球星之后就可以改变落后的生活，并可以改变家庭的历史。他们为了得到钱是不惜付出一切的。他们练基本功，对足球寻找悟性，通过赛场上的发挥来提高自己的身份，用自己苦练的技术来换取金钱，有的收入高达千百万美元；而同时他们把足球的水平也提高了一个档次。这里没有人逼他们练，他们要自己练，练到自己满意为止，练到发挥时达到自由的境界为止。而我们的队员练不练都一样，老队员有资本，这老本够吃的了，哪个新队员敢比？老的就是主力，拿最高的奖金天经地义。而新队员长时间坐凉板凳，练不练都是这个样。队员练习时漫不经心，你说我，惯了，心里也不在乎，老的一走我自然也上来了，什么达标不达标，只要是在这个慢节奏中比赛，我就能进球，只要有成绩就是好家伙。正是这种不良的影响才使中国足球到了今日令人发指的地步。

"足球的一半是球星，另一半是球迷；足球最主要的表现在于球员对足球的悟性，与球迷发生的共鸣；而我们的教练大多数对足球理论的学习很弱，什么营养学，什么运动学，就更不必说了。我们的队员从少年队到青年队到国家队都是老一套，一停一扣一抬头。好的学生把老师教的记住，发挥好了在中国就有希望了。老师满意了，近亲繁殖又发展了。看准了射，看准了传，看准了踢，你为什么打偏了？这好像是对队员很好的严格要求，其实这是中国足球最大的错误。等你什么都看好了看准了，什么都晚了。为什么我们有的队员在国内是好样的，一到国外什么都不是了？在国内都是慢节奏，而和国外队打比赛，人家不让你看准了。在西德，少年队一般不教什么技术，只是练基本功，你自己以为怎么过人好你就怎么过，球来了在一瞬间的变化，队员认为门在哪里就往哪里射，所以他们有悟性的踢球就十分精彩了，也就出球星了。这一切一切，主要是足球意识的表现，是在苦练中自己找到的足球的真谛。而我们有人说这个教练不教技术，那个教练放弃技术，只讲战术，一输球就把一切推给教练。如果说1986年世界杯冠军阿根廷打技术赢了，是比拉尔多教马拉多纳和布·查家技术教得好，那是否有一点太业余了？国家队的教练是伯乐，绝对不是训马员，伯乐是在找千里马，是如何让千里马发挥其应有的作用，而绝对不是让伯乐在长时间中将一般的马训练成千里马。比拉尔多如何把球星组合在一起，如何使球星发挥出自己的水平，根据的是球星的特点制订恰当的战术。他根据马拉多纳的特点提出一个口号，全体球星的战术不如围绕着一个超级球星的战术，而他的球星战术一举成功。球星是自己练出来的，这基于民族的意识加上金钱的刺激。马拉多纳是人教出来的吗？不是。是自己苦练出来的，是自己悟出来的。他儿时在街头巷尾踢野球，成为街道小球星，九岁时在街头'小葱头'队打遍少年无敌手，场场有进球，伟大的球星就是从这里诞生的。被称为任意球球王的普拉蒂尼，'丰田杯'上那魔术般的神奇的一脚任意球，无与伦比；但那是每天踢上近千次的任意球才找到的悟性。巴西国宝白贝利，1982年那一个倒挂金钩，如一个漂亮的香蕉，是平时他父亲推人墙车每天练上无数次才找到的。而我们的队员如何呢？队员停球都停不好，何谈让施拉普纳去教技术。我们的队员每人又能练几次任意球呢？为什么每次的任意球和角球几乎都没有太大的作用，只是浪费了时间还不如多跑几下？我们踢点球不进不是司空见惯了吗？为什么一到大赛我们就输在任意球上？是不注意吗？不是。是我们不懂任意球，所以进不了，所以不知如何正确防守。

"说到队员修养素质不高，我们把体制和其他原因去掉，主要是恶性循环造成的。但我们说的是队员自身的修养素质，包括文化修养。我们不难看出，这里有很多很多的自身的毛病。是的，每个队员开始是抱着对祖国、对个人、对家庭的责任感和雄心壮志来的，可是在困难面前我们选择了什么？我们要自己去练，要用提高自己的球技来换取荣誉和金钱，而不是为了捞钱而踢球。老师教的是一方面，我们要有自己的东西。我有的你没有，你有的我就要新，你新了我要变，你变了我已成球星了。这是一个干事业的人不可失去的真理。我们的队员做到了这些吗？

"裁判是个重要的问题，也是个国际问题。我国的足球裁判水平发展不平衡。我们国内的裁判总体来说差得很多，有的裁判直接压制了比赛的发展，对我国足球事业发展十分不利。球员不满意，球迷也不满意。一个国家足球的发展，裁判有一定的责任；而我国地方队的比赛因裁判问题发生的纠纷层出不穷，使队员不能充分地自由发挥。中国足球要上去，裁判要努力。

"说到领导重视和普及的问题，真可谓上面领导喊得高，下面领导瞎胡闹，输了球队把罪遭，球场球迷喊糟糕。在领导重视和普及的问题上，我们犯了一个不小的错误，我们上面的领导只抓国家队，把一些已成形的队员集合在一起练这练那。国家队的队员即使是一块玉石也早已被平庸的方法训练成了一个四不像，就是再好的艺术大师也很难将其重塑成一个优秀队员。不要说施大爷，就是贝肯鲍尔、比拉尔多、贝巴尔左特到中国来，也不能出球星。沙滩上盖高楼，不倒才怪呢。我们不是抓国家队的问题，也绝不是喊冲出亚洲走向世界的问题，是狠抓普及立足国内，如何提高地方队水平的问题。天津没有了左树生，陈金刚在关键时候换上来；北京没有了二福、广东没有了二吴和赵、古二仔，便直线下降。甲级联赛那惨不忍睹的场面，一支支四不像的队伍，怎样冲出亚洲？如果我们把地方队的水平搞上去，今日的福建、安徽、浙江等省重建球队，而湖南、湖北、江苏提高到辽宁、广东这样水平，辽宁成为大宇队的水平，中国有了金铸成、马吉德，那么自然而然就冲出去了。可我们只抓国家队那几个不让全国人民放心的队员，你就是累死也是毫无作为。如果不改变现在这种状况，我们就有可能下届在越南面前称臣。到时候又要总结经验，又一批队员和教练受到指责。我们要改变一下战略，一定要把地方队的水平搞上去，足球的普及是一个民族足球的根基，我们国家足球的普及怕是世界上最糟的一个吧。业余体校的教练一般都是老队员，他们一致的说法是：经费问题和领导重视问题。一些有发展的学生达到一定的水平就无法练下去了，变成玩一玩而已。我们喊了多年从娃娃抓起，而我们抓没抓呢？抓少年班不是为普及，而是为了早出成绩。在名目繁多的什么贝贝杯、什么少儿杯里，有哪个队没有假？我们有几个省市抓了少儿杯？可是这些有希望的娃娃能往哪儿送？足球的普及在于各省市的重视，是全民族的意识，只有各省市足球的兴起才能达到普及，否则就是空话。各行各业一提到普及都以金字塔比喻，那么我们国家足球就是一个酒瓶子。

"中国足球吃完了中药吃西药，还没有看好病，那么我们就从中国足球的病根开始吧。中国足球必须手术了，改革势在必行，中国足球必须走向市场，否则我们真的就要输给巴基斯坦了！

"我们不为中国足球的过去悲哀，也不为中国足球的现在痛苦，我们为中国足球的未来摇旗呐喊！"

后来我什么都不知道了

记得第二场比赛，我们各地的球迷代表排成一排，所到之处呐喊连天，红旗飘扬。这时，一个小朋友冲过来把一个蓝色的仿古战旗披在我的肩上，战旗上两条龙中间是一个帅字。大老李一行把这面旗披在我的肩上，那天球迷们全都拼了。中国队4：1战胜约旦队。

然而，接下来的比赛是也门对伊拉克。我们球迷居然把希望寄托到中国队的"仇敌"也门队身上，希望也门队战胜伊拉克队。这真是中国球迷的悲剧。就在半个月前，正是他们使我们上演今天的悲剧。明知道我们没有希望，可是还是抱着那么一点希望，为也门加油。我欲哭无泪，想跟着喊也门加油，可怎么喊也没有底气。

然而，也门终不敌伊拉克的进攻。我只记得和身边的小平头说："我的手指头怎么木了？"而就在那一瞬间我感到不对。这时，突然眼前的颜色都变成了黑白，逐渐模糊不清，听觉一点点消失，渐渐就什么都不知道了。迷迷糊糊中好像有人喊罗西，什么逆行，什么医院，什么都不知道了。

当我醒来时已经是第二天了。四周全是鲜花，四川省足协王凤珠主席来看我，给我很高的评价，不少学生和小球迷拿着鲜花过来，他们的祝福使我非常感动。而那些球迷的鼓励更增加了我的激情。电视台、电台、报社的记者也来了不少，都安慰我，让好好休息。

哈哈，又是十二瓶点滴，怎么和十二干上了。真不明白！

后来小平头几个人告诉我："我们连背带抬又打了一台出租车，司机一听说你心脏病犯了，二话没说抢时间逆行，被警察拦住。警察一听说你病了马上放行，成都的人民对你太好了！"

我真的好感动好感动！

出院后，我的好哥哥李首健给我端来一锅鸡汤，对我说："你的身体要保护好。这么累受不了。我爱人特意为你做了一锅鸡汤给你补身体。现在趁热把它喝了吧。"当时我是真的感动，那几天，我的好兄弟王志茂也天天陪着我，给了我无微不至的关怀。

后来两场比赛，所有的球迷都不让我看了。成都球迷协会安排我到张捷家看电视，张捷在过秦岭时我们就认识了。

我住院期间，中央电视台打来长途电话，《东方时空》要拍我的专题节目。6月19日，北京又来电话催，问我什么时候到北京，我说比赛刚刚结束，送别各地球迷之后就抵京。

我让小平头和上海的老牛先回上海，我问小平头还有多少钱？

他说："还有，够用。"

"我还有两千元，再给你五百元。"

他说不要，我就把钱塞进他的兜里。

送走小平头之后，李首健、王志茂等一行为我饯行。临别时，董小祺大哥把我拽到一边拿出一沓钱说："这是三千元钱，本来给你准备了五千元，可是球市不好也拿不出太多，这三千元拿着吧。"我刚要说话，他拽过我的包把钱塞了进去，瞪着眼睛，"啥也别说，是兄弟别说话。"

我还能说什么呢，这个情我永远记在心中。他们把我送上火车，拥抱分别。

成都，这座美丽的城市，可爱的球迷，亲爱的朋友，我的亲人，我的哥们儿，在这里我得到了人们对球迷的认可，得到了人们对我的理解、支持和帮助。

成都在中国球迷的历史中已经留下了浓重的一笔。1993年6月，中国足球SOS紧急大救援。如果说1987年沈阳球迷打出来"中国足球从这里崛起"的口号，是向世界宣布中国球迷的存在，那么1993年成都球迷中国足球SOS紧急大救援行动，则准确地说预示着中国球迷终于从狂热的呐喊到走向理性的探索，走向成熟的参与，并集结成部落。

火车上，不少球迷过来签名合影，很多人问我有关长征的问题。有个三十多岁的人说："我叫艾亢，在深圳工作。我问你，长征最困难的路是哪儿？"

我就给他讲了金刚哨的故事，大家在火车中欢呼，对我报以热烈的掌声。

　　这时，艾亢拿出来一沓钱："罗西，我非常崇拜你，这一千元钱送给你，这是我对你和对球迷的心意。别客气，请收下。"

　　他话音刚落，我当即拒绝："这个钱我不能收！第一，现在资金足足的，我有五千多块了。第二，我们素不相识，情我领了，钱我绝对不能拿。第三，也是最主要的，如果这个钱我要是收了，那我的长征还有什么意义呢？所以我一路下来，别人给钱我是不收的。"

　　那一瞬间，那么多人没有一个不给我掌声的。他非常激动，突然他伸出一个指头神秘地说："这样吧，我送你一个礼品你不能不收吧？"

　　"那看是什么了？"

　　"我看你没有戴表，我送你一块表吧！你长征中用得着。"

　　那一瞬间，一想一只表也就几十块钱呗，我双手抱拳称谢。他于是取出一块表："这个送给你了。"

　　我打开一看，好漂亮。没办法，我只好收下。他写了十个字："罗西万里行，艾亢表真情！"他告诉我："这是瑞士牌子，瓦时针。"

　　我当时愣在了那里。

　　他说："你答应我的，收下吧，你一千元没收，这只表可不是一千来块钱啊。"

　　火车过秦岭时换车头，要停一段时间，我下车透了透气。站台上，很多乘客和司乘人员在一起唠嗑。司机也是个球迷，非拉我坐车头不可。我觉得不太合适。司机说："对于你什么都合适，来吧。"我跟着他一起上了车头。那种感觉真好，隧洞弯道坡路看得清清楚楚。我突然发现了我支帐篷的地方，那一瞬间我看到了那块沙地。半年了，那里已经长了不少杂草。我的心情久久不能平静，过了秦岭，我回到卧铺车厢。

"球迷"两字被人另眼相看

　　到达北京，给中央电视台张武斌老师打电话，对方立刻接我拍摄《东方时空·东方之子》专题节目。他带着我来到龙潭湖中国足球训练基地，那里有不少球迷，我们合影照相后接受采访。我不得不佩服央视的采访水平，他们的节目做得非常成功。

　　在北京期间，我又去了一趟中国足协，与北京球迷张忠和、王占军等十位组成球迷代表队，跟中国足协代表队在中国足协大本营龙潭湖国家队训练基地踢了一场比赛。结果让王俊生、金正民、蔚少辉等踢了个6：0。我刚踢不一会儿，王俊生说："把罗西换下去，他身体不行，心脏不好，不能受伤。"我有心脏病他们都知道，这样关心我，我很感动。

11日，离京赴上海。我回到上海，小平头因为所在单位要分家，母亲又病重回柳州了。

在上海期间，我可谓是上了老牛的当，他说要和我一起长征，可就是不走。他的亲戚向我借五百块钱，我给他三百，他说看病，可实际上他买了BB机。我给了他最后期限，他同意了。

那天真是缘分，碰上一个鞍钢矿山公司的朋友，他告诉我，刘秘书正找你呢。我便往鞍山挂长途，刘秘书说，8月8日，鞍山有一场比赛，辽宁队对鞍钢队，需要你回来。你是鞍山人不能忘了家乡。家乡需要你回来一趟，为家乡的球队助威。长征离家十一个月了，想爸爸，想球迷，想三弟和哥们儿，此时正有时间，于是我答应了。那是鞍山市人民保险公司主办的"人民保险杯"，我便给人保叶总打了一个电话。叶总非常热情并给我免费人身保险。

8月8日晚，我突然出现在万头攒动的鞍山体育场，球迷和看台的观众无不欢腾雀跃。毕竟分别快一年了，领导讲话后给我发了一个奖杯和一个"人身保险证书"。随后请我讲话，要说的话太多了，说什么呢？只有鼓励球迷和煽情了。

我用最短的时间动员现场球迷后继续讲道："还是那句话，我们不为过去的中国足球而悲哀，也不为现在的中国足球而痛苦，我们为未来的中国足球充满希望而摇旗呐喊，因为有无数个痴心不改的球迷在执迷不悟地等待，因为有你！因为有我！因为未来的中国是强大的，未来的中国足球一定是美好的。为了未来的中国足球让我们高喊'中国加油！'明天我将继续踏上长征之路。'子规夜半犹啼血，不信东风唤不回'！"

随后，在掌声和欢呼声中我跑了半圈来到主席台对面中间的七看台，那里已经专门为我搭好了一个梯子，在欢呼之中，我刚刚登上看台护栏，无数双手一下子把我拽了上去拥抱寒暄。看见那些鞍山的可爱的老球迷，我的亲人，我真的很开心！三弟、拉什、穆勒、赵勇、李庆东、大老李……那个高兴劲儿甭提了。

这场比赛是辽宁队参加七运会决赛前的一次热身练兵，除守门员傅玉斌留沈养病外，其他队员全部来到鞍山。队员均入选过国字号队伍。鞍钢队则是去年才组建的一支新军，无论从意识、经验、技术还是整体配合上与辽宁队相比都有很大的差距，实事求是地讲，双方并不在一个水平上。这场比赛的结果，不出赛前人们所料，辽宁队以4∶1轻取对手。如果不是照顾鞍钢队面子，恐怕那个球也进不去。比赛结束了，我少不了和弟兄们一聚，令我感到欣慰的是，哥们儿的感情没因为我的长征没见面而淡薄，而是更加热情了。

爸爸知道我回来了，早早就在家等候，那个高兴劲儿在脸上洋溢。从1986年开始，爸爸逐渐理解了我的人生。那天爸爸特意炒了几个菜，姐姐和姐夫安萍也过来团聚。爸爸问这问那，我对他们只讲我的辉煌，不讲我的艰难困苦。有时，我还加进一点儿笑话，把爸爸、姐姐他们逗乐了。在鞍山我一共待了两天，然后带着亲情，带着牵挂告别亲友回到上海，等待着老牛。

那天我接了北京一个电话，说28日中央电视台《东方之子》节目要播放我的专题。我到一个大商场买了一个录像带和服务员一说，他同意替我录下来。我一边看电视，一边想着长征一路走来的酸甜苦辣，心情有些激动。那时有不少人停下脚步站在电视机前，一边看电视，一边看我，不少人请我签名。

那天晚上，我想了很多很多。这些年，我遭到多少人的冷嘲热讽，疯子、精神病、卡愣子都是我的代名词。但是今天，我终于站起来了，以一个球迷的身份荣登央视《东方之子》栏目。"东方之子，浓缩人生精华。东方之子，尽显英雄本色。"上《东方之子》的人都是什么人？明星、大腕、专家、教授，哪一位不是风云人物？而我只是一个普通的球迷，我能登上《东方之子》，这是对我们中国数千万球迷的认可，作为中国的球迷，我们感到自豪和骄傲。

时间到了，我和老牛说："我们准备走吧！"他说："后天看完上海的比赛再说吧。"我一听才明白，他是拉着我陪着他出入赛场来提高他的地位。我当场揭穿了他。

他表示："你当了皇帝，听不进球迷的话了。我不和你走了。"

我当时气得浑身哆嗦，拳头握得紧紧的，几次都想给他个电炮。可我极力地控制自己，安慰自己。

一个傻子提出的问题，十个聪明人很难回答。同样，一个无赖做的事情，十个君子很难处理。要是和他一样，那我就不是罗西了。只能说我眼瞎看错了人。

从不骂人的我骂了他几句，总算发泄了一下。

好在上海的球迷成刚他们十分理解支持我，他们送我到车站。和他们告别之后，我回到厦门。

部队的首长说他们有活动，我们在那儿不便，我谢过他们把东西整理好后，推着车子出来。

得到一群流浪儿的追宠

天还没黑，我就来到河边上的一个斜坡草地，这地方离开市中心，比较安静。我把车子放倒，躺在草地上，休息一会儿之后准备支帐篷。

这时，我发现右边不远处有七八个人分散活动。仔细一看，一个二十七八岁的小伙子带着一群孩子，最大的有十四五岁，最小的十来岁，我注意到他们慢慢地向我这个地方移动。

我知道这不是好事，这地方不安全，但又不想花钱住旅店。索性交个朋友吧！我拿出香烟点着，冲着那个小伙子说："哎，哥们儿，来一支？"他马上走了过来。

"你好！哥们儿，什么地方的？"

"东北的。"

"哎呀！我们是老乡，我是辽宁的。"

"我是吉林的。"

"太好了，在这里遇到老乡了。"

一个十二三岁的小朋友笑嘻嘻地说："好烟，给我一支呗！"

我笑了笑说："我就犯一次错误吧！"

哈哈！他们几乎都抽。我撒了一圈把剩下的丢给那个小伙子。

"你是干什么的？"二十七八岁的那位小伙子问。

"我是中国职业球迷，我叫罗西，为了中国足球呐喊，我骑自行车走遍中国。从成都世界杯到北京中央电视台录制《东方之子》，经过上海，今天回到厦门。"

"你太厉害了，我们一看你就不是一般人。"他们把我围了起来，我拿出来两盒烟放在草坪上开始和他们唠嗑。

原来，他是因为家庭的原因出来流浪多年，这些小朋友也因为家庭的原因出来后认识了他，他不带他们，是他们非要跟他，他们都是各地的，记得最后他说："带着他们是我的累赘。我看着他们真的可怜，我才收留他们。"这时只有我们两个人闲谈，所有小孩头都耷拉下来不吱声了。

我问他们："那么你们怎么生活？"旁边一个大一点的抬起头看着我说："偷。"停顿一下，接着说："要，不给就抢呗。"

"那你要是打不过他怎么办？"他看看我说："没有。我们抢时他们都不敢还手。"说完撩开后背的衣服，拽出半把很长的裁缝剪刀，往草坪上一掼。

"你不害怕吗？"

"现在不害怕！ 是他们害怕。"

"你想过后果吗？"

"想过。没办法。"

我停了一会儿："这样吧！ 我提几个问题，看你们能不能回答。第一，公安局是干什么的？ 第二，你们能打过谁？ 关键的问题是你为什么活着，生命的意义在哪儿？"

那个小一点儿的说："公安局是抓坏人的。"

"谁是好人，谁是坏人？"我对那个大一点的说，"你能打过公安局吗？ 你肯定打不过。一见到公安局，你是啥滋味？"

他看着我说："看到公安还可以，可是看到警车一响开过来，就非常紧张。"

"为什么？"

"我怕他们来抓我。"

"从这一点上看，你是知道自己错了。怕公安来抓你。你还算是一个好孩子。只是你现在的环境又不得不干你不想干的事。"

没有人吱声，那个小伙子只是望着远方沉思。

我对他说："哥们儿，你和我不一样，我为足球漂来漂去是为了理想、事业、爱好和追求。回去后我要干球迷的事业。你刚才说了你已经二十八了，你不想回东北的老家吗？ 你不想成家吗？"停了一下。他还是望着远方，小声说着："这不，我再干两年也不干了，我要回长春，如果我这样回去，那些哥们儿会瞧不起我的。"

"你错了！ 那些哥们儿你离不开，你永远也解脱不了。之所以你今天走到这个地步，就是你的环境，你身边的人在影响你。你总是他们怎么的了，他们说我什么了。关键的关键是你认识的哥们儿，他们怎么样了。我不说你也应该知道。你要改变的环境是，和你以前社会上的哥们儿掐断联系，重新开始建立新的环境。否则你最后的结果是很悲惨的。就你自己不说，这几个孩子，你都无法交代。他们长大了和现在一样吗？ 他们吃什么？ 花什么？住什么？他们自己出了事是他们自己，可是他们要是跟着你出了什么事，你以后怎么对他们交代？他们才十几岁呀。"

一看到他们。我就想起了自己，我也是十二岁失去了母亲，十七岁进工厂。其实那时我刚满十六岁。我一进工厂爸爸便下乡走五七道路。我一个人领着妹妹生活。那时妹妹才六岁啊。由于我的无知，十六岁的我以我的思维来要求六岁的妹妹。可以说，她从小就不知道什么是幸福，四岁没有妈妈，爸爸和姐姐下乡，跟着一个十六岁不懂事的哥哥，她懂得什么呀。她多么希望自己幸福和快乐，她多想和其他小朋友一样，在爸爸妈妈的宠爱下无忧无虑地玩耍。可是在她的周围除了哥哥的关爱外，全是歧视。所以说，她不知道什么是幸福和快乐。

话到这里，我几乎说不下去了。有几个小朋友哭了，他们一哭，我也很难受，为了控制自己，马上深呼吸，点了一支烟。那个小不点儿趴在我的大腿上，却越哭越厉害。

我摸着他的头说："你们要想真正得到幸福和快乐，你们就必须改变你们的环境。否则，等待你们的就是地狱。只要你有一次掉进去，那就下地狱了。在那里有自由吗？你们必须回家，必须上学！你们要用智慧和勤劳，去换取明天真正的幸福和快乐。"

我的心里话没想到竟然能得到他们的掌声。今天回想起来，也感到好笑，在那片斜坡的草坪上，我竟得到了一群流浪儿的追宠。

我没有想到的是，最后竟有两个小朋友要和我走。他们哭着不停地晃着我的腿。带队的小伙子说："你把他俩带走吧，这样我还能好一点儿。"今天回想起来，不知为什么我竟然答应了他们。他俩高兴得在斜坡上来回打滚。我开始研究他俩的装备和行囊，他们的钱也不多了。

我告诉他们："我带你们出去，一分钱不用你拿。长征结束后，我要送你们回家上学。"我决定第二天到电话局给红旗拖拉机厂打电话，把答应赞助我的五千元提前要来。如果不成，他们先回去，我到了他们家那里，报纸、电视肯定会报道。那时他们再跟我，有一个大老板或许会成全他们。

第二天，我来到电话局给大尉打电话。我本以为问题不大，可大尉告诉我原来的红拖企业正在转型。没办法，只好和他们分手，并定下江苏再见。

从厦门出来北上到了石狮。石狮是我想看的地方，我知道鞍山不少人在那里发展，很多人都是从石狮往回倒腾服装和其他商品。在一个市场遇到一位鞍山的朋友，他们热情的接待更使我感受到了家乡人的豪放和乡情。

离开石狮，一路沿海北上。风景秀丽，山川河流，碧水蓝天。那一带很穷，人们生活真的很艰苦。一天，在一个路旁小店休息，唠嗑之后，主人从后屋抱出一个才几个月的小孩，非要我给起个名字，王姓。

万般无奈，我想了一下说："就叫王鼎吧。王者风范，鼎立平稳，象征平安。"全家齐声称好。他竟然让孩子认我为干爸。

和这个善良之家分手，我继续北上。

这一路狗太多，有几次从后面蹿过来。于是我在车筐里放上一些石头，这样一来好多了。

我终于到达了长征第二十八站福州。先是到了报社，记者热情地对我采访，他的旁边有一个小茶海，有四个小小的茶盅，只有大手指盖大，那个壶小小的，看他有条不紊地忙着，我不好意思地说："还是来这个吧。"说完，我拿出包上挂着的一个大杯，一指那个饮水机。

他哈哈大笑："你一路辛苦了，太渴了吧？"

"渴坏了。"我一口气喝了两大杯水，来神了。

采访之后给电视台打电话，电视台的记者来接我，在一个树林边上开始采访。原来他们成立了一个电视台，记得叫闽南台，准备在一个星期之后第一期节目中播放我的内容，采访比较成功。离开福州之后一路前行。

这里的景色煞是迷人，右面一条江，水很清澈，岸边种着茉莉花，一片芳香扑鼻。我爸爸种过茉莉花，可是这样成片成片大面积的茉莉花还是第一次看见。太香了！蓝蓝的天空，远处有一块白云，落在一座青灰色的山半腰，真仿佛一条玉带挂在胸前。

过福建一进浙江，路就好走了，全是水泥路面。吃的不一样，感觉人也不一样。到达温州，按照地址找朋友，朋友已经不在那里，小旅店老板是个球迷，非常热情不在话下。

从温州出来，我骑着自行车便到了雁荡山。雁荡山的美景把我醉倒，大龙湫、小龙湫更给我留下了美好的印象。巨石飞瀑，雄伟震撼。那天山上没有人，我独自享受自然的美景。我伸开双臂，望着瀑布，感悟着大自然带来的神秘。那时的雁荡山还没有完全开发，我拿着望远镜望着山上的瀑布口，仿佛天水独自冲我而来。

回来后见到在半山腰上，石壁之中建有庙宇，索性登了上去，一看是借着山洞而建的观音洞，我进去拜了拜。

从雁荡山出来，历经千辛万苦终于到达了长征第二十九站宁波。

为看"申奥"夜奔杭州

蒙宁波球迷于学丰热情接待,我到他的酒店海龙王酒家聚会,他还请来不少球迷和领导,为我接风。那天晚上大家真的好开心。

对有的媒体关于我的负面报道,我从来不屑一顾,除非有球迷提出疑问,我才解释。当晚,来了一位球迷,拿着《体坛周报》说:"大哥,你看上面有篇文章中谈到了你,原某某队教练刘某某议论球迷时说,球迷看球是为了寻找快乐,不必把自己搞得很惨,比如说罗西……"

我看后很激动。不理解我,我可以原谅,但身为足球界著名人士说这种话,我难以接受。搞足球工作的人,把中国足球搞成了这个样子,我不仅为自己感到悲哀,也为全国球迷和中国足球感到悲哀。他非但没有认识到中国足球对不起球迷,反而认为球迷把自己搞得很惨。我拿足球当事业,将球迷作为自己的职业,我惨吗? 从某种意义上讲,我失去了很多,我当过全民工人,做过买卖。虽说我四大皆空,没有房子没有地。可我又绝对富有,因为我有足球 —— 我心中的太阳在我心中高照。我有球迷 —— 我的上帝在心中永存。不要用常人的生活方式衡量罗西,罗西就是罗西。在生活中,我满足于滞后。在事业中,我追求于超前。困难是暂时的,辉煌是一瞬的。困难不能阻止我前进,辉煌不能束缚我发展。有人说我疯,我不疯装疯。有人说我傻,我不傻装傻。当我装成十足的疯子和十足的傻子,我所剩下的只有威风和十足的潇洒。我一生最大的幸福,就是在不理解之中走出了自己的人生之路。理解我的人给了我无穷的力量,不理解的人激励我努力去奋斗。反对我的人让我产生了拼搏的激情。

我当时心情非常激动,一番慷慨陈词得到了球迷朋友们长时间的掌声,激动的球迷把我抱了起来。宁波足协一位领导给杭州打电话,安排好了我下一站杭州的住处"东海宾馆"。

22日,新闻单位、体委一切工作做好之后,我接到杭州电话,让我明天下午抵达,和球迷们一起看申办奥运。吃完饭,我和宁波球迷们分手,骑车上路。

这是我长征以来第一次全天夜行,白天忙了一天,晚上要赶到杭州,现在回想起来也十分可怕,那时没有高速公路,宁波至杭州的国道汽车太多了,一辆接着一辆,几乎全是大货车和大客车,而且开得飞快。借着汽车的灯光,我尾随在后,一路飞奔。白天一点觉也没睡，虽然上半夜我还很精神，可是到了三四点钟眼皮直打架。危险！危险！一个定神，精神一下，再快速骑行，只过一会儿，又要睡觉。辛好天马上就亮了，我抖擞精神，强挣扎，冲进长征第三十站杭州。

那时路上只有几名环卫工人，在他们的指引下我飞速到达了东海宾馆。宾馆规模很大，我推着车子进了大厅，直奔前台。那个服务员看我笑了一笑，给我一把钥匙，拿出一个本子，我说："太困了，等我下来再登记吧。"随后推着车子上了电梯，走进房间，车子一靠，躺在床上睡着了。

不知多久，我从梦中惊醒，定神一看表，中午一点，时间来得及。于是又在床上靠了一会儿，然后给怪杰打电话。他来了，也不等我说话就讲了一大堆，不知道谈的主题是什么。

最后他通知我："下午你和一些球迷集体观看申办奥运会节目。"

我说："那不错呀。"

记得大家全神贯注，当听到北京两个字一下子大家蹦了起来。可是一看不对，原来是感谢北京。凉了！凉了！中国申办奥运的失败，让我半夜无法成眠。

第二天，怪杰又安排我到武林广场。我强打精神和球迷见面，1988年我就来过杭州看球，自然有不少老球迷相识，他们都来了。

到了杭州灵隐寺，我敬香大拜，又到虎跑泉和西湖照了相。

那天董建明来电话说，请我到镇江做客，越快越好。告别杭州的球迷朋友，途经无锡、常州，直奔苏州。

在广播直播的节目中我还多次提到，在厦门遇到几位球迷小朋友，我已到江苏，很想你们，方便的话和广播电台联系。我只说他们是我的小球迷，没告诉别人他们是流浪儿。

到了镇江，董建明便领我到了一个饭店，那里已有不少球迷，门口有个大牌子，上面写着："热烈欢迎球迷皇帝罗西来镇江，球迷见面会"。

第二天，他们先领我来到一个大商场，那里也挂着巨大的横幅——"欢迎球迷和罗西莅临衣都大世界"，之后我们又到了镇江唐三彩美术厂。

当我推着车子进到厂子里，厂长丁惠雄和员工出来迎接。我支好车子把东西往下拿。他们说不用了。我稍稍犹豫，做了一个正确的决定——锁上车子，还是拿下东西，请他们帮我放到屋子里。

也就十来分钟吧，当我们出来，车子没了。我指着大树，大家都愣了。

那是一个小院，出门口是老住宅区，小路纵横交错。我笑了。这是天意，深圳丢第一辆。

镇江今天丢第二辆。没办法。不管了，好在东西没丢，继续研究唐三彩吧。

他们已为我设计好了一幅唐三彩壁画，有近三米长两米宽，主题是十二个字——"万里长城不倒，罗西精神永存"，下面是一幅中国地图，地图上面画着山水画，中间是我骑着自行车的抽象画，右面留白，请我亲笔题我的《西江月·长征歌》。写完之后，欣赏着自己大小疏密、错落有致的草书，很是高兴。

后来接到电话，镇江经济广播电台请我明天进直播间参加节目，只需占用中午一个半小时的时间，我答应了。记者说那我就发广告了。随之，镇江人民广播电台也请我进直播间，时间定在了经济台节目之后十分钟。

第二天，经济台原定应该结束的时间到了还不结束，我有一点着急，连忙收尾。可是电话不断，时间又过了十分钟。

我回答完毕经济台最后一个球迷的热线电话，说声再见便摘下耳麦用最快的速度赶往人民台。在经济台谈了近两个小时的足球，一到人民台我又开始谈人生。一个半小时的节目很快就要结束了，这时一位领导悄悄走进直播间递给主持人一张纸条。

主持人看到告知："由于罗西的到来让听众的热线电话不断，所以下一档节目临时取消，本节目将延长一个小时。"听到这番话，我倒也安心不少，因为我毕竟来人民台的节目晚了几分钟。记得节目结束时，几位领导说罗西就是罗西，不愧是球迷皇帝。我们以为你已经谈了近两个小时，到这就怕重复，可是你几个小时没有重复。有水平！他们给我跷大拇指。

当晚，董建明告诉我："后天江苏工学院请你去演讲，江苏省电视台的记者孟非来电话，请镇江电视台的记者拍摄下来，到了南京他在城外等你，宾馆已经安排好了，住在丁山宾馆，并约定进行跟踪采访。"

第二天，董建明陪我专门去金山寺拜佛。金山寺那可有名，《白蛇传》的故事我小时候就听说过，而1988年初我就来过一次，这次故地重游更是感慨万千。

下得山来，衣都大世界祝总设宴招待我，席间祝总听说我的车子丢了，特意给我准备一个一千元的红包，让我买一台自行车，真是雪中送炭帮了大忙。

第二天，我就又买了一辆山地车，之后到了江苏工学院。这时，镇江电视台、电台、报社等多家媒体都来了。

怪了，那时一进礼堂我就会进入状态，每次都能在讲演进行中找到很多的灵感，也悟出很多道理。很多要寻找的东西都是在讲演之中和讲演之后悟出来的，可以说演讲非常非常成功。一个半小时的演讲，一个多小时的互动，那热烈的掌声可谓经久不息。

第二天，衣都大世界祝总派了一台车，带着电视台的记者一路跟着摄像。我和董建明两人骑着车子告别镇江，向长征第三十二站南京进发。采访车一会儿在前，一会儿在后，有时车子开出好远架着机器等着我们过去。这是我长征路上最高兴的一天，几个小时的奔波，终于到了南京城外。

江苏电视台的记者早已在那里等候。董建明拉着我来到一个人面前向我介绍道："这位是江苏电视台的记者孟非，这位是张进伟。"

那时的孟非（现在主持《非诚勿扰》）还是长头发，不像现在光头，就地采访我后，把我送到丁山宾馆住下。丁山宾馆当年那可是伟大领袖毛主席住过的地方啊。那年代可算相当豪华。

南京市球迷协会会长李石城非常热情，听说我喜欢书法，就特意请书法家徐澄老师为我写了一幅"天下球迷是一家"的书法作品送给我，暖心之举让我非常高兴。上海的成刚和几位球迷也来了，大家那个高兴劲儿别提了。江苏电视台的孟非也继续跟踪采访。董建明每天陪着，离开南京时江苏电视台一直跟着过了长江大桥之后，大家才拥抱分别。

路上汽车太多了，有时不得不下车推行。这时我已经到了大别山的边缘。风餐露宿，我终于抵达了长征第三十三站合肥。

球迷文化力撼高等学府

在合肥的媒体中，我与合肥广播电台著名记者田海早在1991年女足世界杯时就认识，所以直接到了广播电台。田海非常热情地接待了我，又是直播做节目又是联系报社和电视台。

他们和我说联系好了，中国科技大学请我演讲。那是一个好大的阶梯教室，可容纳二百多人。那天气氛热烈爆棚，只有前面几排的人坐着，后面全是学生，没有一点点的空位，来听演讲的只能站着。我演讲了两个小时，又进行了一个多小时的互动，几个小时下来掌声不息。最后签名时非常拥挤，最后田海和几位学生冲进来说把本子收上来，带到我的住处让我签。好多的本子签完后，学生们才捧着离开。

那两天我很兴奋，回想着长征以来在大中小学的演讲，心情久久不能平静。很多要寻找的东西，只有在这种场合才能在瞬间找到答案。

每次演讲主办方都问我有什么条件，我说就三个：一不用车接车送，二不上主席台，三不接受捐款。

演讲时我首先是问好，之后说出主题。我谈的主题是"足球与人生"，就什么是足球、什么叫球迷、我为什么当球迷等几个方面展开，最后和学生们互动，回答大家的问题。

将近一个小时的互动中，与足球相关的一切都已在水乳交融的问答中得到完美的阐述。大学生们全体起立，长时间地向我致以热烈的掌声。

江苏镇江江工大学的学生们给报社投稿的文章，和记者对我在中国科技大学演讲的报道，十分精确地表达出他们的感受。

文章中说："罗西站在讲台上，镇静从容，挥洒自如，胸中有如装有百万雄师，对一个接一个迎面而来的各种提问，不管是平淡简单的还是刁钻古怪的均脱口而答，或中肯或尖刻或诙谐，妙语连珠，真切生动。幽默时令人捧腹大笑，愤慨时令人怒发皆竖，激昂时人们心潮为之滚滚沸腾，罗西不但是超级球迷，也可称得上是演讲大师。"

当田海和镇江球迷协会会长董建明拿着当时的报纸给我看时，我高兴地把报纸收藏。我也为我成功的讲演感到高兴。我要让人们对球迷有一个新的印象，让人们知道球迷不只是赛场上的狂热分子，他们是有思想、有文化、有品味、有情感的，我长征的意义之一也在于此。

离开合肥路过安庆，路边买了两个馒头和两个苹果，漫不经心地一边骑一边吃，一边回想自己的感言，很是欣慰。

突然一辆警车开来

长征走过了大半，西北、西南、沿海，都已完事，只剩南昌、长沙、武汉、济南，之后就可以回家了。长征一年多，终于见到了曙光。

正在高兴中，不想车子突然后面一晃。下车检查一看，坏了，后车架底下的螺丝没了，工具包翻来翻去就是没见这么粗的螺丝。我用身体支着架子慢慢前行，在这没人的大别山的山里我就希望有一辆汽车路过。正好来了辆中巴，我一摆手，那辆中巴在前面几十米远的地方停了下来。我一见是真高兴，便推着车子快速地奔过去，想跟司机要个螺丝。

长征途中，我没少跟路过的司机要螺丝。这时，车门开了，先下来几个人，直奔我而来，也不搭话，怒气冲冲。我当时一愣。头前的那个人，个子不太高，一只手抄在裤兜里，穿着紧腿裤，裤脚下露出一圈红色的衬裤，非常扎眼。他过来一瞬间，二话没说，上来奔我脸上一拳。太突然了。

我自然身子一闪，头是闪过了，可是那个拳头却划过打在我的左肩膀上，我立即用左手从车子上抽出太极刀，车子一推往后一跳，也躲过了他打来的第二拳。

随后，我右手从腿部拽出微型电警棍，同时开关往上一推，两个电极啪啪地打出火花，又往下一按，便发出警报，呜哇，呜哇，他们只停了一下，又开始慢慢上来，我左手太极刀不停地横扫。

我往后面退，边退边问："朋友，你们是干什么的？有什么事请说话。"

这几个人叽叽咕咕说些当地的话，我一句也听不明白。

"请你们说普通话！"

这工夫，车上下来一位五十岁左右的妇女说："动不得，动不得，电视天天播他。"这是我唯一听懂的一句话。还没等我高兴起来，他们呈扇子面围过来。我已经退到道边，后面无路了。

我知道只有自己来救自己了，一想，干吧。

"我喊一二三，你们再上我就砍啦！有话说话！"

那个头前的人只停了一下，马上拉开脖领伸着脖子歪着头，说着听不懂的话。那个意思是往这儿砍吧。而到这时他的另外一只手，始终没有拿出来。他一点一点上来，我的刀也一点一点地往回来，我知道他的手一旦伸出来，就要危险了。

所以我的刀快速地不是横扫，而是腕子一翻，刀背向下，刀刃冲上劈下来，左右交叉，以防备他上来。他停下来，我的身后就是大山石壁，一点退路都没有了，而此时两边的那几个人也很快围上来。

我知道完了，完了，一切全完了。杀开一条血路拿着长征大旗跑吧。我最后说："朋友，你们不要上来，我喊一二三，再上来我真的动手了。"说完我举起了刀，一、二，我见他们马上就上来了，"三"字刚喊出来，同时我的刀向那个手插在兜里的手臂砍下，只是快到时慢了一下，正好砍在前边那个人的胳膊上，他啊地大叫一声，跳到一边。我知道砍上了，随后上前一步往旁边的人交叉一劈，他们立刻后退。我想跑到车子前打开包裹拿出长征大旗逃走，但后边的人又围了上来。

这时面前和左右有十几个人，逃出去，拼命吧！什么这个那个的。什么都不要了。他们呼叫着慢慢上来，我挥舞的刀停了下来。准备谁先上来我就对谁下狠手。就在这时，也是天意，天意！天意！突然一辆面包警车开了过来，嘎的一声停在了路边。

那一瞬间所有的人全都停在原地，我冲出人群，奔向警车，对下来的警察说："我是球迷罗西，我需要警察同志保护！"同时我双手把刀和电警棍交给了警察。

这时，那几个人跟警察嚷，我就听出什么派出所，原来要带我去当地派出所。

我一看，心想坏了，在当地什么事情都不好办。警察却将我推上警车，把我带到了分局。

一大群人也跟着到了分局。几十人围在桌子前和一个警察嚷嚷了大概一个小时，那个警察自始至终一句话没说。也许他们长时间的说话太累了，也许那个警察一句话没说，在听他们的讲述，最后也可能听明白了。

就在大家停下来的时候，那个警察用普通话说："告诉你们，人我们一定放。"

他们又开始向那个警察嚷嚷，那个警察突然对我说："他们告你骑车子把他们别到沟里了。"

我明白了。当时我的反应相当快，我说："你问问他们在什么地方？谁在前，谁在后。他在前谈不上，他在后，是左面，是右面。我是为中国足球呐喊而四万里长征，我为什么要别他；他受伤了，我的身上只有几百块钱，我只留二十元其余的全给他。"

停了一小会儿警察和他们沟通。他们从嚣张到最后，只有那四五个人在争论。天快黑的时候，突然警察站了起来一拍桌子，以命令的口气说："回去！"

几十人都走了，只剩三四个人站在那里。

警察从桌子绕出来，把他们几个推出去："回来处理你们。"

记得那个人回过头来狠狠地瞪了我一眼。

之后警察说："没事了，休息一下再走。"

我指着门外刚要说话，那个警察拿起电话打了很长时间。打完后他笑着说："走吧，我送你到县里。"我当时真的好感动。警察开警车把我送到了县公安局。

下车后一看，那是一排小房子，我跟着他向里走去。这时，中间门口突然出来十几位警察，就听一个警察说："是他！是他！"他们的脸上都带着微笑，我压抑的心一下子放松了。

我们刚一进门。

那位警察向我介绍："这位是治安科的马科长。"从里面直奔过来的一位满面笑容的警察。他伸出双手说："罗西，东至人民欢迎你，你到东至受委屈了。"

我刚要说话，眼泪却流了下来。我咬着嘴唇没有哭出声。我们的手紧紧地握在一起。

马科长给朱副县长和体委裴主任打电话，说要请我吃饭。

朱县长和裴主任都到了。我们来到一个饭店，走廊只有一米来宽，对面一共能有十几个房间，每个房间只有十几平方米。圆桌不大，破旧的塑料布用图钉按着，破旧的方凳用塑料布包裹。

朱县长说："罗西，对不起了，没想到会出现这么不愉快的事。其实我们这一带还是比较安全的，东至县还是欢迎你的。这件事我们会严肃处理。我们是个贫困县，这里是我们最好的饭店了。"他们也没什么好的招待，记得上来六个菜。朱县长不断给我夹木耳白菜片中的肥肉片。

唠了几句嗑，我起来敬酒："为了中国足球呐喊，我骑自行车四万六千里长征。万里行直穿东三省，叩山海关直入津京，闯娘子关两翻太行，中原大地一路顺风，黄土高原坡路难行，爬秦岭走蜀道难于上青天，战劫匪抗病魔洒泪过四川，过乌江上云贵飞跃娄山关，到昆明换单车轻骑下高原，柳州球迷大会师，北上长征再行二万，这是我长征走过来的上半部。大半个中国走过来，快要结束啦，今天来到了东至县，本来想穿过东至县过九江直奔长征第三十四站南昌，没想到路遇不平。但坏事成了好事，如果不是那几个人打劫，我也不会在东至县停留下来，也不会和你们各位东至县的领导相识，这是缘分。我罗西不会因为这件事怨恨东至人，我真的感到东至的山好，水好，人也好，东至的领导更好。在此，我有一个请求和一个祝福，请求是，这件事完事了，不要惩罚他们。塞翁失马焉知非福，正是这件不愉快的事，使我在东至留了下来和各位朋友相识。请相信我，我以后会找个机会把对东至的真情表达出来。祝福是，不管你们什么信仰，不管你们什么民族，我用我一颗真诚的心，祈求你们信仰的神灵在上苍保佑你们身体安康，家和业旺，鸿运当头，万事顺祥。"我一举杯半两干了。

那天我们真的好开心，忘掉了不愉快的事。后来领导给彭泽县公安局打电话。告诉他们，罗西长征明天路过彭泽。

东至县的领导安排我在招待所住下。晚上，我到对面的小商店，服务员见我就说："你不是中央电视台《东方之子》报道的那个球迷吗？《东方之子》的片头有你，每天好几遍地播放。我天天在电视中看到你。"

我说是呀。

她很激动："给我签个名吧。"接着从柜台里拿出一个笔记本。我给她签上祝福。

没想到旁边的人全过来了，每人一本，那两摞子笔记本不一会儿全卖没了。

第二天早上，想不到领导派了一辆车送我到城外自强化工厂。那里的领导和员工几乎全是球迷，和他们谈球，等我发挥出来，一个小时过去了。留下一点时间，我给他们写字，然后我接着上路。

他们二十几个年轻人，非要送我到彭泽县。和领导分别后，二十多人的自行车队浩浩荡荡出发了，心里那个畅快不用表达。

我心里真的感谢军人、警察，他们在我的心中永远高大。

这时，后面上来一辆破汽车停在我们的前面，底盘托着一个龇牙咧嘴的货厢，车灯一边还是坏的，前面风挡玻璃一块没有，缺失玻璃的车门黄锈斑斑。

司机下来说："这个车是个报废车，只在山里拉石头，刚才听了你的演讲，震撼了我。为了你的安全，我必须送你，哪怕一公里。我的车是不准许上路的，爱怎么的怎么的吧，不管了！"说完一摆手，他的同伴们呼啦上来，就把我的车子抬上了汽车。

不能说什么了。驾驶室挤了四个人，车上满满的自行车和人，没有围栏，这也就是那个年代吧。我不断地告诉上面的人注意安全，两边的人蹲下来。球迷们打着我的大旗，高喊着中国加油。

嘟，嘟，嘟，汽车冒着黑烟把我送到彭泽县，和他们分手后，我直奔九江。

九江 '93 罗西风足球对抗赛

我原本以为九江只是匆匆而过的行程，谁知九江在我长征途中却留下了浓重的一笔。

在九江正行间，我被一个人喊住了："你是罗西吗？"

"对呀，我是罗西。"

"太好了，我是电视台的，我准备采访你，做个专题片可以吗？"

我说可以呀，我们刚入正题，已经围上来不少人，只见一位女子上前说："罗西我认识你，给我签个名吧！"

我痛快地答应了。她告诉我："我哥哥也是一个球迷。"我当时没太留意，签名后，我们和记者商讨采访的时间、地点和内容。

就在此时，我听见一个人高喊："罗西，罗西！"

侧过头一看，一个中年人，中上等个，稍瘦，但精神饱满。他自我介绍说："我叫高崇峻。"我们双手紧紧相握。

"刚才听我妹妹说你到了，真高兴，欢迎你来九江，我有一个球迷饭店，刚刚办了一个球迷公司。走，到我那儿去！"我把记者介绍给他，大家自然高兴，彼此谈得非常投机。他安排我住了下来。

第二天早上，高崇峻和朋友过来。我一起身，突然感到眩晕，心想怎么了？不对呀。

高崇峻上来一摸。哎呀，你发高烧！上医院检查，我的舌头起了一个黑色的血泡，很疼。医生说是血瘤。

我当时感到坏了，难道我的一生就在此结束了吗？

医生说："要不手术吧。"

我说："不用，长征快结束了，回到家再说吧。"当时我只有祈求上苍保佑。眼泪不知不觉流了下来。那两天打了很多点滴。哈哈！自己吓唬自己，两天后一切都好了。那个精神就不要说了，可谓是精神抖擞。高崇峻更是高兴，替我庆祝，还请来不少朋友，大家那个开心溢于言表。

谈到九江球迷很多，为什么不成立球迷协会，大家激情上来了。随后商议成立球迷协会事宜。商议中，突发奇想，何不把邻近的中国甲级队江苏、上海两个队请来，在九江踢一场比赛，既为中国足坛增添一些色彩，又让九江球迷一饱眼福，比赛日也作为球迷协会成立之日。

但以什么形式搞，怎么搞，由谁出钱办呢？

最后高崇峻说："谁的名也不挂，就挂你的名，以你的名义搞个'罗西风'足球对抗赛，那多好，由我们球迷公司出钱，你出面联系，地点设在九江市体育场。让你掀起的球迷文化和球迷风吹遍江西大地。"

听了他的这一大胆的设想，我当时非常高兴，别的不敢说，请两个队没问题，我立即给镇江的董建明打了一个电话，真是太好了，两个队正好在镇江比赛。我赶往镇江找董建明，先是见到了王后军。

我和王后军才分手三四个月又见面了，王后军人称"小诸葛"，是中国足坛的著名教练，他所率领的上海队以脚法细腻、讲究战术、注重配合见长，是国内各甲级队不敢忽视的劲旅。他以为人作风稳健、谈锋犀利著称。

一见面，王指导非常热情，寒暄之后，我提出来请上海队到九江踢比赛，条件是包吃，包住，出场费五万元，他答应了，并说："中国球迷要都像你那样懂球、爱球，中国足球就有希望了。不过，罗西，你要注意身体。听说你的身体不太好。要注意呀。身体可是本钱哪。"

听罢此话，我从内心里感动。随后我给他写了一幅字："足坛小诸葛"。他非常高兴，对我大加赞扬。我们谈得相当开心。

辞别王后军，又来到江苏队驻地，找到领队和教练，出场费是两万，江苏队领队和教练说："我们没问题，但是要等体委的同意。"

之后我和董建明又来到南京和省体委请示，几经周折，体委口头答应了，并说二十六个人不行，体委领导必须跟着。给九江高崇峻打电话，他同意了。

一切联系好之后，回到九江，高崇峻便联系体委，敲定时间和场地。

冠名是"九江'93罗西风足球对抗赛"。

印门票，联系宾馆，大家忙得不亦乐乎。高崇峻请我把几个主要的球迷协会领袖请来。我找四川等地的球迷，便给董小祺打电话。他来不了，建议请王志茂和小地主，还有重庆的小皮球等几位，并把诸项事宜安排完毕。

我当时听说有一位解放前的足球老前辈叫"一扫光"，一听名字可见当年非同一般。拜访老人时，他身体不是太好。老人家为我讲了不少足球的历史。英国人从上海比赛到九江为止，给我增加了不少足球知识。

一切准备工作做好后，我又要继续开始长征了。我说不管走到哪里，只要这边时间一定，我就提前一天赶回来。我把剩下的赛事工作交给他们去办，高崇峻一行送我到路口。临行时，我们紧紧地抱在一起。高崇峻说："我们等你回来！"我带着激情和期待离开了长征新加的一站，第三十四站九江。

一路前行，我来到了长征第三十五站南昌，直接到了足球俱乐部杂志社，在成都我和杂志社的人已经是老朋友了，相见时都热情不已。

天气凉了。第一件事，他们给我买来一件黑红颜色紧身羽绒服，太好了。黄总编又给我拿来一副驼绒手套，罗编辑又给我一个保温军用水壶。更有意义的是，写字时，罗编辑说："你爱写大字，最好是写水墨丹青，形成自己的风格，书画合璧。"他还提出了他的创意。

太好了，正合我意。他的建议为我后来的书画合璧打下了理论基础。

在南昌的几天，我去了南师大和另外一所大学演讲，接着又去了滕王阁。

在南昌，我最想去的地方是井冈山，那是我小时候就向往的地方，是毛主席和朱总司令会师的地方。许多关于井冈山的故事在我幼小的心灵深处扎下了根。可是由于时间的关系，我没能前往。

临行时罗编辑说："吉安的球迷非常狂热，他们请你不可错过。"到了吉安，那里的球迷已经组织好了一直等着我，记得上百个球迷吧，他们举着我长征的大旗在吉安市的主要街道跑了一圈。一边跑一边喊口号。晚上他们和我说，我们吉安球迷的激情今天达到了高潮。

那天我格外开心，江西的球迷给我留下了一生中不可磨灭的印象。

历尽千辛万苦，我抵达了长征的第三十六站长沙。

到新闻单位和体委盖章时，我谢绝他们盛情的接待，再一次到了橘子洲头。这里我1989年和弟弟老三来过，至今已有五年。此时，口中不由得又念诵起毛泽东的词作《沁园春·长沙》。伫立良久，我的眼前出现了毛主席高大的身影，他背手挺胸，魁伟站立。《沁园春·长沙》让我联想到很多很多。

在长沙，不少球迷来看我，告别球迷，我继而前往武汉，经过汨罗，那是屈原自沉的地方。小时候每年的五月初五，爸爸就会给我讲屈原的故事。到了岳阳，登上著名的岳阳楼又观赏了一番。

风雨兼程，我终于来到了长征的第三十七站武汉。

到了武汉，一看怪杰也到了，他说以后就在武汉发展。在武汉，我还认识了一位朋友金运，他是搞雕塑的。他往模具里倒石膏，打开以后，一个毛主席的石膏像就出来了。那两天玩儿得倒也开心。武汉球迷胡四喜更是让我感动，他热情接待，为我安排吃住。我又上黄鹤楼。古人关于黄鹤楼的诗很多了，我耳边不时响起那些朗朗诗韵。

正游览间，九江来电话请我回去，说一切准备工作已经就绪。对抗赛的头一天晚上，我弃车登船，返回九江。此时成都的王志茂和小地主、重庆的小皮球等各地球迷已闻讯赶来。主席台上面挂着"中国九江'93罗西风足球对抗赛"的巨额横幅。比赛前，我们球迷打着大旗和标语围着场地跑了一圈。

九江的一位小球迷特意跑到我的面前展示他的作品，他在自己衣服的胸前缝了一块白布。上面写着："球迷的爱特别地怪，罗西，我爱你！"

我和四川来的小地主、小皮球等球迷在环形看台上奔跑，所到之处，喜气洋洋的球迷们欢声雷动，"中国足球，加油加油"的喊声不绝于耳，可容纳一万五千人的看台几乎座无虚席。

比赛伊始，上海、江苏两队展开厮杀。虽是友谊赛，但两队却踢得十分认真卖力。队员间细腻的配合和传切，博得观众的阵阵掌声。整场比赛，江苏队气势逼人，但得势不得分；上海队则显得老到成熟，利用反击连得三分，以3∶0战胜江苏队。比赛结束，但球迷们热情不减，围着我签名的人太多太多，好在没有出事。

第二天，高崇峻便拉着我们一行游览庐山。庐山给我的第一印象就是李白的诗。

而我们这代人对于电影《庐山恋》，更是再熟悉不过。

仙人洞前，我朗诵了一遍毛主席的七绝《为李进同志题所摄庐山仙人洞照》，我在感悟着一代伟人的气势和胸怀。

分手时，我和高崇峻要了四张门票作为纪念，这场比赛在中国足球的历史之中留下了浓重的一笔。请国家两个甲级队参加以球迷来冠名的比赛这是第一次，我想这在全世界也应当是首次。

过长江，漯河第一次吃足球形生日蛋糕

回到武汉，又去了一所大学演讲。临行时，金运老师给了我几枚寿山石的石料。后来我把两枚石料刻成足球造型的印章，至今还在使用。

我带着喜悦和感激继续长征，经过信阳和孝感，直奔漯河。从武汉出来我就想，这三枚大一点的图章我刻什么好。灵感来了，两枚圆形的，一枚刻"龙腾搅世界"，五个字配上龙头的图像；另一枚刻"虎啸震八方"，五个字配上虎头的图像，而那枚方形的，我就刻"球迷之宝"。

到了漯河，球迷协会热情接待。那天我过生日，会长名字记不住了，他同刘二刚和球迷协会的领导为我特意定做了一个足球形的大蛋糕。这是我第一次吃足球蛋糕，我和他们玩儿得很开心，快结束时我告诉他们："还有几刀我的章就刻完了。"随后拿出石料，十几分钟完毕。看着自己的成果，止不住在球迷朋友面前炫耀一番。

休息一天，告别朋友，我向长征第三十八站徐州继续前进。到了徐州，新闻单位非常

热情，我接受电视台的记者采访，正好赶上《体育大看台》栏目播出一百期。

在文化用品商店，我买了几十张宣纸，为球迷题了字。离开徐州，下面直奔连云港。到了连云港，球迷朋友程卫华把我接到他的家里。他听说我爱吃蛎蝗，家里特意做了一大锅给我，真的来劲。

程卫华陪着我到体委和新闻单位盖章，把我送出连云港，经过日照，我到达了长征第三十九站青岛。

青岛球迷协会会长臧丕星，那个热情不在话下。他陪着我见国家队队员李强，开了一个酒店安排好我的吃住，我和球迷朋友以及新闻单位都见了面。临走时，李强送我五百元钱，推辞不过只好收下。

在青岛，我给爸爸和姐姐打了一个电话，心里非常开心。给鞍山球迷赵勇打电话时他们告诉我："大家正在找你，你必须1994年1月5日到家。因为家里的球迷都在等着你，一切都安排好了，就等你回来搞入城式。"因为九江比赛耽误了行程。我一听急了。

臧丕星说："你别慌，我用车把你送到济南。济南送你到天津就可以了，时间赶趟。"那时青岛球迷协会经济实力很强，有四辆车。

他想了一下："今天是22日，还有十多天，时间充足。明天送你走。"我说既然这样，那我就今天走吧。饭后，他们用五十铃车连夜将我送至长征第四十站济南。就这样，我和青岛朋友们分手告别。

在济南签名盖章，经过天津乘船回到辽宁，我到达了长征第四十一站大连。

终于回到了辽宁大地。轮船泊岸，我一只脚踏着摇晃的船板，一只脚迫不及待地踏上令我无限怀想的故乡。我的脚刚一落地，同时一只手举向天空，满怀深情地大喊了一声："故乡，我回来了！"

大连的地理位置，形成了足球历史的根基。那可是中国足球的摇篮。广州、梅州、上海、天津、北京、大连、沈阳，新中国成立之前，它们就在中国足球的历史上留下了光辉的一页。

大连的球迷领袖报童陪着我到了体委，盖主任亲自接待并安排我住下。盖增圣、盖增贤、盖增军、盖增臣那可是号称中国足坛"盖家四虎"。

从辽宁队转会到大连队的球员高旭听说我到大连，特意为我接风，并请报童陪伴。那天我们谈到小半夜，非常投机。离开大连，我们直奔营口而来，因为再有一天就过年了。

营口市领导欢送最后一站

1993年12月31日下午，我来到长征第四十二站，也是最后一站营口。我径直到了市委门前，门口工作人员一看我脏兮兮的，头上帽子扎着绿色飘带，于是将我拦住。

我说，我要找市委书记郭军。

他鄙视地瞄了我一眼说："领导不在。"

我说："明天就是放假了，我找他有事。如果要是耽误了你负责。我请你给他的办公室打个电话。转告一下球迷罗西来了。别的不用管了。"

他进到门卫室，不情愿地拿起了电话，不知他在电话里说了些什么。

突然，他放下电话，急忙走了出来："对不起，秘书马上下来。"

不大一会儿，秘书下来了，把我迎到了郭书记办公室。哈哈，老朋友见面，那是相当地热情。我们再次紧紧拥抱。

郭书记问我一路上可好？我简单地汇报了一下。

郭书记脸上挂着微笑说："罗西你不是单独一个人哪，你代表的是中国球迷。我为鞍山出现你这么一个球迷英雄而高兴。中央电视台的《东方之子》我看了，你不但为中国球迷争了光，也为鞍山争了光。我不管你骑什么车子，把它丢掉，你要骑着我营口的车子回到鞍山，也为营口做点贡献。神州第一骑的结束，由营口产的自行车结束。"

随后，他给自行车厂打了电话，并为我订了一辆自行车，说1月3日用。晚上，他约来市委、体委领导陪我晚餐，煞是高兴。

郭书记说："营口是个小城市，比不上鞍山，所以你要为我们营口多做点贡献，帮助我们宣传一下。什么也不说，3号欢送你这个球迷英雄回鞍山。"

1994年1月1日，我在营口好好休息了一天。2日，我给鞍山赵勇打了个电话。他说："5号的入城式由于几位领导出不来，定在了9号。"我的心一下子放了下来，因为3日郭书记要为我举行欢送仪式，我正愁这一天一宿能不能到达鞍山。这下好了，时间也充足了。

营口的电视台跟着我拍摄，我又去了一所大学，再一次和学生亲切交流。

1994年1月3日上午，体委一位领导陪着我从招待所骑自行车来到体育场。冰天雪地凛冽的寒风里，中小学生们在体育场夹道欢迎。体育场台阶上一排桌子，郭书记及市里几位主要领导都来了，体委主任主持，为我举行了欢送仪式，那场面非常壮观。他们赠送了我营口产的自行车。这可是1994年营口市领导在新年第一天工作的第一件事啊。

我感到故土的深情，胸中的烈火在燃烧。

离开营口，我于6日回到了家乡鞍山，住在早已安排好的郊区东鞍山铁矿招待所。

此时此刻，我思绪纷飞，浮想联翩。七年前的今天，在鞍山邮电局我拿到了59号会员证。从此，我的生命就和足球连在了一起。我在呐喊，我在探索，我在追求，我在寻找着足球的真谛。一年四个月，四万六千里，二十四个省市自治区。历经千辛万苦，我战胜了自我。今天，我带着疲惫，带着希望，带着辉煌，终于胜利归来了！

下

热血丹心

我回来了

1994年1月9日上午，在北方的寒冷中，朋友骑车陪我从东鞍山铁矿来到市郊，老跑马场立交桥。我抬头一看，哇！红旗招展，人山人海！数千球迷在等着我。汽车、大卡车上打着横幅"欢迎罗西凯旋"。车上很多的记者举着照相机，扛着摄像机。在球迷的簇拥下，我刚一下车就被记者王亚光和红庆围住。他们两人为我带路，那里站了两排礼仪小姐和不少领导。

一台警用摩托开道，两台护卫。球迷们打着横幅"鞍山市球迷协会"。我回头一看，人太多了。随着警车的引导，我骑着车子带领球迷奔向市里。不少球迷在马路两边等待，不断加入队伍中来。

王亚光手拿大哥大，对电台现场直播，这也是鞍山广播电台第一次现场实况广播。

王亚光大声讲道："1992年9月22日一个悲壮的开始，1994年1月9日一个辉煌的结束。在这凛冽的寒风中，我们迎来了凯旋的中国球迷皇帝罗西……"他边走边把大哥大送到我的嘴边。我带着激情向家乡球迷问好。那场面让我终生难忘。

开始有球迷呼喊"罗西万岁"，我非常害怕。我马上喊："中国加油！加油加油！"每一次，他们刚刚喊起来，都被我领着高喊"中国加油"的口号所盖过。

大队经解放路、园林路、胜利路到达体委。在体委前的广场，为我举行了欢迎仪式。

广场上人潮如海。

仪式由省足协主席于庆成主持，市领导、体委领导、红旗拖拉机厂领导讲话。

接着黄祖钢代表全国球迷讲话。穆勒代表鞍山球迷协会讲话。镇江唐三彩美术厂的丁惠雄，把那幅万里长征壁画抬了上来。那是一幅近三米长二米宽的三彩壁画。

上万的球迷给了我无穷的力量。我说："红拖球迷万里行结束了，但是中国的足球还在坎坷的道路上长征。我永远没有成功，但更不知道什么叫失败。我将永远伴随着中国足球奋斗终生。"

红旗拖拉机厂又在矿山宾馆举行招待会。辽宁省所有的协会都来了。东北、北京、杭州、镇江、郑州、成都等球迷领袖都来了。

我高兴的是，张五一能亲自过来，并送了我一个足球，是河南女足集体签名的足球。我和五一就从这天开始成了真正的哥们儿。

会上，我回答了所有记者的提问。每个球迷领袖都给了我很高的评价。最后，成都球迷协会的尚权表演了哑剧"吃鸡"，那真是惟妙惟肖。晚餐，我和球报的记者浦家齐坐在一起。那天我欣喜不已，来了个一口一干，但每口很少很少，尽管这样，我还是喝了不少。

青年作家张应甲在《中国球迷皇帝罗西》一书中写道："出征，一个英雄梦想的开始；凯旋，一首壮丽史诗的结束！四万六千里坎坷征途，四百七十个漫长日夜，创造了一个神话般的奇迹，铸就了一位钢筋铁骨的英雄好汉。长征，一个独胆勇士的梦想，一个雄心不泯的渴望，一首球迷之魂的壮歌，一场生与死、灵与肉、痛苦与欢乐、悲伤与希望的融合与撞击，一个中国乃至世界足球史上前所未有的壮举。"

回家后，我见到了爸爸。那个矮矮的小老头开心得合不拢嘴。爸爸对我左看右看，上下不停打量。

爸爸说："好孩子，像个英雄，但你要记住，'汝为不矜，天下莫与汝争能'。"

我马上说："吾惟不伐，天下莫与争功。"

爸爸看着我突然严肃了起来，小声地嘟囔着："长大了，长大了。"应当说，这是我当球迷之后爸爸最开心的一天。

他特意为我做了一盘蛤蜊肉（蚬子），说了很多鼓励我的话，他不希望我产生骄傲之气。

那天，底座、穆勒与拉什还请了我。他们知道我爱吃海蜇，底座特意拌了一盆海蜇，我自己造了大半盆。和哥们在一起真是痛快！

我来到名人俱乐部，感谢兄弟姐妹们为我的入城仪式安排得如此周到。

这时一个大脸盘主动上前："罗西，我太崇拜你了，我不是球迷，也不懂足球，是你的精神感染了我，从今以后我也是球迷了，跟着你一起干了，你可要带着我哟。"当时名人俱乐部的会长郑峰等人都为我们鼓掌。

第十五届世界杯

1994年，美国第十五届世界杯开始了。世界足球队伍中我最喜欢的四个队是巴西、意大利、阿根廷和德国。没有马拉多纳的阿根廷，已没有了上两届的魅力，而德国的战车也已经老化陷入了泥潭。只有桑巴舞的美姿那么多彩，亚平宁的海岸也并不平静。

第十五届世界杯我最关注的球星还是马拉多纳。可是两场赛后，禁药禁赛，马拉多纳消失了，只剩下巴乔和罗马里奥。对巴西，我从骨子里喜欢，受央视转播的影响，我对意大利队的喜欢也是根深蒂固。

巴西是以胜利姿态一路前行，以2：0胜俄罗斯，3：0胜喀麦隆，1：1平瑞典，小组第一出线。

巴西1：0赢了美国之后，对荷兰下半场二十多分钟，2：2两个队一共进了四球，高潮迭起，醉倒球迷。3：2，巴西队淘汰荷兰进入四强。1：0胜瑞典。以罗马里奥和贝贝托为先锋加上邓加、桑托斯等人组成的中后场巴西队直冲决赛。

在第一轮比赛中，意大利0：1落败爱尔兰，跌跌撞撞以第三名身份出线之后，遇到尼日利亚的抵抗。巴乔力挽狂澜，2：1取胜，2：1西班牙，2：1保加利亚，冲入决赛。

而1994年的世界最后的决赛，被看作罗马里奥和巴乔的决斗。球迷想看到南美王者风范和欧洲霸主的对决那种疯狂的厮杀，然而全世界球迷看到的却是，在世界杯历史上第一次在决赛之中一百二十分钟内0：0战成平局。这样的结局恐怕没有多少球迷可以预料得到。几分钟的紧张弥补了一百二十分钟的乏味。巴西点球3：2意大利。

我对1994年美国第十五届世界杯主要有两个印象：一个巴乔痛失点球之后那呆傻站立的身影，第二个就是哥伦比亚的埃斯科巴在与美国的比赛中自摆乌龙，回国后身中十二枪被杀。

老天保佑

一次看球，我们鞍山去了几十辆大客车，三弟哥几个打车去。我弯腰正和三弟告别，一转身不禁大叫一声："脚呀！"原来，汽车前轮轧在了我的脚面上，车子一下子抬高。这一喊，司机停了下来。

我忙说："脚在轱辘下面。"车往前一开，我才把脚撤出。三弟从车上下来瞪大了眼问怎么样，要我快上医院。

我看了一下皮鞋上面的车印，动动脚，除了钻心的疼外，没有更严重的感觉，于是说：

"没事，什么事都没有。"

我一瘸一拐地去看大车队。

回来后三弟又问我怎么样，我只说有点儿痛。

第三天，三弟还问。可我的脚一点儿不痛了。我跺跺脚，抬抬腿，摆了个造型。

哈哈！三弟笑得前仰后合："你说你，你说你皮不皮。这要是别人，得休息多长时间哪。我是服了，真是老天养你。"

1995 年，有天我接到重庆球迷张仁斌的电话，他说瑞典康斯文博足球队要来重庆踢比赛，邀请我过去。重庆我去过多次，那里的球迷特别多。我到了之后，先拜访了老大哥王绪明，接着便和张仁斌张罗球迷活动。

那天电视台记者采访，我和摄影记者处了好朋友。在康斯文博足球队到来之时，我们球迷去迎接，同时也去了不少记者。当时采访记者由于有节目在身，只来了摄像记者，后来那记者对我说，希望我做临时记者采访。

康斯文博的队员一队下来，我便迎了上去。见到一个中国人在旁，我问："你是翻译吗？"

他笑着说对。

我说："我是重庆电视台的，我想采访一下队员可以吗？"

他瞅着我笑了问："你怎么干起这个了。"

我瞅着他也笑了，告诉他记者没来，请我代劳。为了怕堵塞，我一边走一边采访。

回来时我和康斯文博俱乐部同坐一辆中巴。在车里我同他们有说有笑，那天我糗大了，一问翻译他们不抽烟，我把烟便放进了兜里。这时前面的队员拿出一个小盒，那里面有酱红色的黏状物。他抠出一块，捏成个小橄榄核形，放进了上牙膛和上嘴唇之间，原来他们吸的是这种烟。

他比量比量我，让我来。这下可坏了。我看他含了一会儿拿出来，还是个团，然后放进垃圾箱里。可是我放到嘴里，哇，成了面了。那个苦那个涩那个难闻的味道，让人实在受不了。其结果满嘴往外吐酱红色的唾液，引来车上一阵大笑。

比赛结束后，我在重庆待了两天。仁斌找到我，说和电视台的记者要去北京贺龙元帅家属那里。我一愣，不禁又问了句："是贺龙吗？"

他说："对呀！我们去见贺大姐。"

"哪个贺大姐？"

"贺龙的女儿啊。"

"那可太好了，我得给她送个礼物。"

于是，我写了一个"龙"字，准备裱好送给她。

那是在北京的一个胡同里，大门紧闭，一敲门开个小窗，一个军人问找谁。仁斌说："我们和贺大姐已经联系好了。"

他说稍等，不一会儿大门就开了。

我们的车开了进去。

这可是我心目中的英雄贺元帅的家啊！我没敢多说话，他们谈完事之后，我告诉贺大姐，贺龙元帅是我儿时就敬仰的英雄，两把菜刀闹革命。今天到你们家真的很高兴，随后就拿出了我写的龙字。

贺大姐看了五六分钟，我给他讲解。大姐非常开心，连说谢谢。她表示，有很多人写龙字，但是今天要把我写的这龙字给挂上。当时我别提多兴奋了。

"如果中国队赢了，今晚我请你们。"

有一天，报纸上刊登了中国旅行社举办中国球迷赴东南亚，为中国足球队组织啦啦队的消息。三弟汪富余拿着报纸对我说："这次比赛，中国第一次组织球迷跨国看球。你罗西不去，这是中国球迷的损失。你把工作准备好，我带你去东南亚看球。"那时到东南亚十七天加在一起要两万来块钱。汪富余刚刚下海经商，并不是大老板，但对我的支持却一向是出手大方。这是我第一次出国！

在泰国，见到卖锡制品的商店有不少运动员的雕像，我开始激动，顺着往前走，突然眼睛一亮。啊，足球运动员踢球的工艺品。我一愣，对三弟说："老三，这里有一个足球运动员。"他说买吧。这是我第一个足球运动员的雕像。

三弟花了六百多元钱买下雕像送给我。我望着望着把它放到嘴边，深深地吻了一下，激动得流出泪来。

这时朱挺扛着机器过来，见了我问："你哭什么？"

我说："这是我一生中第一个收藏的雕像。"

他说："你不要动，我拍一段。"之后，他对我采访。

不久，中央电视台《东方时空》做了四期节目，朱挺提供这段录像，想不到，此后国内差不多一样造型的雕像各种材质的都有了。

在赛场上，我们球迷的呐喊助威也带来了当地华人球迷热情的支持，很多人要求签名合影。

朱挺问："你们请他签名，你们知道他是谁吗？"

他们说："知道，知道，他是著名球迷罗西。"

这时，过来一个人，他说："罗西，我给你介绍一位朋友。"说着，拽着我来到旁边，"这位是马来西亚大使馆的领导。"

我上去和他握手，他对我表示欢迎，问我一共来了几位朋友。

我说六位。

他表示："如果今天中国队赢了，晚上六点我请你们六位。"

记得那场比赛是2：0。比赛之后，我对领队说："今晚六点钟马来西亚大使馆请我们用餐。所以今天我就不跟你们走了。"

六点，门口准时停了两辆轿车大奔开路。说来也怪，在大饭店门前下车，我和三弟汪富余唠着嗑照相，只一辆车过来，我把他一拽，自己转身有点慢，就在这一瞬间我啊了一声。我的脚又被轧了。

三弟一愣。怎么样？我活动活动脚，好像没事，只是很疼。但皮鞋前面已经轧破了。这可是三弟给我买的好皮鞋呀。

司机下来说话，我们听不懂。我一摆手，走吧，一瘸一拐地进了大堂。

三弟拍拍我的肩膀："你太皮实了。"

我说："这是第二次了。"

他哈哈大笑。

酒店很高档，他们讲究分餐，上来一盘菜服务员分到每人的碟中，剩下的放到小碟中，菜量丰富但见不到桌子上摆着。记得大使馆的领导说："喝吧，这是真正的茅台。"那天我喝了一两半就已是晕晕乎乎。

那天我们进的饭店是海都王朝酒店，三弟望着那门口站了半天。

我说："进去吃饭啊。"他没吱声，还在左顾右盼。

我说："你看什么？"

他说："我们回去开个海都王朝酒店吧。把大连的海鲜引进鞍山。一定火爆。"

我一拍大腿："好啊！那哥哥可能帮上你忙了。那时我会不遗余力为你招揽生意。我想你要开海都王朝生意肯定会红红火火！"

他说："我看好啦，回去好好研究研究。乃明哥干这个厉害。"那天吃饭的时候，他从里到外看了个遍。大家吃了一半，他才坐下。

快返程时，一位山东的球迷戴着一顶牛仔帽，是毡子的，样式很好。

我问他在哪儿买的，他说在芭提雅。

我很喜欢，表示希望戴一会儿，一戴就是一个小时。我真想跟他说卖给我吧，但是我看他也十分喜爱，话到嘴边就没有说出来。

三弟见状说了句话："喜欢，有机会买一顶。"一路上我们都注意看哪儿有卖的，可是还是没有见到。

特约"球迷皇帝"罗西率队助阵

一天，我接到南京一个电话：瑞典海勒辛堡足球队来南京比赛，希望我能参加。如果我同意，他们将在门票上写上"特约'球迷皇帝'罗西率啦啦队呐喊助阵"的字样。我当时答应了他们的要求，之后到了南京。其实这场比赛无所谓，主要是和南京的球迷协会在一起搞活动，参加两个活动之后看球，和南京的球迷在一起玩儿得倒也开心。

1995年，中国足协杯在南京举行，山东队和上海队在南京五台山比赛。多方邀请我参加。那天我提前到达赛场，人太多了，上海的球迷坐船、坐火车、开车来到南京，加上南京球迷有两三万人。

他们问我为谁加油？我说为中国加油，也为你们加油。他们拉着我和他们一起走。

后来，山东球迷坐着专列来了，能有一两千人，山东的球迷问我，为谁加油？我说为中国加油，也为你们加油。同样他们让我进入他们的队伍。

再后来，我坐在了主席台的对面，和江苏球迷坐在一起，山东的球迷在主席台的左面。一两千人的山东球迷的加油声盖过了江苏和上海两三万人的呼声。比赛中，山东球迷唱的那首《西边的太阳就要落山了》激荡人心，那狂热雄壮的气势、那威武震天的歌声，真是群情激奋。

有一天，三弟给我打电话，说要开海都酒店。

那段时间海都南建国路人烟稀少，道路很背，没有多少人在这走过。一到晚间还要男人接女人，很是偏僻。那地方原来是个粮库。

我们开始动工，那天三弟找到我，在一起洗澡。出来后领我到商场，买了名牌衣服从里到外花了不少钱。他对我说："把胡子刮了吧。"

我说："那我就不是罗西了。"

他说："你穿上西服系上领带胡子刮了，那会有很多人对你另眼相看。"

本来我想继续和他解释，但是一想算了吧，听他一回，让他亲自感受一下我对自己的人生之路的看法。于是跟着他理了发，刮了胡须，之后回到海都。

我一进门他的大哥迎面走来。

"你好！兄弟。"

可是当我们并肩走过，他啊的一声停下愣在那里，抬起手指着我："你，你！"

我笑着说："你什么你，我是你罗西大哥。"

他哈哈笑了。"啊，不像你。你不是罗西了。"

我指着身后老三说："是你哥非让我弄的。我不想跟他反抗。让他看看，原来的好还是现在的好。"

他的大兄弟汪富有笑着对他哥说："不好！不好！太平常了，不像罗西。"

"嘿嘿，"富余眯缝着眼睛，笑着说，"我看挺好。"

在楼上，很多人都说不好，不像罗西。认为罗西给人的形象不像西装革履领带，是休闲是潇洒。那时球迷角看到我都发傻。好在解释了一个月，胡子慢慢长出来才恢复了原样。

随着灯火辉煌，海都酒店开业，带动了南建国路商业的兴隆。随之而来的行业也随机兴起。那时地下室白给我们，我们没要。而后来只一年就炒到了三百多万。原来那地方没有多少人去走，今天却成了吃住行消费要道。这也是海都所做的贡献吧。

开业时我到每桌敬酒，说："看球找罗西，吃饭到海都。"每桌送礼物。那时很多的球迷老板专门捧场。而三弟汪富余又把大连最好的海鲜和厨师挪到了海都，所以生意一直红火。

那时我和文艺界很多朋友都是哥们儿，他们来鞍山一定要到海都。

我有一个哥们儿那天打电话说潘长江到了，我便把他请来。潘长江是我的好朋友，我还给他写了幅字"一笑万年"。

有一天，马季在鞍山办书画展，我听说后便找到他谈了很长时间，最后请他到海都酒店用餐。

他对我说："你刻的章比你的书法还要见功底。"

我哈哈大笑："在书法界我侃球，永远厉害。在球迷界谈书法我也厉害。"

他听了后说："你也去说相声吧。"引来大家哈哈大笑。

李金斗来到鞍山，也专程来到了海都。我们玩儿得非常开心。

那时，海都酒店挂有很多我和各界明星一起活动时的合影照片。

记得零点乐队来鞍山表演，在海都吃完饭后，我对他说："我去准备二百支蜡烛在现场点上，在最后那场表演中，我将把气氛挑到最高潮。"那时大家真的很开心。

演出前，我们海都买了一个杯，上面刻着海都杯。并在三十五中学广场，由海都球迷和零点乐队踢了一场友谊比赛。那是个冬天，大家穿着棉衣，踢得很尽兴。

那天表演时汪富余和他哈尔滨的朋友纪玉良以及不少球迷来到体育馆，观看零点乐队的表演。

高潮时，我拿出了一个大纸箱，那里头是我准备好的二百支蜡烛。我把它分发出去点燃。全场灯光熄灭，蜡烛伴随着歌声有节奏地晃动。汪富余、纪玉良两人穿着意大利呢子大衣。没想到后来发现衣服上沾的全是蜡油，两件呢子大衣废了，那可是四万多块呀。

表演将近尾声时，周晓鸥拿着麦克风说："今天我们零点来到了鞍山，也是中国球迷皇帝罗西的家乡。今天罗西也来到了现场。"

话音刚落，所有的灯光再一次关闭，一片黑暗中我一翻身从二楼跳过栏杆蹦到了场地。那可是三四米高啊。就在我跳下那一瞬间，一束灯光打了过来，一下子对上了我。

随着晓鸥的唱声，我边跳边往台上走，在一米高的台上，晓鸥把我拉了上去。我脱下了皮夹克尽情地左右摇摆。看到表演要结束了，我边跳边离开了舞台。这一连贯的动作现在回想起来，就好像以前编排好似的，把握得恰到好处。

1995年12月末，一个球迷找到我说："有两个老板要跟你合作成立罗西公司，以后看球你就方便了。"

那时我真的不成熟，我问他那个人怎么样？

他说："没问题，是朋友。"第二天他领了两个人过来。见面一谈，倒也开心。他们说用我的名字给我百分之四十股份共同成立公司，以后看球住三星级宾馆不要去找赞助单位了。谈得是不错。

那天，他俩拿了一个打好的委托书，委托书上写明委托他们成立罗西公司。我签了字。

有几个朋友对我说："你成立公司给你什么条件？这只是委托书，是你委托他成立公司。"

第二天，我便到了他俩的公司表示不干了。

他们见状就说，那签个细则吧。我们谈了很长时间，最后又写了一个笼统的协议。

回来大家一研究，协议还没有说明白。我又到他的公司。他俩千劝万劝，最后大家又重新签了一份协议。是手写的不是打字的。我以为一切按着程序走吧，可是想不到的是几件事让我真的说不过去了。

他们说给我大哥大使用，可是用了两天发现不对劲。我打电话他在偷听，一问，原来是一个扒机，这是犯法的。我很生气，给他扔到桌子上。

1996年公司刚刚成立，老总没出过国，说中国队要比赛，在新马泰要和我一道出国，还给我买了衣服、皮带、皮鞋和袜子。可是回来第一件事就把我这些都要了回去，并说这是公司的财产，其实西服、领带、皮鞋我只是出国时那两天应付一下，多少年我也不穿，什么名牌不名牌。他们做的事情使我没有安全感。

他们成立公司是把我罗西注册，卖我的名字。我不想和他合作了，彼此反反复复又商量了几次。

贾凤刚、崔伟民、朱明学和他俩在一起重新签了个协议，几位朋友作为证人。他也不管我，我也不管他，卖出罗西品牌，卖出的给我百分之三十。其实我本来也没有时间去经营自己的品牌。后来，我们就不来往了。

那几天，我几夜没有睡好，不断地回味着这段经历。

几年过去，我和他们没有电话，也互不来往，各干各的。我以为这事情也就过去了。

我灌的第一盘磁带《万岁球迷》

1996年前，我是从不爱去歌厅唱歌的。可有一天我接到北京一个电话，是石松打来的，他是音乐制片人。他要出一盘磁带，是中国第一盘球迷的磁带，名字叫《万岁球迷》。"你将和歌星一起灌这盘磁带。你准备一下。"

我说："我没唱过歌呀。"

他说："没关系。你来了再说。"我们定好一周后北京见。

那时我的好兄弟张丙利喜欢唱歌。当天他就说，走，练歌去。最后几天我们天天到歌厅，哥几个教我唱歌。之后就到了北京。

石松教我唱《英雄本色》。会了之后便进入了影棚，戴上耳麦。那时我真的很投入，唱完之后，感到的确不错。

磁带在京发行那天，当时的文化部的副部长和中国足协新闻发言人许放参加了发行仪式。

许放讲话时，多次提到我并给我很多的赞扬。

在此之前，我每年都要去一两次中国足协并挨个房间去要足球藏品。许放、张吉龙、马克坚、李传奇那里每次都有意外的收获，他们签上名字送给我。

最后一次许放打开抽屉给我一个足协纪念章，并告诉办公室，把各种队旗给我拿一面。自从许放逝世后，我就再也没有去过中国足协了。

与马拉多纳见面

1996年，世界球星马拉多纳来到北京，踢场友谊赛。我听到之后高兴万分。记得十年前在鞍山球迷角我曾经说，我要是能和马拉多纳照合影死都值了。那是个遥远的梦。而随着社会的发展，时光的流逝，很多的梦想有机会成为现实。

马拉多纳来了，我一定要和他照一张相。我专程到了北京，给中国足协一位领导打电话，一问得知马拉多纳住在北京昆仑饭店。那位领导说可以安排我照相，和我定好时间是第二天上午九点。

第二天我早早来到饭店。这时，有不少朋友和我照相。其中有位球迷我对他说："一会儿来了你跟着我走。先给我照张相，之后再给你照张相。照完相马上我就给你洗出来，送给你。"他高兴地答应了。说话间，陆陆续续队员们都已下来，我和他们照了几张相。领导过来了，我和他握了握手。

这时，只见六七个身高一米八九左右、十分帅气的保镖走了过来。我把相机递给小伙子。旁边一个保镖一把要拽我，而另一个保镖扒了一下他胳臂对他说："球迷皇帝罗西。"那人一愣。领导又补充了一句："这是中国第一球迷罗西。"

我走了过去，对马拉多纳点头一笑。几个保镖闪开了。我搭着他的肩膀，手摆着胜利的姿势。只见那个球迷连拍几张，我跟他说快过来，接过相机，又为他啪啪照了两张。

我领着球迷朋友出来，找了一家照相馆，那个心情别提多高兴了。

我想起1986年世界杯，马拉多纳拉不住、铲不倒，乱军丛中应从容，连过四人那精彩的射门。他在我心目中是尊神。

第一次做中央台的广告

一天，我接到武汉球迷协会领袖胡四喜的电话，让我去湖北，有个企业要为球迷做贡献，请我做广告。

我应约飞到武汉，胡四喜到机场接我，给我介绍草珊瑚咽喉糖公司的领导，大家谈得十分融洽。

原来草珊瑚咽喉糖要搞一个球迷活动，叫玩贴纸集中大奖。获胜者可以到法兰西看球去。我便开始跟他策划。最后我说："只要为球迷活动我责无旁贷，全力支持。有一个条件是只要是能让我看世界杯就够了，其他的好说。另外，你们举办这场活动我有个要求，我要请一百二十个球迷、六十多家球迷协会前往大连看球。给我个人的广告费用分文不要。"

协议当场敲定。他们要我等电话，我先返回东北。

中间到北京看球，车票球票都订好了，在车上接到武汉胡四喜的电话，他说："怪杰不行了，现在已经抢救过来，在医院住院。"

我说："我马上到武汉，你到车站接。我看他一眼之后马上返回北京。"胡四喜在武汉把我接到医院只待了几分钟，我给怪杰留下两千元，安慰了他几句话，十几分钟后四喜就把我送到了返京的车上。

四喜说："你为了看他将近两天一夜来回奔波，罗西就是罗西，够意思。"

从北京到郑州不久，我接到了草珊瑚公司打来的电话，邀请我去南昌正式洽谈。当时草珊瑚和意大利贴纸游戏联系在一起。草珊瑚咽喉糖里头有意大利球星贴片，消费者可以把贴片收集起来贴在一个专用对号的本子上。这是一种玩法，在意大利球迷中很流行。草珊瑚想在中国兴起这股热潮。

我带着五一一道去了南昌。大家谈得很融洽。我的要求很简单：这次活动全国球迷全部免费，包括看球。既然是世界杯，那么我就要求请我看一次世界杯。其他的一切无所谓。草珊瑚答应了，我很满意。他们带我们来到滕王阁等处游览，玩儿得也很开心。结束之后我与五一返回郑州。

8月23日，我们六十多家球迷协会领袖六十多人来到了北京，在丽泽苑宾馆开了一次全国球迷座谈会。我请五一主持。这是五一第一次主持全国球迷会议，主持得非常成功。我们和草珊瑚公司在新华社新闻发布中心举办了新闻发布会。那天国家体委领导、足协的领导到场了，三天会议中，球迷显示出了高素质和高品位。

回到家，我接到了草珊瑚厂家来电，要我马上到广州拍广告，中央台播放。

到达广州，那里已经支好了摄像机，还请来不少的学生球迷。

从中央台广告播出的效果看，我感觉不错。

草珊瑚公司随后定下大连十强赛将作为活动的高潮，我给五一和哈尔滨崔老五打了电话，请他俩提前到达大连，安排好球迷的一切活动。

第二届全国球迷代表大会

抵达大连，我看到先到场的十几位在吃方便面，便说："走，到饭店去。"随后带领大家来到饭店，那天花了九百多块，而我兜里只有七百多块。我从球迷那儿又借来二百块付账。晚上草珊瑚的老板来了，我一说具体的情况，老板表示明天财务会计就到，现在你先拿着五千块钱，明天一切由公司来处理。我接过后，随手把五千块钱交给了怪杰，包下碧海宾馆三层楼，并调来了张五一和崔老五安排活动。

五一和老五两个人兢兢业业，把工作安排得井井有条。我们在大连召开了一次全国球迷代表大会，如果说长征时1993年在成都召开的SOS中国足球急救会议是中国球迷第一届代表大会，那么今天就是四年后第二届全国球迷代表大会了。

会议由五一主持。在我的提议下，东道主大连球迷协会会长于辉担任第二届代表大会主席。那次会议开得相当成功。

我们还举办了一场比赛，由全国球迷联队和大连一个企业队踢了一场比赛，比赛到中场时球迷对我说："我们输了。"我说："没问题。因为我们是全国联队，他们不会赢我们。输赢无所谓，关键是我们这次比赛的意义。"

后来球迷让我上场，记得我得球后，带球往前冲。对方后卫让出个空当，面对大门守门员跑到了另一边，我起脚射门，球却奔守门员去了。守门员接到球后又把球抛给了我，我再射门，球射出门外。球迷乐了，我却自己高喊着："换罗西，换罗西！"跑向了中场部位。从中场下场，引来大家笑声。记得最后比分是5:5吧，他要是真踢我们，可能不止进我们十个球。

经过这次代表大会五一感到收获很大，他说："以后跟着大哥走了。"从此，我和五一在中国大型的球迷活动中几乎形影不离。在中国球迷的道路上我们是珠联璧合。郑州少了一个会长，全国多了一个球迷领袖。

中国队比赛那天是9月13日，中国对伊朗不用说了，那场面几万人一起高唱《歌唱祖国》。上半场中国2:0领先，大家高兴狂欢不止，球迷完全沉醉在胜利的喜悦之中，在高兴之余我对旁边的那几个领袖说："比赛还没有结束，不要高兴得太早。怕就怕中国队做出可怕的事。中国足球什么事做不出来？"

而我却真的成了乌鸦嘴。在担心中可怕的事终于出现了。下半场伊朗队进了中国队四个球。我们以2:4败下阵来。随之而来的便是球迷的骂声。本来想好了活动安排是如此周到，可是随着足球比赛的失利，球市热度下降。头一场比赛厂家花了很多钱买了一百多套套票，可是第一场失败让门票下降到了五块钱。中国足球再一次坠入了低谷。

六战成绩为二胜一平三负，第七战中国队必须在客场战胜沙特队才有出线的一线机会。而此时我不明白了。我们提出的口号是保平争胜，打平没戏了还要保平，保平的意义何在？如果不是记者瞎编和造谣而是真实的话，那可怜的足球先生们，我们球迷无语了……

欧洲八国看法国世界杯

1998年，第十六届法国世界杯前，草珊瑚公司要去我的护照，帮我联系看世界杯。他们打电话告知已经为我安排妥当，去法国看世界杯，在豪华团，看四分之一的决赛。时间很紧迫，要到广州一个大酒店报到。

我一算，因为已经答应了几家企业参加世界杯活动，需要马上重新编排日程。有的不能去了。

我坐车路过郑州，五一组织了个球迷活动，邀请我参加。经开封球迷协会邀请，我又转到南京，在南京电视台做了三场直播节目，给了他们几千块钱。那几天实在是太劳累。每档节目都是一个半小时吧。节目做完还要到另一个球迷聚会的地方去和他们侃球。电视台为我买了一张机票飞到广州。

朋友宋川将我接到他的歌厅玩儿，临行时给我拿了五千块钱。我下去买东西时，身边一辆大奔停下，从副驾驶下来一位女士。

"你是罗西吗？"

"是。"

"你来广州做什么？"

我说："我去法国看世界杯。"

她说："啊，那你可要多带点钱哪。你代表的是中国球迷。"

我笑了："钱对于我来说无所谓啦，只要能看到世界杯就可以了。"

她说："我知道你，电视、报纸没少登你。你的钱都给足球事业花了。这次出门你代表的不是个人，是中国球迷领袖。你钱不够我回去给你取点美金。"

我说："不要。"那一刻我认为她就是知道我，说说而已。

正要走人，她说："你等一下。"从车里一伸手，"这是五千块钱，你拿着急用。太少了，有时间我给你拿点美金。"那时场面非常尴尬，不少人在旁边瞅着。可是她是真诚的并不是虚伪的。

"这不是给你个人的。这是我对足球事业的贡献，拿着急用吧。"随后把钱放到我的手里反身上车。

"我能否联系上你？回来我给你带好的纪念品。"

她对女司机一点头车开走了。我忘了记下她的车牌。回来时，我给宋川买回不少足球的邮票和纪念品，但那位女士再没见到。

我们团十七个人，从香港出发，大概用了九个小时飞到了意大利的首都罗马。

第一个项目是参观国中之国梵蒂冈。小时候爸爸就对我说："世界上最小的国家叫梵蒂冈，只有一个警察，国土面积0.44平方公里。"

我站在宽阔的广场上，望着由无数个圆柱支撑着的雄伟的建筑，聆听导游讲述的故事，浮想联翩。

意大利给我的印象太深了，尤其是中央电视台转播意大利甲级联赛之后，很多大城市的名字如雷贯耳。

威尼斯水城建在水中，中间的广场很大，那里有无数只鸽子。

我们的船在城市水巷中游荡，在小河中穿行。望着左右水中的楼房，心中别有一番滋味。前面有一座桥，不少人在看着我们。我从包上拿下五星红旗在手中摇动，呼喊着："差依那，意大利。"桥上的人向我不时地摆手，也喊着："差依那，意大利。"

河的两边道上那么多人，我站在船上舞动着五星红旗，唱着世界杯歌曲，几乎所有的人都向我摆手。威尼斯太热情了。

那天在意大利的路上，我打着五星红旗走在前面，突然过来两个小女孩非常激动地说："你是罗西吗？"

我说："是啊。"

她说："我知道你，八年前我和爸爸来到意大利。没看到过任何人打着国旗。八年后的今天我看到你打着国旗过来，我一看就知道你一定是罗西！我们照一张相吧。"

哈哈，我摆了一个 pose，她们俩和我照了好几张相。

刚跟她们照完，突然一个人冲了过来，高喊罗西。我一看是翟总！我们抱在了一起。翟总是我鞍山三弟的好朋友，我们没少在一起喝酒。没想到我们在这异国他乡意大利碰到了！

在意大利，我原计划想买不少足球的纪念品，可是一看傻了眼：一条手扶（围巾）在国内也就一二十块，可这里最便宜的里拉折成人民币要一百四十多一条。没有办法，我只能买了一些便宜的作为纪念。

德国在世界留下了浓重的一笔，东西德的合并给它带来了新的崛起。在我的印象中，德国的一切都应该是新的就像我所看到的那些高楼大厦一样。然而在科隆大教堂面前，我却折服了。那两个高高的建筑像擎天立柱刺向天空，把西方人思想的豪放展现得淋漓尽致。

荷兰的郁金香、风车、木鞋、奶酪堪称四宝。阿姆斯特丹的街景、比利时的广场、摩纳哥蒙特卡洛赌场、卢森堡要塞，都给我留下了深刻的记忆，令我终生难忘。

法国在我的心目中是非常神秘的国家，它也代表了西方浪漫的思想。

我小时候就看过与巴黎圣母院相关的电影，敲钟人的形象和表演技艺一直震撼着我。今天，巴黎圣母院就立在我面前。

凯旋门、埃菲尔铁塔、香榭丽舍宫、凡尔赛宫、卢浮宫都让我大开眼界。在戛纳世界电影名人留下的脚印前，我寻找着汉字，感悟着那么多的电影给我带来的思想的跳跃。

在购物市场，我眼睛一亮，发现不少有关足球的东西。记得他们买了一些梦特娇汗衫，七八百块钱一件吧，他们一买就是几十件。只有我自己在足球摊位前来回转。我发现了有打特价的世界杯吉祥物纪念章，才十块钱一枚，于是把那几十枚全买了。

下午自由活动，我上街突然发现有个邮局卖足球的邮票。我又买了许多，什么首日封、纪念封，一些足球老邮票我准备给宋川带去。

我们看的四分之一决赛想不到的是巴西对丹麦，首次去欧洲看世界杯比赛就能看到巴西队比赛，这对于当时的我来说，真是人生莫大的幸福。

当时意大利足球氛围让我更加佩服。世界杯期间，几乎所有意大利的小汽车左右车门上都插着两面意大利的国旗。尤其是在意大利比赛的当天，意大利的国旗飘扬在大街小巷。

我来到体育场时，完全被赛场的气氛震撼了。我们十几位票是在二楼靠后的位置，正好可以看遍全场，比赛快开始时，双方球迷就进入了状态。黄色的海洋一块一块，那是巴西的方队；红色的风暴一块一块，那是丹麦的天地。

比赛开始时，我拿出了随身携带的国旗在看台上摇动，场上除了巴西和丹麦的旗帜，只有我们这一面中华人民共和国国旗，有不少球迷过来和我们照相合影。我们不停地喊着："差依那，差依那！"旁边不少外国人也跟着喊："差依那！"大家都乐了。

那场比赛我看得如醉如痴，巴西胜了。过瘾，真的过瘾。比分3∶0，交叉上升。

这是我第一次到现场看世界杯，而且是巴西赛场。这真的如同做梦一样。过去许多许多的梦想，现在都实现了！

再见了，法国、德国、意大利、比利时、荷兰、摩纳哥、卢森堡、梵蒂冈！

欧洲八国之行，历时二十七天，我还带回来近三万元的礼品。这次旅行对我的触动很大。

程思远如是说

有次同一些朋友谈起历史，提到了李德生，那可是中国军事史上的名人。朋友对我说："我可以请李德生接见你一把。"随后便给他的秘书打了电话。

但他的秘书回答：李老在住院，由于身体原因无法接见。他的秘书知道我，所以说："我可以请李老在他自传上亲笔签名送给罗西。"

我十分荣幸得到了一本李老签名的自传。当谈到历史时，李德生的秘书提到了李宗仁和程思远，表示可以安排我和程思远见面。

我欣喜不已。

一天秘书打来电话，通知程老两天后有时间。

1998年9月24日，我和鞍山市一位领导、几位企业家早早来到北京的六合饭店。为了节省时间，我们先把菜点好，程思远的孟秘书给我们定的时间是一个小时，我们要把一切准备工作做好。

程老一下车我便迎了上去，手挡着车门沿。

他看着我笑道："我认识你，球迷皇帝罗西。"

我很感动，扶着九十四岁的老人来到包房。他坐在主宾座，要我们坐下。

我把《中国球迷皇帝罗西》一书送给他，他笑了，说这是皇帝的御赐。

我当时脸直发烧。他把我的书举在胸前，我们照了一张难忘的纪念照。

记得落座之后，我举杯敬酒，因为有七八位一桌，我不便多说话。而程老不时地打断别人问我足球的事情。我只能用简练的语言来回答。

看出来，程老想听我侃球。

我用十来分钟把足球的发展和现状一口气侃了出来。程老笑了，说我真是一个球迷皇帝。

时间过得很快，记得孟秘来时说下午程老有事，所以不时看表。程老说："皇帝在侃球，你不要看表。"并示意我继续说。

没想到九十四岁的程老竟一动不动坐了两个小时四十分钟。

送程老走后，我把请他签名的就餐菜单放进本子里，珍藏起来。

从鞍山到沈阳

1998年秋天，我和汪富余在海都酒店唠嗑。他说沈阳有一个不错的饭店叫桂子香酒店，让我们去接管。不知道我们有什么意见。

我问多大，他说两千多平方米。

我说："可以啊。鞍山海都到头了，一个就够了。沈阳的发展将有很大的潜力。它毕竟是东三省的政治、经济、军事、文化的中心，沈阳的发展空间将远远大于鞍山的。"

11月29日那天，中国道教协会副会长、辽宁省道教协会会长王全林方丈（全真派第二十四代大律师）我们一行七八位来到了沈阳，从一楼到三楼看了个遍。我感觉很好。王道长看了以后提出很多问题。

经过斟酌，我们决定在沈阳开海都饭店。

1999年1月6日是鞍山球迷协会成立十三周年的纪念日，就在那天，我和厨师一行来到沈阳开始清理酒店。晚上他们走了。

我和另一个厨师说：我们俩留下看酒店。因为有些东西怕丢。记得在大包里头。一块厚厚的海绵铺在地上，买来的两套被褥每人一套。那个惨哪！记得外面天气很冷，酒店没有取暖设备。好在底下有一个120公分厚的泡沫板，褥子铺在上面好多了。

装修酒店时，条件非常艰苦，但一咬牙还是过来了。同样我挂名总经理。当时海都酒店门前的和平大街正在修路，马路全都刨开，所以影响了经营。头三四个月真的很紧张，最多的一天才有二十七桌，少的时候只有十几桌客人。

那时老板三弟很是上火。他说："这饭店要是这么开下去，那不就完了。"

我说："没问题。过些日子路修好了，酒店一定会火爆。你放心吧。"

过了两天，我在楼下香堂敬了九九八十一炷高香，那天超过了八十桌。

这时马路已经修好一多半，可以通车了。第三天是一百二十八桌，中午还可以，晚上那个人多呀。

我对三弟开玩笑说："不要忘了你还欠我一顿哪。"

当时沈阳所有饭店的盘子都很小，而我们是大盘的海鲜，开创了先河。一天晚上，所有的桌子都坐满了，楼下还有十几位在等候。没办法，我也不上去敬酒。我陪着那些人谈球、侃人生，以至于他们都不愿意上楼吃饭，就愿意听我聊。

沈阳活动也多，全国各地的客人、球迷来东北总要到沈阳一看，所以沈阳的海都也成了我的接待站。多少次活动我都安排球迷参加，他们都很高兴。因为那不是个小店，我也悟出了很多的经商之道。

两下越南

大概是5月份吧，我接到广西南宁朋友王海涛的电话。他邀请我参加他们的企业活动。

并请我看两场中国队奥运会在越南的比赛。

当时我们组织了由桂林、柳州、北海、南宁等广西省内的和来自浙江、江西、重庆等外地的百八十人的球迷啦啦队。由我任总指挥，经老街到达河内。

河内当时正处于发展阶段。马路上到处是飞奔的摩托，很多都是中国产的。奇怪，有一座很像庙宇的建筑，上面竟有两排中文对联。我们参观了胡志明纪念堂和军事博物馆。

下龙湾在蔚蓝的大海中，从水中生出无数像竹笋一样的山峰。那刺破青天的长满绿色植被和树木配上清澈浪起的海面，真是如诗如画。

我们的游船在石笋般的山峰中穿行，我打着国旗站在船头。海风吹来，国旗迎风招展，我心情舒朗。我们吃着海鲜，欣赏着美景。一个球迷说："这要是有一场比赛，要是这么看那可太美啦！"

谈笑间大家又回到了河内。

比赛那天，我们啦啦队敲锣打鼓，浩浩荡荡来到体育场，警察为我们开了一条特殊的通道入场。

开场前，我先领着球迷唱的第一首歌是《友谊之歌》。"越南中国山连山水连水 ……"没想到很多越南人都跟着我们唱，但是后面的歌词我们不会，反倒跟着越南球迷的节奏哼哼。当唱到第二遍时，全场给以热烈的掌声。

这时，中央台的孙正平带着记者来到台前为我们录像。上半场中国队打得比较沉闷，中场休息时我们便重新布置，决定一个一个地喊。

记得开场我就喊中国队，大家喊一比零，我喊中国队，大家喊二比零。一直喊到十比零。

当中国队进了一球之后。我们就喊二比零。一个一个地喊，直到进了四个球。

那时我们嗓子都沙哑了。我只要喊出声音，手一挥，大家便发出威武的声音。打鼓胳臂酸了，浑身上下汗水湿透了，但是中国赢了！

回到广西没两天，五一赶到了。第二场比赛由于我累得嗓子沙哑，五一便挑起了总指挥的重担。那场比赛中国队也是以4∶0赢了缅甸，五一累坏了。

五一的到来让我也有了个伙伴。我们在购物店旁买了一个木制小狗抱球的工艺品。可是回来一看和国内的一模一样。

回到国内便到了安徽合肥。由新安晚报组织的安徽球迷赴上海啦啦队，那时去了有十几辆大客。当时安徽还没有球迷协会，我和五一组织球迷一同前往。中国队没有辜负我们的期望，战胜朝鲜，三战三胜，小组出线。

1999年12月31日是20世纪最后的一天。我和张丙利从合肥乘车到了镇江。当晚半夜零点听到了千年的钟声。在拥挤的人群中，我站在马路牙子上，望着无边无垠的人群和那古代的建筑，心潮澎湃。此时此刻全国乃至全世界华人都在听着千年的钟声。人的一生如此短暂。

2000年1月1日是21世纪的第一天，五一也到了。

在董建明的办公室刚坐下，我突然感到肚子疼得厉害。坚持了一会儿，我以为是岔气了，可是越来越疼。

董建明马上给我要了一部车，把我送到医院。医院一检查，原来是阑尾炎，必须手术。

手术后第二天，宜昌球迷协会来了电话，邀请我过去参加宜昌球迷协会的大型活动。由于手术我无法成行，后来决定我拆线那天去。我于是邀请了五一、合肥南天王、襄樊大老李一同前往。

到了宜昌，各方面安排得都非常好，组织活动也非常成功。临行时，通过一位球迷的介绍，有一个厂家要和我照相，照片印在企业的宣传册上，并给了我五千块钱。

我把两千块钱放进兜里，那三千块钱往桌上一放，对几个哥们儿说一人一千。

他们坚决推辞。

我说："你们跟我出来，这个钱不是我个人的。大家均摊。如果八千每人两千。五千嘛，大哥黑点。我拿两千。剩下你们分掉。我们都是一起来的哥们。哥们出来不是一个人快乐，是共同快乐。"

我放松了警惕信任了他

那时海都酒店非常红火，满酒店挂满了我和影视歌星、中央台主持人的照片。那些照片从一楼挂到三楼柱子、大厅和包房中，一共有二百多张。那一天总经理对我说："你把你的藏品拉来在这办展，不是可以烘托一下气氛吗？"

我担心安全，但犹豫再三还是答应了。

我放松了思想警惕信任了他，回到家中便把那些东西钉成板框，能上的上去了，不能上的大件直接拉来，整整一卡车之多。于是，海都酒店从一楼到四楼大厅走廊包房，还有展厅都挂满了我多年来收藏的足球藏品。

那天我正在二楼大厅敬酒，服务员过来说三楼的包房客人请我过去谈点事。

进去后，坐在主宾席的人站了起来，旁边人都跟着站了起来。

他说："今天我来，看好你的一幅画。那是真迹吗？"

我笑了："这幅画是齐白石后人在大连办齐白石画展时由他的四个嫡孙齐育文、齐麟根……亲自给我画的。为什么不卖？因为这上面题的字是错的。上面的字是为中国球迷协会而题。在中国没有中国球迷协会。"这是我目前收藏国画里最大的一幅为球迷画的国画作品。六尺整张画了一只老鹰。

他开出五十万，非要拿走不可。我解释了我收藏这些藏品的目的：我要建世界上第一个球迷博物馆，以后会把它捐献给国家。这不是我个人的东西，它代表的是中国球迷文化。一个藏品一个故事。所以说我是不会卖的。他听后表示十分理解。

之后，还有人要买我的藏品。

一天我正在附近谈事，服务员说几位客人说什么也要见我。我急忙赶回。只见大包里坐得不满，有七八位。

寒暄之后那人便直奔主题："罗西，我今天来不是吃饭，主要是看好你那面长征的大旗。如果你同意，楼下大奔给你，大旗我拿走。"

我十分客气地告诉他："这是我藏品里的重中之重，也可以说是我的镇馆之宝。它绝不是钱的问题。多少钱我都不会卖。"后来我端起酒杯敬酒，本以为这就算完事。

谁知第二天服务员又来喊我，说昨天的客人又来了。

这次有十几位，昨天的人坐到了旁边。中间一位老板模样的朋友站了起来，挪开椅子奔我走来，我和他彼此握手。

旁边那人介绍："这是我们公司的老板，昨天我是代表他来的。今天老板亲自来看你。"我坐在了他旁边的空位置上对服务员说："加两个菜。"

他举杯后我开始敬酒："今天在座的都是有思想有文化有素质有成果的人，都在自己的领域走出了自己人生之路，创造出了自己的辉煌。今天和你们坐在一起真的很开心。"

酒过三巡，菜过五味，昨天来过的那个人说："见你后我回去一说，老板不信，今天老板亲自来看你。"他们又提到了那面大旗，并说如果我要是看不好奔驰，开个价也可以。你看现在的奔驰以一百二十万出还可以吧？

我郑重地告诉他们："这绝对不是钱的问题。是我骑着自行车走遍中国，历时十六个月二十四个省为中国足球呐喊留下的历史见证。四次重病，三次打劫，几乎命丧黄泉。我便给他讲了一段金刚啸的故事……"

那位老板听了我的话，站了起来诚恳地说："我不胜酒力，但是今天我也要把这杯酒干了。罗西，我以前只是从报纸、电视上无数次看到你，但我只以为你是一个足球的狂热分子。我只知道你为了足球家和工作都不要了，在我心里，你只是一个比较执着的人。我感到你不是一个完美的人。可是那天来吃饭，第一次见到你本人，敬酒只是一闪而过。但你的形象给我的印象很深。看到你那面大旗，开始我是以同情的心和我自己的私心想用我的奔驰换你的大旗。因为我知道国家体委已经不存在了，已变成体育局了。他们都不懂，都说也就百十来元吧。其实这是一件文物。若干年后他可是一个宝贝。可是今天我和你本人见面，我没多说话，是你从根子上改变了我对你的印象。你是在人生的道路上追求的探索者。在你身上我看到了一种精神。说实在的今天我带来的底线是三百万。在我印象中三百万完全可以把你拿下。今天我要是三百万把你大旗拿走，大旗未来肯定值钱，但是你罗西已经在我心目中分文不值了。今天没有拿下你，你在我心目中的地位更高了。我重新认识了你。以后有什么事和哥们儿说，哥们儿能帮上的一定全力以赴。"

而想象不到的是，在此展览期间四个足球运动员签名的足球、1981年《足球》报创刊号、十几个不同型号包括从法国带回的足球瓶起子、篆刻印章都被人一锅端了。后来王经理给我找回一个印章，笑着说："不要问是谁拿的了。"回想起来我都后悔，不应办那次展览。一想起这件事我就心痛，好长时间回不过个劲。

球迷形象大使

沈阳海都酒店从1998年以来得到许多朋友的支持，已经成了球迷的活动中心，更是我朋友的会聚地。而2001年的春天更是阳光明媚。因为中国足球队在世界杯预选赛中和马尔代夫、印度尼西亚、柬埔寨六场比赛以25：0的战绩冲进十强，而十强赛定在了沈阳。外地不少朋友打电话说要来沈阳看球并来看我。我欣慰不已，同时开始做着准备。

十强赛快开始了。组委会决定推选十大球迷为啦啦队队长，各个区分开带动全场气氛，并选我为队长。我接到通知后非常开心，也真的感谢组委会和沈阳球迷协会，感谢他们这些年对我的信任和厚爱。

当时有那么多的企业打足球的牌子，光是酒厂就有好几个。

我接到一位朋友的电话，要送我一瓶白酒"十三号茅台"，茅台酒厂只特制了十七瓶，是以世界杯为造型的陶瓷金杯，一个杯烧上一个号，象征十七届世界杯，这瓶酒编号是十三号。当我拿到这瓶茅台后激动万分："有什么事说吧，原来茅台一个分厂出了一种酒叫'足球神'，太好了，没说的，不就是广告吗？好说。"

泸州老窖一个分厂要出"米卢酒"，并请我代言先搞活动，准备请香港明星队踢比赛作为此项活动起点。本来我们已经请来了香港明星队的经纪人柳南光，谈了两轮基本确定，后来韩国回来活动取消。今天的"米卢酒"已成为酒中藏品。

世界杯之前，一位报社的记者问我："有一天你来到一个路口，右面有一场重要比赛，左面有一沓可观的钱，你还没吃饭。你是看球，还是捡起那沓钱去吃饭？"

我马上说："我先捡起那沓钱抽出一张，我写上名字和电话回头还上，之后把钱放回原处，到了赛场买一个面包。全解决了。"

记者笑了，向我伸出一个大拇指。

为了足球，为了球迷，一天只睡几个小时很累，可是还是有人不理解。我宴请来采访我的一位外地的记者，并陪着他工作，他也看到了我是几分钟一个电话，全是球迷办事，为了这次十强赛而奔波。可他却闭着眼睛说瞎话，写了一篇报道，名叫《罗西死了》。说我球迷事少了，说我当老总了，说我脸上不画彩了！呵呵，原来他把画报上戴高角帽画彩脸的球迷当成了我。可以说，我从来没有画过脸，从来没有光过膀子。我是狂，狂时达到疯的程度。但我从来没赛场上骂过人。我是有底线的。

我还是我，管他呢。有的媒体把我写得那么好，我也还是我，无所谓了。

沈阳球迷协会秘书长大邢告诉我：辽沈球迷成立联合会，选我为球迷形象大使。

我表示感谢领导的厚爱，作为沈阳球迷协会第一批老会员，我随时服从协会的安排和调动。需要我做什么，没问题，喊一声马上报到。

比赛的头一天在夏宫，辽沈球迷和省外的球迷大聚会，球迷把黄祖钢和我抬了起来，绕场走了一大圈。

那天在大会上为我颁发了球迷形象大使证书，球迷形象大使的光环套在了我的头上，除去激动之外，更坚定了我的信念，我要为中国足球事业奋斗终生。

沈阳，中国足球的福地

2001年8月下旬我就开始忙碌起来，盼望已久的十强赛就要来到了。

8月25日，中国第一场比赛对阿联酋在沈阳五里河体育场举行。全国球迷来了不少，那天中午，我在海都酒店请大家入餐之后开赴现场。五里河体育场已早早被球迷的海洋包围，以国旗为主体的五颜六色旗帜和标语像滚动的巨浪。球迷们脸上画着油彩。最难忘的是长春球迷协会，他们每个人的后背上都写着3∶0，不断高喊着"中国队3∶0"，好像今天比分真的会打成3∶0一样。

最扎眼的是沈阳真心球迷会。他们打出一个巨大的横幅，上面两个大字"圆梦"。我们早早进场，而"铁哨子"一直在宣传鼓动，直到晚上开场。我们看台正好是可口可乐公司赞助的看台，满满的一片红色。

当李霄鹏攻入第一个球时全场进入高潮，而祁宏进的第二个漂亮的头球让球迷几乎难以自持，郝海东将比分定格在3∶0。所有中国的球迷都看到了进入日韩世界杯的希望，我们忘情地欢呼雀跃。

那场比赛十强赛组委会安排得如此周密，警察和安保工作严疏合度，再加上近六万球迷狂热的呐喊，我们以3∶0战胜了阿联酋，取得了首场比赛的胜利！

比赛结束后，无数的球迷拥着我从青年大街游行，球迷欢呼："罗西！我爱你！"我则领着大家高呼口号："中国队加油！韩国，我们来了！"

快到沈阳广场时人山人海，我怕控制不住这么大的场面，借着弯腰拽裤腿，告诉他们先走，随后撤了出来。从小道跑到海都。这时，酒店已满满的了。回到酒店，我可以尽情地宣泄。这时我发现记者海桥已经来到酒店，我便重新安排，不少桌一直玩儿到早上四点。

第二天，央视教育频道龙涛在大包做节目，中午接待，下午送朋友回程，晚上最后送走五一和胡庭辉。

9月15日九点起来，精神多了。今天是9·15，可是反过来就是5·19了，还是不吉祥。我和谁都没说，只是心中默默祈祷。

五一、南天王和很多球迷及朋友都到了后，我们便开始向体育场进发。一路上大部分行人都汇集到一个中心点——五里河体育场。球迷们脸上贴着"必胜"和国旗的不干胶，嘴里唱着《歌唱祖国》，摇动着手中的五星红旗和标语，喊着"中国队加油"的口号。

由于上一场长春球迷协会喊出的3∶0应验了，所以长春球迷的出现更是一个焦点。这次他们背心上印着2∶0，祝福中国队2∶0获胜。

我们十个啦啦队队长每人一个牌子不用票，想不到的是，我的牌不知什么时候掉了。好在警察都认识我，所以出出进进没遇到多大麻烦。

这场比赛我们对的是乌兹别克斯坦队，上半场0∶0。有时也是一种巧合。记得下半场我对身边的几位球迷说，对方开始加强防守。八分钟到十分钟之内，中国肯定破门得分。果不出我所料，在我说完之后也就八分钟，李玮峰终于用他的金头砸开了胜利之门，进了一个球。五里河沸腾了。此时新华社的记者一直在旁边拍摄。

这场比赛2∶0我们赢了，日韩世界杯离我们越来越近了。球迷那个乐呀不用说，真可谓是如醉如痴。而长春球迷协会会长孙钊也一下子在全国球迷中立起形象。两场比赛应准了。

我们上街游行，不少球迷把我举起来，扛着往前走，更有不少球迷高喊"罗西万岁"；我吓坏了，我马上喊"中国队加油"。同样，我又没敢去广场，因为我知道这个局面我是控制不了的，所以提前回到了海都，一直玩儿到早上三点在南天王浴池住下来。

9月26日，北京来电话说电视台《挑战金头脑》节目邀请我和南天王一起去做节目。我和朋友殷沛安一道来京，晚上北京球迷领袖张忠和武英方来看望我，并研究节目细节。

第二天，我们在燕山石化影棚录制。由意甲解说、张路和国家队前门神傅玉斌与谢园及梁天一组向我们挑战。我们组是南天王、张忠、武英方和我。主持人说："说出十个球星的绰号。"我马上抢答，八爪鱼、金毛狮王，等等。尽管主持人偏向明星组，但是我们球迷组还是赢了。《挑战金头脑》节目拍摄之后没动地方就拍第二个节目。

10月5日，卡塔尔主场1∶2负于阿联酋时，沈阳就不时传来喜庆的鞭炮声。只要中国队在主场不输给阿曼队，就可以雄起赳气昂昂迈进2002年日韩世界杯的大门。全国的球迷也开始谋划着提前来沈阳庆祝。

票！票！票！10月7日的球票真的让我头疼。多少人要票！幸运的是广州朋友送来了二十张，否则我就要自己加几百元一张买高价票了。

10月7日早上四点起来，到千山参加朋友的活动；中午十一点回到沈阳。全国的球迷朋友来了不少。中午和朋友聚会之后，我们期待着晚上的比赛。

此前中国队以五战四胜一平积十三分的优异的成绩名列前茅。

只要今天拿下阿曼，那么我们就从理论上冲出亚洲走向世界了。当我和朋友进入赛场，这里已经是红旗招展。

中国队队员一进场地，全场五万名球迷便热烈欢呼，场内奏响了《中华人民共和国国歌》，全场的球迷也跟着一起高唱。这样的场面怎能不让人心怀激荡！

当裁判的开场哨一响，我们就领着高喊："中国队加油！""中国队进一个！"中国队的每一次进攻都会引得全场球迷阵阵的欢呼。随着于根伟神奇的一脚破门，五里河体育场沸腾了。"于根伟，于根伟"的喊声不断。几十年了，中国足球就等着这一脚，中国球迷就等着这一脚！

来自新加坡的主裁判吹响终场哨。中国国家队在世界杯外围赛十强赛以1∶0击败阿曼队，以五胜一平积十六分的绝对优势，提前两轮冲进日韩世界杯决赛。当时我感到热血直往上涌，兴奋到了极点。我们喊着，叫着，蹦着，跳着，哭着，笑着，抱着，闹着。当时，中央电视台的《东方时空》一直在现场采访。

之后我随着人群出来，开始游行。那时沈阳是禁止燃放鞭炮的，而此时鞭炮已响，可以说是震耳欲聋。毫不夸张地说，那气氛真的不次于过年。走在青年大街上，脚下全是红色的鞭炮纸屑，人群像滚滚的洪流。我除了兴奋脑袋似乎一片空白。二十年的奋斗，二十年的呐喊，今天我们终于冲出了亚洲！

我不住地领着球迷高喊："中国队加油，中国队必胜！"我的嗓子几乎说不出话了，只是举着大旗，回过身来倒退着用口型领喊，大旗一舞，那震耳欲聋的加油声便此起彼伏。

刚过电视台立交桥，旁边有一辆132汽车，车上十几个球迷一起叫着："罗西上来，罗西上来！"大家簇拥着我上了车，车上人一下子把我推到了汽车棚上。汽车缓缓地开到马路中央，我双腿叉开，一手把一号国旗支在前面，一手以胜利的姿势举向天空，像一座雕像。满青年大街全是人，只有我们一辆汽车在马路中央随着人群缓缓向前。

快到广场时，我见马路两边整整齐齐四排警察身穿黑色制服，警队已经排向广场。广场方向已人挤人，突然人们呼喊着"罗西！罗西！"眼看着四排警察被人群冲散，四面八方的人都向我拥来，那么多人一起高喊："罗西！罗西！"车子左右晃动。我一看不好，顺着车子倾斜的方向把大旗往左面一竖，顺着旗杆溜了下来。

我喊了声："有没有朋友？"

他们说："我们都是！"

我说："让开一条路。"我把大旗往下一压，大家唰地给我让开了一条半米宽的横道。

我不敢举旗，搂着大旗头一低，逆着人群往前冲。我以最快的速度冲出现场，卷起大旗顺着小道又跑回酒店。这已经是半夜。

到了海都酒店，门口已搭好了台子，著名导演张惠中和夫人脸上贴着国旗来到了这里。随着乐曲，我们唱着跳着闹着，尽情宣泄，嗓子已经说不出话，衣服全被汗水浸湿，但是大家的心情都非常激动，久久不能平静。

二楼大厅前前后后来了不少电视台和报社的记者对我采访。我哭了，拼尽了全力用沙哑微弱的声音和简短的话语表达了我此时此刻的心情。

我们赢了，中国冲出了亚洲走向了世界。我们提前两轮出线。那天我也喝多了。

就在10月7日，当中国足球冲出亚洲，走向世界，全国球迷在狂欢的时候，美国发动了对阿富汗的战争。

米卢是个"老滑头"

第二天，辽宁电视台记者打来电话对我说，我们已经谈好了，国家队教练米卢和你一起来电视台做期节目，现场直播。我们想送个礼品，到现在不知道送什么好，想征求一下你的意见，但钱不能太多。

当时的米卢可是风云人物。

我想了一下说："买个奖杯吧？"

"那太好了，你在现场篆刻送给米卢，就这么定了。"

我表示没问题。

10月9日，米卢和我一起在辽宁电视台直播间做了一期节目，我不得不承认米卢太鬼了。记者问他："你进电梯的时候爱站在什么位置，并拿出来一个图。"

米卢马上回答："听不懂。"不管记者和翻译怎么沟通，米卢总是双手一摊，脑袋一歪，弄个怪相一笑："还是听不懂。"

记者采访他时在直播室，面对摄像机我拿篆刻刀刻上了"中国球迷赠中国足球的希望米卢"的字样。在直播室，我当面把这个杯送给了他，他非常高兴。我一摆手，工作人员便把裱好的画轴铺在桌面上，并拿来笔和墨，请米卢用毛笔签字。他笑了笑，瞅着我说了一大堆。

翻译说："他是第一次拿毛笔写字。"

我对翻译说："正是他第一次拿毛笔写字，我这博物馆里才有价值。又是一个第一。"

他用中文写上米卢，并签上了自己南斯拉夫的名字。这件宝贝我珍藏至今。

和倪萍在央视聊天

不久，我接到中央电视台的电话，告知"倪萍聊天室"的编导要采访我。她首先在电话里问了我很多问题，我一一回答。

过了两天她来电话说："'倪萍聊天室'节目正式邀请你，以前倪萍聊天室的嘉宾都是老百姓，你是第一个请来的名人。"

由于节目录制时间和其他的安排发生冲突，我进行了调整，并答应节目组过去。第一次上"倪萍聊天室"，录制时间大概两个小时。开始我只是顺着主持人倪萍的话去说，可是后来能看出倪萍想让我在聊天中真正体现自己的个性。

倪萍说："不管怎么说，一个人为了球迷事业没有家庭就是不值得的。"

我一听，当时有点儿激动了。

我说："每个人活在世上，性格、爱好、家庭环境、民族习惯不同，追求不同，信仰不同。我作为一个平凡的生命，一个普通的球迷，在人生的道路上，我走出了自己的人生之路，找到了自己的生命价值。有什么不值？在精神中我有爱好，我有追求，我有信仰。在生活中，我有万件球迷藏品。每个藏品一个故事。有什么不值？我一个工人出身的人，能来到中央电视台和你聊天。有什么不值？"

我当时的即兴发挥得到了现场观众长时间的掌声。

倪萍说："罗西啊，那个中国足球出线了，你认为中国足球的前景如何？"

我说："平心而论，中国这次出线是一种机遇。在亚洲比赛，日本、韩国东道主，伊朗、伊拉克没碰上，科威特、沙特又不在我们组。我们只是战胜了阿曼、乌兹别克斯坦、阿联酋和卡塔尔。有这么个机遇，所以我们才冲出去。我认为我们拿一分就完成任务。拿两分超额完成任务。拿三分那是不可能的。"

倪萍当时脸上一愣说："看来，老球迷还是比较保守。"

而底下的观众席上有几位小球迷却把前景分析得非常美妙，看来一胜一平一负拿四分是没问题了。

采访结束后，倪萍对我说："我们的栏目也要请有特点的人啦。"

为了庆祝"倪萍聊天室"百天播出，她又搞了一个综合节目，第二次把我请去。由于我对中国足球的评价是心里话，对中国队并不抱太大希望，招致一些小球迷的反对，他们认为我老了。

2001年，中国队出线之后，各种足球活动太多了。10月，我参加了由央视与足协联合主办的沈阳五里河"共圆足球梦，同唱一首歌"大型庆功会。篆刻家李铁为国家队领队、教练、队员每个人刻了一枚印章，是以寿山石为原料，并委托我送给了中国队。

当时全国处于狂欢之中，中国足球进入了高潮，各种活动层出不穷。全国都在打足球的品牌，我每天排得满满的，行程中飞机、火车时间都定好了。现在回想起来，我还为那时的忙碌而自豪。

第一次演小品

辽宁电视台要排一期球迷的小品，请我主演，并带几位球迷过去。我当时同酒店的服务员来到辽宁电视台，演的是球迷看球，没想到陈寒柏和李静也来了。他们俩也是我的老朋友。虽然我是第一次主演小品，但自我感觉真的不错。

最后一句台词是："中国遇巴西呀，一定拿第一呀。"对一些表达我提出了疑问。导演说这是小品，大家高兴就好。这个小品在辽宁电视台播放后的效果的确不错。

中国出线，全国球迷关心的是去韩国看球的球票问题。我有一个朋友在韩国和中国两头跑，很有能量。

一次吃饭时他提到了球票，说可以搞到三千张。我的天哪，那对于球迷来说可是个天文数字！当场他给韩国一位领导打电话并定下了邀请我去韩国面谈的事。

不久，我便和海都的老总一同前往韩国。

这是我第一次到韩国，这里的人很有秩序，坐滚梯都站在右侧，左侧是急行通路。翻译告诉我，几年前的韩国也是比较脏乱差，为了治理交通也想了很多办法。起初罚款不解决问题，后来他们改变了方式，谁违背了交通规则谁就站在马路中间，还要举着牌子，上面写着我是某某企业的员工，我叫某某。这样一来，企业形象受到了损害，这样企业必定会对违规的员工加强教育。采用此种方法治理交通，只半年就有改善。

在韩国见了几位领导，有国家安全部的，有体育部的，有政府的。起初准备组个大团，可是考虑活动的难办，陷入了困境。后来我提出了三种方案：第一方案是从沈阳集合坐大巴，经朝鲜进入韩国；第二方案是从大连或丹东坐船到韩国；第三方案才是坐飞机。他们认可的是第二和第三方案。最后确定的是第二方案。他们请来了报社和电视台的记者。

第二天，韩国的国家报纸登了我一张大照片。自我感觉挺威武的。翻译告诉我，上面的字是说我要带领球迷前来韩国助威。

在韩国的几天，我给韩国领导写了不少字。但平心而论，那时候书法水平和现在相比还很有差距。回到沈阳后我们继续等待消息，由于包机和出动近百辆大客等带来的安全问题等多种不确定的因素，韩国放弃了三千人的大型活动。

2002年春晚沈阳分会场

2002年春节就要到了，辽宁电视台告诉我，中央电视台春节文艺晚会十二点时要播放全国四个分会场庆祝春节的画面，其中以沈阳为中心。市政府为了这个晚会投了三百万，还雕刻了冰灯马到成功。同时邀请我组织球迷现场表演。春节晚会大家看得开心，而我们却在冰天雪地中等了两个小时。钟声响了，我们开始欢呼。我领着球迷反复高喊："马到成功，马到成功！"把对中国足球在韩国比赛的希望全部喊了出来。这时，摄像机对准了我和旁边的球迷，镜头给了很长时间。大家欢呼跳跃，仿佛在赛场一样。虽然天气寒冷，但我们的心是火热的。事后朋友们开玩笑："市政府投入三百万造冰马，央视春晚却把长十秒的镜头给了你们。"

我笑着说："因为我们是在沈阳，中国足球的福地，并且赶上足球年。"

为了利用世界杯的比赛热度抓住中国球迷市场，韩国 KBS 电视台和 SBS 电视台都来到中国，也对我进行了专访。韩国国家电视台 KBS 在沈阳采访之后，还专程到鞍山我姐姐家进行了采访。当他们见到我从床底下捞出一个大兜子，那里全是各种足球的手表，主持人见状流泪了。他说："我今天才真正见到了什么叫作球迷。你的这些藏品太震撼了。很难相信这么多的东西是怎么收集起来的。"听罢，我也为我是一个中国的球迷而自豪。而他们回去之后在电视中播放，却给我带来了很大的影响。

没想到，有四位小朋友从韩国专程来看我。我急忙赶到酒店，一看原来有四个十五六岁的小女孩，其中有一个会点儿汉语。她们在韩国 KBS 和 SBS 电视台看到了我的专访，所以专程从韩国过来，也想做个小采访。她们提的问题非常简单可爱。给她们签名后，我每人送了一件小礼物，都是我的藏品。她们高兴得又蹦又跳。我最后请她们向韩国球迷转达中国球迷友好的祝愿。中韩友谊万岁！

拍"海信"广告

"海信"也请我拍个电视广告，黄金时间播出。

我说："好啊，没问题。"作为一个球迷能在中央台拍广告，那不是钱的问题，那展现的是球迷的形象。我毫不犹豫地答应了。

在上海一个大厂房里，三十多个工作人员为了三十秒的广告大动干戈。那是用进口胶片拍摄的广告。首先布景，然后由一个人先坐在位置上调整灯光布置场景。之后请我过去，我只用几分钟就拍完了。谁知后来又开始大型调动，重新布局。

就为了一句话："哥们儿，我去韩国大家咋办？"三十秒的广告，足足拍了一天半。

后来中央电视台一至十频道晚八点到十点黄金档播出，我为自己的表现感到满意。

韩日世界杯

第十七届韩日世界杯，我们来了！ 沈阳桃仙机场新闻单位来了不少，摄像机、照相机也有十多台，我们和朋友们分手告别，十点到达釜山。

下午，我们到体育场看了巴西对土耳其之战。我和班哥打出横幅，不少球迷和我们照相。

第二天到达光州，在体育场见到了足协副主席王俊生和辽宁体委主任崔大林，他们十分热情，彼此相谈甚欢。之后看了中国对哥斯达黎加的比赛。来时我已做好准备，可是当国家队真正以 0：2 输了之后，心情还是非常悲痛，可以说是欲哭无泪。随着旅行团游览狮虎园、三八线、总统府和皇宫，我都没有太大的兴致。

世界杯已经开赛七八天了，在韩国很多城市广场仍聚集着大批的本国人。有个啦啦队教练反复指导他们如何喊口号，如何做动作。在韩国这样的小国家，可以说啦啦队的工作已做到了极致，可谓是家喻户晓。

晚上旅行社说分团了，一部分继续随团前行，而另一部分活动到此结束，明天回国。点名时留下的没有我。原来是海都酒店老总只给我安排了一场。回国的班哥说："别人看一场可以，你罗西必须看完三场。"随后拿出一千美金，"我回国有事，不能陪你。这一千美金你完全可以看完另外两场。你先拿着用。"说什么好呢，我和班哥紧紧拥抱，一切回头再说。

这时金导建议："沈阳朱挺和真心球迷会的散团今天晚上他们到，我领你跟他们合团吧。"他答应帮我把另外两场比赛门票搞到。

我们来到西归浦，在比赛前有不少围着我的韩国小球迷请我签名和照相。我和真心球迷在场外唱着跳着闹着，并和巴西的球迷在一起交流，大家都很开心。赛场上，我指挥着大家喊着口号，掀着人浪。

这时，一个年轻人拿出五十美金，表示很崇拜我，支持我为中国足球的付出，钱不多，这点是小意思。他请我收下。我不好推辞，接过钱手画了一个弧线交给程伟彬，我说："我们是集体来的，这个钱是集体的，我谢谢你。"我向他敬了个军礼。程伟彬举着钱也连连称谢。

比赛开始，我们继续激情呼喊口号。我知道中国和巴西不是差几个档次的问题，然而我今天才知道，中国和世界杯的差距就在于二十公分。如果对方大门再宽出二十公分，我们就可以敲开世界杯的大门。

中国队下半时马明宇一脚直传，肇俊哲在对方门前约十七米处一脚远射。就在那一瞬间，我的心一紧。但球还是击在右门柱上了。

0∶4的最终比分太惨了。我想哭无泪，我想喊无力。我们再一次承受着已经预感到的失败的痛苦。从体育场出来，我躺在地上把身体摆个大字放松，闭着眼睛深呼吸，调节心情，什么都不想，只是断断续续背着心经。这时，沈阳球迷协会的孙长龙、杨天壮和鞍山的拉什过来问我怎么了，我说没事，我想静一静。那一夜我也没有睡好。

第二天，我们又去了银川看了法国对丹麦的比赛。

最后一场比赛我已做好了思想准备，比赛结束，我们0∶3输给了土耳其。这样中国队在韩国比赛打了三场球，以总数零比九输给了哥斯达黎加、巴西、土耳其，收获九个零蛋。我作为中国的职业球迷，尽管心理上有准备，可还是承受不了。我让朋友拿着电动剃须刀在现场开始帮我剃光头。这是我第一次剃光头。我用光头伴随中国足球。从1982年看世界杯到2002年，整整二十年了。我希望在2002年中国足球实现零的突破。中国球迷真的悲哀，我的泪水直淌。

回来时太惨了，冷冷清清，在机场出口，只有辽宁电视台成家一台机器跟踪拍摄。接我的朋友见面的第一句话："中央台你和米卢拍摄的广告全被撤下来了。"中国足球再一次跌入低谷。

我的人生陷入最低潮

从韩国回来，一切都惨透了。辽宁电视台的成家原计划拍摄四集的节目，后来只编辑了一集。

中国的足球从最高峰直线掉到了最低点，连缓坡都没有，令人心寒。

每天朋友聚会第一句话就是"今天谁也不许谈球"，否则这个酒就没法喝了。可是每每最后大家还是痛骂足球。一下子，那么多的企业投入足球的产业这下可赔翻了。五里河当时的红红火火一下子变淡了。

为此，五里河体育场领导找到我，让我在那里办一个展览。我把一部分东西拿了过去，在体育场的礼堂办了半个月吧。足球已处于低潮，所以只办了半个月便草草结束。

2003年，随着足球的衰败，球市低落，沈阳海都酒店也不像往日那么红红火火高朋满座了。就在此时，总经理在外面为女朋友开了个小店。他给我算了个账：一个小店就打一个月挣上八九千块，开几个连锁小店也等于一个大酒店。有时，他会打电话让海都酒店给小店送海鲜。

沈阳海都酒店黄了之后，老总说要盖一个红象楼酒店，请我过去。从空架子到建成，一步一步艰苦中走来。我本不想同他合作，因为我缺乏安全感。

干到一半时，他来到楼上我的小屋。那是一个不到十平方米的房间，打着地铺，他对我说："满楼就算你有钱了。"

我说："你要多少？"

他说五百。

我兜里有六百块钱，就给了他五百。

"过两个礼拜就还你。"

我笑了笑："不要说俩礼拜，两个月你也还不上。既然我给你拿了，我就没有要的打算。你拿去吧。"

记得一天他又缺钱，没办法我向姐姐借了两千。但那不是我的钱，后来把钱要了回来还给了姐姐。

处于最低潮的中国足球活动也少，凄惨无比。

就是在那时，在空旷的装修大楼里，晚上只有我一个人。除了练习书法和篆刻，我就是看片子。记得看到《天龙八部》乔峰跳崖的那一刻，心里一堵，我突然放声大哭，不知为什么，就是哭。我哭了好长时间，浑身无力，睁不开眼睛，最后慢慢地，慢慢地在四楼来回溜达，又半个多小时才回到小屋。

红象楼酒店在艰难中开业了，可从开始到后来酒店也不是太红火，我也不敢全力投入。因为我知道投入的感情越多我欠朋友的感情越多。

将近一年的付出，我没有得到一分钱，还搭了五百块。

一位深圳的朋友陈洪标来到我的住处一看，马上拿起电话给北京的分公司打电话，并给我在附近租了一个套房。我真的感谢我的好兄弟在我最困难时给我租了这套房子（连续几年北京分公司都给我付的房费）。我离开后，红象楼酒店垮了。

一次晚上和朋友喝酒回来，已经半夜，朋友把我扶到楼上走了。我突然感到不行，晃晃悠悠走到卫生间，哇的一下子全吐了出来。我坐在马桶上，对着镜子看着自己，脸色发白，睁不开眼睛，感到心脏咚咚就像要跳出来似的，太阳穴一蹦一蹦。那一瞬间，我慢慢抬起右臂，突然往下一指镜子中的自己。

"你……是谁？你还活着哪！你是好人？你是坏人？你对得起谁？你能把你看透？"

我记得，在那能有一个小时的时间里，我看着自己，看到了高大，看到了渺小……

天气已入金秋，转眼一年就这么过来了，我留下了什么呢？

潇洒走一回

广州的朋友宋川很想念我，我也很想念他，于是决定两人相见。

到了广州见到了宋川，老友长谈，激情如旧。之后在广东几个大市场买了很多足球的藏品，都发往了沈阳。

临行时，宋川要给我买张机票回去。我说不用，我要坐火车去西北看看，去兰州，看看风光，考察足球。

随后他便托人给我买了一张去兰州的卧铺。一路上白天看着风景，晚上美美地睡上一觉，很是惬意。

真没想到，到了兰州我刚一下火车，两台摄像机对着我。

一位女记者把麦克风举过来："你好，罗西先生。你辛苦了！我是兰州电视台的记者。"

啊，是有人打电话了。我反应过来说："你好！我是罗西。来兰州非常高兴。"

采访完后我们边走边谈，才得知原来是火车上的那位朋友听说我要到兰州，所以他在车上给两家电视台打了电话，并告诉了我的车次和车厢。

记者介绍了旁边的几位球迷给我，他们都是当地的有名的球迷。本来想找一找球迷在哪儿，没想到这么容易就和球迷见面了。

晚上这些球迷请我，在一个好大的大排档里我们一起侃球，彼此敬酒、合影、签名。

本来我想待两天，看看这里球迷的氛围，到体育场走走，问问哪里有踢球的场地，了解一下这里之前足球发展的情况。真好，不用问了。跟他们一侃全知道了。直到半夜，球迷们才告辞。

分手时，他们问我接着去哪里。

我考虑去青海看看。

一位好心的朋友开车把我送到了青海湖。看到那碧波荡漾的湖水、蓝蓝的天空，远处有一块近似于蘑菇形的大白云好像从湖面升起，远处秋黄的山峰有一点点白雪。这景色太迷人了。

车在沙漠中穿行，车停在沙丘旁，滚沙、扬沙、呼喊、号叫，尽情地宣泄。沙漠不大，过去之后便是草原。那金黄色的草原宛如巨大的地毯铺向远方，成群的牛羊，一幅完美的画卷。

青海湖之后，我们第二天又到了塔尔寺。朋友们对我的热情招待令我感激难忘。

青海之游结束，我买了些牦牛肉等特产回到了兰州。在一个大饭店我摆了两桌，把那些球迷请来，作为回报。

随后我去了银川，那里没有什么和足球有关。我游览了西夏王陵和贺兰山。

经银川到呼和浩特。打车一问，也是找不到有踢球的场地。我于是去了昭君墓。

从呼和浩特我又到了大同，看了看云冈石窟和悬空寺。

半个月我走了五个省，到处都有亲人，到处都有朋友。我为我是罗西而高兴，我更感到我的责任重大，更应该注意自己的形象，应当为中国足球和中国球迷做出更多的贡献，付出我的所有。

失去了两位球迷哥们儿

2005年3月3日那天晚上，我接到了球迷协会会长孙长龙的电话，听语气就知道不对劲。他悲壮地告诉我："球迷领袖裴永阁去世了，明天早晨出殡。"当时我的眼泪就下来了。

我和老裴二十多年的感情，风里来雨里去，从上海到成都，从广州到哈尔滨，都留下了我们的足迹。他是我尊重的老大哥，被全国球迷封为"四大天王"之一。

他在球迷中即兴编口号无人可比，我们的合作可谓是珠联璧合。他的去世真的是中国球迷的一大损失。

4月10日，我和鞍山球迷去看球到了盖州，正同大家在一起喝酒，突然接到大连报童打来电话："于辉癌症走了。明天早上出殡。你有时间吗？"

我马上答应，一定赶去。于辉给我的印象很好，他长得像老板又很富态。想到于辉好不伤感，我们回味1997年世界杯在大连我们在一起搞活动的场景，多么难忘。怎么也想不到他得癌症。撒手人寰。

到了大连，在于辉的家对家属表示了慰问。

一年里，我失去了两位亲密的战友，好不悲痛。

2006年春节在大连度过，王琨请我和姐姐到了他家过的春节，又给我拿了两千块钱。之后姐姐回到鞍山，我回到沈阳，心情低落到了极点。

这年德国第十八届世界杯，这是我第七次看世界杯，除了参加全国各地球迷活动之外，我也错过了几次观看的机会。其实，我更不敢出国。我上万件球迷藏品由于一件莫须有的官司被扣押。那可是我一生的心血，一生的希望。每当看球时都是触景生情，想起我的球迷藏品。我的体重明显下降，吃不好睡不好。

这也是我人生的一难吧。

新的起点

有几个朋友在一起吃饭，谈到了政东。他邀请我过去。

听说我有上万件足球的藏品，他就对我说："在我这个工艺美术店给你个地方把你的东西拿来卖一卖。"

我说："那是我多年的藏品，不能卖的。现在打官司还被扣押中。"

"你没有多余的吗？"

"有啊。"

"你要那么多干什么？把多余的拿来卖了。"

我想想可以，决定再进一些重复的足球工艺品。这样既做了买卖又没离开足球。

"你的字也不错呀。把你的字也在这里挂上，一起卖。"

我真服了他。

他笑了笑。你准备准备吧。

这时，省平安保险公司老总叶青打来电话，他说："大连的王有为要请你去西藏。"

我当时高兴得跳了起来。谢谢我的好兄弟！我联系好王有为就准备过两天前往西藏了。

西藏是我梦想去的地方。我们一行几个人从北京飞去。下了飞机，我感觉很好，丝毫也没有高原反应。他们说机场里打氧，离开门口五米远的地方就缺氧了。我特意跑了十来米，深吸一口气，还是没什么感觉。

我们住在雅鲁藏布五星大酒店。入店后把东西放好，我便出来到对面逛市场，买了一把藏刀和绿松石天珠。晚上，在酒店的包房里，有的人说头有点晕，可是当时我感觉仍很良好。

晚餐祝酒之后，我低着头，口叼着一瓶啤酒和每个人撞杯，然后双手叉腰，紧咬酒瓶一仰脖，瓶底朝上，咚咚咚一口气将一瓶啤酒喝完，然后又口叼着酒瓶放到了桌上。全场给我热烈的掌声。

这时进来五六个藏族姑娘，她们为我们献上哈达，唱了《天路》《青藏高原》等十几首歌曲。夜里，朋友送来两个氧气瓶，说头疼时打打氧。我不以为然。

回到房间躺下之后，突然间感觉不太对劲，头开始疼。我知道我的运动量大了。于是，我开始打氧。第二天早晨好像清醒了许多，可还是不敢马上起来，只能慢慢运动。

布达拉宫每天只放两千人入内参观，好在我们已提前联系，所以可以提前进入。这是我想象中神圣的地方，中央政府曾投入两吨黄金为其装修，真是雄伟壮阔。

前往西藏林芝的路上有个关口海拔五千六百米。由于运动量太大，我开始缺氧，头疼无力。到了林芝才好了一些。那里山清水秀，树有一米来粗，森林茂密。有十几个卖东西的藏族姑娘，没有顾客时就唱歌跳舞。这场景配上原始森林的背景，美不胜收。

六天过后，我的身体完全适应了高原反应，又回到拉萨。

在拉萨我和朋友们分手，经成都转机到达广州。在广东几大市场，我进了有几万块钱的足球藏品，发往沈阳。回到沈阳和政东一说，他在二楼一个拐角处给了我二百平方米摆放。

装修好后，我去茶城买来了一个两米大的根雕茶海，配上茶具。当时我想爸爸喝茶时是用大茶缸泡上一把花茶解决问题，而今天我却配上了完美的茶具。我喜欢喝凤凰单枞、大红袍、红茶之类，当时进了不少普洱茶（有的保存到今天）。就这样，我的两个玻璃柜装满了各种茶叶。

墙壁上挂的是我的书法，我又打了一个很大的书法案子，放上笔墨纸砚。柜台里是各种足球造型的商品。

开业那天，来了不少的领导和朋友。开业典礼由辽宁台的主持人主持，电影导演张惠中致辞。鞍山球迷协会的哥们儿打着旗敲着鼓，整个太原街交通堵塞了。中国球迷文化艺术中心隆重地开业。

可以说，中国球迷文化艺术中心的开业在中国足球最困难的时期给我带来了些许安慰。毕竟有关于足球的事干了。同时，我也接了朋友给我介绍的几个广告。不少球迷前来购买足球的物品，由此又结识了很多朋友。

一天，我在写字，忽然顿悟。

罗西画苑

2007年1月19日，张政东被调到百年老字号企业同德化工任老总。那是一个国营企业。那哪是个企业啊，大门坏了，门口像个垃圾场。院子里乱七八糟，左面的库房像农村的仓房，惨不忍睹。右面的办公小楼里面全是杂物，破椅烂柜。

食堂就是在一个炉子上架着一个大铝锅，里边几片白菜叶，看不到多少油花。大门旁边是个锅炉房，无立足之地。

厕所就在锅炉房的小过道里，虽然是冬天但也臭气熏天，实在寒碜。

张总对我说："罗西，你放心，三个月我把它治理好。到时你过来给我做形象大使，我给你留个房间，把中心挪过来。"

他抱着必胜的信念上岗了，做的第一件事就是他个人启动近三十万，先打扫卫生。

功夫不负有心人，经过几个月的努力，我再过去时看到大门已换，院内清洁干净，种上了鲜花。简直是个花园式的企业形象。大门口一楼的库房全部改造成了门市房，又成立了同德珠宝有限公司。我不得不佩服政东，把一个上访专业户企业变成了生意红火的珠宝企业。他把拐角最好的那个小套给我，改成了罗西画苑。

我买来了一个大鱼缸，里面养着小鱼和水草，顶上挂着两个鸟笼，养着鹦鹉，还养了不少花。

这回朋友来了也有聚会的地方了。可以喝喝茶，唠唠嗑，侃侃球。

那时请朋友喝茶我感悟很深，并研究出了我的一茶四喝，普洱加白毫，枣片对红糖。

还别说，不少朋友喝上了瘾，都说好喝！

我的好兄弟高慎金在五爱市场卖茶具是最大的一家，从一开始的石头茶海到后来的各种木质茶海，不断地给我调节心情。各种茶盅、茶具真是老鼻子了。

他还给了我几把不错的壶，有时间我们便在一起品茶论道，真是其乐融融。

一天，报社的丛记打来电话说："北京奥组委让我们报社和政府报名，请辽宁四位火炬手到北京，报名五位。我们报上了你的名字。你有什么要求？"我马上说："作为一位球迷，能接到你这样的电话，我就十分满足了，只要是能当上就行，不要说什么要求。"我有思想上的准备，辽宁省这么多人，选四位，报五位。我已经十分荣幸了。我首先代表辽宁球迷感谢报社和政府对我们球迷的认可和支持。

书法作品被收入辽宁省博物馆

我认为：书法本无法，传统定为法。功力是基础，思想加文化。五体见深功，以德写天下。书法是把文字推向艺术高峰的一种展现方式。书法分五体，古篆考文化，隶书品笔画，楷书功到家，行笔满天下，飞草最为大。书法写的是气势，挥万丈神毫，蘸砚盛墨海。书蓝天大字，抒寰宇情怀。贯气势如虹，合神功敬拜。见博实远厚，展牛斗奇才，乃大家之气概。

辽宁省博物馆一位领导曾说："以前只知道你是一个球迷，但不知道你对书法也有这么独到的理解。"

当时我展开了一个长卷，是我书法篆刻的《大悲咒》，有二十多米长。后面钤着八十四枚我自己篆刻的大悲咒印。

旁边一个拍卖行的老总接上话："可以把作品拍卖。"

我说："拍卖的钱我分文不要，全部捐献给需要的地方。"一个完整的方案出来了。

我用两天时间写了不少作品，单独写了一个十多米长我的悟言，并配上我现有的百多枚篆刻。悟言准备捐献给辽宁省博物馆，其他的拍卖。

想象不到的是沈阳市旅游局找到我说："辽宁省博物馆正要挂牌。那么辽宁省博物馆 AAAA 景区的挂牌仪式，就由你的书法拍卖会揭幕吧。请你做奥运旅游形象大使，真的很高兴。"

当时省文化厅和旅游局的领导及省内各地球迷领袖都来了。先是博物馆收藏我的作品，为我发放证书。之后书法拍卖，十几家新闻单位记者都来了。拍卖会场面热烈，所有拍卖的善款全部交给了旅游局，活动非常成功。

随后，省政府爱心工程办公室崔主任把我请到政府爱心办，希望我担任辽宁省爱心工程形象大使。我一口答应，并用楷书给他们写了两个大字"爱心"。

我一生对不起爸爸

爸爸七十九岁了，我回顾自己的一生，一步一步走来，真的对不起老人家，我应该让他高兴高兴。晚上和二哥吃饭时，我定下明年的八十大寿给爸爸摆上八桌，请八十位好朋友，铺上红地毯，爬过去给他磕个头。

中国面点艺术大师刘福仁当场说，我用八十斤的面为老爷子做一个老寿星。为了这句话，我喝了一杯酒。大家对刘大师致以热烈的掌声。

我给爸爸打电话，讲了自己的想法。可是爸爸却说什么也不办。"到时你办了这个寿席所欠下的债怎么还？"

我哈哈大笑。"爸爸你想哪儿去了，你还不了解儿子吗？我只是让你高兴，不设账桌，不收彩礼。我只是把一些领导和朋友请过来。鞍山的亲戚摆一桌，球迷一桌，剩下的是我沈阳来的领导和朋友。"

爸爸这才释然："我以为你要给我过生日收礼呢。到时再说吧。还有一年哪。"

"爸爸我真的想你了。"说完之后，我已哭得泣不成声。

"都那么大了还哭啊？"爸爸宽慰我，"那我后天过去看你。"

记得以前请爸爸来过一次，那时区里的领导和朋友亲自到车站迎接。爸爸不愿意给我添麻烦，平时只是打打电话。这是他第二次来看我。

二哥听说后很高兴："老爷子来了，让他当一把皇帝吧。后天我在清文化主题酒店请老爷子，把刘国栋大师请来作陪。"

记得爸爸来的那天，清文化主题大包房里一个穿着清袍的太监敲着一声锣在门口高喊："皇上用膳啦。"接着带着两个穿高底木鞋的格格走了进来，拿出黄马褂给爸爸穿上。我看见爸爸那个乐啊，嘴都合不上了。这时，格格拿出印好的圣旨铺在桌上，又把玉玺交给爸爸在圣旨上盖。随后一声锣响："用膳！"

服务员为我们仔细讲解圆桌中心模盘中的那些雕塑的小人、假山假水、树上的乌鸦、大青马和狗的故事。为什么叫清朝，为什么满族不吃狗肉，等等等等。爸爸的腰板从来都很直，那天他的腰拔得更直了。

二哥还亲自开车带着爸爸去了大帅府、沈阳故宫等景点。那两天我什么也没干，就陪爸爸在沈阳开心地玩。

那两天爸爸一直在笑。

过了几天，我和政东等朋友在一个酒店吃饭，突然姐姐来电话，支支吾吾地问我最近怎么样？

我不明就里，她告诉我爸爸病了，是胃癌。

当时我蒙了有一分钟。

明天就把爸爸接过来，沈阳毕竟比鞍山医疗条件强多了。

我马上给姐姐打电话，告诉姐姐明天接爸爸过来，并问爸爸是否知道。

姐姐说还不知道。

我说："那就好，一定瞒着，精神不能让他倒。"

正好二哥来电话，联系了医院。

半个月前，爸爸还那么健康高兴地来到沈阳，而今天却绝症在身，我们的思想一下子缓不过来。

第二天，政东开车把爸爸接到了沈阳。

路上爸爸对我说："孩子，不管到什么时候，都不要忘了家乡的球迷。那些球迷可是你的根基啊。"

我让爸爸放心。

我手头紧张，田新过来给我拿了五千块钱，老董又给了我五千块钱。做了几项检查，做了胃镜。当时我以为切除就好了，可是老苏领我爸爸从 B 超室出来，我刚要上去，老苏给了我一个眼色。那一瞬间我几乎跌倒。

我让爸爸先坐一下，晃晃悠悠来到走廊拐角处。"大哥，老爷子肝上太多了。我一看全是白点。我知道肝胃已经长满了肿瘤。"老苏告诉我。我靠着墙能有十多分钟，擦干眼泪缓了一会儿，来到爸爸跟前。

"马上住院吧。小毛病。你的胃溃疡挺重，一定要住院。"随后，我们在医院的病房住下。在扶着爸爸往病房走的时候，爸爸嘟哝着："孩子，我看你在沈阳混得真的不错，可以啦。爸爸也为你高兴，不过千万不要犯错误啊。"

爸爸躺在床上，二哥不时地同他开着玩笑，田新也在和爸爸唠嗑。爸爸宽慰我们："啥事没有，你看！"说完他抬起双腿，又往下一压，上身起来，想来一个鲤鱼打挺，没起来，倒来了一个仰卧起坐，还是那么麻利。他可是七十九岁的老人了，爸爸从来就是个刚强、干净、利索的人。

在医务室，王教授说："七十九岁的人了，手术已没有意义。胃切除肝脏也要手术，能不能下手术台还不好说。"最后二哥决定手术不做了，采取保守治疗，同时我们又联系了民间一位老中医。

第二天，我们一行开车到郊区去找那位民间老中医。他一看是罗西来了，二话没说，开了几个疗程的药，分文不取。一个疗程好几千，合起来是笔不小的钱。在他的办公室，我为他写了一幅字，他高兴得不得了。

吃了三天中药，第四天爸爸突然说不行，必须回家。

我表示沈阳比鞍山各种条件都好，还是留在这里。

可爸爸起身就穿衣服，坚持回鞍山。

我知道爸爸可能想得太多了，遂他老人家的意吧，于是领着爸爸回了鞍山。我要带爸爸去医院检查，住院。可是爸爸说什么也不去。

那个星期，我跟爸爸在一张床上，盖一床被子，像小时候一样。我躺在爸爸的身边，却有一种说不出的滋味。我害怕，怕这样的时间太短暂，我真想永远依偎在爸爸身旁。

伯父、伯母、堂兄弟姐妹都来了，他们刚进门没说上几句话，爸爸突然号啕痛哭，我知道爸爸已经感觉出什么了。

那天晚上，爸爸睡得非常安稳。可是第二天早晨起来，他就开始大吐。

这几天我一直看着爸爸的大便，没想到他吐得如此严重。

我坚持要送他去医院，要给爸爸穿衣服。爸爸说自己穿。下了出租车到医院，我搀扶爸爸走进去的。经过几项检查住院。大夫告诉我，老人时间不多了。我本以为，就像我和姐姐说的那样，我要陪着爸爸走过他最后的一段路程，这段路程怎么也得个两三年。没想到一切来得这么快。

这时，我收到香港凤凰卫视的电话，我把情况告诉了他们："我一辈子对不起爸爸，现在他不行了，我不能离开。"

记得过了三四天吧，爸爸跟我说："孩子，我把东西都准备好了。"他招呼继母，"有时间把那包衣服给我拿来。"老太太哭了，说没事，宽慰爸爸不要想那么多。

那天下半夜两点，爸爸说上厕所，我便拿来便椅，底下放上便盆。爸爸坐在便椅上，慢慢把眼睛闭上，嘟嘟囔囔不知在说什么，时间能有五六分钟。爸爸在说胡话了。望着他那苍老的脸，想起小时候他骑车子带我去虹桥看火车，带我玩，带我一起去钢校，我难过极了。我把爸爸唤醒，用我的头顶着他的头，双手扶着他的脸："爸爸你说什么啦？"

爸爸无力地回答："嗯？我没说什么。"

"你说胡话了吧？"

"是吗？"

我站了起来，把爸爸的头抱在我的怀里。爸爸闭着眼睛又睡着了。小时候爸爸就是这样抱着我，今天是我这样抱着他。

第二天早晨，大夫告诉我们要有思想准备了。下午他们都去吃饭，只有我依偎在爸爸的身边。我知道爸爸就要走了。如果不告诉爸爸，他这么走我感觉到过意不去。爸爸清醒时，我对他说："你哪儿疼你就喊一嗓子吧。"

爸爸说："我哪儿也不疼，就是饿又不想吃。"

我抽泣着告诉他："爸爸，你得的病是不好的病，本不想告诉你，但我知道你从小就告诉我刚强地活着，所以我不想隐瞒。"爸爸躺在那儿，没有吱声。

我给二哥打了电话。政东和二哥从沈阳赶来。当天二哥和宪军大哥一起去看坟地。我们看了几个不满意，决定第二天早晨早早起来再去。

8月23日的早晨，天刚刚亮，我正往双龙山看墓地，半路上突然间接到姐姐的电话，让我赶快回去，说爸爸不行了。我马上赶了回来。到医院爸爸已经昏迷了，眼见得血压下降，脉搏下降，那么多的大夫抢救。大夫说不行了，穿衣服吧。这时，我们便给爸爸穿寿衣。刚刚穿完，突然爸爸开始大口大口地吐血。我赶紧拿出毛巾去接。爸爸就这样走了。而此时二哥和宪军大哥已把墓地定好，我又请了一个玉石灵牌，上面刻着母亲的名字郑玉华和父亲合葬。

家庭问题处理完毕，我便和政东回到了沈阳。临行前我对家乡双手合十，心中默念："爸爸！妈妈！安息吧！等着我！在另一个世界里，我还做您的儿子。"

回来后，我在家堂中供上父亲的遗像，没有妈妈的照片，我就写了一个灵牌，和父亲的照片并排放在爷爷奶奶的照片下面，磕了三个头。

我真的不是好儿子，对不起爸爸，我没尽到儿子的孝心；我也不是好爸爸，对不起儿子，没尽到爸爸应尽的责任。

接受凤凰卫视采访

此时，我接到了北京的电话，香港卫视凤凰台请我做节目，后天就拍。我问有几位嘉宾。

他们说就我自己。如果有合适的球迷可以带一位。

我告知他们我的父亲刚刚去世，最好再找一位搭档，他就是球迷博士张五一。

他们满口答应，于是我和五一共同来到了北京。

做节目的时候，许戈辉提到了1989年中国足球两个黑色三分钟后，社会上传闻我从鞍山大厦跳楼自杀的逸事。

节目时我的孝牌都忘摘了。记得我迷迷糊糊说我在班上接了个电话。其实是姐姐接的电话，是我的同学孙善太给姐姐打的电话，那时我已离开工作几年了。好在我马上定过神来，圆满做完了这次节目。

2007年12月5日我过生日，那天二哥为我摆了十来桌，大家喝得也开心，后来我也喝多了。

到后来大家笑着描述我的醉态，那天我是真的掉链子了。

我心里发誓：酒可以喝，但决不能失态。自此，我再也没失态过。

那天接到公安局的电话，说公安局和球迷要开个座谈会，有关奥运安保和注意事项。那天会议气氛非常热烈也非常融洽，公安局做出了很多规定，球迷完全理解。

最后球迷也提出，在中国举办奥运会气氛一定要热烈，并建议带一面大旗，就一面。公安局说这在国际上是没有的，但是可以申请一下，即使可以也只能一面，否则全部没收。

这面大旗就由罗西全权负责。出现问题我们拿罗西问责。

我当即表了态：为了国家的尊严，为了赛场的安全，我会把握好自己，不会因为我出问题。

也许是天意，奥运会就要开始了，下了一场小雨，我去政东办公室研究活动安排。从他那里下来，走到一半，脚下一滑，从十几层露天楼梯上跌了下来。

在地上我坐了有一分钟，突然自己苦笑了一下，我已经老了。要是两年前，我不会跌倒，即使倒了也会马上起来。当时并没有感觉多严重，勉强起来慢慢地走回了家。

晚上感觉到胸有点儿疼，那夜并没睡好。正常我是早晨九点自然醒，可那天七点钟我便被痛醒。躺了一会儿想起来，不知怎么就起不来，腰一抬，胸疼得像针扎一样。半个小时后，我用后脚跟钩着床沿慢慢地起来。来到画苑，正好我的兄弟张贵成过来。

他一看我状态不好，开着车把我送到他骨科大夫同学那里。一照相，原来肋骨裂了一根。我说难怪这么疼。医生真是厉害，用一张好大的胶布紧紧地裹住我的上身，除了感到喘气困难外，我的疼痛马上缓解了不少。我还晃晃身子，感觉不错，笑着说可以看球了。

医生说没问题，让我放心。

比赛那天，二哥开车打开天窗，我站在天窗之外，举着一号大国旗，忍着疼痛带着车队从画苑门口出发，一路上球迷高呼口号，浩浩荡荡开到了赛场。

在大门口过安检时，我组织球迷队伍排好准备入场。这时一位公安局的领导对我说："对不起，我认识你罗西，我们有规定大旗不准许带入。"

我说这是公安局特批的。

他说不可能，他们没有接到通知。

正在这时，有一位公安局的领导过来，和他小声地说了几句话，之后一摆手，在旁边为我们开了一个专用通道安检。我们得以顺利进场。

在二楼阶梯广场上，副市长、公安局局长接见了我们全国球迷，再一次重申支持我们球迷，但是希望我们全国球迷遵守公安局的规定，把比赛搞好。

我代表全国球迷表态：我们一定做到狂而不乱，热而不野，遵守公德。

我举着全场唯一的一面一号五星红旗一入场，引来了万千球迷的欢呼。奥运会沈阳分赛场赛事举办得相当成功。这里，我要特别强调警察的付出和安保工作人员的努力。辽宁分会场秦皇岛赛场负责人公安局的领导后来找到我，就秦皇岛有关安保问题进行了探讨。我和球迷互相沟通。组委会对我们辽沈球迷和全国球迷予以很高的评价，赞扬中国球迷成熟了。

2008年中秋节，哥们儿几个陪我喝酒，那天喝得多了些。回到画苑后，按着惯例过节了，给要好的朋友发信息，打开手机看着朋友们发来的祝福，真是感慨万千。每逢佳节倍思亲，想起以前小时候每年的这天，爸爸都要讲"月亮圆又圆，少半边，乱糟糟，静悄悄"的故事，心中一阵难受。

神秘嘉宾闪亮登场

2009年，五一邀请我到郑州参加活动。原来中超开幕式，邀请我做神秘嘉宾，需要我高唱孙楠的歌曲《红旗飘飘》。我告诉五一对歌词不熟，请他马上给我准备一个MP3灌上歌曲。

车到郑州站后，得劲球迷会会长陈明伦和五一在车站接我。我接过五一的MP3，戴着耳机一路上练习。

为了把歌唱好，我抽空就练，两宿一天的努力没有白费。

体育场的活动我参加过不少，讲话、踢球，可是做神秘嘉宾让我压轴唱歌，这还是头一次，所以我全力以赴。

中超开幕式那天，我的表演相当成功。

刚从郑州回来，余兴未尽，我的好兄弟唐国境说要给我一个惊喜。他来后拿了两个方包，打开一看，我惊呆了，原来是用古化石拼接起来的足球造型。他说："足球起源于中国，中国球迷皇帝罗西收藏的那必须是最早的足球，这可是上亿年的历史了。"

"哈哈！谢谢了！我的好兄弟。"

我感谢所有支持我的哥们儿和朋友，正是有了他们的支持，我才能为了理想和事业去追求，去奋斗。

10月1日，盼望已久的建国六十年周年大阅兵开始了。祖国的发展真的太快了，三十年的变化也太大了。我想，再给我们二十年，我们一定能开拓出一个新天地。

有天晚上二哥来画苑陪我，我们一边喝茶一边看网络电视回放，我和二哥说："我好想看到二十年后的祖国，爸爸七十九岁，我活八十岁够了。只要没有战争一切都好说。"

二哥呵呵地笑了："你别想得太多，把身体保养好，给儿子攒点钱，把自传写出来，看好你的球。"

2010年的一天，二哥、政东和我的兄弟好子哥儿四个唠嗑，政东说工作太累了。

二哥和好子都建议休息休息，出去散散。我听了一口赞成。

好子开车，一上高速准备往秦皇岛。

秦皇岛是我们球迷的驿站，大成的接待让人有宾至如归之感。

经承德过朝阳到阜新，一路上到处是朋友。

好子开玩笑说："我们赚的是钱，我们玩的是钱，而罗西没有钱，但罗西玩得比我们潇洒。"他看我没去过天池，就带我直奔吉林。

我们登上天池。

几块云向远处飘去，眼前便是清澈的湖景，我一饱眼福。

天池归来，大家都很放松，没有感觉到累。政东特别说回去要领着员工也出去走走，让员工放松一下，带着激情上岗。激情是他的口头禅。

世界杯南非

第十九届世界杯将于2010年6月11日至7月12日在南非举行。

我总能遇到幸运的事情。作曲家李杰从北京打来电话，说有一个影视制作公司要到南非拍摄电影，叫《燃情世界杯》，请我去参加。

我一听开心极了："好啊，没问题。"

我认为这就是"万物天缘"。黄健翔、谢辉、董路和我等六个人共同出演。

我准备届时从北京出发到南非看世界杯。

鞍山的穆勒也打算自费去看，于是我们决定一道。

我把一切准备工作完成后回到鞍山。

没想到鞍山《千山晚报》联系了联通公司，准备在《千山晚报》连载我和穆勒的南非之行。晚报的领导董思君是我多年的哥们儿，彼此谈得很好。联通给我一个3G的手机并为我充值一万两千元作为话费，供联络用。之后开了欢送会。随后和穆勒来到北京。

我和公司谈好协议，拍完电影之后给我劳务费两万元，随后同剧组前往南非。

飞机降落在南非首都约翰内斯堡，去的时候公司负责人反复强调，南非社会治安不太好，千万不要单独行动。

路上到处洋溢着即将举行世界杯足球赛的热烈气氛，到处是足球的宣传标语和旗帜。

有不少黑人小孩在路口卖南非小国旗。

我们住在一个独楼别墅。第二天，我们来到了中心体育场，我拿出国旗照了几张相。一时间来了不少记者，一些过去还曾采访过我。

这次拍摄我才知道，电影《燃情世界杯》没有剧本，只有大纲，每天晚上编剧和导演根据大致的意思赶排赶编，而我们每天都吃的是盒饭。几天下来，我真有些吃不消。

有天上午没事，就顺路在附近转转。正在走着突然有人问："你是罗西吗？"我一看，是个中国人，而且带着沈阳口音。我说："是啊。"他说："太好了，能在这遇到你，真是想象不到。我也是沈阳的，和我哥哥过来的。"他十分热情，领我到他哥哥的公司。这可是在南非啊，他乡遇辽宁老乡。原来，约翰内斯堡有不少华人，东北人也不少。他打电话叫来了几位朋友，他们竟然也都认识我。

正好那天我没有戏。这里竟有一个小火锅店，我就和他们在一起，美餐了一顿。他们请了我，还要请我们剧组。第二天晚上，那是剧组来到南非之后吃的第一顿正餐。

阿根廷对尼日利亚，比赛前那里已经是球迷的天地，呐喊的世界，旗帜的海洋。球迷在一起的时候，我又成了焦点。一边看球一边拍戏，这也是我人生的第一次。

有一天我可以自由活动了，于是到了几个市场买了不少足球的藏品，更高兴的是买了不少檀木的具有非洲特色的雕刻。

此时我认识了一位在沈阳过来的朋友。他是约翰内斯堡唯一的一个华人协警，那天我们一起拍戏。

下午说转场，他邀我坐他的车。他开的是一辆路虎。我们跟着摄制组的中巴来到了一条小马路，在拐弯之处停了下来。

下车一看，发现这里是贫民窟。我们很是诧异。

大家在一块平地上研究怎样拍摄。

这时路边那些黑人妇女儿童突然跑过来，面色惊慌，嘴里喊着指着前方，所有的人都往前跑。就在那一瞬间我感觉，是我们的车出事了。

我的朋友手握着一支小手枪，手比量一个电话往嘴上一放，向右侧的一个容一人通过的小道跑去。我也用最快的速度逆着人群向路口跑，只见他一翻身跃过一米多高的土墙消失了。

我再一转眼，我们停车的地方靠着一辆白色的轿车，两个人手里拿着手枪正对着我们两个工作人员。不好，抢劫了！那两个人一抬头看见我，也就三十米左右，他抬起枪对我，我还没反应过来，他打开车门一下钻进去，同时车也以最快的速度启动。这真比拍电影还惊险，他们的配合真是默契。

过了好一会儿，大家陆陆续续地走过来，我们上车就开始打电话联系。朋友告诉我，他现在已经找到警察，坏人正在追捕中。让我们把车开到当地警察局等着。

后来我才知道，我下车后他有思想准备，没下车坐在车里而就在他回头拿东西的时候门开了。一支枪对着他，顺手拿走了他腰中的那把名牌大手枪。就在对方不注意的时候，他以最快的速度打开左手车门滚到了地下，顺手从袜子里拽出了小手枪，本来他想还击，可是一想还是撤离为好，所以借着车身顺着小沟跑了过来。

这次太惊险，后来我们剧组再也不敢去贫民窟了。每次外出都被告知，要时常注意看看后面有没有汽车尾随。

在约翰内斯堡拍完之后，我们来到开普敦。抵达这里一切都好了，而且社会治安非常好，晚上可以出去了。桌山的风光给我留下了很深的记忆，乘坐这儿的缆车到了山顶可以眺望无尽的远方。

我到了好望角，站在南非土地上最靠前的一块石头上。东面就是印度洋，西面就是大西洋，而前方遥远的地方就是南极海。而我正望着三洋大海，心潮澎湃！

从南非回来，我们被告知，电影名字改了，不再叫《燃情世界杯》，改叫《谋杀章鱼保罗》了。南非拍的很多镜头都不使用。这回又请了一个演员，有几个镜头需要我补拍，就这样，我在北京的郊区一个山庄住了下来。

一切完成后，我高兴地离开了剧组，去了南方。

传播球迷文化正合我意

有一段时间，思想时常溜号，精神总是不集中。

正好苏州唐寅园的王尊请我到他那里，我带着一堆笔墨纸砚到了苏州。王尊建议："不如你到唐寅园来写书法。我们给你点费用，那不是挺好嘛。"

这正合我意，通过这个平台我可以把球迷文化展现出来，把我的作品洒向民间。至于朋友给我多少钱，那就无所谓了。

2012年年初，我把一些事情安排妥帖，正式来到唐寅园，唐伯虎的墓地就在那里。

别人六十岁下岗，我却六十岁开始上岗了。从1986年至今，浪迹天涯的我要开始起早按钟点上下班了。我不禁偷偷大乐。那三个月我在游客面前写书法、谈人生、交朋友，度过了我思想最芜杂的时期。也正是这三个月把我的心态调整了过来。

之后，我又应镇江朋友陈庆利之请，前往镇江金山寺画苑写书法。

我告诉他："时间不能太长，只能为你干几个月。挂我的名字那是没问题的。"他同意了。

在我到来之前他做好了一个门匾，我到之后亲自写上了"金山画苑"四个字，又买来打磨机自己亲自动手，经过两天的努力，终于把牌匾刻好。

在金山寺的三个月我也很开心，既结交了不少朋友和领导，又有时间去完成我另一个夙愿——画幅《蹴鞠图》。

回到沈阳后，11月了。二哥跟我说："你快六十了，准备怎么办？"

我说："我只办这一次，以后不会办，所以我要借这机会和朋友们好好地玩儿一把。只要办好，不赔钱就行。我可不像别人以办事挣钱，我要的是场面和面子。"

二哥、政东和我最后敲定了沈阳宾馆，那是五星级，过去我参加朋友婚礼时也来过。

会上，启力兄弟说："你不就喜欢 LED 大屏幕吗，这个我包了。"好嘛，一万多块啊。

吴枫老弟说："短片我负责拍摄。"

那么多哥们儿姐们儿一下子把各个活动的项目都安排好了。二哥拿起电话跟祖家坊酒厂祖忱订了一百箱"罗西醉"，老板祖忱表示这是赞助。

我希望最敬重的张惠中大哥讲话，二哥电话一打，惠中便满口答应，说就是戏不拍也要主持我的生日。

那天晚上在政东办公室，他再一次强调："罗西，你一定考虑好，三四十桌的人，这么大个举动不是几万块钱的事。你要细致谨慎。你有多少钱？"

我说："一万来块钱。"他瞅着我笑了："你胆子也太大了。一万块钱就敢干这事。"

我说没问题，回到画苑我一边喝茶一边思考。

这时长峰过来了。他问我准备得怎么样？我说都差不多了。

"你差多少钱？"我没吱声。

"我现在兜里有三万块钱，你先拿着用。不够随时给我打电话。"

"你现在企业正在扩展，你也需要钱。"

他笑着说："不在这点。不要装了，先拿着吧。"然后把钱放在了我的书架上，"来，杀两盘棋。"

那天下到下半夜两点，可以说是杀得天昏地暗，不亦乐乎。

2012年12月5日，我虚岁六十岁了。那天，我真的好开心哪，罗西快乐俱乐部把一切安排得井井有条，一丝不苟。好朋友来了四百多人，我也在想：我也没打这么多的电话啊。可是省内的球迷领袖全来了，东南西北中各地球迷领袖来了。有的多年不见，真是让我欣慰。

头一天，好大的一场大雪，董建明到了南京机场，眼看着电子显示器航班显示从正常改成取消，打完电话之后改乘火车赶来。这让我好感动。

我写了将近三十幅字，全部用框裱好，在大厅办了个小型展览。

我真的没有想到，我们罗西快乐俱乐部把我的生日安排得那么红火。开场是水鼓，一下子就带动了情绪。惠中哥一阵慷慨激昂的陈词让大家进入了激情状态。LED大屏幕十六分钟展示结束，灯光一亮不少人直喊："没看够！"

球迷领袖黄祖钢，球迷博士张五一，中国著名书法家、我的恩师姚哲成都做了即兴发言，好不精彩。

姐妹们特意编排了舞蹈，我的好兄弟拉什一首《兄弟干杯》使全场的气氛达到高潮。《江南Style》响起，我们狂欢热舞，手把着肩膀排成人龙，从舞台转到席间，在桌子中间穿梭，宛如一条游龙。

那天我喝多了，但没有醉。晚宴结束后，那么多的朋友帮我收拾，画框就拉了一汽车。晚上在政东的办公室，他说："我是第一次竖大拇指赞叹别人，那人就是你。还是你厉害。兜里没钱办这么大的场面，场面这么热闹，就连厨师全都跑出来看你。他们说沈阳宾馆不管档次多高，都没有像你这样办得这么热闹的。"

我哈哈大笑说："我是罗西嘛。"

夕阳福照

我又回来了

2013年1月1日，不少朋友来看我，陪我过新年，给新年开了一个好头。2日早上，我便和马丽、贾利三个人飞到温州参加一个好兄弟的婚礼。我和恩师雷鸣东、朝鲜族的白大姐相见，住在香格里拉，聊书法，谈绘画。

随后，大家去了雁荡山，雁荡山变化真大，与二十年前我单骑自行车长征时很不同了。

记得我刚从浙江回来，工尊就再次邀请我到唐寅园做嘉宾。在此期间，胃病时时缠绕着我。待了没多久，接到了政东父亲去世的消息，我马上打张机票赶回沈阳。

见过政东后，二哥开车把我送往医院。一检查，胃溃疡面积很大，必须住院手术。为此，姐姐从鞍山赶了过来。

那两天我想了很多很多。人从落地到他离开，也就两三万天，实际有意义的也就一万多天吧。我现在已经过了七千多天了，但我为足球事业奔波，我生命的质量很高。我已经很满意了。

看着姐姐很难受的样子，我宽慰她："没问题，不就是胃溃疡嘛。一刀下去之后，啥问题都没了。"

朋友来看我，我总是用笑脸对待大家。我嘱咐姐姐和安萍："这辈子够了，就有一件事我一直牵挂，那就是把球迷藏品捐给国家。"姐姐和安萍都要我不要想太多，一切按我的意思办。

手术进行得相当成功。我醒来之后发现嘴、鼻子、肩膀、肚子上插了不少管子。姐姐、二哥就在身边，好兄弟张贵成愁苦地看着我。那一段时间姐姐和姐夫天天陪着我，没有一天离开。

出院时，大夫给我开了两大袋子药。姐姐每天让我按时吃，可除了消炎药，我什么药也不吃。

我相信我的抵抗力，药吃得太多终究不是好事。姐姐几次为此和我争吵，但我还是坚持己见。那段时间躺在画苑书案上没事我就想，想从小到大我的身体是如何健康。

这次使我的体重从一百四十掉到了一百零九斤。可我还是非常自信，我要展现青春的活力，我会恢复健康。

在亲人和朋友的精心照料下，我逐渐恢复，又回到了唐寅园。

在苏州，我两次肠梗阻，可我挺了过来。拔掉针管回到唐寅园，已是2013年的最后一天。我要狂欢，如果这天在医院度过，那这一年就白玩儿了。

我和朋友们在歌厅旁的饭店订好了酒菜，端到了歌厅大包。虽然这一年过得不顺，但是最后这天我是在快乐和狂欢中度过的。

巴西世界杯

第二十届世界杯足球赛于2014年6月12日至7月13日在巴西举行，阿简告诉我："西安的刘总打来电话说他去不了了，但给你拿的三万块钱已经打来。另外有个电商企业给我们赞助，让你给他们写书法，我们一起去巴西看球。你把出国的证件给我邮来。"

从第十二届世界杯一直看到今天第二十届世界杯，我伴随着世界杯一共看了九届，整整三十二年了。这次我又要亲临，真是老天保佑我啊。

我和阿简、阿兰三人打车到香港登机飞南非约翰内斯堡，从那里转机到巴西的库里提巴。来回转机真的好累，我的身体有些吃不消。这时我感觉，也许我老了。

下飞机后，半夜大巴前往库里提巴。车到了库里提巴，我先见到了香港的球迷老黄。让我万万想不到，与以往我亲临世界杯看球不同，路上我竟没有看到一面有关世界杯的旗帜和一幅标语宣传画，这里只是陌生的环境，感觉不到世界杯的气息。

我们第一个观看的是伊朗同尼日利亚的比赛。

我们提前两个小时向体育场进发，前面封道。下了出租车，这时才感到足球的气氛。三三两两，七八成群，各种打扮的球迷开始往体育场集中。快到体育场时球迷逐渐增多，一眼可以看出，黄绿色的巴西球迷之外，剩下的便是伊朗和尼日利亚的球迷居多。

阿简拿出了他准备好的条幅，上面用中文写着："伊朗，我们支持你"。下面是英文。这引得不少伊朗球迷的支持。我打出的横幅是："巴西你好"。阿兰打出的是："中国深圳欢迎全世界的朋友"。我们一出场，便引来了众多的目光。大家欢呼雀跃，那场面真是激动人心。

比赛快开始了，我们进入了场地。我们是在二楼看比赛。这时，我发现旁边有个漂亮的巴西女郎站了起来，我拿出相机对着她连拍了几张，这是赛场上的作品吧。

中场休息后，因为我们看到了楼下有几个空位，便走了下来。这时，中央电视台的记者看到了我们打着国旗，举着标语，便过来采访。这是我有生以来第一次感到接受采访时言不及义，说话吞吐，思想不能集中。我的体力不是那么充沛，比赛0：0结束之后便回到宾馆住下。

第二天早晨起来，我的身体好了许多。走到街上，出手买了许多球迷纪念品。

18日那天，雨下得好大。我们看的是澳大利亚对荷兰的比赛。过去，荷兰在我的心目中非常高大。荷兰"飞人"克鲁伊夫、三剑客古利特、巴斯滕、里杰卡尔德，还有科曼，他们从起步到巅峰到退役，灿烂无比。可是荷兰今非昔比。还好，荷兰最后3：2，还是胜了澳大利亚。

19日，看完电视比赛他们要出去喝咖啡。我说你们去吧，这几天我累了。我买了吃的回到宾馆，看看电视播放的足球比赛就睡着了。晚上吃饭我也没有去，就这么一下子把所有的疲劳全部丢掉，睡得真香。

20日下午，我们到球场看球，半夜大巴前往里约热内卢。只要一提到巴西，我就马上想到里约热内卢和基督雕像。

里约热内卢的宾馆真不错，但我和阿简每人两百美金。晚上，我们沿海的路边上乘车，这里风景优美，公路围着海边而建，底下两三米便是细细的沙滩。阴暗的天空，大块的乌云，天边挂着一条白线，海水一浪一浪地卷来。不明不暗的沙滩上，一个三十来岁的男人和一个六七岁的小男孩在沙滩上踢球。

第二天早餐后，我们打车到球场，这里球票是不准许私人间买卖的。我看到一对当地夫妇给另一对欧洲来的夫妇球票，这时几个警察指着那对巴西夫妇把他们围住。随后他们被带走。懂英语的老黄告诉我："就因为他们私下转卖球票。"

望着他们被抓去的背影，我想了很多。巴西的治安很差，可法律对倒票却抓得这么严。

当晚，香港凤凰网采访我，这次我的反应十分敏捷。

几天里，我们还游览了基督山，参观了佛罗门戈足球俱乐部和巴西国家足球博物馆。足球的博物馆给了我启示，我最终就是想建一个球迷博物馆，把我的藏品捐献给国家。

26日，大家坐地铁去球场，到站后球迷太多了，不少球迷和我照相，这是韩国和比利时的比赛，因为韩国的KBS和SBS电视台都采访我，韩国报纸也报道过我，不少韩国球迷对我熟悉。当时比利时已经出线，但韩国是为了成绩而战。说实在的，这场比赛不是十分好看，记得比利时1∶0获胜。

按原计划我们还要看几场比赛，但是30日中国队有一场亚洲杯热身赛在深圳举行，我们必须返回。于是，我们半夜飞往南非，27日上午抵达。在南非三个小时的待机，之后飞往香港，28日晚上来到深圳。

还是那么多球迷来接机。晚上大家观看国家队的训练，之后聚餐。29日是中国队对马里的比赛，结果0∶3惨败。

我从深圳到广州，又买了不少足球藏品。回到苏州，我把唐寅园的朋友和几个兄弟请到饭店，"第一道菜"先给每人上了一个足球的钥匙链，也算我小小的心意。

8月末，鞍山的许多哥们儿请我回去看那里9月3日的一场中国对科威特的热身赛。我非常犹豫，表示：一不是四大赛事，二身体有点儿吃不消。

可是后来拉什和底座说：这是家乡鞍山举行的最高级别的足球比赛，家乡的球迷都希望我回去。没办法，盛情难却。

2日晚间飞机晚点，下半夜一点多钟，无锡的飞机才在沈阳降落。一下飞机，鞍山球迷开着几台车在机场打着大旗，举着的横幅上写着："热烈欢迎球迷皇帝回鞍观看国足比赛"。

2014年12月12日至14日去郴州，看完吉尔吉斯坦的比赛后回到苏州。12月20日至22日再次去郴州。这场热身赛对手是与巴勒斯坦。更主要的是，在这场比赛中，全国各地的球迷领袖几乎都到了。经过一年多的努力，在这里即将成立"中国龙之队球迷会"。由于"中国红拖球迷会"不能注册，最后只得注册成"中国龙之队球迷会"。这可是中国第一家全国统一的球迷组织啊。

那天，我像个孤儿终于找到了自己的家。1986年全国第一家球迷协会——我们鞍山球迷协会成立，1987年沈阳球迷打出"中华足球从这里崛起"的横幅，1993年成都第一届全国球迷代表大会召开，1997年大连的第二届全国球迷代表大会召开，今天"中国龙之队球迷会"又成立，我们共同走过将近三十年了。

三十年的风雨，三十年的沧桑，三十年的追求，三十年的奋斗。就历史的长河来说，三十年是微不足道的瞬间，但对一个人的生命来说三十年是不短的时光。我终于等到了这一天，终于找到了自己的家。以前看球自己要做好很多很多的准备，什么人到，什么人不到，我应当先做好什么，怎么安排，都要亲力亲为。而今天有家了，有人张罗了，一切一切方便多了。我可以轻松地看球了，毕竟，我六十多岁了。我为龙之队叫好，我为简满根会长点赞。

龙之队这个家是我们球迷的港湾，我希望龙之队，家阖业旺。我不要在家中捞到什么，获取什么，而要为家做点什么，贡献点什么。在这个大家庭里，我要做好我自己应当做好的每一件小事。我绝不能因为我个人给这个家庭带来任何麻烦。我爱龙之队，我爱我的家。我要和这个家一年三百六十五天天天在一起。我要把家天天背在身上，那就是三个字"龙之队"。

我为我是一个中国人感到骄傲，我为我是龙之队的一员感到自豪。

迈入国际足联博物馆

三个月前，国际足联打来电话告诉我，他们投入两亿多美金成立了世界足球博物馆，全球征集藏品，亚洲选了五位收藏对象，其中有中国两位，一位是球王李惠堂的物品，第二个是我的物品。

他们说："中国没有世界级的球星，但中国有世界级的球迷。"把我的标志性球迷帽子选进了博物馆。

当我把帽子寄给国际足联之后，心情兴奋无比，晚上摆了一桌，高兴得一夜没睡。

从1985年5月19日到现在，我看球已经整整三十年了。三十年我一个平凡的生命，怀着一颗执着的心，能够荣登国际足联的展览馆去展现一个球迷的文化，这是我生命价值的体现，也是对我一生最高的认可。但这绝对不是我个人的荣誉，这是千千万万个中国球迷的荣誉。我为我的选择而高兴！

今后，我将继续走在我的球迷路上，直到生命的最后一息。

让我欣慰的是，在我身后遥远的地方，在这世界级的博物馆旁，展出的是中国球迷历史的写照。中国加油！

最后我要说

《万物天缘——球迷罗西自传》终于要出版了。

十多年前我就要写这本书，最多曾经一气写过十几个稿本。爬格子真的太费劲，主要是修改太难了，修改过的废本子就二十本，太慢了，事情那么多，真的没有时间，也是天意。

2015年手术之后在苏州疗养期间，我开始了用电脑打字。这样修改起来方便多了，几个月下来，三十九万八千五百个文字经过自己不懈的努力，第一稿便一气呵成。我采纳了很多朋友的建议，把我开篇的感言、警言和悟言放到了最后。记得当我第一次读完自己的初稿那是相当地高兴，我终于迈出了我写自传的第一步。当时只是章节和卡片的段落。错别字太多了。后来经过删除和增加、精心的修改，把章节连接起来，最后到现在的三十五万六千字的自传终于写完了。

读着自己用心血创作的作品，心里突然产生一种成就感。这是自己不懈的努力创作的作品哪。高兴之余，也有非常遗憾之处：因为长征以及另有十多年的日记没有找到。所以写的时候全凭着回忆，有的因为年代太久，有的书中涉及的人多年没有联系，可能有的时间、地点和名字会出现记忆上的错误，请读者多多海涵，在此致歉。

虽然这部书是我的自传，但展现的是中国球迷三十年为中国足球呐喊的曲折历程，而从1986年到现在三十多年来，我也给很多球迷领袖送上绰号，他们是：

拉什（王军，1986年）、穆勒（王洪峪，1986年）、小平头（王萧，柳州，后四大天王）、铁喇叭（梅兰生，武汉）、球迷博士（张五一，郑州）、南天王（汪凌，合肥）、小诸葛（董建明，镇江）、球迷小丫（女，黑龙江）、神算子（孙钊，长春）、酋长（杭州）、球佛（杭州）、迪迪、瓦瓦、球迷大尉、中尉、少尉（鞍山）………

我的自传就要出版了。这也是我完成自己的一个小小的凤愿，其实，我的一生什么都没有留下，唯一使我感到安慰的是，我有一万多件球迷的藏品，而很多个球迷的第一都在我的收藏之中。我自己最后的理想是，我要建一个世界级的球迷博物馆。在开幕式上我将郑重宣布：把它捐献给我的祖国！因为这就是中国球迷历史的写照，这也是我一个中国职业球迷一生追求的价值。这是球迷文化真正的展现。

我今年六十五岁了，在几十年球迷的道路中走来我失去了很多，但是我也得到了很多，然而让我感到最幸福的是2016年6月20日，哈哈！我当爷爷了。我的孙女李恩淇来到了我们的老李家，真是苍天开眼，老来得福，这真是上苍的恩赐啊。

然而就在我第一次读完自传的时候，我想起了那已经离我们而去的球迷英雄们。让我们永远记住他们的名字吧！他们是：

成都的张克葵，沈阳的孙书生"003"（003号会员证），芜湖的王小宝，重庆的钟煊福"三猪"（大皮球），重庆的何道庆，沈阳的裴永阁"老裴"（原四大天王之一）、孙长龙（沈阳市球迷协会会长），大连的于辉（第二届球迷代表大会主席），长春的晋华勇"三哥"，郑

州的刘良州、冯四，成都的陈学蓉"成都小地主"（鼓队队长）。

球迷的英雄们：永垂不朽！！！

朋友们：狂而不乱是我们球迷的激情，热而不野是我们球迷的文明。让我们与中国足球荣辱与共，不离不弃，直到永远。

为了未来的中国足球，让我们共同高呼：

中国队！加油！加油！！加油！！！